KB211886

탕자의 귀향
특별 기념판

탕자의 귀향

특별기념판

헨리 나우웬 | 최종훈 옮김

포이에마
POIEMA

일러두기

1. 이 책은 헨리 나우웬 20주기 특별 기념판으로, 《탕자의 귀향》과 《집으로 돌아가는 길》을 합본한 것이다. 제임스 마틴의 서문과 헨리 나우웬의 저술 목록, 그리고 연보가 추가되었다.
2. 《집으로 돌아가는 길》은 《탕자의 귀향》을 쓰기 3년 전, 렘브란트의 그림과 예수님의 비유를 묵상하며 얻은 통찰을 라르쉬 데이브레이크 자원봉사자들과 함께 나눈 워크숍 녹취록을 정리한 미발표 원고이다.
3. 본문에 인용한 성경은 대한성서공회에서 펴낸 새번역판을 따랐으며, 다른 성경을 인용한 경우에는 별도의 표기를 하였다.

탕자의 귀향 특별 기념판

헨리 나우웬 지음 | 최종훈 옮김

1판 1쇄 발행 2016. 11. 30. | **1판 7쇄 발행** 2024. 7. 26. | **발행처** 포이에마 | **발행인** 박강휘 | **디자인** 지은혜 | **등록번호** 제300-2006-190호 | **등록일자** 2006. 10. 16. | 서울특별시 종로구 북촌로 63-3 우편번호 03052 | 마케팅부 02)3668-3260, 편집부 02)730-8648, 팩스 02)745-4827

이 책의 한국어판 저작권은 EYA(Eric Yang Agency)를 통한 저작권사와의 독점계약으로 포이에마에 있습니다. 저작권법에 의해 한국 내에서 보호를 받는 저작물이므로 무단전재와 무단복제를 금합니다.

값은 뒤표지에 있습니다. ISBN 979-11-5809-066-1 03230 | 이메일 masterpiece@poiema.co.kr | 좋은 독자가 좋은 책을 만듭니다. | 포이에마는 독자 여러분의 의견에 항상 귀를 기울이고 있습니다.

아버지 로랑 장 마리 나우웬 앞에
이 책을 드립니다.

한 본문에 깊이 침잠한다는 것,
그리고 묵상한 것을 살아낸다는 것

독자들이 지금 집어든 이 책은 수많은 이들의 삶을 바꿔놓았다. 《탕자의 귀향》을 영성 관련 도서들 가운데 가장 아끼는 작품으로 꼽는 이들이 주위에 수두룩하다. 크리스천도 있고 유대인도 있다. 신앙이 깊은 이도 있고 회의적인 이도 있다. 불가지론자도 있고 구도자도 있다. 《탕자의 귀향》을 헨리 나우웬의 가장 강력한 글로 꼽는 이들도 적지 않다. 아이러니하게도 버선목을 뒤집어보이듯 솔직하게 속내를 비친 이 글에서 지은이는 죽은 뒤에도 오래도록 기억되고 싶다는 갈망을 몹시 죄스러운 말투로 고백한다. 이 책이 크리스천 영성 역사의 한자리를 당당히 차지하게 되리라고는 짐작도 못했을 것이다.

이 책의 어떤 점이 그토록 많은 이들의 삶을 바꿔놓은 것일까? 출간된 지 수십 년이 됐고 지은이가 세상을 떠난 지도 벌써 수십 년이 흘렀음에도 허다한 독자들이 여전히 이 글에 반응하는 까닭은 무엇일까? 이전에 나왔거나 앞으로 나올 책들과 비교해 어떤 차이가 있는 것일까?

영적인 여정 가운데 어느 지점에 있고, 추구하는 목표와 하나님을 어떻게 연관 짓고 있느냐에 따라 답은 사람마다 다를 것이다. 숱한 독자들, 그리고 헨리 나우웬을 좋아하는 이들 가운데 한 사람으로서 개인적인 답을 소개하자면 이렇다.

이 책이 가진 힘은 세 가지 요소로 설명할 수 있다. 첫째로, 놀라우리만치 솔직하다. 둘째로, 영적으로 깊이가 있는 이들뿐만 아니라 재능 있는 심리학자들에게도 가르침을 준다. 셋째로, 신약성경의 한 쪽을 속속들이 되짚고 헤집게 해준다.

예수회 수사 훈련을 받으면서 일주일 동안 피정을 하는 기간에 이 슬기로운 책과 처음 마주했다. 초판이 나온 지 고작 몇 년이 안 됐을 무렵이었다. 헨리 나우웬이라는 인물을 알고는 있었지만 어렴풋하기만 해서 네덜란드 출신 신부이자 심리학자라는 정도가 고작이었다. 글은 단 한 번도 읽어본 적이 없었다. 피정의 집 도서관 한쪽, 먼지가 내려앉은 서가에서 이 책을 끄집어냈다. 표지에 인쇄된 렘브란트의 그림이 마음에 들어서였다. 《탕자의 귀향》은 그렇게 나우웬 입문서가 되었다.

입문서치곤 그야말로 굉장했다. 거의 벌거벗다시피 하는 작가의 솔직한 접근은 이 책의 가장 매력적인 특성이다. 스스로의 삶을 가감 없이 기술한 영성 분야의 작가들을 이미 여럿 만나보았지만, 나우웬의 음성은 그중에서도 으뜸가게 정직한 것처럼 들린다. 아마 대다수가 인정하기조차 어려워하는 싸움과 몸부림들을 아주 자세하게 다루는 까닭이 아닌가 싶다. 사랑하는 이의 죽음이나 물거품이 돼버린 야심찬 계획에 대한 서글픔을 설명하는 건 어떤 작가라도 할 수 있는 일이다. 하지만 알려지고 사랑받고자 하는 욕망, 지은이가 책에 쓴 표현을 빌리자면 "풍요롭고, 강하고,

유명해지고 싶다"는 벌거벗은 욕구를 기술하는 작가는 몹시 드물다. 누구나 좋아하는 인물이 되고자 하는 강렬한 소망이야말로 나우웬이 끌어안고 있던 수많은 문제의 핵심인 것처럼 보인다. 어디 그이뿐이랴? 나를 포함해 숱한 이들도 매한가지가 아니던가?

지은이의 투명성은 도리어 강력한 충격파로 작용한다. 나우웬은 말한다. "날이 갈수록 깊어지고 생활에 활력을 불어넣어줄 것만 같던 교우관계가 언제부터인가 집에서 멀어지게 만드는 요인으로 작용하더니 종내는 삶을 완전히 옭아매기에 이르렀습니다." 이런 사사로운 속내를 접하는 독자들은 도리어 당혹스러울 지경이 된다.

하지만 바로 그 점이 단박에 나를 책 속으로 끌어들이고, 지은이와 단단히 결속되게 만들며, 깊은 관심을 쏟게 한다. 실수와 실패에 솔직하기에 어떻게 갈등을 극복했는지에 관한 설명에도 신뢰가 간다. 독자들은 생각한다. '어두운 시간에 관해 저토록 감추는 게 없다면, 밝은 쪽에 대해서도 솔직할 게 확실해.' 더구나 지은이의 지혜는 어렵게 얻은 것들이다. 나우웬은 가볍고 진부한 논리나 싸구려 감상을 내놓는 게 아니라 아픔 뒤에 찾아오는 은혜의 실상을 이야기한다. 간단히 말해, 독자들을 신뢰함으로써 독자들의 신뢰를 불러일으킨다.

이 책을 사랑할 수밖에 없게 만드는 두 번째 요소도 그와 관련이 있는데, 바로 지은이로부터 엄청난 조언을 받을 수 있다는 점이다. 요즘 다소 낮춰보는 뜻을 담아 '자기계발'이라는 말을 쓰는 경우가 많아졌다. "그건 그냥 자기계발서야!" 하지만 자아를 바로 세우는 데 도움이 되는 책을 소중히 여기지 않을 까닭이 무어란 말인가? 더구나 영적인 거장의 깨달음을 심리학과 조화시킨 책이라면 두말이 필요 없다. 개인적으로는 영적인 때면 "이게 하나님과 나누는 개인적인 관계와 무슨 상관이 있지?"라는 생각을 하게 된다.

독자들은 깊은 영성과 심리학적인 훈련이 절묘하게 통합된 결과를 나우웬에게서 찾는다. 예를 들어, 이런 조언을 되새겨보라. "불평은 꼬리에 꼬리를 물게 마련이며 전혀 생산적이지 않다는 점입니다. 동정심을 자극하고 간절히 소망하는 무언가를 얻을 욕심에 푸념을 늘어놓으면 백이면 백 기대했던 것과는 딴판인 결과가 나타나게 마련입니다."

이는 교묘하게 작용하는 불평의 생리를 영적인 면과 심리적인 면에서 두루 꿰고 있는 이에게서만 나올 수 있는 충고다. 실제로 불평은 주위 사람들과 등지게 만들 뿐만 아니라 지은이가 나중에 설명하는 바와 같이 하나님께 감사하고자 하는 마음마저 없애버린다. 나우웬의 지혜에는 심리학적인 요소와 영적인 성분이 한데 조합되어 있다. 살면 살수록 인간이 지속적으로 성장하자면 그 두 가지 인자가 다 필요하다는 사실을 절감하게 된다.

이 책을 소중하게 만드는 세 번째 요인은 탕자의 비유에 관한 심원한 연구에 있다. 성경의 이야기를 이처럼 철저하게 '까발려 보이는'(영적인 스승으로 모시는 어느 어른이 즐겨 쓰는 표현이다) 책은 여태 본 적이 없다. 신학적인 용어를 동원하자면 성경의 본문을 샅샅이 풀어 헤치는 '주해'에 가깝다. 대다수 독자들은 나우웬의 작품을 대하기 전부터 누가복음에 등장하는 예수님의 이 비유를 알고 있었을 것이다. 나 역시 그랬다. 하지만 이 책을 읽으면서 한 본문에 깊이 침잠한다는 게 무언지 알고 나서는 생각이 달라졌다. 말씀에 올라타고 그 가르침을 살아내야 한다.

그처럼 온 마음을 다해 말씀에 빠져든 결과, 눈부시리만치 근사한 열매를 맺었다. 수없이 많은 새로운 방식으로 본문을 조명하고, 그 과정에서 삶을 변화시키는 묵상을 낳은 것이다. 물론 비유를 해석하는 방식은 무궁무진하며 '남김없이' 의미를 파악하는 건 불가능하다. 그것이 '이야기'가 가진 미덕이다. 엄격하게 정리된 정의는 마음을 갈무리하지만 비유는 도리어 빗장을 풀어낸다. 이는 예수님이 신학논쟁을 벌이기보다 비유를 가지고 물음에 답하셨던 여러 이유 가운데 하나이기도 하다.

그럼에도 불구하고, 통상적으로 용서에 관한 단순한 이야기라고 받아들이던 익숙한 비유가 원망, 고립, 불평, 시기, 성숙, 외로움, 갈망, 연민 같은 다른 주제들을 다루는 발판이 될 줄 누가 알았겠는가? 책을 읽다 보면 크리스천 영성 전체가 그 이야기 한 토막에 다 담겨 있는 느낌이 들 때가 한두 번이 아니다.

아이러니하게도, 이 책이 주는 더없이 소중한 깨달음은 지은이가 아니라 그이의 벗에게서 나왔다. 대단히 중요한 메시지 하나를 깨닫도록 나우웬을 이끌어준 것이다. 사노라면 이기적인 동생처럼 행동할 때도 있고 불만투성이 형처럼 생각하는 경우도 있지만, 사실 하나님은 자비로운 아버지처럼 되라고 우리를 부르신다. 그 가르침을 행동에 옮기는 데 평생이 걸리는 이들도 있다. 나만 하더라도 그랬다. 지금은 어떠냐고? 여전히 마찬가지다. 아직 갈 길이 멀다.

《탕자의 귀향》은 《집으로 돌아가는 길》과 짝을 이룬다. 전자가 본편이라면 후자는 수련회 버전쯤 되는 셈이다. 독자들은 지금 우리 시대의 영성을 대표할 만한 작가가 쓴 위대한 글인 동시에 그 영성을 더 깊이 들여다볼 유용한 도구를 손에 쥐고 있다. 그렇다면 이제 기도하면서 답을 기다리라.

나우웬의 풀이를 보고 미소 짓고 거기서 끌어낸 원리들에 손뼉을 치시는 예수님의 모습을 그려본다. 이제 그 길들을 하나하나 따라가 보자.

제임스 마틴

특별 기념판 서문

차례

탕
자
의
귀
향

집으로 돌아가는 길

The Return of
the Prodigal Son
Anniversary Edition

탕자의
귀향

두 아들, 그리고 그 아버지 이야기

어떤 사람에게 아들이 둘 있는데 작은아들이 아버지에게 말하기를 '아버지, 재산 가운데서 내게 돌아올 몫을 내게 주십시오' 하였다. 그래서 아버지는 살림을 두 아들에게 나누어주었다. 며칠 뒤에 작은아들은 제 것을 다 챙겨서 먼 지방으로 가서, 거기서 방탕하게 살면서, 그 재산을 낭비하였다. 그가 모든 것을 탕진했을 때에, 그 지방에 크게 흉년이 들어서, 그는 아주 궁핍하게 되었다.

그래서 그는 그 지방의 주민 가운데 한 사람을 찾아가서, 몸을 의탁하였다. 그 사람은 그를 들로 보내서 돼지를 치게 하였다. 그는 돼지가 먹는 쥐엄 열매라도 좀 먹고 배를 채우고 싶은 심정이었으나, 그에게 먹을 것을 주는 사람이 없었다. 그제서야 그는 제정신이 들어서, 이렇게 말하였다. '내 아버지의 그 많은 품꾼들에게는 먹을 것이 남아도는데, 나는 여기서 굶어 죽는구나. 내가 일어나 아버지에게 돌아가서, 이렇게 말씀드려야 하겠다. 아버지, 내가 하늘과 아버지 앞에 죄를 지었습니다. 나는 더 이상 아버지의 아들이라고 불릴 자격이 없으니, 나를 품꾼의 하나로 삼아주십시오.'

탕자의 귀향

그는 일어나서, 아버지에게로 갔다. 그가 아직도 먼 거리에 있는데, 그의 아버지가 그를 보고 측은히 여겨서, 달려가 그의 목을 껴안고, 입을 맞추었다. 아들이 아버지에게 말하였다. '아버지, 내가 하늘과 아버지 앞에 죄를 지었습니다. 이제부터 나는 아버지의 아들이라고 불릴 자격이 없습니다.' 그러나 아버지는 종들에게 말하였다. '어서, 가장 좋은 옷을 꺼내서, 그에게 입히고, 손에 반지를 끼우고, 발에 신을 신겨라. 그리고 살진 송아지를 끌어내다가 잡아라. 우리가 먹고 즐기자. 나의 이 아들은 죽었다가 살아났고, 내가 잃었다가 되찾았다.' 그래서 그들은 잔치를 벌였다.

그런데 큰아들이 밭에 있다가 돌아오는데, 집에 가까이 이르렀을 때에, 음악 소리와 춤추면서 노는 소리를 듣고, 종 하나를 불러서, 무슨 일인지를 물어보았다. 종이 그에게 말하였다. '아우님이 집에 돌아왔습니다. 건강한 몸으로 돌아온 것을 반겨서, 주인 어른께서 살진 송아지를 잡으셨습니다.'

큰아들은 화가 나서, 집으로 들어가려고 하지 않았다. 아버지가 나와서 그를 달랬다. 그러나 그는 아버지에게 대답하였다. '나는 이렇게 여러 해를 두고 아버지를 섬기고 있고, 아버지의 명령을 한 번도 어긴 일이 없는데, 나에게는 친구들과 함께 즐기라고, 염소 새끼 한 마리도 주신 일이 없습니다. 그런데 창녀들과 어울려서 아버지의 재산을 다 삼켜버린 이 아들이 오니까, 그를 위해서는 살진 송아지를 잡으셨습니다.'

아버지가 그에게 말하였다. '얘야, 너는 늘 나와 함께 있으니 내가 가진 모든 것은 다 네 것이다. 그런데 너의 이 아우는 죽었다가 살아났고, 내가 잃었다가 되찾았으니, 즐기며 기뻐하는 것이 마땅하다.' _누가복음 15장 11-32절, 새번역

첫 만남에서 마음을 빼앗기다

렘브란트의 작품 〈탕자의 귀향〉을 정밀하게 모사한 포스터 한 장. 그냥 스쳐 지나갈 수도 있었던 그림과의 만남이 길고 긴 영혼의 순례를 떠나는 출발점이 되었습니다. 그리고 그 모험을 통해 소명을 새롭게 깨달았고 부르심에 합당한 삶을 살 새 힘을 얻었습니다.

여정의 중심에는 17세기에 완성된 그림 한 폭과 그 화가, 1세기에 나온 우화 한 편과 그 지은이, 삶의 의미를 찾아 헤매는 20세기의 한 인간이 있습니다.

이야기는 1983년, 프랑스 트로즐리라는 마을에서 시작됩니다. 지적장애를 가진 이들에게 따뜻한 보금자리를 제공하는 공동체, 라르쉬L'Arche에서 몇 달 머물고 있던 중이었습니다. 캐나다 사람 장 바니에Jean Vanier가 1964년 시작한 라르쉬는 세계 곳곳에 아흔 개가 넘는 공동체를 꾸리고 있는데, 그 가운데서도 트로즐리는 가장 먼저 세워진 그룹입니다.

하루는 친구 시몬 랑드리앵을 만나러 공동체 안에 있는 작은 문서센터에 갔습니다. 둘이서 이런저런 얘기를 나누다가 문득 문에 붙여놓은 커다란 포스터에 눈길이 닿았습니다. 자주색 망토를 넉넉하게 걸친 남자가 남루한 차림으로 무릎을 꿇은 소년의 어깨를 부드럽게 어루만지는 그림이었습니다. 눈을 뗄 수가 없었습니다. 두 사람 사이에 흐르는 뜨거운 친밀감, 붉은 망토의 온화한 톤, 소년의 겉옷에서 반사되는 황금빛, 그리고 양쪽을 한꺼번에 휘감고 있는 신비로운 광채에 빨려들어 가는 느낌이었습니다. 하지만 일찍이 느낀 적이 없는 감동을 주었던 건 무엇보다도 소년의 어깨를 감싸쥔 노인의 두 손이었습니다.

어느새 친구의 말을 귓등으로 흘려듣고 있었지만 한동안은 그런 줄도 몰랐습니다. 시몬에게 말했습니다. "저 그림은 뭐죠?" 싹싹한 대답이 돌아왔습니다. "오, 저거요? 렘브란트가 그린 〈탕자의 귀향〉을 복제한 거예요. 마음에 드세요?" 포스터를 뚫어져라 바라보며 띄엄띄엄 중얼거렸습니다. "멋져요. 아름답다는 말로는 부족할 만큼 … 울면서 웃고, 웃으면서울고 … 그러고 싶게 만들어요. … 내 마음 깊은 곳을 건드린다고 해야 할까, 아무튼 저걸 볼 때 드는 느낌은 말로 다할 수가 없네요." 시몬이 불쑥말했습니다. "한 장 갖고 싶으시겠군요? 파리에 가면 살 수 있대요." 고개를 끄덕이며 대꾸했습니다. "그렇군요. 꼭 구해야겠어요."

〈탕자의 귀향〉을 처음 봤을 때, 저는 미국 전역을 누비는 고단한 순회 강연을 마치고 막 돌아왔을 즈음이었습니다. 중앙아메리카에서 자행되고 있는 폭력과 전쟁을 종식시키기 위해 크리스천 공동체들이 무엇이든 힘닿는 대로 행동해야 한다는 이야기를 하러 다녔습니다. 죽을 만큼 피곤했습니다. 얼마나 힘들었던지 걷는 것조차 버거울 정도였습니다. 불안하고, 외롭고, 초조하고, 말할 수 없을 만큼 갈급했습니다. 강연을 하러 돌아

〈탕자의 귀향〉, 1668, 유화

—

"눈을 뗄 수가 없었습니다. 두 사람 사이에 흐르는 뜨거운 친밀감,
붉은 망토의 온화한 톤, 소년의 겉옷에서 반사되는 황금빛, 그리고 양쪽을 한꺼번에
휘감고 있는 신비로운 광채에 빨려들어 가는 느낌이었습니다."

다니는 동안은 정의와 평화를 위해 두려움 없이 세상의 악과 맞서 싸우는 강한 전사가 된 듯했습니다.

그러나 일정이 다 끝나자 엄마 치마폭에 매달려 엉엉 울고 싶어 하는 어린아이처럼 한없이 나약해졌습니다. 환호하거나 악담을 퍼붓는 청중들이 사라지기가 무섭게 엄청난 외로움이 밀려들었습니다. 정서적이고 신체적인 안식을 약속하는 유혹의 목소리가 들릴 때마다 여지없이 무너지곤 했습니다.

우연히 시몬의 사무실에 들렀다가 렘브란트의 '탕자'와 처음 맞닥뜨렸을 무렵, 내 형편이 그랬습니다. 심장이 쿵쾅거렸습니다. 아버지가 아들을 부드럽게 끌어안고 토닥여주는 그 그림은 당시 고된 행군을 마치고 돌아온 내가 바라는 모든 걸 함축해서 보여주고 있었습니다.

사실 나야말로 기나긴 떠돌이생활에 완전히 탈진한 아들이었습니다. 아버지의 포근한 품에 안기고 싶었습니다. 무엇에도 신경쓰지 않고 쉴 집을 애타게 찾고 있었습니다. '집으로 돌아온 아들'은 지난날의 내 모습인 동시에 장래의 소망이기도 했습니다. 누군가와 맞서거나, 간청하거나, 훈계하거나, 위로하면서 여기저기 떠다닌 세월이 너무 길었습니다. 이제 바라는 건 딱 하나, 소속감을 느낄 수 있는 곳, 집처럼 편안한 곳에서 깊이 쉬고 싶을 뿐이었습니다.

그 뒤로 달이 가고 해가 가도 일은 끊이지 않고 도리어 늘기만 했습니다. 극도의 피로가 사그라지기가 무섭게 강의와 여행이 반복되는 일상으로 되돌아갔습니다. 그래도 렘브란트가 그린 포옹은 일시적으로 감정을 다독여주는 그 어떤 말보다도 깊숙이 내 영혼에 각인되었습니다. 오르락내리락 분주한 일상 너머에 존재하는 무언가에, 다시 말해서 최종적으로 돌아갈 곳, 한 점 두려움 없는 완벽한 안전감, 영원토록 변함없는 집 등을 끊임없이 갈구하는 마음에 다가서는 통로가 열린 겁니다. 수많은 이들을 만나고, 무수한 일에 참여하고, 허다한 자리에 얼굴을 내미는 동안 〈탕자의 귀향〉은 늘 함께했으며 날이 갈수록 영적인 삶에서 더 큰 의미를 갖게 되었습니다. 렘브란트의 그림 덕분에 눈뜨게 된 영원한 집에 대한 갈망은 점점 더 깊고 강해져서 나중에는 아예 화가를 신실한 동무요 안내자로 여기기에 이르렀습니다.

렘브란트의 그림 포스터를 만난 지 2년 만에 하버드 대학 교수 자리를 내놓고 트로즐리 라르쉬로 돌아갔습니다. 꼬박 한 해를 거기서 보낼 작정이었습니다. 그렇게 둥지를 옮긴 데는 과연 하나님이 라르쉬 공동체 가운데 한 곳에 들어가서 지적 장애인들과 더불어 평생을 보내도록 부르셨는지 확인하고 싶은 의도가 있었습니다. 과도기로 잡은 그 한 해 동안 렘브란트와 '탕자'에게 특별한 친밀감을 갖게 됐습니다. 하나님이 그 네덜란드 친구를 평생 같이 갈 길벗으로 주신 게 아닌가 싶을 정도였습니다. 연말이 다 돼갈 즈음, 마침내 라르쉬를 새로운 집으로 삼아야겠다고 결정했습니다. 토론토에 있는 라르쉬 공동체 '데이브레이크Daybreak'의 식구가 되기로 한 겁니다.

바로 그 그림, 〈탕자의 귀향〉

트로즐리를 떠나기 직전에 친구로 지내는 바비 매시와 다나 로버트 내외의 초대를 받았습니다. 러시아(구 소련)로 여행을 가려고 하는데 동행하자는 겁니다. 퍼뜩 '이제 원작을 볼 수 있겠구나!' 하는 생각부터 떠올랐습니다. 〈탕자의 귀향〉에 관심을 갖게 되면서, 예카테리나 대제가

1766년, 그 그림을 사들여서 상트페테르부르크(러시아혁명 이후에 레닌그라드로 바뀌었다가 최근에 다시 본래 이름을 되찾았습니다) 예르미타시Hermitage 미술관에 둔 이래 줄곧 거기에 전시 중이라는 걸 알게 되었습니다.

그토록 빨리 원작을 보게 될 줄은 꿈에도 몰랐습니다. 물론 평생 내 생각과 정서와 느낌에 강력한 영향을 미친 나라에 직접 가고 싶은 욕심도 간절했지만, 가장 내밀한 마음의 갈망을 드러내준 바로 그 그림 앞에 앉을 기회를 얻는다는 사실에 견주면 그건 아무것도 아니었습니다.

출발하는 순간부터, 죽는 날까지 라르쉬에 들어가 살겠다는 결정과 러시아 여행 사이에 밀접한 관계가 있다는 걸 직감했습니다. 연결고리는 렘브란트의 '탕자'였습니다. 적어도 나는 그렇게 믿어 의심치 않습니다. 왠지 모르지만, 그림을 직접 대하면 '집으로 돌아가는 일'에 담긴 수수께끼를 예전과는 전혀 다른 방식으로 풀어낼 수 있을 것만 같았습니다.

진을 빼는 순회강연을 마치고 안전한 곳으로 돌아오는 것도 귀향이라면 귀향이었습니다. 지적 장애인들의 공동체에 들어가 살기 위해 교수와 학생들의 세계를 떠나는 경험 역시 집으로 돌아가는 느낌을 주었습니다. 장벽과 철통 같은 국경선으로 외부 세계와 철저히 격리된 나라 사람들을 만나는 경험 또한 나름대로는 일종의 귀향이라고 할 수 있습니다. 하지만 진짜 '귀향'은 팔을 활짝 벌리고 기다리며 영원토록 그 품에 안아주길 원하시는 그분께 한 걸음 한 걸음 나가는 게 아닐까 싶습니다.

렘브란트는 그런 영혼의 귀향을 속속들이 알고 있었던 것 같습니다. '탕자'를 그릴 즈음, 화가는 마지막으로 깃들일 참다운 집을 한 점 의심 없이 바라보는 삶을 살고 있었음에 틀림없습니다. 아버지와 아들, 하나님과 인간, 연민과 고통을 그림 한 장에 아우르는 현장에서 렘브란트를 만난다면 삶과 죽음에 대해 여태 공부한 것보다 훨씬 많은 지식을 얻을 수 있을 거란 생각이 들었습니다. 그리고 언젠가는 꼭 세상에 들려주고 싶었던 사랑 이야기를 렘브란트의 걸작을 통해 풀어낼 수 있으리라는 소망이 생겼습니다.

상트페테르부르크에 가는 것도 신나는 일이었지만 예르미타시 미술관에 가서 〈탕자의 귀향〉을 조용히 감상할 기회를 잡은 건 정말 대단한 경험이었습니다. 미술관에 들어가려는 인파가 2킬로미터 가까이 늘어선 게 보였습니다. 애타게 그리던 작품을 과연 어떻게, 얼마나 오랫동안 감상할 수 있을지 걱정이 앞섰습니다.

하지만 불안한 마음은 곧 누그러졌습니다. 상트페테르부르크 단체관광 일정이 마무리되자 그룹 멤버들은 대부분 집으로 돌아갔습니다. 하지만 우리 일행은 며칠 더 있기로 했습니다. 때마침 러시아에 머물고 있던 바비의 어머니 수전 매시가 자기 집에서 함께 지내자고 초대한 겁니다.

수전은 러시아 문화와 예술에 조예가 깊은 전문가였습니다. 여행 준비를 하는 데 큰 도움이 되었던 책 《불새의 나라The Land of the Firebird》의 저자이기도 했습니다. 수전에게 물었습니다. "어떻게 하면 〈탕자의 귀향〉을 가까이서 볼 수 있을까요?" 수전이 대답했습니다. "그런 일이라면 걱정할 것 없어요. 그렇게 좋아하는 그림을 원하는 대로, 필요한 만큼 실컷 볼 수 있게 해줄게요."

이튿날, 수전은 쪽지 한 장을 주며 말했습니다. "알렉세이 브리안체프 씨의 사무실 전화번호예요. 좋은 친구죠. 전화하면 〈탕자의 귀향〉을 볼 수 있게 안내해줄 거예요." 지체없이 다이얼을 돌려 관광객 출입구와 멀리 떨어진 측문에서 만나기로 약속을 잡았습니다. 알렉세이의 목소리가

탕자의 귀향

수화기에서 흘러나왔습니다. 어쩌면 그렇게 부드러운 억양으로 영어를 구사할 수 있는지 깜짝 놀랄 정도였습니다.

1986년 7월 26일, 토요일 오후 2시 30분. 네바 강변을 따라 걸어서 예르미타시 미술관으로 갔습니다. 관광객 출입구를 지나쳐 내려가자 알렉세이가 알려준 문이 나타났습니다. 안으로 들어섰습니다. 커다란 책상 뒤에 앉은 직원이 구내전화로 연락을 해주었습니다.

몇 분이나 지났을까, 목소리의 주인공이 나와서 반갑게 맞아주었습니다. 그리고 화려한 복도와 우아한 계단을 따라 관광객에게는 공개되지 않는 외진 곳으로 나를 데려갔습니다. 높은 천장을 가진 길쭉하게 생긴 방이었는데, 마치 옛 화가의 스튜디오 같은 분위기였습니다. 사방에 그림들이 차곡차곡 쌓여 있었습니다. 방 한복판에는 커다란 테이블과 의자가 놓여 있었고, 그 위에는 종이와 온갖 잡다한 물품들이 빼곡하게 들어찬 방이었습니다.

잠시 대화를 나누며 알게 된 사실이지만, 알렉세이는 예르미타시 미술관의 예술품 복원부서의 최고책임자였습니다. 렘브란트의 그림을 마음껏 감상하고 싶어 하는 뜻에 따뜻한 이해와 관심을 보이며 필요한 게 있으면 무엇이든 돕겠다고 했습니다. 그러고는 나를 곧장 〈탕자의 귀향〉 앞으로 데려갔습니다. 그는 경비 담당 직원에게 방해하지 말라는 특별 지시까지 내려주고 자리를 떴습니다.

그리하여 마침내 그 앞에 섰습니다. 거의 3년이 다 되도록 생각과 마음에 자리잡고 있던 그림과 마주하게 된 겁니다. 장엄한 아름다움에 숨이 턱 막혔습니다. 그림 사이즈는 사람 실물보다 더 컸습니다. 붉고, 누렇고, 노란 색깔들이 풍성하게 흘러넘쳤습니다. 움푹 파인 부분에는 짙은 그늘이 드리웠고 튀어나온 면은 밝게 빛났습니다.

하지만 무엇보다도 눈길을 사로잡았던 건 신비로운 구경꾼 넷에 둘러싸인 채 환한 빛 아래 서로 끌어안고 있는 아버지와 아들의 모습이었습니다. 원작이 다소 실망스러울지 모른다고 걱정했던 적이 있었습니다. 하지만 사실은 정반대였습니다. 얼마나 웅장하고 눈부시던지 모든 의구심은 사라지고 그림에 깊이, 또 깊이 빠져들고 말았습니다. 그곳에 간 것이야말로 진정한 귀향이라는 생각이 들 정도였습니다.

가이드를 따라 수많은 관광객들이 꼬리에 꼬리를 물고 들어왔다가 또 사라져갔습니다. 아랑곳하지 않고 코앞에 놓인 붉은 벨벳의자에 앉아 하염없이 그림을 바라보았습니다. 진짜배기를 감상하고 있는 겁니다. 집으로 돌아온 아들을 껴안고 있는 아버지뿐만 아니라 맏아들이 다른 세 사람과 함께 서 있는 것도 보입니다. 〈탕자의 귀향〉은 가로 1.8미터, 세로 2.4미터의 캔버스에 유화물감으로 그린 대작이었습니다.

한동안은 그저 멍하니 거기 있었습니다. 그토록 보고 싶어 하던 그림 앞에 실제로 와 있다는 감격에 다른 생각을 할 여지가 없었습니다. '탕자'를 질리도록 구경하면서 상트페테르부르크 예르미타시 미술관에 머무는 기쁨을 만끽했습니다.

그림은 더할 나위 없이 좋은 자리에 걸려 있었습니다. 가까이에 있는 커다란 창문을 통해 80도 각도로 풍부한 자연광이 쏟아져 들어왔습니다. 거기 앉아서 지켜보니 오후가 되면서 빛이 한결 윤택하고 강렬해지는 걸 알 수 있었습니다. 오후 4시가 되자 태양은 이전과는 전혀 다른 세기의 빛으로 그림을 뒤덮었습니다. 배경에 숨어 있던 인물들(이른 시간에는 정말 흐릿하게 보였습니다)이 컴컴한 구석에서 걸어오는 것처럼 보였습니다.

탕자의 귀향

저녁이 가까워질수록 햇살은 더욱 생생하게 일렁였습니다. 아버지와 아들의 포옹은 더 굳세고 깊어졌습니다. 구경꾼들은 화해와 용서, 내적 치유라는 신비한 사건에 더 직접적으로 관여하기 시작했습니다. 빛의 추이에 따라 여러 종류의 탕자 그림이 나타나는 효과가 났습니다. 오래도록 자연과 예술의 우아한 춤사위를 넋을 놓고 바라보았습니다.

시간 가는 줄 몰랐습니다. 알렉세이가 다시 나타났을 때는 두 시간도 더 지나 있었습니다. 그는 부드러운 미소를 지으며 따뜻한 말투로 좀 쉬었다 감상하는 게 좋겠다며 나가서 커피나 한잔하자고 했습니다. 그리고 미술관의 웅장한 방들(대부분 차르의 옛 겨울궁전에 속한)을 지나 처음에 들렀던 작업실로 안내했습니다. 알렉세이와 동료는 빵이며 치즈, 단것 등을 잔뜩 차려놓고 이것저것 먹어보라고 권했습니다.

'탕자'와 더불어 조용한 시간을 보낼 꿈을 꾸었을 뿐, 예르미타시 미술관 예술품 복원 전문가들과 애프터눈 커피까지 마시게 될 줄은 정말 몰랐습니다. 두 사람은 렘브란트 그림에 관해 알고 있는 지식을 아낌없이 나눠주었습니다. 그리고 한편으로는 내가 왜 그 그림에 그토록 집착하는지 몹시 궁금해했습니다. 그림에 얽힌 영적인 경험과 의견을 들려주자 두 사람 모두 깜짝 놀라고 심지어 혼란스러워하는 눈치였습니다. 귀를 쫑긋 세우고 더 많은 이야기를 듣고 싶어 했습니다.

커피를 마시고 돌아와 한 시간쯤 더 그림을 구경했습니다. 경비원과 청소하는 아주머니가 와서 말을 걸었습니다. 무슨 얘긴지 알아들을 수는 없었지만, 이제 폐관 시간이 되었으니 그만 나가야 한다는 뜻인 것 같았습니다.

나흘 뒤, 다시 그림을 보러 갔습니다. 이번에는 입이 간질거려서 참을 수가 없을 만큼 재미있는 일이 벌어졌습니다. 아침 햇살이 어슷하게 그림에 떨어지는 바람에 유화물감이 번들거렸습니다. 그래서 벨벳의자 하나를 가져다놓고 이리저리 옮겨 앉아가면서 그림을 감상했습니다. 반사광이 생기지 않은 각도에서 봐야 그림의 인물들을 또렷이 볼 수 있기 때문이었습니다.

경비원(군인풍의 모자와 유니폼을 입은 근엄한 젊은이었습니다)은 그 꼴이 영 마땅찮았나 봅니다. 제멋대로 의자를 들었다 놨다 하는 뻔뻔스러움에 짜증이 났을지도 모릅니다. 뚜벅뚜벅 걸어오더니 기관총처럼 빠른 러시아어와 세상 어디서나 통용될 법한 몸짓으로 의자를 당장 제자리에 가져다두라고 명령했습니다. 대꾸를 한답시고 햇살과 캔버스를 번갈아 가리키며 의자를 옮길 수밖에 없는 이유를 열심히 설명했습니다. 아무리 용을 써도 상대방은 전혀 아랑곳하지 않았습니다.

할 수 없이 의자를 본래 있던 곳에 되돌려놓고 대신 맨바닥에 주저앉았습니다. 하지만 그건 불난 집에 부채질을 한 격이었습니다. 이쪽의 어려움을 인정받기 위해 한참을 더 발버둥친 끝에 마침내 창 바로 아래 있는 라디에이터에 앉도록 허락을 받았습니다. 거기라면 그림이 잘 보일 거라는 겁니다. 그러나 그것도 잠시뿐, 큰 그룹을 이끌고 지나가던 국영 여행사 가이드가 다가오더니 엄숙한 표정으로 지시를 내렸습니다. 라디에이터에 걸터앉지 말고 벨벳의자로 가라는 겁니다.

이번에는 경비원이 가이드에게 몹시 화를 내며 거기 앉으라고 한 게 바로 자신이라는 뜻을 풍부한 어휘와 화려한 제스처로 전달했습니다. 가이드는 직성이 풀리지 않은 것 같았지만 일단 렘브란트의 그림을 쳐다보며 인물의 크기에 놀라고 있는 관광객들에게 돌아갔습니다.

그로부터 몇 분 뒤, 알렉세이가 내 동정을 살피러 왔습니다. 그리고 즉시 경비원에게 갔고 둘 사이에는 긴 대화가 시작됐습니다. 경비원은 상황을 설명하려고 애쓰는 게 분명했지만, 얘기가 얼마나 길게 늘어지던지 불똥이 어디로 튈지 내심 불안했습니다. 그러더니 갑자기 말소리가 뚝 끊어졌습니다. 알렉세이는 밖으로 나가버렸습니다. 그런 소동에 불을 댕긴 게 몹시 미안했습니다. 알렉세이도 내게 단단히 화가 났을 것만 같았습니다.

그런데 채 10분도 지나기 전에, 알렉세이가 크고 푹신한 팔걸이의자를 들고 되돌아왔습니다. 붉은 벨벳으로 겉을 씌우고 다리는 황금빛으로 칠해진 의자였습니다. 마음에 쏙 들었습니다. 알렉세이와 경비원, 그리고 내 얼굴에도 빙그레 미소가 떠올랐습니다. 이제 전용의자가 생겼고 아무도 거기에 토를 달지 않았습니다. 갑자기 모든 게 한바탕 코미디 같았습니다. 겨울궁전의 어느 방에 있던 화려한 팔걸이의자를 가져온 뒤에야 비로소 자유롭게 옮겨다니며 그림을 볼 수 있게 됐습니다. 그 방에도 빈 의자가 세 개씩이나 있었지만 손도 댈 수 없었습니다.

아, 이 '예술적인' 관료주의라니! 처음부터 끝까지 이 해프닝을 다 지켜보았을 그림 속 인물들도 우리들처럼 미소지었을까요? 나로서는 죽는 날까지 알 수 없는 일입니다.

가이드와 관광객들한테 들은 얘기들, 햇볕이 조금씩 강해졌다 사라져가면서 빚어냈던 장면들, 예수님이 말씀하시고 렘브란트가 그린 이 비유의 일부로 점점 녹아들어가는 과정에서 가장 깊은 존재의 심연에 떠올랐던 생각들을 정리하다보니 얼추 4시간이 흘렀습니다. 예르미타시 미술관에서 보낸 이 금쪽같은 시간이 과연 어떤 열매를 맺을 수 있을지, 결실을 얻는다면 과연 어떤 모양이 될지 알고 싶었습니다.

그림과 작별하기에 앞서, 그 젊은 경비원에게 가서 손짓발짓을 해가며 오래도록 잘 참아주어서 고맙다는 뜻을 전했습니다. 커다란 러시아 모자 아래 드러난 그의 눈동자에서 나와 다름없는 한 사람의 모습을 보았습니다. 두려워하는, 그러나 한편으론 용서를 갈구하는 인간의 초상이었습니다. 수염 자국 하나 없는 앳된 얼굴에 웃음기가 부드럽게 번져나갔습니다. 나도 모르게 웃음이 나왔습니다. 비로소 둘 다 마음이 편해졌습니다.

바로 그 사건, 돌아온 탕자

상트페테르부르크 예르미타시 미술관에 다녀온 후 몇 주가 지난 어느 날, 토론토에 있는 라르쉬 '데이브레이크'에 도착했습니다. 공동체 안에 살면서 식구들을 돌보는 목회자로 일하게 된 겁니다. 소명을 확인하고 과연 지적 장애인들과 평생을 살도록 부르심을 받았는지 점검하는 데 한 해를 꼬박 바쳤음에도 불구하고 정말 그런 삶을 잘 살아낼 수 있을까 여전히 걱정스럽고 두려웠습니다.

예전에는 지적 장애인들에게 아무런 관심이 없었습니다. 오히려 대학생들과 젊은이들의 문제에 집중했습니다. 강의하고, 글을 쓰고, 체계적으로 설명하고, 제목과 부제를 달고, 설득하고 분석하는 법을 배웠습니다. 제대로 말할 줄 모르고 설령 그럴 능력이 있다 하더라도 논리정연하게 주장을 펴는 데는 눈곱만큼도 흥미가 없는 이들과 의사소통하는 법에 관해서는 아는 게 거의 없었습니다. 지성보다 마음으로 듣고 말보다 삶에 더 민감하게 반응하는 이들에게 예수님의 복음을 선포하는 일에 대해서도 생판 무지렁이였습니다.

1986년 8월, 마침내 데이브레이크 공동체에 첫발을 디뎠습니다. 올바

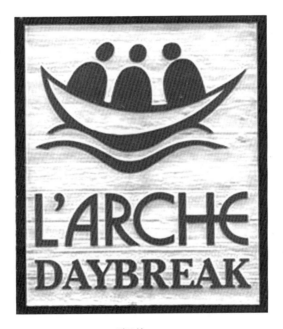

라르쉬 L'Arche

—

지적장애를 가진 이들에게 따뜻한 보금자리를 제공하는 공동체로,
'방주'라는 뜻이다. 1964년, 캐나다 사람 장 바니에가 프랑스 트로즐리에
처음 설립했다. 헨리 나우웬은 1986년, 이곳의 캐나다 분원인 데이브레이크에
들어가 심장마비로 세상을 떠나던 1996년 9월까지 이곳에 몸담았다.

른 선택을 했다는 확신은 있었지만 한편으로는 앞길에 무슨 일이 기다리고 있을지 모른다는 두려움이 가득했습니다. 그럼에도 불구하고 한 가지만큼은 확실했습니다. 강의실에서만 20여 년을 보냈으니, 이제 하나님이 '심령이 가난한 이들'을 대단히 특별한 방식으로 사랑하시며 내 편에서 줄 건 거의 없을지라도 그쪽에서 베풀어줄 선물은 대단히 많다는 사실을 현장에서 확인할 때가 된 겁니다.

데이브레이크에 들어간 뒤에 처음 한 작업 가운데 하나는 〈탕자의 귀향〉 포스터를 걸어두기에 마땅한 자리를 찾는 일이었습니다. 공동체에서 내어준 사무실이 안성맞춤이었습니다. 자리에 앉아 글을 읽고 쓰거나 누군가와 대화를 나눌 때마다 아버지와 아들의 신비로운 포옹을 늘 볼 수 있었고, 훗날 그것은 내 영적인 여정의 일부가 되었습니다.

예르미타시 미술관에 가서 진품을 본 뒤로, 밝은 공간을 둘러싸고 있는 4명의 인물에 조금 더 관심을 갖게 됐습니다. 집에 돌아온 아들을 반가이 맞고 있는 아버지 곁에 서 있는 여자 둘, 남자 둘 말입니다. 구경꾼들을 가만히 보고 있노라면 저들은 그 장면을 어떻게 생각하고 또 느꼈을지 궁금해졌습니다.

세상에는 온갖 종류의 방관자, 또는 관찰자들이 있습니다. 살아온 여정을 되짚어볼수록 나 역시 참으로 긴 세월에 걸쳐 구경꾼 노릇을 해왔다는 것을 뚜렷이 알 수 있었습니다. 오랫동안 영적인 삶의 여러 측면들을 학생들에게 가르치면서 그 중요성을 깨닫게 해주려고 애썼지만, 정작 나 자신은 그 한복판에 과감히 뛰어들어 무릎을 꿇고, 하나님의 용서의 품에 안겨본 적이 있었는지 의심스러웠습니다.

생각을 표현하고, 논리적으로 설명하며, 자기 입장을 변호하고, 분명한 비전을 제시할 줄 안다는 아주 단순한 사실만 가지고 스스로 상황을 통제할 수 있다고 자신했습니다(그건 지금도 마찬가지입니다). 그리고 일반적으로 위험을 무릅쓰고 불확실한 상황에 자신을 내맡기는 순간보다는 이편에서 주어진 환경을 지배한다고 믿을 때 더 마음이 편안했습니다.

오래도록 기도하고, 며칠 또는 몇 달 동안 현장에서 물러나 묵상하는 기간을 갖고, 많은 영적인 지도자들과 무수히 대화를 나누었지만 구경꾼 역할을 좀처럼 포기하지 않았습니다. 내부인이 되어 안에서 밖을 내다보면 얼마나 좋을까 하는 생각을 늘 하고 있었지만, 결정적인 순간이 되면 바깥에서 안을 들여다보는 외부인의 자리를 선택하기를 끊임없이 되풀이했습니다. 그처럼 외부에서 안쪽을 넘겨보는 눈길에는 때로는 호기심이, 때로는 시샘이, 때로는 근심이, 경우에 따라서는 애정이 깃들어 있었습니다.

그러나 '비판적 관찰자'라는 상대적으로 안전한 지위를 포기한다는 건 생면부지의 낯선 세계로 무작정 뛰어드는 짓처럼 보였습니다. 나로서는 영적인 여정을 스스로 통제하고 싶었습니다. 최소한 부분적으로라도 결과를 예측할 수 있기를 간절히 바랐습니다. 안전한 구경꾼의 위치를 버리는 대신, 집으로 돌아온 연약한 탕자의 자리에 선다는 건 거의 불가능한 일에 가까웠습니다.

학생들을 가르치면서 수천 년 동안 수많은 이들이 예수님의 말씀과 행동을 해석한 내용을 전달하고 이전 시대를 살았던 인물들의 영적인 여정을 소개하는 일은, 거룩한 포옹 현장을 에워싸고 지켜보는 네 사람 가운데 하나가 되는 것과 대단히 흡사했습니다. 아버지 뒤쪽에서 서로 얼마쯤 거리를 두고 서 있는 두 여인, 의자에 앉아서 아무 곳에도 눈길을 주지 않은 채 허공만 응시하고 있는 남자, 그리고 딱 버티고 서서 눈앞의 무대에서 벌어지고 있는 일을 냉정하게 지켜보는 키 큰 남자. 이들은 상황에 개입하지 않는 갖가지 방식들을 보여줍니다.

무관심하기도 하고, 호기심을 보이기도 하고, 몽상에 빠지기도 하고, 세심하게 관찰하기도 합니다. 응시하거나, 주시하거나, 감시하거나, 주목합니다. 뒷전에 서 있는 이도 있고, 아치에 기댄 이도 있고, 팔걸이의자에 앉은 이도 있고 두 손을 모아쥐고 선 이도 있습니다. 그림에 등장하는 내부인과 외부인의 마음가짐 하나하나가 모두 나와 비슷합니다. 편한 게 있고 상대적으로 불편한 게 있을 수 있겠지만, 현장에 직접 개입하지 않는 자세라는 점에서는 똑같습니다.

대학생들을 가르치는 일을 접고 지적 장애인들과 함께 살기 시작한다는 건 아버지가 무릎을 꿇고 앉은 아들을 끌어안고 있는 무대를 향해 한 걸음 더 다가서는 과정이었습니다. 적어도 나한테는 그랬습니다. 그곳은 빛의 자리요, 진리의 자리요, 사랑의 현장이었습니다.

하지만 그곳은 그토록 들어가길 원하면서도 두려워서 차마 발을 들여놓지 못했던 자리였습니다. 그토록 간절히 열망하고, 소원하고, 갈구하던 것들을 모두 받을 수 있는 곳이었지만 한편으로는 악착같이 붙들고 싶은 모든 것들을 놓아버려야 하는 자리였습니다. 아울러 사랑, 용서, 치유를 베푸는 것보다 그걸 받아들이기가 한결 힘들다는 사실과 맞닥뜨리는 자리였습니다. 수익이나 자격, 보상을 초월한 자리였습니다. 포기하고 온전히 신뢰하는 자리이기도 했습니다.

데이브레이크에 들어간 지 얼마 안 돼서, 다운증후군을 앓고 있는 린다라는 아리따운 아가씨가 나를 덥석 끌어안고 말했습니다. "와, 반갑습니다!" 낯선 얼굴을 만날 때마다 확신과 사랑을 품고 스스럼없이 보내는 환영인사였습니다. 하지만 그런 포옹을 어떻게 받아들여야 할까요?

린다는 나를 만나본 적이 없습니다. 데이브레이크에 오기 전에 어디서 어떻게 살았는지 전혀 모릅니다. 어두운 구석에 부딪힐 일도 없었고 빛나는 면을 알아볼 기회도 없었습니다. 내가 쓴 책 가운데 어느 것도 읽어보지 못했습니다. 강연을 들어보지도 않았습니다. 심지어 제대로 대화해본 경험도 없습니다.

그렇다면 얼굴에 환한 미소를 한가득 머금은 채, 참 예쁘다고 칭찬해주고는 마치 아무 일도 없었다는 듯 가던 길을 계속 가야 할까요? 린다는 무대 한쪽에 서서 몸짓으로 말하고 있었습니다. "어서 올라오세요. 그렇게 수줍어할 것 없어요. 하늘아버지는 당신도 안아주고 싶어 하세요." 린다가 환영인사를 하거나, 빌이 악수를 청하거나, 그레고리가 웃으며 눈을 맞추거나, 아담이 입을 꾹 다물거나, 레이몬드가 수다를 떨 때마다 그 제스처를 특별한 뜻으로 '해석'할지, 아니면 그저 더 높이, 더 가까이 오라는 초대로 받아들일지 선택해야 할 것만 같았습니다.

데이브레이크 생활은 쉽지 않았습니다. 내면의 갈등이 심했고 정신적, 정서적, 영적인 고통이 따랐습니다. 공동체에 들어왔다는 사실 자체는 그런 어려움과 아무런, 정말 아무런 상관이 없었습니다. 오히려 하버드에서 라르쉬로 옮기면서 구경꾼에서 주인공으로, 재판관에서 회개하는 죄인으로, 사랑에 관해 가르치는 교사에서 가장 소중한 존재로 사랑받는 인간으로 변해가는 아주 작은 걸음을 내딛게 됐습니다.

당시만 해도 그 여정이 얼마나 고달플지 전혀 눈치채지 못했습니다. 반항 의지의 뿌리가 얼마나 깊은지 가늠하지 못했습니다. '제정신으로' 무릎을 꿇고 눈물을 줄줄 쏟는다는 게 얼마나 괴로운 일인지 몰랐습니다. 렘브란트가 그려낸 위대한 사건의 일부가 되는 것이 얼마나 어려운 일인지 실감하지 못했습니다.

무대 한복판으로 걸어 들어가는 한 걸음 한 걸음이 도저히 따를 수 없는 명령처럼 보였습니다. 통제할 수 있기를 바라는 마음을 한 번 더 버리기를, 앞날을 예측하며 살려는 욕구를 한 번 더 포기하기를, 어디로 가는지 전혀 알 수 없는 끔찍한 두려움을 한 번 더 맛보기를, 끝없는 사랑을 한 번 더 실천하기를 요구했습니다.

그리고 아무런 전제가 달려 있지 않은 무조건적인 사랑을 직접 받아보지 않는 한, 제아무리 안간힘을 쓴다 해도 그 위대한 명령대로 살 수 없다는 걸 깨달았습니다. 사랑에 대해 가르치는 수준에서 스스로 사랑받는 단계로 나가는 길은 생각보다 훨씬 멀었습니다.

바로 그 비전, "하나님이 계신 집으로"

데이브레이크에 도착한 날부터 웬만한 일들은 일기와 노트에 다 기록했지만 그 상태 그대로는 다른 이들과 나누기가 어렵습니다. 말이 너무 거칠고, 요란하고, '피투성이'인데다가 적나라하기까지 합니다. 하지만 그 혼란스럽던 시절을 돌아보고 예전보다는 한결 객관적인 시각으로 그 모든 씨름들을 이야기할 만한 시점이 됐습니다.

사실은 아직도 아버지의 품에 와락 안길 만큼 자유롭지 못합니다. 여전히 탕자와 같은 처지입니다. 계속 걸으며 할 말을 준비하는 한편, 마침내 아버지 집에 도착하는 순간 무슨 일이 벌어질지 머릿속으로 거듭 그려봅니다. 하지만 집으로 돌아가는 길이라는 사실만큼은 분명합니다. 먼 지방을 떠나서 친밀한 사랑을 맛보러 가고 있습니다.

개인적인 이야기를 할 준비가 됐다고 생각하는 건 그런 이유에서입니다. 거기서 얼마쯤 소망을, 빛을, 위안을 찾게 될지도 모르겠습니다.

지난 몇 해 동안 살며 겪은 일들을 적잖이 이야기하려고 합니다. 혼란과 절망으로 설명하지는 않겠습니다. 도리어 한 순간 한 순간, 빛을 향해 나가는 여정으로 여길 것입니다.

데이브레이크에 머무는 동안 늘 그림과 함께했습니다. 이리저리 옮겨 다니며 떼었다 붙이기를 몇 번이나 되풀이했는지 모릅니다. 사무실에서 예배실로, 예배실에서 데이스프링(데이브레이크 공동체의 기도원쯤 됩니다)으로, 데이스프링 거실에서 다시 예배실로 자리를 바꿨습니다. 데이브레이크 안팎에서 침이 마르도록 그림 이야기를 했습니다. 지적 장애인들과 도우미들에게, 사역자와 성직자들에게, 그 밖에 각계각층의 수많은 이들에게 설명했습니다.

그런데 '탕자'를 입에 올리면 올릴수록 어쩐지 나를 위한 작품 같다는 생각이 점점 짙어졌습니다. 하나님이 내게 들려주시려는 말씀의 핵심뿐만 아니라 이편에서 주님과 거룩한 백성들에게 전달하고 싶어 하는 이야기의 골자까지도 그 그림 한 장에 다 들어 있습니다. 복음의 정수가 집약되어 있다고나 할까요?

아울러 내 삶도 거기에 있습니다. 친구들의 삶도 마찬가지입니다. '탕자'는 하나님나라로 통하는 신비로운 창이 됩니다. 기기묘묘하게 어울려 하루하루의 삶을 구성하는 다채로운 사람과 사건을 돌아볼 수 있도록 존재의 이면으로 들어가게 해주는 대문과 같았습니다.

외로움과 사랑, 슬픔과 기쁨, 원망과 감사, 전쟁과 평화 등 갖가지 인간

37

경험들을 면밀히 관찰하여 하나님의 모습을 어림잡아보려고 꽤 오랫동안 노력했습니다. 영혼의 오르내림을 파악하고 사랑의 하나님만이 채우실 수 있는 굶주림과 목마름을 분간하려고 애썼습니다. 변질되지 않고 언제나 한결같으며 현세를 초월해 영원한 것, 심신이 무기력해질 만큼 강력한 두려움도 가뿐히 뛰어넘는 온전한 사랑, 고통과 고뇌로 가득한 비참한 상황을 극복하는 하나님의 위로를 찾으려 했습니다.

인간의 유한성을 딛고 서서 예상보다 훨씬 더 크고, 깊고, 넓고, 아름다운 실재에 눈을 돌리게 하려고 안간힘을 썼습니다. 아울러 마음을 열고 믿는 이들은 이미 그 존재를 보고, 듣고, 만질 수 있다는 사실을 알려주려고 꾸준히 노력했습니다.

그러나 이곳 데이브레이크에서 시간을 보내면서 그때까지 단 한 번도 가본 적이 없는 내면의 한 지점으로 이끌려갔습니다. 하나님이 머물려고 선택하신 바로 그 자리입니다. 이름을 꼭 집어 부르시며 "사랑하는 아들아, 내가 네게 은혜를 베푸노라"라고 말씀하는 사랑 많으신 하나님 품에 안겨 마음 편히 쉬는 자리입니다. 세상이 결코 줄 수 없는 기쁨과 평안을 맛볼 수 있는 자리이기도 합니다.

갑자기 생긴 자리가 아니었습니다. 거기가 은혜의 원천이라는 사실을 벌써부터 알고 있었습니다. 하지만 정말 그 안에 들어가서 살 수는 없었습니다. 예수님은 말씀하십니다. "예수께서 그에게 대답하셨다. '누구든지 나를 사랑하는 사람은 내 말을 지킬 것이다. 그리하면 내 아버지께서 그 사람을 사랑하실 것이요, 내 아버지와 나는 그 사람에게로 가서 그 사람과 함께 살 것이다'"(요 14:23). 볼 때마다 깊은 감동을 주는 본문입니다. 내가 바로 하나님의 집이라니, 놀랍지 않습니까?

하지만 그 말씀의 참뜻을 몸으로 살아내기란 여간 힘든 게 아니었습니다. 그렇습니다. 하나님이 내 마음 가장 깊은 곳에 머무신다는 것까지는 괜찮은데, "내 안에 머물러 있어라. 그리하면 나도 너희 안에 머물러 있겠다"(요 15:4)고 하시는 예수님의 명령은 어떻게 받아들여야 할까요? 주님의 초대는 한 점 모호한 구석 없이 명쾌합니다. 하나님이 살기로 정하신 곳에 내 집을 세우라는 건 대단히 거대한 영적 도전입니다. 너무 거대해서 불가능에 가까운 과제처럼 보일 정도입니다.

사고방식으로든, 느낌으로든, 감정으로든, 열정으로든 하나님이 집으로 삼으신 곳에서 늘 멀리 떨어져 지냈습니다. 집으로 돌아가서 하나님이 계신 곳에 자리를 잡고 사랑이 넘치는 그 진실한 음성에 귀를 기울이는 것이야말로 내게는 두렵기 짝이 없는 여행이었습니다. 주님은 마치 질투심에 사로잡힌 연인처럼 잠시도 눈을 떼지 않고 내 모든 걸 원하시는 분임을 잘 알기 때문입니다. 도대체 언제쯤이나 그런 사랑을 받을 만한 자격을 갖출 수 있을까요?

하나님은 손수 그 길을 열어주셨습니다. 정서적이고 신체적인 풍파가 데이브레이크의 분주한 일상을 꾸려가기 힘들 만큼 거칠게 몰아닥치는 바람에 집으로 돌아가지 않고는 견딜 수 없는 지경에 이르렀습니다. 하나님을 만날 만한 곳, 즉 내 마음의 지성소에 계시는 주님을 구하게 된 겁니다.

아직 거기에 이르렀다고 말할 수는 없습니다. 죽는 날까지도 도달하지 못할 겁니다. 하나님에게 가는 길은 죽음의 울타리 너머로 멀리 이어지는 까닭입니다. 한편으로는 대단히 멀고 고단한 여정이지만, 또 다른 한편으로는 최종 목적지의 삶을 맛볼 수 있는 경이로운 체험이 가득한 과정이

기도 합니다.

렘브란트의 그림을 처음 보았을 무렵, 나는 내 안에 있는 하나님의 집에 지금만큼 친숙하지 않은 상태였습니다. 그런데도 아버지가 아들을 껴안고 있는 장면에 그처럼 뜨거운 반응을 보였던 것을 보면, 그림 속 젊은 친구처럼 나 역시 안전하게 깃들일 내면의 자리를 절박하게 탐색하고 있었음에 틀림없습니다. 당시만 하더라도 그 지점에 몇 발짝 다가서기 위해 무얼 해야 할지 내다보지 못했습니다.

하나님이 어떤 계획을 마련해두셨는지 미리 내다보지 못했던 게 도리어 감사합니다. 하지만 내면의 고통을 통해 눈뜨게 된 새로운 마음의 자리 역시 얼마나 감사한지 모르겠습니다.

이제 사명이 하나 더 생겼습니다. 새로운 자리에 서서 지금까지 해왔던 것과는 반대로 나는 물론이고 다른 이들의 불안한 삶을 향해 글을 쓰고 메시지를 전하는 일입니다. 아버지 앞에 무릎을 꿇은 채로 주님의 가슴에 귀를 바짝 들이대고 아무런 방해 없이 그 박동소리에 귀를 기울여야 합니다. 그러고 나서야, 정말 그러고 나서야 비로소 들은 내용을 신중하고도 온화하게 이야기할 수 있습니다.

이제는 영원에서 시간으로, 변치 않는 기쁨을 딛고 서서 잠시 머물다 흘러가는 세상 만물의 실재를 향하여, 사랑의 집으로부터 두려움의 집으로, 하나님의 거처에서 인간 존재의 처소로 메시지를 전달해야 한다는 사실을 압니다. 물론 어마어마한 부르심입니다. 하지만 내게 주어진 길은 그것 하나뿐이라는 점만큼은 확실합니다. 하나님의 눈으로 사람과 세상을 바라본다는 뜻에서 그것을 '선지자적인 시각'이라고 부를 수도 있을 겁니다.

이것이 인간에게 현실적으로 가능한 일일까요? 더 나아가서 정말 이 길을 선택해도 괜찮을까요? 지식을 얻으려는 질문이 아닙니다. 소명에 관한 물음입니다. 하나님은 내 존재의 중심을 지성소로 선택하셨고 나는 그리 들어가도록 부르심을 받았습니다. 그리 들어가는 길은 쉼 없는 기도뿐입니다. 허다한 갈등과 엄청난 고통이 그 길을 평탄하게 만들 수 있을지 몰라도 오직 쉬지 않고 기도하는 것만이 그곳에 들어가게 해줄 수 있습니다.

작은아들, 큰아들, 그리고 아버지

〈탕자의 귀향〉을 처음 보았던 그해, 내 영적인 여정은 세 단계를 거쳤습니다. 그것을 보면 앞으로 할 이야기의 구조를 파악하는 데 도움이 됩니다.

첫 번째 단계는 둘째아들이 되는 경험입니다. 오랜 세월 대학에서 학생들을 가르치는 한편으로 중남미 사태에 깊이 관여하는 삶을 살면서 깊고 깊은 상실감에 빠지게 됐습니다. 참으로 멀리, 그리고 널리 떠돌아다녔으며, 생활 방식과 신념이 제각각인 이들을 무수히 만났고, 갖가지 운동에 몸담았습니다. 하지만 막바지에 이르러서는 떠돌이 신세라는 느낌과 피로감이 밀려들었습니다.

아버지가 작은아들의 어깨에 손을 얹고 품에 끌어안는 따뜻한 장면을 대하는 순간, 방황하는 둘째가 바로 나라는 깨달음이 들었습니다. 한시 바삐 집으로 돌아가 그림 속 젊은이처럼 아버지 품에 안기고 싶은 충동이 일었습니다. 오랫동안 나 자신을 탕자, 즉 아버지가 반가이 맞아주기를 기대하며 집으로 돌아가고 있는 둘째아들이라고 생각했습니다.

그런데 정말 뜻밖에도, 그런 시각에 어떤 변화가 일어났습니다. 프랑스에서 일 년을 보내고 상트페테르부르크 예르미타시 미술관을 둘러본 다음부터 '내가 곧 작은아들'이라고 철석같이 믿게 만들던 그 절박한 감정들이 의식 뒤편으로 사라져갔습니다. 결국 토론토에 있는 데이브레이크에 들어가기로 작정했고 예전보다 한결 자신감이 생겼습니다.

영적인 여정의 두 번째 단계는 어느 날 저녁, 일 년 전에 만나 아주 친해진 영국인 친구 바트 개비건과 렘브란트의 그림을 두고 대화를 나누는 도중에 시작됐습니다. 작은아들과 내가 얼마나 똑같은지 이야기하자 바트는 마음을 꿰뚫듯 쳐다보며 말했습니다. "글쎄, 자넨 도리어 큰아들과 더 닮지 않았나 싶은데?" 그의 한마디는 내면 세계에 새로운 지평을 열어주었습니다.

솔직히 말해서, 단 한 번도 스스로 큰아들일지 모른다고 생각해본 적이 없지만, 일단 친구가 그 가능성을 들이대자 머릿속에 수만 가지 생각이 소용돌이치기 시작했습니다.

실제로 우리집 맏이라는 단순한 사실을 비롯해 그동안 얼마나 착실하게 본분을 다하며 살았는지 의식하게 되었습니다. 여섯 살 코흘리개 시절부터 일찌감치 성직자가 되기로 작정하고 평생 뜻을 바꾸지 않았습니다. 태어나서 세례와 견진, 서품을 모두 한 교회에서 받았으며 부모와 교사에게, 주교들에게, 그리고 하나님께 늘 순종했습니다. 집을 나가거나 육신의 쾌락을 좇아 시간과 돈을 낭비한 일도 없었습니다. '방탕함과 술 취함'(눅 21:34)에 몰두하지도 않았습니다. 책임감을 가지고, 전통을 따르며, 집을 지키며 살았습니다.

그러면서도 실제로는 마치 둘째아들인 것처럼 살았던 겁니다. 퍼뜩 전혀 새로운 관점에서 나를 돌아보았습니다. 질투, 분노, 과민하고 완고한 태도, 그리고 무엇보다도 교묘한 독선이 눈에 들어왔습니다. 얼마나 불평을 입에 달고 지냈는지, 얼마나 적대감에 찌든 생각과 감정을 가지고 살았는지 깨달았습니다.

　그러고도 어떻게 그처럼 오래도록 자신을 작은아들로 여길 수 있었는지 어처구니가 없었습니다. 나는 분명히 큰아들이었지만 동생과 다를 게 없었습니다. 평생 '집'을 떠나지 않았을지라도 길을 잃고 방황하기는 매한가지였습니다.

　아버지의 농장에서 열심히 일했지만, 집에 있다는 기쁨을 온전히 맛본 적은 없었습니다. 아버지가 주신 온갖 특권에 감사하기는커녕, 어느새 세상에 나가 우여곡절을 다 겪고 돌아와서 따뜻한 환영을 받는 형제자매들을 시샘하는, 원망 가득한 인간이 되었습니다. 데이브레이크에 들어가 생활한 한 해 반 동안, 바트의 예리한 지적은 내 내면생활을 꾸준히 돌아보는 한마디가 되었습니다.

　하지만 그것으로 끝나지 않았습니다. 사제서품 30주년을 기념하는 자리를 가진 지 몇 달이 지나기도 전에, 마음은 칠흑같이 어두운 구석으로 빠져들었으며 정신적으로 감당하기 어려울 만큼 극심한 고뇌에 시달리기 시작했습니다. 몸담고 있는 공동체에서 더 이상 안정감을 느낄 수 없었던 겁니다. 내면의 씨름에 힘을 보태주고 내적인 치유에 직접적으로 영향을 줄 수 있는 손길을 찾아 떠나야 할 때가 된 겁니다.

　길을 나설 때 수중에 지닌 책이라고는 렘브란트나 탕자의 비유에 관한 서적들뿐이었습니다. 친구들과 공동체를 뒤로하고 외딴곳에 뚝 떨어져

사는 동안, 이 위대한 네덜란드 화가의 신산스러운 삶을 더듬는 한편, 결과적으로 〈탕자의 귀향〉이라는 장대한 작품을 그려내는 원동력이 된 고뇌의 발자취를 공부하면서 말할 수 없이 커다란 위로를 받았습니다.

실패와 환멸, 슬픔의 한복판에서 렘브란트가 빚어낸 그 찬란한 스케치와 그림들을 하루에도 몇 시간씩 들여다보았습니다. 모든 허물을 다 용서하는 연민의 몸짓으로 아들을 껴안고 있는 인물, 이제는 거의 앞을 보지 못하는 노인이 작가의 붓끝에서 탄생하게 된 배경과 그 과정을 차츰 이해하게 되었습니다. 그처럼 겸손한 하나님의 초상을 그려낼 때까지 화가는 무수한 죽음을 경험하고 한없는 눈물을 쏟았을 겁니다.[1]

그처럼 내면의 고통이 심각하던 시기에 영적인 여정의 세 번째 단계를 소개하고 거기에 마음을 여는 일이 반드시 필요하다는 걸 알려준 또 다른 친구가 있었습니다. 칠십 줄에 들어서면서부터 줄곧 데이브레이크와 동고동락했으며 내가 그 공동체에 들어가는 데도 결정적인 역할을 했던 수 모스텔러가 바로 그 주인공입니다. 수 할머니는 내 형편이 어려워질 즈음에 꼭 필요한 도움을 주었으며, 마음이 참으로 자유로워지기 위해서라면 어떠한 장애물도 두려워하지 말고 헤쳐 나가라고 격려했습니다.

외딴 '은신처'까지 찾아온 노인은 렘브란트의 그림 이야기를 듣고 말했습니다. "스스로 작은아들이라고 생각하든 큰아들로 여기든, 아버지처럼 살도록 부르심을 받았다는 걸 알아야 합니다."

얘기를 듣는 순간, 마치 벼락을 맞은 것처럼 정신이 번쩍 들었습니다. 그림과 더불어 산 세월이 이미 몇 해고 아들을 부둥켜안은 노인의 모습을 지켜본 것이 하루 이틀이 아니지만 그 아버지가 평생 감당해야 할 소명을 온전하게 보여주는 표상이라고는 꿈에도 생각해보지 않았기 때문

Rembran

〈나무들, 농장 건물들과 타워가 있는 풍경〉, 1650, 동판화

—

"마음은 칠흑같이 어두운 구석으로 빠져들었으며 정신적으로 감당하기 어려울 만큼
극심한 고뇌에 시달리기 시작했습니다. 내면의 씨름에 힘을 보태주고
내적인 치유에 직접 영향을 줄 수 있는 손길을 찾아 떠나야 할 때가 된 겁니다.
길을 나설 때 수중에 지닌 책이라곤 렘브란트나 탕자의 비유에 관한 서적들뿐이었습니다.
실패와 환멸, 슬픔의 한복판에서 렘브란트가 빚어낸 그 찬란한 스케치와
그림들을 하루에도 몇 시간씩 들여다보았습니다."

입니다.

　수 할머니는 대꾸할 틈도 주지 않았습니다. "평생 친구를 찾더군요. 서로 낯을 익힌 뒤부터 줄곧 지켜봤는데 사랑에 목마른 눈치가 역력했습니다. 일이라고 하면 이것저것 가리지 않고 죄다 관심을 보였습니다. 사방팔방 관심과 인정, 지지를 구걸했습니다. 이제 자신만의 진짜 소명을 추구할 때가 됐습니다. 아무것도 묻지 않고 어떤 대가도 바라지 않으며 집으로 돌아온 자녀들을 반가이 맞아주는 아버지가 되라는 겁니다. 그림 속의 노인을 잘 보십시오. 하나님이 어떤 인물이 되라고 부르시는지 알 수 있을 겁니다. 데이브레이크 식구들은 물론이고 주변 사람들 대다수는 당신에게 좋은 친구라든지 친절한 형제를 기대하지 않습니다. 스스로 '참다운 동정의 권위자'라고 떳떳이 말할 수 있는 아버지가 되어주기를 바랄 뿐입니다."

　덥수룩한 수염에 붉은 망토를 걸친 노인을 바라보며 거기에 나를 대입하는 것은 영 거북했습니다. 흥청망청 재산을 탕진한 작은아들이나 원망이 마음에 가득했던 큰아들에게는 쉽게 동질감을 느끼는 반면, 이미 모든 것을 다 잃고 가진 게 없는 노인, 할 일이라고는 주는 것뿐인 아버지처럼 되어야 한다는 사실은 몹시 두려웠습니다. 하지만 렘브란트는 예순세 살에 세상을 떠났습니다. 나이로 치자면 나는 두 아들보다는 화가 쪽에 더 가깝습니다. 렘브란트는 기꺼이 자신을 아버지의 자리에 두었습니다. 그렇다면 나라고 안 될 이유가 있을까요?

　수 모스텔러에게 도전을 받고 일 년 반쯤 지났을 무렵, 비로소 영적으로 나 자신을 아버지로 보기 시작했습니다. 더디고도 고된 싸움이었습니다. 더 자라지 않고 그냥 작은아들의 자리를 지키고 싶은 마음이 굴뚝같

탕자의 귀향

았습니다. 그러나 자식들이 집으로 돌아오고 용서와 축복의 뜻을 담아 그 어깨에 손을 올려놓으면서 말할 수 없는 기쁨을 맛보기도 했습니다. '아무것도 묻지 않고 집을 찾아 되돌아온 자녀들을 반가이 맞아주는' 아버지가 된다는 것이 무엇을 의미하는지 조금씩 알게 되었습니다.

렘브란트의 포스터를 처음 본 이래로 지금까지 살아온 발자취는 내게 영감을 불어넣어 이 책을 쓰게 했을 뿐만 아니라 그 뼈대까지 잡아주었습니다. 먼저 작은아들을 돌아보고 이어서 큰아들을 검토한 다음, 마지막으로 아버지를 살펴볼 겁니다. 내가 바로 작은아들이었고, 큰아들이었으며, 이제 아버지가 되어가는 과정에 있기 때문입니다.

나와 더불어 이 영혼의 길을 함께 걷는 이들 역시 스스로 내면을 돌아보고 '길 잃은 주님의 자녀'뿐만 아니라 '안타깝고 불쌍해서 마음이 끓는 부모', 곧 하나님의 모습을 찾게 되길 간절히 바라며 기도합니다.

1부
작은아들

어떤 사람에게 아들이 둘 있는데 작은아들이 아버지에게 말하기를 "아버지, 재산 가운데서 내게 돌아올 몫을 내게 주십시오" 하였다. 그래서 아버지는 살림을 두 아들에게 나누어주었다. 며칠 뒤에 작은아들은 제 것을 다 챙겨서 먼 지방으로 가서, 거기서 방탕하게 살면서, 그 재산을 낭비하였다. 그가 모든 것을 탕진했을 때에, 그 지방에 크게 흉년이 들어서, 그는 아주 궁핍하게 되었다. 그래서 그는 그 지방의 주민 가운데 한 사람을 찾아가서, 몸을 의탁하였다. 그 사람은 그를 들로 보내서 돼지를 치게 하였다. 그는 돼지가 먹는 쥐엄열매라도 좀 먹고 배를 채우고 싶은 심정이었으나, 그에게 먹을 것을 주는 사람이 없었다. 그제서야 그는 제정신이 들어서, 이렇게 말하였다. "내 아버지의 그 많은 품꾼들에게는 먹을 것이 남아도는데, 나는 여기서 굶어 죽는구나. 내가 일어나 아버지에게 돌아가서, 이렇게 말씀드려야 하겠다. 아버지, 내가 하늘과 아버지 앞에 죄를 지었습니다. 나는 더 이상 아버지의 아들이라고 불릴 자격이 없으니, 나를 품꾼의 하나로 삼아주십시오." 그는 일어나서, 아버지에게로 갔다.

—
눅 15:11-20

1

렘브란트, 그리고 작은아들

✻

〈탕자의 귀향〉을 그릴 무렵, 렘브란트는 하루하루 죽음을 향해 다가서고 있었습니다. 사실, 이 그림은 화가의 유작에 속하는 작품입니다. 관련된 글들을 읽고 그림을 보면 볼수록 말도 많고 탈도 많은 삶을 살았던 대가가 남긴 마지막 말이라는 생각이 듭니다. 끝내 완성을 보지 못한 〈시므온과 아기 예수〉와 더불어 〈탕자의 귀향〉은 황혼기에 접어든 작가의 자의식을 보여줍니다.

육신의 시력은 어두워지는 반면, 내면의 눈이 뜨이는 것이 서로 밀접하게 연관되어 있다는 깨달음을 보여준다는 말입니다.

노쇠한 시므온이 여리디 여린 아기를 품에 안은 장면과 연로한 아버지가 지칠 대로 지친 아들을 끌어안은 모습을 보십시오. 예수님이 제자들에게 하신 말씀이 떠오르지 않습니까? "너희가 보고 있는 것을 보는 눈은, 복이 있다"(눅 10:23). 시므온과 '돌아온 탕자'의 아버지는 둘 다 심중에 신비한 빛을 품고 있으며, 거기에 의지해 세상을 바라봅니다. 마음 깊

〈시므온과 아기 예수〉, 1669, 유화

—

"끝내 완성을 보지 못한 〈시므온과 아기 예수〉와 더불어 〈탕자의 귀향〉은 황혼기에
접어든 작가의 자의식을 보여줍니다. 시므온과 '돌아온 탕자'의 아버지는 둘 다 심중에
신비한 빛을 품고 있으며, 거기에 의지해 세상을 바라봅니다."

숙한 곳에 숨겨져 있지만 부드러운 아름다움을 온 세상에 두루 발산하는 내면의 빛입니다.

하지만 내밀한 빛은 오랫동안 드러나지 않은 채 감춰져 있었습니다. 긴 세월, 렘브란트는 그 빛에 이르지 못했습니다. 갖가지 괴로움을 겪은 뒤에야 비로소 내면의 빛을 감지하기 시작했으며, 직접 그려낸 인물들에도 자신을 통해 그 빛이 투영되어 있음을 깨달았습니다. 아버지처럼 되기 전까지는 렘브란트 역시 오래도록 "제 것을 다 챙겨서 먼 지방으로 가서, 거기서 방탕하게 살면서, 그 재산을 낭비"했던 작은아들이나 다름없는 삶을 살았습니다.

만년의 렘브란트는 원숙한 기량으로 늙은 아버지와 노쇠한 시므온 같은 인물들을 잇따라 빚어냈습니다. 그처럼 심오하게 내면화된 자화상들을 보고 있노라면, 작가 역시 한창때는 뻔뻔스럽고, 자신감이 넘쳤으며, 방탕하고, 성적인 쾌락을 탐닉하고, 몹시 거만했을 거라는 생각을 떨쳐낼 수 없습니다. 한마디로 탕자의 성품을 모두 지니고 있었음에 틀림없습니다.

서른 살 무렵, 렘브란트는 아내와 함께 있는 자신을 모델로 매음굴의 탕자를 그렸습니다. 내면의 갈등이라고는 눈곱만큼도 찾아볼 수 없는 정경입니다. 주인공은 술에 잔뜩 취해 있습니다. 입은 반쯤 벌어졌고 눈은 음탕한 욕심으로 번들거립니다. 마치 그림을 감상하는 이들에게 경멸하는 어조로 말하는 것 같습니다. "얼마나 신나는 줄 아쇼?" 오른손에는 반쯤 비운 술잔을 들고, 왼손으로는 파트너의 허리를 더듬고 있습니다.

여인의 눈동자 역시 그 못지않은 욕정으로 들떠 있습니다. 렘브란트의 굽이치는 긴 머리칼, 큼지막한 흰 깃털이 달린 벨벳 모자, 두 인물의 등 뒤로 늘어진 검(가죽 칼집에 꽂혀 있고 칼자루는 금빛입니다) 따위는 두 인물의

〈사스키아와 함께 있는 자화상〉, 1636, 유화

—

"서른 살 무렵, 렘브란트는 아내와 함께 있는 자신을 모델로 매음굴의 탕자를 그렸습니다.
그로부터 30년 뒤에 바로 그 화가가 감춰진 삶의 비밀을 꿰뚫어보는 눈으로
자기 초상을 그려냈다는 사실이 좀처럼 믿어지지 않았습니다."

의도를 여실히 보여줍니다. 오른쪽 귀퉁이에서 아래로 늘어진 커튼마저 악명 높은 암스테르담 홍등가의 매음굴을 떠올리게 합니다.

청년 렘브란트가 자신을 탕자로 묘사한 감각적인 자화상을 찬찬히 뜯어볼수록 기가 막혔습니다. 그로부터 30년 뒤에 바로 그 화가가 감춰진 삶의 비밀을 꿰뚫어보는 눈으로 자기 초상을 그려냈다는 사실이 좀처럼 믿어지지 않았습니다.

하지만 렘브란트의 전기들은 하나같이 주인공을 자부심이 대단한 젊은이로 그리고 있습니다. 스스로 천재임을 잘 알고, 세상이 제시하는 모든 것들을 열렬히 탐구하며, 쾌락을 사랑하면서도 자신에게 그런 특질이 있다는 사실조차 의식하지 못했던 청년이었다는 겁니다. 렘브란트의 주요 관심사 가운데 하나가 돈이었다는 데는 의심의 여지가 없습니다. 많이 벌었지만 그만큼 손이 컸고 씀씀이가 헤펐습니다. 빚잔치를 하고 파산 과정을 밟는 길고도 지루한 소송을 벌이는 데 적잖은 에너지를 쏟아부었습니다.

20대 말부터 30대 초반에 나온 자화상들은 평판에 연연하며, 아첨에 굶주리고, 옷깃에 풀을 먹인 전통 복장 대신 금줄을 늘어뜨린다든지 이국적인 모자나 베레모, 헬멧, 터번 따위를 즐기는 등 사치스럽게 차려입기를 좋아하는 남성상을 보여줍니다. 물론 이처럼 공들인 차림새는 독특한 회화기법을 과시하고 적용하는 통상적인 방편이지만, 다른 한편으로는 후원자들의 비위를 맞추는 데 만족할 수 없었던 작가의 오만한 됨됨이를 보여주는 특징이기도 했습니다.

그러나 성공과 명성, 부를 누리던 시기는 금세 지나가고 곧바로 슬픔과 불행, 재난의 시절이 닥쳤습니다. 렘브란트가 평생 겪은 불행을 간추려보

탕자의 귀향

면 누구라도 입이 딱 벌어지고 말 겁니다. 탕자에 견주어도 결코 밀리지 않을 만한 고난의 연속이었습니다.

1635년, 아들 룸바르투스가 숨졌고 3년 뒤에는 장녀 코르넬리아가 세상을 떠났습니다. 1640년, 다시 둘째딸 코르넬리아를 잃었으며 1642년에는 진심으로 사랑하고 사모했던 사스키아까지 앞세웠습니다. 렘브란트 곁에 남은 건 고작 생후 9개월 된 어린 아들 티투스뿐이었습니다. 아내가 눈을 감은 후에도 렘브란트의 삶에는 수많은 고난과 어려움이 끊이지 않았습니다.

티투스의 유모 헤이르체 디르흐와 불행한 관계를 유지하다가 소송을 벌이기에 이르렀으며, 상대방을 정신병원에 감금하는 것으로 종지부를 찍었습니다.

다음에는 헨드리키예 스토펠스라는 여성과 이전보다는 훨씬 안정된 교제를 시작했습니다. 두 사람은 남매를 두었는데, 아들은 1652년에 죽고 딸만 렘브란트 사후까지 생존했습니다.

그러는 동안 화가로서의 평판은 수직으로 추락했습니다. 몇몇 수집가와 비평가들은 여전히 그를 당대 최고의 작가로 꼽았지만 그 목소리는 들리지 않았습니다. 재정 문제는 날로 심각해져서 1656년에는 급기야 지급불능 선고를 받기에 이르렀습니다. 렘브란트는 모든 부동산과 재물을 처분해서 빚을 갚게 해달라고 당국에 요청했습니다. 어떻게든 파산을 피해보려는 몸부림이었습니다.

1657년과 1658년 사이에 열린 세 차례 경매를 통해 전 재산이 팔려나갔습니다. 본인과 다른 화가들의 작품, 장기간 수집해서 소장하고 있던 방대한 양의 공예품들, 암스테르담의 저택과 가구는 모두 남의 손으로 넘

작은아들

〈밀짚 모자를 쓴 사스키아〉, 1633, 송아지 가죽에 은도금

—

렘브란트는 1635년에 아들을, 3년 뒤에는 장녀를, 그리고 1640년에는
다시 둘째딸을 먼저 떠나보내야 했다. 그리고 1642년에는 진심으로 사랑하고 사모했던
아내 사스키아도 보내야 했다. 렘브란트가 약혼을 기념해 그린 사스키아의 첫 초상화.

어갔습니다.

빛과 빚쟁이들한테서 완전히 자유로워진 건 아니었지만, 오십 줄에 들어서면서부터 렘브란트는 그럭저럭 평온을 되찾았습니다. 그 무렵에 나온 작품들에서 따뜻한 느낌과 내면의 성찰이 감지되는 걸 보면 작가가 쓰라린 환멸에서 차츰 벗어나고 있음을 알 수 있습니다. 오히려 그 뼈아픈 경험들은 세상을 보는 눈을 투명하게 만들었습니다. 제이콥 로젠버그 Jakob Rosenberg의 말마따나 "렘브란트는 더 이상 화려한 껍데기나 가식적인 표현에 현혹되지 않고 한결 예리해진 눈으로 인간과 자연을 꿰뚫어보기"[1] 시작했습니다.

1663년에 헨드리키예가 세상을 떠났고, 그 후로 5년 뒤에는 눈에 넣어도 아프지 않을 아들 티투스의 결혼과 죽음을 연달아 지켜보아야 했습니다. 그리고 이듬해, 가난하고 외로운 노년을 보내던 렘브란트 자신도 눈을 감았습니다. 유족이라곤 딸 코르넬리아와 며느리 마그달레나 반 로, 손녀 타티아뿐이었습니다.

아버지 앞에 무릎을 꿇고 그 품에 얼굴을 파묻은 탕자를 처음 대하는 순간, 한때는 두려울 것 없을 만큼 당당했으며 뭇사람들의 존경을 받았지만, 그토록 애써 끌어모은 온갖 영화가 모두 헛것이었음을 아프게 깨달은 한 예술가의 초상이 어쩔 수 없이 겹쳐 보였습니다. 청년 렘브란트가 홍등가에 앉은 그림에서 입었던 값진 의복은 간데없고, 속에 받쳐 입는 헐렁한 통옷 한 벌로 수척한 몸을 가린 채 하도 오래 신어서 너덜너덜 못 쓰게 된 샌들을 걸치고 있었던 것입니다.

뉘우치는 아들로부터 측은해서 어쩔 줄 모르는 아버지에게로 시선을 돌려봅시다. 금목걸이, 옷, 모자, 촛불, 램프 등 화려한 빛은 사라지고 그 자리를 노인의 내면에서 나오는 광채가 대신하고 있는 걸 감지할 수 있습니다. 더 열심히 부귀영화를 좇도록 유혹하는 빛에서 인간의 영혼을 사로잡아 죽음을 초월하게 하는 빛으로 옮겨 간 겁니다.

탕자의 귀향

2

작은아들, 집을 나서다

❊

렘브란트가 그린 그림의 정확한 이름은 이미 말한 대로 〈탕자의 귀향〉입니다. '돌아옴'은 '떠남'을 전제로 합니다. 돌아온다는 것은 가출했다가 귀가한다든지 멀리 떠났다가 복귀했다는 뜻입니다. 아버지는 작은아들을 반갑게 맞으며 한없이 기뻐하는 까닭을 "죽었다가 살아났고, 내가 잃었다가 되찾았으니"(눅 15:32)라고 설명했습니다. 잃었던 아들을 되찾은 벅찬 기쁨의 이면에는 그 아이를 잃어버렸던 지난날의 슬픔이 깊게 배어 있습니다. 되찾는다는 말 뒤에는 잃어버린 경험이 숨어 있습니다. 되돌아온다는 표현 아래에는 떠남의 기억이 깔려 있습니다.

지독한 거부의 몸짓

사랑과 기쁨이 가득한 귀향 장면을 볼 때마다 먼저 그 이전에 벌어졌던 가슴 아픈 사건을 음미하게 됩니다. 집을 떠난다는 것이 무슨 말인지 그 깊은 뜻을 과감하게 파헤쳐보지 않고는 돌아옴의 의미를 정확하게 헤아릴 수 없습니다.

작은아들의 황갈색 홑옷은 아버지의 붉은 외투와 어우러져 제법 근사해보이지만, 사실 젊은이는 비참했던 지난 삶을 고스란히 드러내는 누더기를 걸치고 있습니다. 아버지의 따뜻한 품속에 있을 때는 상처마저 아름다워 보이지만, 그건 상처를 보듬는 따뜻한 손길에서 비롯된 아름다움일 따름입니다. 긍휼히 여기는 마음의 비밀을 속속들이 이해하려면 먼저 연민을 불러일으키는 대상의 실체를 정직하게 바라봐야 합니다.

돌이키고 되돌아오기 오래 전, 아들은 그 품을 떠났습니다. 아버지에게 뻔뻔스럽게 요구하면서 말입니다. "재산 가운데서 내게 돌아올 몫을 내게 주십시오." 그는 재물을 챙기기가 무섭게 남김없이 싸들고 집을 나가버렸습니다. 복음서 저자 누가가 지나치리만치 간략하게, 사실 중심으로 정리하는 바람에 후대의 독자들로서는 이 일이 얼마나 가혹하고, 무례하며, 당시 사람들이 으뜸으로 생각하던 도덕률을 정면으로 짓밟는 처사였는지 실감하기 어렵습니다.

누가복음에 기록된 비유를 예리하게 분석한 케네스 베일리는 집을 나가는 작은아들의 태도는 마치 아버지가 어서 죽어주길 바라는 꼴이라고 말합니다.

지난 15년 동안 모로코에서 인도까지, 터키부터 수단에 이르기까지 각계각층의 인물들에게 아버지가 아직 정정하게 살아 있는 상태에서 유산을 요구하는 것이 어떤 의미를 갖는지 물어보았다. 대답은 입을 맞추기라도 한 것처럼 똑같았다. 대화는 언제나 이런 식으로 흘러갔다.

"동네에서 그런 소릴 들어본 적이 있습니까?"

〈유산을 물려받는 탕자〉, 연도 미상, 소묘

—

"돌이키고 되돌아오기 오래 전, 아들은 그 품을 떠났습니다. 아버지에게
뻔뻔스럽게 요구했습니다. '재산 가운데서 내게 돌아올 몫을 내게 주십시오.'"

"전혀 없습니다."

"그런 얘길 꺼낼 수는 있을까요?"

"말도 안 됩니다."

"누가 그런 요구를 했다면 어떻게 될까요?"

"당연히 아버지한테 두들겨 맞았겠지요."

"어째서죠?"

"아버지가 얼른 죽었으면 좋겠다는 뜻이니까요."[1]

베일리의 설명에 따르면, 작은아들은 유산 분할뿐만 아니라 자기 몫을 처분할 권리까지 요구했습니다. "소유권을 자식에게 넘겨준 뒤에도 아버지는 생명이 다하는 날까지 그 수익에 의지해 살아갈 권리가 있었다. 그런데도 작은아들은 아버지에게서 받아낸 유산, 구체적으로 말하자면 부친이 세상을 떠나지 않는 한 권리를 행사할 수 없는 재산을 처분했다. 작은아들의 요구에는 '아버지가 돌아가실 때까지 기다릴 수 없다'라는 무언의 암시가 깔려 있다."[2]

그러므로 아들의 '가출'은 생각보다 훨씬 더 무례한 짓이었습니다. 태어나고 성장한 가정을 냉정하게 내동댕이치는 처사인 동시에, 자신이 속한 광범위한 공동체에서 정성껏 지키는 전통을 무시하고 뿌리친 행동입니다.

'먼 지방으로 가서'라는 표현은 그저 더 넓은 세상을 구경하고 싶어 하는 젊은이의 욕구를 가리키는 말이 아닙니다. 누가는 한 세대에서 다음 세대로 이어져 내려온 생활방식, 사고방식, 행동방식 등 신성한 유산에서 완전히 단절되었음을 지적하고 있습니다. 단순히 무례하다는 차원을 넘어, 그것은 가족과 공동체가 유지해온 소중한 가치에 대한 배신 행위였습니다. '먼 지방'은 집에서 거룩하게 여기던 것들이 모두 무시되는 세계를 의미합니다.

내게는 베일리의 해석이 대단히 중요합니다. 역사적인 맥락에서 이 비유를 정확하게 이해하도록 도울 뿐만 아니라 내 안에 숨어 있는 작은아들의 속성을 인식할 수 있게 해주기 때문입니다. 언뜻 내 인생 여정에는 그처럼 도전적인 반역의 자취가 없는 것처럼 보일지도 모릅니다. 선대로부터 물려받은 소중한 가치들을 대놓고 거부하는 건 내 스타일이 아닙니다.

하지만 갖가지 미묘한 방식을 동원해서 가까이 있는 집보다 '먼 나라'를 선택하려고 발버둥칠 때 보면, 작은아들의 흔적이 역력합니다. 여기서 이야기하는 건 물론 영적인 '가출' 문제입니다. 사랑하는 조국 네덜란드를 떠나서 일생의 대부분을 보냈다는 물리적인 현실과는 전혀 상관이 없습니다.

탕자의 비유는 죄인을 불쌍히 여기시는 하나님의 무한한 사랑을 복음서에 등장하는 그 어떤 이야기보다도 잘 보여줍니다. 그리고 그 거룩한 사랑의 빛에 나를 비추어보면 그동안 영적으로 걸어온 길이 스스로 생각했던 것 이상으로 '가출'에 가깝다는 사실이 아프도록 명확하게 드러납니다.

아들을 반갑게 맞는 아버지를 묘사한 렘브란트의 그림에는 외적인 움직임이 거의 없습니다. 1636년에 새긴 동판화(아버지는 자식에게 달려가고 아들은 온몸을 아버지의 발 앞에 던지는 등 동세가 두드러집니다. 84페이지 그림 참조)와 달리, 그로부터 30년 뒤에 그린 예르미타시 미술관 소장본은 대단히 정적입니다. 아들을 어루만지는 아버지의 손길은 영원한 축복을 의미합니

65

작은아들

〈길 떠나는 탕자〉, 1634, 소묘

—

"그는 재물을 챙기기가 무섭게 남김없이 싸들고 집을 나가버렸습니다.
누가가 지나치리만치 간략하게, 사실 중심으로 정리하는 바람에 후대의 독자들로서는
이 일이 얼마나 가혹하고, 무례하며, 당시 사람들이 으뜸으로 생각하던
도덕률을 정면으로 짓밟는 처사였는지 실감하기 어렵습니다."

다. 노인의 품에 안겨 누리는 아들의 쉼은 한없는 평안을 보여줍니다.

크리스티안 튐펠Christian Tümpel은 이렇게 말합니다. "정적인 구조 속에서 포용과 용서의 순간은 끝없이 지속된다. 아버지와 아들의 움직임은 쉬 사라지지 않고 영원히 지속되는 무언가를 시사한다."[3] 제이콥 로젠버그는 이런 관점을 자기 식으로 솜씨 있게 정리했습니다. "겉보기에는 아들과 아버지는 한 덩어리가 되어 아무런 움직임이 없는 듯하지만, 두 인물의 내면은 오히려 활발하게 요동치고 있다. … 탕자의 이야기는 세상 아버지의 인간적인 사랑을 말하지 않는다. … 비유를 통해 가르치고 전달하려는 참뜻은 죽음을 생명으로 바꿀 권세를 가진 거룩한 사랑과 자비에 있다."[4]

사랑의 음성을 듣지 못하는 귀머거리

집을 나간다는 것은, 시간과 장소에 제약을 받는 역사적 사건 이상의 의미가 있습니다. 인간 존재 자체가 낱낱이 하나님의 소유이며, 주님이 자녀들을 영원히 끌어안고 안전하게 지켜주시며, 그분의 두 손바닥에 새겨두셨으며, 그 그늘에 감춰주신다는 영적인 현실을 부정한다는 뜻입니다.

창조주가 "은밀한 곳에서 나를 지으셨고, 땅 속 깊은 곳 같은 저 모태에서 나를 조립하셨으니 내 뼈 하나하나도, 주님 앞에서는 숨길 수 없다"(시 139:15)는 사실을 무시하는 처사입니다. 마치 집이 없어서 여기저기 떠돌며 머물 곳을 구하듯 살아간다는 말입니다.

집은 "사랑하는 아이야, 네게 은혜를 베풀어주마"라고 말씀하시는 음성을 들을 수 있는 내 존재의 중심입니다. 하나님은 첫 번째 아담에게도 똑같은 말씀을 주셨으며 두 번째 아담인 예수님에게도 그렇게 이야기하셨습니다. 거룩한 자녀들 모두에게 한결같은 음성을 들려주셨으며, 자유의 몸이 되게 하셔서 어두운 세상에서도 빛 가운데 머물게 하셨습니다. 나 역시 그 목소리를 들었습니다. 과거에도 말씀하셨고 지금도 멈추지 않으십니다.

영원으로부터 들려와 생명과 사랑을 주는 그 음성은 어떤 장애물로도 가로막을 수 없습니다. 목소리가 들리면 하나님과 더불어 집에 있으며 두려울 게 없다는 실감이 납니다.

하나님의 사랑을 입은 자녀로서 "사망의 음침한 골짜기로 다닐지라도 해를 두려워하지"(시 23:4, 개역개정) 않을 수 있습니다. 하나님의 사랑을 입은 자녀로서 "앓는 사람을 고쳐주며, 죽은 사람을 살리며, 나병 환자를 깨끗하게 하며, 귀신을"(마 10:8) 내쫓을 수 있습니다. 하나님의 사랑을 입은 자녀로서 거절당할까 걱정하거나 인정받는 데 연연하지 않고 과감하게 잘못을 지적하며, 위로하고, 훈계하고, 격려할 수 있습니다. 하나님의 사랑을 입은 자녀로서 앙갚음하려는 생각 없이 묵묵히 핍박을 견디며, 칭찬을 받아도 자신의 의로움을 입증하는 증거로 이용하지 않습니다.

하나님이 아끼시는 자녀로서 비록 온갖 고통을 당하고, 심지어 목숨을 잃는 한이 있더라도 주님이 주신 사랑은 죽음보다 강하다는 사실을 굳게 믿으며 의심하지 않습니다. 하나님의 사랑을 입은 자녀로서 삶과 죽음에 구애받지 않으며, 누군가를 위해 생명을 베풀고 죽는 길을 선택할 수도 있습니다.

예수님은 요단강과 다볼 산에서 직접 들으셨던 바로 그 음성이 내 귀에도 들릴 것이라고 분명히 말씀하셨습니다. 주님이 아버지의 집에 계신 것과 꼭 마찬가지로 나 역시 그렇다고 똑똑히 가르쳐주셨습니다.

그리스도가 제자들을 위해 하늘 아버지께 드렸던 기도를 들어보십시오. "내가 세상에 속하지 않은 것과 같이, 그들도 세상에 속하지 않았습니다. 진리로 그들을 거룩하게 하여주십시오. 아버지의 말씀은 진리입니다. 아버지께서 나를 세상에 보내신 것과 같이, 나도 그들을 세상으로 보냈습니다. 그리고 내가 그들을 위하여 나를 거룩하게 하는 것은, 그들도 진리로 거룩하게 하려는 것입니다"(요 17:16-19).

본문 말씀은 내 진짜 거처, 진정한 주소지, 참다운 집이 어디인지 잘 보여줍니다. 믿음이란 집이 늘 거기에 있으며 앞으로도 그럴 것임을 철저하게 신뢰하는 행위를 말합니다. 영원토록 변치 않는 거룩한 축복을 담은 아버지의 뻣뻣한 두 손이 탕자의 어깨 위에 놓였습니다. "사랑하는 아이야, 네게 은혜를 베풀어주마."

하지만 나는 집을 나가고 또 나갔습니다. 은혜의 손길을 뿌리치고 사랑을 찾아 먼 곳으로 달아났습니다. 이는 내 삶의 비극이자 여태 살아오면서 만났던 수많은 이들의 비극이기도 합니다. 나는 어느덧 "사랑하는 아이야"라고 부르시는 목소리를 듣지 못하는 귀머거리가 되고 말았습니다. 단 한 곳, 그 이야기를 들을 수 있는 자리를 등졌으며 다른 곳에 가면 집에 없는 무언가를 찾을 수 있을지 모른다는 희망을 품고 여기저기를 필사적으로 헤매고 다녔습니다.

처음에는 천부당만부당한 이야기라고 생각했습니다. 듣고 싶은 이야기를 다 들을 수 있는 자리를 굳이 떠나야 할 까닭이 무엇일까요? 곱씹을수록 더 확실하게 알 수 있었습니다. 사랑이 넘치는 그 진실한 음성은 존재의 가장 깊숙한 곳에서 내게 말씀하시는 더할 나위 없이 부드럽고 온유한 목소리였습니다. 강요하거나 관심을 끌려는 거칠고 시끄러운 소리가 아니었습니다.

수없이 울부짖고 무수히 죽음을 겪어서 이제는 눈조차 침침해진 아버지의 음성이었습니다. 어루만져주시도록 자신을 내맡긴 이들만이 들을 수 있는 소리였습니다. 하나님이 내미신 은혜의 손길을 느끼는 것과 "사랑하는 아이야"라고 부르시는 음성을 듣는 건 하나입니다. 본질적으로 같은 일이란 뜻입니다.

엘리야를 보면 잘 알 수 있습니다. 선지자는 하나님을 만나려고 산 위에 올라섰습니다. 먼저 회리바람이 불어닥쳤습니다. 하지만 하나님은 강한 바람 속에 계시지 않았습니다. 이윽고 지진이 일어났지만 주님은 거기도 계시지 않았습니다. 다음엔 불이 났지만 그 속에서도 하나님을 만날 수 없었습니다. 마침내 부드러운 무언가가 다가왔습니다. 어떤 이들은 산들바람이라고 부르고 또 다른 이들은 야트막한 목소리였다고도 말합니다.

아무튼 그 무언가를 감지하는 순간, 엘리야는 얼른 낯을 가렸습니다. 하나님이 거기 계심을 직감했기 때문입니다. 말할 수 없이 다정다감하신 하나님의 어루만져주시는 손길이 곧 그 음성이며 그 목소리가 바로 어루만져주시는 손길입니다.[5]

하지만 하나님의 음성만 들리는 건 아닙니다. 크고, 대단히 매력적이며, 이런저런 약속들을 남발하는 잡음이 사방에서 끼어듭니다. 잡소리들은 입을 모아 말합니다. "당장 나가서 네가 쓸모 있는 인간이라는 걸 보여줘!"

예수님도 똑같은 일을 겪으셨습니다. '사랑하는 아들'이란 음성이 채 사라지기도 전에 광야로 이끌려나가 다른 소리들을 들으셔야 했습니다. 하나같이 성공하고, 인기를 얻고, 권력을 잡아서 사랑받을 만한 존재임을 증명하라고 요구하는 음성들이었습니다. 현대인들에게도 전혀 낯설지 않은 이야기들입니다. 사시장철 귓가를 떠나지 않으며, 스스로 의로운 인간인지 회의하고 존재 가치를 의심하는 마음속 깊이 파고드는 소리입니다.

잡소리들은 단단히 작심하고 힘든 일을 해내서 일정한 성과를 올리지 못하면 사랑받을 자격이 없다고 속삭입니다. 자신과 다른 이들로부터 사랑받기에 합당한 인간임을 입증하라고 요구합니다. 수단과 방법을 가리지 말고 인정을 받아야 한다고 계속 몰아칩니다.

그 목소리들은 사랑은 백 퍼센트 '공짜'라는 사실을 노골적으로 부정합니다. "사랑하는 아이야"라고 부르시는 목소리를 신뢰하는 마음이 약해질 때마다 나는 집을 뛰쳐나갔습니다. 그토록 사모하는 사랑을 얻게 해준다는 수만 가지 방법에 귀를 기울이고 열심히 따랐습니다.

청력이 생긴 순간부터 잡소리들이 들려왔습니다. 한 번 귓속에 들어온 소리는 좀처럼 사라지지 않았습니다. 아버지, 어머니, 친구, 스승, 동료들을 거쳐오기도 했지만, 주위에서 쉽게 접촉할 수 있는 매스미디어를 통해 들어오는 경우가 가장 많았고 그건 지금도 마찬가지입니다.

잡소리들은 말합니다. "네가 괜찮은 녀석이란 걸 보여줘. 적어도 네 친구보다는 나은 인간이 돼야 하지 않겠어? 성적은 어때? 상위권에 들 수 있다는 확신을 가져! 분명히 말하지만, 네 힘으로 해낼 수 있어. 교우 관계는 어떻지? 꼭 그런 친구들과 사귀어야겠어? 여기 이 트로피들을 좀 봐. 네가 얼마나 훌륭한 선수인지 알 수 있잖아. 약한 꼴 보이지 마, 괜찮아질 거야! 노후 대책은 다 세워놓은 거야? 별 볼일 없다는 게 알려지는 순간, 관심을 거두는 게 인지상정이야. 쓸모없어지면, 그걸로 끝이라고."

'사랑하는 아이'라고 불러주시는 목소리에 귀를 기울이는 한, 이런 질문과 조언들은 전혀 해로울 것이 없어 보입니다. 부모, 친구, 스승, 더 나아가 미디어를 통해 메시지를 전달하는 이들조차도 대부분 각자의 이해에 충실한 법입니다. 무슨 경고와 충고를 하든지 속내가 있게 마련입니다. 결국 조언이라고 해봐야 한계가 명확한 인간이 무한하신 하나님의 사랑을 표현한 데 불과하다는 말입니다.

그러나 일단 무조건적인 사랑의 목소리를 잊어버리고 나면 얘기가 달라집니다. 그 자체로는 별 해가 없는 제안들이 삶을 지배해서 '먼 지방'으로 끌어내기 시작합니다. 그런 일이 벌어지는 시점을 짚어내기가 특별히 어려운 건 아닙니다. 분노, 원한, 질투, 앙갚음하고 싶은 욕구, 욕정, 탐욕, 적개심, 경쟁의식 등은 집에서 벗어나고 있다는 명확한 증표입니다. 이런 일은 다반사로 일어납니다.

하루 동안 그때그때 마음속에 일어나는 변화를 자세히 관찰해보십시오. 이처럼 어두운 정서와 열정, 느낌에서 진정으로 자유로운 순간이 거의 없다는 기막힌 현실에 맞닥뜨리게 될 겁니다.

옛 함정으로 굴러떨어졌다 기어올라 오기를 한없이 되풀이하면서도 그런 사실조차 제대로 깨닫지 못했습니다. 남들이 내 마음을 아프게 하고, 거부하며, 무관심한 까닭을 몰라서 허둥댈 뿐이었습니다. 상황의 본질을 꿰뚫어보지 못한 채, 행복하게 사는 이들과 외로운 내 모습을 비교하면서 진심을 몰라주는 세상을 원망했습니다. 그러지 않으려고 신경을 쓰는데도 불구하고, 돈 많고 힘 있으며 아주 유명해지면 좋겠다는 헛꿈에 사로잡히곤 했습니다.

그런 정신적인 유희를 즐긴다는 것 자체가 스스로 '하나님이 은혜를 베풀어주시는 주님의 사랑스러운 자녀'임을 신뢰하는 내 믿음이 얼마나 허약한지 단적으로 보여주는 증거였습니다. 남들이 미워하고, 욕하고, 따돌리고, 무시하고, 구박하고, 죽일까봐 얼마나 겁이 나던지 끊임없이 자신을 방어할 전략을 세웠습니다. 사랑받아야 하고 그럴 자격이 있다는 사실을 확인하고 싶었던 겁니다. 그러다 보니 아버지의 집과는 점점 더 멀어지고 종내는 '먼 지방'에다 아예 둥지를 틀고 말았습니다.

확률 제로의 불모지에서 사랑을 찾는 어리석음

문제의 핵심은 누구에게 속했는가 하는 것입니다. "하나님인가, 아니면 세상인가?" 하루하루 지내는 모습을 보면 나는 하나님보다는 세상에 속한 인간처럼 보입니다. 누가 조금만 싫은 소리를 해도 화가 납니다. 별것 아닌 거절에도 깊이 상심합니다. 의미 없는 칭찬에 화색이 돕니다. 사소한 성공에 흥분합니다. 아주 작은 일들에 들뜨기도 하고 구덩이에 처박히기도 합니다. 망망대해에 떠 있는 조그만 나룻배와 같아서 물결이 일렁이는 대로 고스란히 흔들립니다.

균형을 유지하고 자칫 뒤집혀 침몰하지 않도록 조심하는 데 시간과 에너지를 깡그리 쏟아붓다 보니 삶 자체가 생존 경쟁처럼 돼버렸습니다. 하지만 그것은 나를 나 되게 하는 게 세상이라는 착각에서 비롯된 불안한 씨름에 지나지 않습니다.

세상을 향해 쉴 새 없이 "나 사랑해? 정말 사랑하는 거지?"라고 묻는 한, 그 목소리에 휘둘리고 거기에 묶일 수밖에 없습니다.

세상은 "… 한다면"으로 가득 차 있는 까닭입니다. "물론이지. 잘생기고 예쁘다면, 똑똑하다면, 돈이 많다면 사랑하지. 일류 대학교를 나왔다면, 좋은 직장에 다닌다면, 멋진 친구들과 사귄다면 사랑하고말고. 일을

작은아들

잘하고, 상품을 많이 팔고, 물건을 많이 사면 사랑하다뿐이겠어?" 세상의 사랑에는 수많은 "… 한다면"이 숨어 있습니다. 꼬리에 꼬리를 물고 이어지는 조건들을 일일이 다 채운다는 건 불가능한 일이므로 "… 한다면"들은 결국 올가미가 됩니다.

세상의 사랑은 항상 조건적이며, 그건 앞으로도 결코 달라지지 않습니다. 조건적인 사랑뿐인 세상에서 참다운 자아를 찾으려고 발버둥치는 헛수고를 포기하지 않는 한, '코가 꿴 채' 사는 신세를 면할 수 없습니다. 시도했다 실패하고 다시 시도하는 순환 고리를 무한정 따라갈 따름입니다. 그 쳇바퀴는 중독을 키웁니다. 세상이 주는 것들로는 마음속 깊이 간직한 갈망을 채울 수 없기 때문입니다.

현대 사회에 깊이 배어든 고독을 설명하는 데 '중독'만큼 적합한 단어가 또 있을까요? 일단 중독 증세가 시작되면 세상의 자아실현의 요소들에 집착하게 됩니다. 부와 권력을 쌓고, 지위와 명예를 얻고, 마음껏 먹고 마시며, 정욕과 사랑을 구별하지 않고 성적인 만족을 얻는 데 골몰하게 됩니다. 중독은 기대를 낳습니다. 하지만 중독은 인간의 가장 깊은 필요를 채우지 못하고 물거품처럼 사라질 헛된 바람일 따름입니다.

세상의 이런 속임수를 간파하지 못하면 '먼 지방'에 머물며 허망한 일을 좇는 중독자의 삶을 살게 됩니다. 자존감은 충족되지 않고 끝없이 이어지는 환멸에 부닥칩니다. 중독 증세는 나날이 심각해집니다. 현대인들은 아버지의 집을 멀리 떠나 방황하고 있습니다. 중독된 인생은 한마디로 '먼 지방'에서 사는 삶입니다. 구원을 갈구하는 부르짖음이 일어나는 지점이 바로 그곳입니다.

가망이 전혀 없는 곳에서 무조건적인 사랑을 구할 때마다 나는 번번이 탕자가 됩니다. 어째서 참 사랑이 가득한 집을 외면하고 엉뚱한 곳을 헤매겠다고 고집을 피우는 걸까요? '하나님의 자녀이며 하늘 아버지가 가장 사랑하는 아이'로 인정받는 자리를 버리고 한사코 밖으로만 떠도는 까닭이 무엇일까요? 하나님이 주신 선물들(건강, 지적·정서적 은사 같은)을 활용해 하나님의 영광을 널리 드러내는 대신 사람의 마음을 사로잡고, 인정과 칭찬을 받으며, 보상을 다투는 데 써먹고 있는 내 모습에 놀라고 또 놀랍니다.

그렇습니다. 아버지가 주신 선물들을 싸들고 '먼 지방'으로 가서 그 진정한 가치를 모르고 착취하기에 급급한 세상을 섬기는 데 죄다 쏟아부은 일이 한두 번이 아니었습니다. 이는 하나님의 사랑이 필요하지 않으며, 제힘으로 삶을 꾸려갈 수 있고, 눈곱만큼도 간섭받고 싶지 않음을 시위하는 것이나 다름없는 행동입니다. 그 저변에는 노골적인 반항, 아버지의 사랑에 대한 극단적인 거부, 그리고 "아버지가 얼른 죽었으면 좋겠어!"라는 무언의 저주가 깔려 있습니다.

탕자의 거부는 아담이 저지른 반역의 복사판입니다. 아담은 인간을 창조하고 생명을 이어가게 해주신 창조주의 사랑을 짓밟았습니다. 그 반역 탓에 나는 에덴동산에서 쫓겨나 생명나무에 다가갈 수 없게 됐습니다. '먼 지방'을 떠도는 처지가 된 겁니다.

렘브란트가 그린 〈탕자의 귀향〉 초상을 다시 한 번 바라봅니다. 빗나간 자식을 향한 연민의 몸짓을 훨씬 뛰어넘는 사건이 일어나고 있다는 사실을 이제는 알 것만 같습니다. 눈앞에서 펼쳐지는 대사건은 바로 반역의 종말이었습니다. 아담과 그 모든 후손들이 저지른 반역은 용서를 받았습니다. 아담이 태초에 받았던 영원한 생명의 축복은 회복되었습니다. 올

작은아들

려놓을 어깨가 없다손 치더라도 아버지는 두 손을 언제나 앞으로 내밀고 계십니다.

하나님은 팔을 거두거나, 축복을 도로 빼앗아가거나, '사랑하는 아이'로 여기는 마음을 거두는 법이 없습니다. 그렇다고 해서 아들을 억지로 집에 눌러앉히지도 않습니다. 하늘 아버지는 금쪽같은 자녀들에게 그분의 사랑을 강요하지 않습니다. 아들이 집을 나가면 아버지 또한 막심한 고통을 겪을 게 불 보듯 빤하지만 선선히 떠나보냅니다.

무슨 수를 써서라도 붙들고 싶은 마음을 억누르고 선선히 떠나보내는 것, 그것이 바로 사랑입니다. 생명을 잃을 수도 있는 위험을 무릅쓰고 아들이 자기 삶을 찾아가도록 허락하는 것 또한 사랑입니다.

평생 궁금해하던 수수께끼가 이제 풀렸습니다. 내키는 대로 집을 나갈 수 있는 건 그만큼 큰 사랑을 받고 있기 때문입니다. 축복은 언제나 그 자리에 있었습니다. 나는 거기서 달아났습니다. 그리고 아직도 돌아가지 않고 있습니다. 그러나 하늘 아버지는 팔을 내민 채 기다리고 계십니다. 그러다가 언제라도 자식이 다시 돌아오면 반가이 맞아들이고 그 귓가에 "사랑하는 아이야, 네게 은혜를 베풀어주마"라고 속삭이십니다.

3

작은아들, 다시 집으로

꽃

아버지가 끌어안고 은혜를 베풀어준 그 젊은이는 한심한, 아주 형편없는 인간이었습니다. 그는 거드름을 피우며 한몫 단단히 돈을 챙겨 집을 떠났습니다. 아버지와 가족 공동체로부터 멀리 떠나 제멋대로 인생을 설계해볼 작정이었습니다. 하지만 결국은 빈손으로 돌아왔습니다. 돈도, 건강도, 체면도, 자존감도, 명예도 모조리 탕진한 꼬락서니로 말입니다.

렘브란트는 자신의 처지를 적나라하게 그려냈습니다. 머리는 박박 깎아버렸습니다. 자신을 사창가에서 흥청거리며 오만하고 반항적인 탕자로 묘사한 그림에서 보여주었던 그 굽이치는 머리칼은 온데간데없어졌습니다. 그 머리는 이름은 없어지고 번호만 남은 죄수의 것과 같습니다. 감옥이든, 군대든, 신고식 자리든, 집단 수용소든, 머리칼이 잘려나갔다는 건 개개인을 구별하는 특징 가운데 하나를 박탈당했다는 것을 의미합니다.

렘브란트가 탕자에게 입힌 옷을 보십시오. 속에 입는 통옷 한 벌이 여원 몸뚱이를 간신히 감추고 있습니다. 아버지는 물론이고 곁에 서서 상봉 장면을 지켜보는 키 큰 남성도 신분과 위엄을 드러내는 붉은 외투를 입고 있습니다. 무릎을 꿇고 앉은 작은아들에게는 겉옷이 없습니다. 지치고 피곤해서 탈진 상태에 이른 육신을 너덜너덜한 황갈색 속옷으로 가렸을 따름입니다.

샌들 바닥만 봐도 탕자의 여정이 얼마나 길고 수치스러웠는지 단박에 알 수 있습니다. 닳아빠진 신발마저도 벗겨진 왼발에는 상처가 있습니다. 구멍 뚫린 샌들을 반만 꿰고 있는 오른발 역시 고통스럽고 비참한 현실을 웅변합니다. 이것이 칼 한 자루 말고는 모든 걸 탕진한 젊은이의 초상입니다. 남아 있는 품위의 상징이라고는 달랑 엉덩이에 매달린 단검이 전부입니다. 신분을 나타내는 일종의 배지인 셈입니다.

비록 삶의 밑바닥을 헤매면서도 탕자는 '아버지의 아들'이라는 신분만큼은 한사코 놓치지 않았습니다. 그렇지 않았더라면 부자 관계를 증명해주는 그 소중한 칼마저 팔아치웠을 겁니다. 작은아들의 단검은 비록 거지 꼴을 하고 부랑자 신세가 되어 돌아왔을망정 여전히 아버지의 아들이라는 걸 잊지 않았음을 보여줍니다. 결국 '아들'이라는 신분을 한시도 잊지 않고 소중하게 간직했던 탕자의 마음가짐이 고향을 향해 발길을 돌리도록 이끌었던 겁니다.

우리는 지금 낯선 세상에 깊숙이 들어갔다가 챙겨간 재산을 모두 잃어버린 젊은이를 바로 눈앞에서 보고 있습니다. 공허감과 수치심, 패배감이 눈에 들어옵니다. 아버지가 그토록 애지중지하던 아들은 이제 아버지의 하인 신세만도 못합니다. 종의 신세나 다름없게 된 겁니다.

탕자의 귀향

철저한 소외, 그 깊은 외로움

'먼 지방'에서 아들에게는 무슨 일이 있었던 걸까요? 가출이 빚어낸 물질적이고 신체적인 결과들은 모두 제쳐두고라도 내면적으로는 어떤 결론이 난 걸까요? 가출의 결말이 어찌될지는 애당초 불 보듯 뻔했습니다. 하나님이 계신 곳에서 멀리 달아날수록 "사랑하는 아이야"라고 부르시는 음성을 듣기는 더 어려워지고, 음성을 듣기 힘들어질수록 세상의 교묘한 술수나 파워 게임에 말려들기 쉽습니다.

상황은 항상 똑같은 패턴으로 전개됩니다. 안전한 집에 있다는 확신이 옅어지면 상대적으로 형편이 좋아 보이는 이들에게 눈을 돌리게 됩니다. 그리고 어떻게 하면 그 자리에 도달할 수 있을지 알고 싶어 합니다. 호감을 얻고, 성공하고, 인정받기 위해 안간힘을 씁니다. 실패하면 이미 그런 위치에 오른 이들을 질투하거나 원망합니다. 요행히 성공하면 이번에는 남들이 샘내거나 해코지할까봐 전전긍긍합니다. 의심이 많아지고, 방어적이 되며, 간절히 소망하는 걸 얻지 못하거나 이미 가진 걸 다 놓치게 될까 노심초사합니다.

필요와 욕구가 뒤엉킨 수렁에 빠져 자신이 진정으로 원하는 것이 무엇인지조차 분간하지 못합니다. 주위 환경에 홀린 것만 같은 느낌이 들고 남들이 하는 말과 행동이 전부 의심스럽습니다. 항상 촉각을 곤두세우고 경계하며 내면의 자유를 잃어버린 채, 세계를 내편과 적으로 갈라놓습니다. 과연 누가 진정으로 염려해줄까 회의하며 그런 불신을 합리화할 구실을 찾기 시작합니다.

그러다 비슷한 것이 눈에 띄면 내뱉습니다. "그것 봐, 세상에 믿을 놈 하나 없잖아." 그러곤 돌아서자마자 혹시 진심으로 사랑해줄 이가 없는지 두리번거립니다. 주위 세계가 차츰 어두워집니다. 마음은 점점 가라앉습니다. 온몸 가득 슬픔이 번져나갑니다. 삶은 의미를 잃습니다. 마침내 길을 잃고 방황하는 영혼이 됩니다.

주변에 있는 이들 가운데 누구도 눈길을 주지 않자, 작은아들은 비로소 자신이 얼마나 많은 것을 잃어버렸는지 확연히 깨달았습니다. 다들 탕자를 떠받들었지만 그건 저마다의 속셈을 채울 수 있을 때까지만이었습니다. 빈털터리가 되고 나눠줄 선물보따리가 떨어지자, 사람들은 곧바로 그를 쓸모없는 존재로 여겼습니다.

나로서는 철저하게 이방인이 된다는 것, 다시 말해서 단 한 사람도 알은척해주지 않는 존재가 된다는 게 어떤 건지 상상도 할 수 없습니다. 무언가를 공유하고 있다는 의식이 완전히 사라지는 순간, 진짜 외로움이 밀려드는 법입니다. 돼지들한테 던져주는 먹이나마 흔쾌히 내어주는 이가 없는 지경에 이르자, 작은아들은 인간 취급조차 받지 못하는 현실을 뼛속 깊이 통감했습니다.

주변 사람들에게 받아들여진다는 건 대단히 중요한 일이지만 그 가치를 제대로 파악하지 못하는 경우가 많습니다. 배경과 개인사, 비전, 신앙, 교육, 관계, 생활방식, 관습, 나이, 직업 등에서 공통점을 찾으면 그것을 토대로 서로를 쉽게 용납할 수 있습니다.

나만 하더라도 새로운 얼굴을 만날 때마다 공유하고 있는 점이 없는지 살펴봅니다. 그건 지극히 정상적이고 자연스러운 반응입니다. 이편에서 "저는 네덜란드 출신입니다"라고 말하면 상대방은 보통 "아, 저도 거기 가봤어요"라든지 "그곳에 사는 친구가 있어요" 또는 "풍차와 튤립, 나막신이 유명한 나라죠?"라고 말하곤 합니다.

탕자의 귀향

〈돼지치기가 된 탕자〉, 1645-1648, 소묘

—

"지금 낯선 세상에 깊숙이 들어갔다가 챙겨 간 재산을 모두 잃어버린 젊은이를
바로 눈앞에서 보고 있습니다. 공허감과 수치심, 패배감이 눈에 들어옵니다.
아버지가 그토록 애지중지하던 아들은 이제 아버지의 하인 신세만도 못합니다."

반응이야 어찌됐든, 언제나 공통적인 연결고리를 찾으려고 서로 탐색하는 걸 볼 수 있습니다. 공통점이 적을수록 하나가 되기 힘들고 더 소원한 느낌을 갖게 됩니다. 다른 이들의 언어나 관습을 모르면, 생활방식이나 신앙, 종교 의식, 예술을 이해하지 못하면, 음식이나 식사 예절을 알지 못하면 한데 어울리지 못하고 겉도는 느낌이 짙어질 수밖에 없습니다.

주위 사람들에게서 더 이상 사람 취급을 받지 못하게 되면서 작은아들은 심원한 고립감, 다시 말해서 인간이 경험할 수 있는 가장 깊은 외로움을 느꼈습니다. 더 잃어버릴 것도 없을 만큼 빈손이 됐습니다. 그리고 바로 그 총체적인 탈선 덕분에 탕자는 정신을 차렸습니다. 작은아들은 철저하게 내쳐졌다는 사실에 충격을 받았습니다.

순간, 죽음의 길을 걸어온 자신의 진면목이 한눈에 들어왔습니다. 생명을 주는 요소들(가족, 친구, 공동체, 알고 지내는 이들, 하다못해 음식까지)로부터 철저히 단절돼서 남은 일이라고는 죽음밖에 없음을 깨달았습니다. 스스로 선택한 길과 그 종착역이 선명하게 보였습니다. 죽음의 길을 선택했다는 데에는 의문의 여지가 없었습니다. 가던 길로 한 걸음만 더 내디디면 자멸이었습니다.

이처럼 결정적인 순간, 생명을 건지기 위해 탕자가 선택할 수 있는 대안은 무엇일까요? 가장 원초적인 자신을 되찾는 것만이 유일한 방안입니다.

다시 찾은 아들의 자리

잃어버린 게 무엇이든, 돈이든, 친구든, 명예든, 자존감이든, 내면의 기쁨과 평안이든(어느 하나든 그 전부든) 상관없이 아버지의 자식이라는 사실은 변함이 없습니다. 탕자는 중얼거렸습니다. "내 아버지의 그 많은 품꾼들에게는 먹을 것이 남아도는데, 나는 여기에서 굶어 죽는구나. 내가 일어나, 아버지에게 돌아가서, '아버지, 내가 하늘과 아버지 앞에 죄를 지었습니다. 나는 더 이상 아버지의 아들이라고 불릴 자격이 없으니, 나를 품꾼으로 삼아주십시오'라고 말씀드려야겠다." 속으로 그 말을 곱씹으며 탕자는 발길을 되돌려 '먼 지방'을 떠나 집으로 향했습니다.

작은아들이 고향으로 돌아온 사건의 의미는 "나는 더 이상 아버지의 아들이라고 불릴 자격이 없으니"라는 표현에 모두 함축되어 있습니다. 감히 자식이란 말을 입에 올릴 자격도 없었지만, 다른 한편으로 생각하면 잃어버릴 자격이 있었다는 건 미우나 고우나 아들임에는 틀림없다는 뜻이기도 했습니다.

탕자의 귀향은 비록 자격을 모두 잃어버렸음에도 불구하고 자식의 자리를 되찾는 바로 그 시점에 시작됩니다. 사실 작은아들을 천하고 천한 신분으로 끌어내린 건 모든 걸 다 잃어버린 상실이었습니다. 아들로서는 더 내려갈 데가 없는 밑바닥까지 떨어졌습니다.

돌이켜보면, 탕자는 전 재산을 잃고 나서야 비로소 인간 존재의 근원으로 되돌아갈 수 있었습니다. 돼지처럼 대접해주길 바라는 자신을 자각했을 때 비로소 스스로 돼지가 아니라 인간, 그것도 아버지의 아들임을 깨달았습니다.

그런 의식은 죽음이 아니라 삶의 길을 선택하는 근거가 됐습니다. 자식이라는 지위를 다시 실감하게 되면서 탕자는 "사랑하는 아이야"라고 부르시는 아버지의 음성을 희미하게나마 들을 수 있었습니다. 멀리서나마 그 은혜로운 손길을 느낄 수 있었습니다. 아버지가 여전히 사랑해주신다는 사실을 느끼고 확신한 뒤부터는 잘한 것 하나 없어도 아들이라고 떳

〈탕자의 귀향〉, 1636, 동판화

—

"탕자의 귀향은 비록 자격을 모두 잃어버렸음에도 불구하고
자식의 자리를 되찾는 바로 그 시점에 시작됩니다."

떳이 말할 힘이 생겼습니다.

몇 년 전, 나 역시 돌아설 것인지 계속 갈 것인지 선택해야 하는 갈림길에 섰습니다. 날이 갈수록 깊어지고 생활에 활력을 불어넣어줄 것만 같던 교우 관계가 언제부터인가 집에서 멀어지게 만드는 요인으로 작용하더니 종내는 삶을 완전히 옭아매기에 이르렀습니다. 영적인 의미에서 보자면, 하늘 아버지가 우정을 지키도록 허락해주신 재산을 남김없이 탕진한 셈입니다. 기도하기가 어려워졌습니다. 사역에 흥미를 잃었습니다. 다른 이들이 고민하는 일들에 관심을 갖는다는 게 점점 더 고역스러웠습니다.

생각과 행동이 모두 죽음의 길로 질주하고 있다는 심증이 짙어질수록 사랑에 굶주린 마음을 달래기 위해 온갖 기만적인 방법을 동원해서 자신의 가치를 입증하려 들었습니다.

그러다가 마침내 친구 관계가 완전히 깨지자 결단을 더 이상 미룰 수가 없게 됐습니다. 계속해서 파멸의 길로 내닫든지, 아니면 그토록 찾아 헤매던 사랑이 실제로 존재한다는 걸 믿고 집으로 돌아가든지 선택해야 했습니다. 그때 작지만 분명한 목소리가 들려왔습니다. 누구도 내가 갈망하는 사랑을 채워줄 수 없으며 어떤 우정도, 친밀한 관계도, 공동체도 마음속 가장 깊은 곳의 필요를 만족시킬 수 없다고 알려주었습니다. 부드러우면서도 단호한 어조로 지난날 아버지의 집에서 받은 소명과 처음에 보였던 헌신, 허다한 선물들에 관해 이야기했습니다. 그 음성은 나를 '아들'이라고 불렀습니다.

오갈 데 없는 신세가 됐다는 자괴감이 너무 통렬해서 그 목소리가 쉬 믿어지지 않았습니다. 거의 불가능한 얘기였습니다. 그처럼 절망하는 모습을 지켜본 가까운 친구들은 쓸데없이 괴로워하지 말고 집에서 한없이 기다려주시는 분이 계신다는 사실을 신뢰하라고 설득했습니다. 마침내 방황 대신 봉쇄를 선택하기로 하고 세상과 떨어져 지낼 수 있는 곳으로 들어갔습니다. 거기서 홀로 머물며 천천히, 그리고 머뭇거리며 집으로 돌아가기 시작했습니다. 고향이 가까울수록 "사랑하는 아이야, 네게 은혜를 베풀어주마"라고 말씀하시는 소리가 점점 더 분명하게 들렸습니다.

고통스럽지만 한편으로는 소망이 넘치는 그 경험을 통해 올바른 선택을 하기 위한 씨름의 핵심에 도달할 수 있었습니다. 하나님은 말씀하십니다. "내가 생명과 사망과 복과 저주를 네 앞에 두었은즉 너와 네 자손이 살기 위하여 생명을 택하고 네 하나님 여호와를 사랑하고 그의 말씀을 청종하며 또 그를 의지하라"(신 30:19-20, 개역개정). 그렇습니다. 선택은 사느냐 죽느냐 하는 문제입니다. 삶을 구속하는 세상의 배설물을 고스란히 받아들일 것인지, 아니면 하나님의 자녀로서 자유를 누릴 것인지, 이제는 선택해야 합니다.

유다는 예수님을 배신했습니다. 베드로는 주님을 부인했습니다. 둘 다 길을 잃었습니다. 자신이 하나님의 자녀라는 사실을 놓쳐버린 유다는 목을 맸습니다. 탕자의 경우에 빗대어 설명하자면 아들의 지위를 상징하는 칼을 팔아버린 겁니다. 반면에 베드로는 절망의 수렁에 빠져 허우적거리면서도 스스로 아들이란 생각을 포기하지 않았고 눈물을 줄줄 흘리며 돌이켰습니다. 유다는 죽음을, 베드로는 생명을 선택했습니다.

똑같은 갈림길이 내 앞에도 늘 존재합니다. 탈선의 시궁창에서 뒹굴며 본래 가졌던 의로움, 하나님이 주신 인간성, 기본적인 행복 등과 연결된 끈을 모두 끊어버리고 죽음의 권세에 나를 맡기려는 유혹에 끊임없이 시달립니다. '난 쓸모없는 인간이야. 무능하기 짝이 없다고. 보잘것없는 존재지. 이런 날 누가 사랑하겠어. 가치가 없어'라는 생각이 들 때마다 그런 충동이 울컥울컥 일어나고 또 일어납니다.

스스로 살 가치가 없고, 그저 짐이 될 뿐이고, 골칫덩어리고, 갈등의 근원이고, 누군가의 시간과 에너지를 빨아먹으며 삶을 유지하는 인간임을 자신과 남들한테 입증하기란 어려운 일이 아닙니다. 그럴 만한 사건과 상황은 사방에 널려 있기 때문입니다. 마음속으로 자신을 그렇게 단정 지으며 칠흑 같은 어둠을 품고 사는 이들이 허다합니다. 탕자와 달리 이들은 흑암에 철저하게 찌들어서 돌이켜 집으로 돌아서는 데 필요한 빛조차도 남아 있지 않습니다. 몸은 살았을지 모르지만 영혼은 더 이상 숨을 쉬지 않습니다. 본래 선한 모습을 지니고 있었다는 믿음을 저버립니다. 자연히 인간에게 그런 됨됨이를 허락하신 하늘 아버지에 대한 믿음도 포기합니다.

하지만 거룩한 형상에 따라 남자와 여자를 지으시고 하나님은 지극히 만족하셨습니다. "지으신 그 모든 것을 보시니 보시기에 심히 좋았더라" (창 1:31, 개역개정). 어둠의 목소리가 뭐라고 하든, 이 사실만큼은 어느 누구도 바꿔놓을 수가 없습니다.

그럼에도 불구하고 아들의 지위를 당당하게 내세우기란 쉬운 일이 아닙니다. 주변 세계에서 들려오는 어둠의 소리들은 자기 말을 들으라고 어르고 달래기를 무한 반복합니다. 나는 천하에 쓸모없는 인간이므로 '성공의 사다리'를 한 칸씩 쉬지 않고 올라 의로워지지 않은 한, 가치를 인정받을 수 없다는 겁니다. "사랑하는 아들아"라고 부르시는 음성은 성공이나 갈채와 상관없이 사랑해주신다는 사실을 일깨워주지만, 어둠의 소리들은 그 메시지를 순식간에 망각하게 만듭니다. 나를 향해 '내 기뻐하는 자'

작은아들

라고 말씀하시며 마음에 빛을 주시는 온유하고 부드러운 음성을 지워버립니다. 나를 존재의 주변으로 밀어내고 사랑의 하나님이 그 중심에서 기다리고 계신다는 점을 의심하도록 유도합니다.

하지만 '먼 지방'에서 떠나는 건 시작에 불과합니다. 고향으로 돌아가는 길은 멀고도 험합니다. 아버지께 돌아가면서 무얼 해야 할까요? 탕자의 행동은 대단히 명쾌해 보입니다. 작은아들은 시나리오를 준비했습니다. 아들의 지위를 가지고 있음을 기억해내고 발길을 돌리면서 하는 말을 들어보십시오. "내가 일어나, 아버지에게 돌아가서, '아버지, 내가 하늘과 아버지 앞에 죄를 지었습니다. 나는 더 이상 아버지의 아들이라고 불릴 자격이 없으니, 나를 품꾼으로 삼아주십시오'라고 말씀드려야겠다."

본문을 읽어나갈수록 나의 내면생활에도 이런 식의 대화가 넘쳐난다는 사실을 절감합니다. 사실 나는 머릿속에서 줄곧 가상의 만남을 이어갑니다. 자신을 설명하고, 자랑하거나 사과하고, 비난하거나 변명하고, 칭찬을 자아내거나 동정심을 자극하기도 합니다. 예상되는 질문에 적절한 답변을 준비해가며 보이지 않는 상대들과 쉴 새 없이 긴 대화를 나누는 꼴입니다.

이런 내면의 되새김질과 웅얼거림에 투자하는 정서적인 에너지가 얼마나 엄청난지 깜짝 놀랄 정도입니다. 그렇습니다. 나는 '먼 지방'을 뒤로하고 길을 떠나는 중입니다. 맞습니다. 집으로 돌아가고 있는 겁니다. 하지만 결코 입 밖에 내지 않을 이야기를 그토록 정성스럽게 준비하는 까닭은 무엇일까요?

이유는 간단합니다. 하나님의 자녀라는 진정한 정체성을 찾기는 했지만, 아직도 주님이 설명을 요구하시는 것처럼 살고 있기 때문입니다. 여

탕자의 귀향

전히 거룩한 사랑을 조건적인 애정으로 생각하고 집을 미심쩍은 장소쯤으로 여깁니다. 고향을 향해 걸어가면서도 집에 도착했을 때 정말 환영을 받을 수 있을지 의심스러워합니다. 나의 영적인 여정, 다시 말해서 집으로 가는 멀고도 고단한 나그넷길을 살펴보면 과거에 대한 죄책감과 미래에 관한 걱정이 가득합니다.

무수한 실수를 저질렀으며 아들 자격이 없다는 것을 잘 알지만 "죄가 많은 곳에, 은혜가 더욱 넘치게"(롬 5:20) 되었다는 사실을 전폭적으로 신뢰하지 못합니다. 아직도 스스로 무가치한 존재라는 생각이 남아 있어서 아들보다 훨씬 아래쪽에다 자기 자리를 잡습니다. 총체적이고 절대적인 용서를 쉽사리 믿지 못합니다. 용서란 한마디로 '복수를 포기하고 얼마쯤 자비를 베풀려는 상대편의 의지'를 가리킨다는 인생 경험을 더 신뢰합니다.

집으로 돌아가는 멀고 먼 길

집으로 돌아가는 탕자의 길은 불확실성으로 가득 차 있습니다. 올바른 방향으로 가고 있기는 하지만 얼마나 혼란스러운지 모릅니다. 제힘으로는 사면초가에 부닥친 상황을 돌파할 수 없음을 인정하고 낯선 땅에서 부랑자로 지내느니 아버지의 집으로 돌아가서 종 대접을 받는 게 낫겠다고 고백하면서도 여전히 그 사랑을 의심하는 마음을 거두지 못합니다.

한편으로는 아버지의 자식이라는 생각을 하면서도 다른 한편으로는 '아들'이라는 소리를 들을 자격이 없으니 '일꾼' 신분으로라도 목숨을 연명해야겠다고 다짐합니다. 뉘우치는 마음이 있지만 용서하시는 하나님의 한없는 사랑에 기대는 회개는 아닙니다. 어떻게든 살아남을 방도를 찾으려는 자기 중심적인 고백에 불과합니다.

나는 그것이 어떤 마음가짐과 정신 상태인지 잘 압니다. 쉽게 설명하자면, "맞아, 내 힘으로는 안 되지. 하나님만이 내게 남아 있는 유일한 대안이야. 주님한테 가서 용서를 구해야겠어. 가능한 한 가벼운 처벌만 받고 끝났으면 좋겠다. 살려만 주시면 무슨 힘든 일을 시키더라도 꿋꿋이 참고 견뎌야지"라고 중얼거리는 식입니다.

여기서 하나님은 아직도 엄하게 벌을 내리는 신입니다. 죄책감을 느끼고, 걱정스러워하고, 자기 중심적인 사과를 하게 만드는 분입니다. 그런 하나님이라면 그 뜻에 순종한다 해도 참다운 내면의 자유를 누릴 수 없으며 쓰라린 상처와 회한만 남을 뿐입니다.

영적인 삶에서 맞닥뜨리는 가장 큰 도전은 하나님의 용서를 받는 일입니다. 인간에게는 죄에 집착하게 만드는 무언가가 내재되어 있어서 과거를 청산하고 완전히 새로운 인생을 시작하게 하시는 하나님의 손길을 가로막습니다. 심지어 어두움이 너무 압도적인 탓에 싸워 이길 수 없다고 미리 굴복하는 마음이 고개를 쳐들기도 합니다. 정작 하나님은 나를 회복시켜서 아들의 지위를 온전히 회복시켜주고 싶어 하시는데, 도리어 이편에서 계속 종으로 살겠다고 고집을 부립니다.

정말 아들의 책무를 100퍼센트 되찾으려는 의지가 있는 걸까요? 완전히 용서받고 전혀 새로운 생활방식으로 살아가기를 바라는 걸까요? 자신을 신뢰하며 또한 그처럼 극적인 변화가 가능하다는 것을 믿는 걸까요? 하나님께 저항하는 뿌리 깊은 반역 행위를 과감히 정리하고 거룩한 사랑 앞에 자아를 완전히 굴복시켜서 새로운 인간으로 거듭나기를 진심으로 소원하는 걸까요?

용서를 받으려면 하나님이 명실상부한 나의 주님이 되셔서 치유하고, 회복시키며, 새롭게 하시는 역사를 일으켜주시도록 기꺼이, 그리고 전폭적으로 자신을 내어드려야 합니다. 일부만 비워드리려 한다면 결국 종으로 사는 삶을 부분적으로 해결하는 수준에 그치고 말 것입니다. 대가를 받는 일꾼은 거리감을 느끼며, 반항하고, 거부하며, 충돌하고, 도망치며, 품삯 타령을 할 수밖에 없습니다. 그러나 사랑받는 자식은 다릅니다. 아들의 지위를 한껏 내세우며 스스로 아버지가 될 준비를 시작할 겁니다.

돌이키는 순간부터 집에 도착할 때까지는 지혜롭게, 그리고 스스로 훈련해가며 여행해야 합니다. 여기에는 재론의 여지가 없습니다. 훈련이란 하나님의 자녀가 되어가는 과정을 말합니다.

하나님께로 가는 길은 새로 어린아이가 되는 길과 다르지 않다고 예수님은 분명하게 말씀하셨습니다. "너희가 돌이켜 어린아이들과 같이 되지 아니하면 결단코 천국에 들어가지 못하리라"(마 18:3, 개역개정). 주님은 애들처럼 유치한 상태에 머물라는 게 아니라 어린아이같이 되라고 요구하십니다. 요컨대, 두 번째 순전한 삶을 추구하며 살라고 하십니다. 막 태어난 갓난아이의 천진함이 아니라 의식적인 선택을 통해 얻는 순수함을 좇으라는 뜻입니다.

이처럼 두 번째 순전함에 이른 이들을 어떻게 설명할 수 있을까요? 예수님은 산상수훈으로 대단히 명쾌하게 정리해주십니다. '사랑하는 아들'이라는 음성을 들은 데 이어 그만한 가치가 있는지 세상에 증명해보라는 사탄의 시험까지 물리친 뒤에, 그리스도는 공생애를 시작하셨습니다. 주님은 먼저 뒤를 따르며 사역을 나눌 제자들을 부르셨습니다. 그리고 산으로 올라가서서 제자들을 다 불러모으고 말씀하셨습니다. "심령이 가난한 자, 온유한 자, 애통하는 자, 의에 주리고 목마른 자, 긍휼히 여기는 자, 마음이 청결한 자, 화평하게 하는 자, 의를 위하여 박해를 받은 자는 복이 있다."

이 말씀은 거룩한 자녀들의 초상을 보여줍니다. 하늘 아버지가 사랑하시는 아들, 예수님의 자화상이기도 합니다. 또 장차 내가 되어야 할 밑그림이기도 합니다. 산상수훈은 고향, 곧 아버지의 집으로 되돌아가는 가장 단순한 경로를 제시합니다. 그 길을 따라가노라면 위로를 받고, 사랑을 입으며, 그 어느 때보다도 뚜렷한 눈으로 주님을 바라보는 등 두 번째 유년기의 기쁨을 만끽할 수 있을 것입니다. 그리고 마침내 집에 도착해 아버지의 따뜻한 품에 안기는 순간, 하늘나라의 소유권을 갖게 될 뿐만 아니라 이 땅 역시 유산으로 물려받았음을 실감하게 됩니다. 어떠한 속박이나 강요 없이 자유롭게 살 수 있는 공간이 생긴 겁니다.

어린아이가 된다는 건 산상수훈을 삶으로 살아내서 하나님나라로 통하는 좁은 문을 찾아낸다는 뜻입니다. 렘브란트는 그 사실을 알고 있었을까요? 탕자의 비유가 이 그림의 진면목을 발견하도록 이끌었는지, 아니면 거장의 작품이 예수님의 비유에 담긴 새로운 의미를 깨닫게 해주었는지 나로서는 정확히 알 수 없습니다. 다만, 집으로 돌아온 젊은이의 머리를 보면서 작가가 두 번째 유년기의 모습을 표현하고 있는 것은 아닌지 짐작할 따름입니다.

언젠가 렘브란트의 그림을 보여주고 느낀 점을 함께 나눈 적이 있습니다. 지금도 그 장면이 생생하게 기억납니다. 젊은 친구(똑똑하게 생긴 아가씨였습니다)가 벌떡 일어나더니 〈탕자의 귀향〉을 복제한 커다란 포스터 앞으로 걸어갔습니다. 그러더니 작은아들의 머리에 손을 올려놓으며 말했습니다. "이건 자궁에서 막 나온 갓난아이의 머리예요. 보세요. 아직 젖어 있어요. 얼굴에도 여전히 태아의 느낌이 남아 있잖아요." 젊은이의 얘기를 듣고 거기 있던 이들이 모두 고개를 끄덕였습니다. 렘브란트는 정말로 집으로 되짚어왔을 뿐만 아니라 아버지이자 어머니이신 하나님의 자궁으로 돌아온 탕자의 모습을 그린 걸까요?

그때까지는 작은아들의 삭발한 머리를 보면서 감옥에 간힌 죄수나 집단수용소에서 생활하는 이들을 떠올리곤 했습니다. 수척한 얼굴을 대할 때는 학대받는 인질의 표정을 연상했습니다. 렘브란트가 의도한 메시지는 그것이 전부일 거라고 생각했습니다. 하지만 그 모임 이후로 그림을 볼 때마다 모태로 되돌아가고 있는 갓난이의 모습을 지울 수가 없었습니다. 아울러 그런 시각은 집으로 돌아가는 길을 더 분명하게 이해하는 데 큰 도움이 되었습니다.

어린아이야말로 가난하고, 온유하며, 마음이 청결합니다. 갓난이는 사소한 고통에도 반응하며 울음을 터트립니다. 항상 의에 주리고 목말라 하는 '화평하게 하는 자'인 동시에 핍박의 궁극적인 희생자입니다. 육신을 입고 오신 하나님인 예수님 역시 마리아의 자궁에 아홉 달 동안 머무셨으며, 세상에 태어난 후에는 갓난아이로서 가까이는 목자들로부터 멀리는 동방박사에 이르기까지 수많은 이들의 경배를 받으셨습니다. 주님의 자녀들이 다시 아기가 되어 아버지의 나라에 들어갈 수 있는 길을 열어 놓으신 겁니다. 예수님은 니고데모에게 말씀하셨습니다. "진실로 진실로 네게 이르노니 사람이 거듭나지 아니하면 하나님의 나라를 볼 수 없느니라"(요 3:3, 개역개정).

누가 진정한 탕자인가?

나는 지금 예수님이 인류를 위해 스스로 탕자가 되신 신비로운 사건을 이야기하고 있습니다. 주님은 하늘 아버지의 집을 떠나 지구라는 '먼 지방'에 오셨으며, 가진 걸 모두 내어주신 뒤에 십자가를 통해 고향으로 돌아가셨습니다. 아버지를 거역하는 자식이 아니라 순종하는 아들로서 예수님이 행하신 모든 일에는 하나님의 잃어버린 자녀들을 남김없이 도로 집으로 데려가시려는 뜻이 담겨 있습니다.

예수님은 죄인들과 어울린다고 비난하는 이들에게 이 이야기를 들려주셨습니다. 그리고 말씀하신 그대로 멀고도 고통스러운 삶의 여정을 따라가셨습니다.

탕자의 비유와 렘브란트의 그림을 살펴보기 시작할 때만 하더라도 지칠 대로 지친 젊은이의 얼굴에서 아기 예수의 얼굴을 떠올리게 되리라고는 꿈에도 생각하지 못했습니다. 하지만 깊이 묵상해볼수록 새록새록 은혜를 주는 관점이었습니다.

아버지 앞에 무릎을 꿇고 있는 저 쇠약한 청년은 "세상 죄를 지고 가는 하나님의 어린양"(요 1:29)이었습니다. 죄를 알지도 못하면서 우리 대신 죄를 뒤집어쓰신(고후 5:21) 분이었습니다. "하나님과 동등함을 당연하게 생각하지 않으시고, 오히려 … 사람과 같이"(빌 2:6-7) 되신 분이었습니다. 십자가 위에서 "나의 하나님, 나의 하나님, 어찌하여 나를 버리셨습니까?"(마 27:46)라고 부르짖었던 죄 없는 하나님의 독생자였습니다.

예수님은 나를 자신과 같은 모습으로 변화시켜서 함께 고향으로 돌아가기 위해 아버지가 맡기신 것을 죄다 팔아치웠습니다. 예수님은 나를 주님처럼 변화시켜서 함께 고향으로 돌아갈 수 있도록 아버지가 물려주신

〈두 강도 사이에 못 박히신 그리스도〉, 1653, 동판화

—

"아버지 앞에 무릎을 꿇고 있는 저 쇠약한 청년은
'세상 죄를 지고 가는 하나님의 어린양'(요 1:29)이었습니다.
죄를 알지도 못하면서 우리 대신 죄를 뒤집어쓰신(고후 5:21) 분이었습니다."

모든 것을 다 처분했습니다. 아낌없이 주는 아버지에다 물 쓰듯 써버리는 아들, 그야말로 부전자전입니다.

예수님을 탕자로 보는 접근은 이 비유를 해석하는 전통적인 방식과는 상당히 거리가 있습니다. 그럼에도 불구하고 여기에는 엄청난 비밀이 숨어 있습니다. 차츰 내가 소유한 아들의 신분과 그리스도가 가진 아들의 지위가 하나라는 것이 무슨 말인지, 내가 고향을 다시 찾아가는 것과 예수님이 집으로 돌아가는 것이 하나라는 것이 무슨 뜻인지, 내 집과 주님의 집이 하나라는 것이 무슨 의미인지 깨달았습니다.

예수님이 닦아놓으신 길 말고는 하나님께로 갈 방도가 없습니다. 탕자의 비유를 들려주신 분은 말씀이 되신 하나님입니다. "만물이 그로 말미암아 지은 바 되었으니 지은 것이 하나도 그가 없이는 된 것이" 없습니다. "말씀이 육신이 되어 우리 가운데" 거하시며 우리로 그분의 완전한 본질의 일부가 되게 하십니다(요 1:1-14 참조).

믿음의 눈으로 탕자의 이야기를 살펴보기 시작하면서부터 탕자의 귀향은 곧 모든 이들을 이끌어서 하늘 아버지의 집으로 데려가시는 하나님 아들의 귀향이 되었습니다. 바울은 말합니다. "아버지께서는 모든 충만으로 예수 안에 거하게 하시고 그의 십자가의 피로 화평을 이루사 만물 곧 땅에 있는 것들이나 하늘에 있는 것들이 그로 말미암아 자기와 화목하게 되기를 기뻐하심이라"(골 1:19-20, 개역개정).

도시에 기반을 두고 활동하는 수도사들의 공동체, 예루살렘형제수도회를 세운 피에르 마리Pierre Marie 수사는 아주 시적이고 성경적인 방식으로 예수님을 탕자에 빗대어 조명합니다.

인간의 혈통, 인간의 욕구, 인간의 의지에서 비롯되지 않고 하나님 자신으로부터 나신 분은 어느 날 발등상 아래 있는 모든 걸 가지고 떠나셨다. 유산과 독생자의 타이틀은 물론이고 보석금까지 챙기셨다. 그리고 먼 지방으로 가셨다. 그 낯선 나라에 가서 자신을 비우고 스스로 인간이 되셨다.

본래 주님의 소유인 백성들은 그분을 맞아들이지 않았다. 그분의 첫 잠자리는 짚더미였다. 불모지에 뿌리 내린 나무처럼, 그분은 인간들 사이에서 성장하셨으며, 멸시를 당하셨고, 얼굴을 가리고 외면할 만큼 스스로 낮고 천한 존재가 되셨다.

그리고 얼마 지나지 않아서 추방과 적대감, 외로움을 친히 맛보셨다. … 아낌없이 베푸는 삶을 사시며 소중한 가치, 평안, 빛, 진리, 생명, 오랜 세대에 걸쳐 은밀하게 간직해온 보물과도 같은 지식과 지혜까지 모두 주신 뒤에, 이스라엘의 집 잃어버린 자녀들 중에 머물며 스스로 잃어버린 아들이 되어 병자(유복한 이들이 아니다)와 죄인(의인이 아니다), 심지어 창기들과 함께하시며 하늘 아버지의 나라에 들어갈 언약을 주신 뒤에, 탐식가, 술고래, 세리와 죄인의 친구, 사마리아인, 귀신 지핀 사람, 하나님을 모독하는 죄인 취급을 받으신 뒤에, 살과 피까지 남김없이 주신 뒤에, 직접 깊은 슬픔과 고뇌, 괴로운 심령을 뼛속 깊이 체험하신 뒤에, 자청해서 아버지의 버림을 받고 생수의 근원에서 멀리 떨어진 채 십자가 위에서 "내가 목마르다!"고 부르짖으며 절망의 바닥까지 내려가신 뒤에, 무덤에, 죽음의 그늘에 누우셨다.

그리고 사흘 만에 거기서, 친히 인류의 잘못을 지고, 죄를 떠안고, 고통을 끌고 내려가셨던 죽음의 중심에서 살아나셨다. 똑바로 일어나 외치셨다. "자, 이제 나는 내 아버지이자 그대들의 아버지, 내 하나님이자 그대들의 하나님께로 올라간다."

작은아들

마침내 주님은 하늘로 다시 올라가셨다. 독생자가 모든 이들의 전부가 되는 것을 보시고 여태껏 그 아들과 자녀들을 살피시던 하늘 아버지는 일꾼들에게 말씀하셨다. "서둘러라! 가장 좋은 겉옷을 가져다가 입혀라. 손가락에 반지를 끼우고 발에 샌들을 신겨라. 자, 상을 차리고 잔치를 열자. 알다시피 죽었던 내 자식들이 다시 살아났다. 잃어버렸다가 되찾았으니 얼마나 기쁜지 모르겠다. 탕자였던 내 아들이 저들을 모두 데려왔구나." 그들은 모두 어린양의 피로 깨끗해진 긴 예복을 입고 잔치를 벌이기 시작했다."[1]

렘브란트의 그림 〈탕자의 귀향〉을 보면서 이제는 예전과는 전혀 다른 방식으로 주인공을 인식하게 됐습니다. 그의 아버지이자 내 아버지, 그의 하나님이자 내 하나님께로 돌아온 예수님을 보게 된 겁니다.

작가도 탕자를 그런 식으로 생각했을까요? 그럴 것 같지는 않습니다. 당시의 설교나 글에서 쉽게 만날 수 있는 생각이 아니기 때문입니다. 그럼에도 불구하고 지치고 깨어진 젊은이에게서 예수님의 모습을 볼 때마다 큰 위로와 위안을 받습니다. 아버지의 품에 안긴 청년은 단순히 잘못을 뉘우치는 한 인간이 아니라 하나님께로 돌아간 인류 전체를 상징합니다. 탕자의 상한 몸은 인류의 상한 몸이 되었습니다. 되돌아온 청년의 어린아이 같은 얼굴은 고통스러운 삶을 살며 실낙원에 다시 들어가기를 간절히 소망하는 모든 이들의 얼굴이 되었습니다.

렘브란트의 그림은 그저 감동적인 비유를 화폭에 옮긴 삽화가 아니라 구원 역사의 압축판입니다. 아버지와 아들을 감싸고 있는 빛은 하나님의 자녀들을 기다리고 있는 영광을 보여줍니다. 요한의 당당한 선언이 떠오릅니다. "이제 우리는 하나님의 자녀입니다. 앞으로 우리가 어떻게 될지는 아직 밝혀지지 않았습니다만, 그리스도께서 나타나시면, 우리도 그와 같이 될 것임을 압니다. 그때에 우리가 그를 참모습대로 뵙게 될 것이기 때문입니다"(요일 3:2).

하지만 렘브란트의 그림도, 거기에 묘사된 비유도 엑스터시를 주지는 않습니다. 시몬의 사무실에 붙어 있던 포스터에서, 아버지가 돌아온 아들을 껴안은 화면 중앙의 정경을 보았을 때만 하더라도 그 장면을 주시하는 구경꾼 네 명의 존재까지는 인식하지 못한 상태였습니다.

하지만 지금은 '돌아온' 주인공을 에워싼 얼굴들을 분명하게 의식하고 있습니다. 아무리 너그럽게 봐준다 해도 '정체를 알 수 없는' 인물들입니다. 그림 오른쪽에 서 있는 키 큰 남자는 특히 더 그렇습니다. 물론 그 장면에는 아름다움과 영광과 구원이 가득합니다. 하지만 다만 지켜볼 뿐 적극적으로 뛰어들지 않는 비판적인 눈길들이 존재하는 것도 엄연한 사실입니다. 저들은 그림에다 불필요한 사족을 달고 있습니다. 영적인 화해 문제가 빠르고 극적으로 해결되리라고 낙관할 수 없는 대목입니다. 작은아들의 여정은 큰아들의 길과 뗄 수 없는 관계입니다. 이어서 큰형을 살펴보려는 뜻이 거기에 있습니다.

2부
큰아들

큰아들이 밭에 있다가 돌아오는데, 집에 가까이 이르렀을 때에, 음악 소리와 춤추면서 노는 소리를 듣고, 종 하나를 불러서, 무슨 일인지를 물어보았다. 종이 그에게 말하였다. "아우님이 집에 돌아왔습니다. 건강한 몸으로 돌아온 것을 반겨서, 주인어른께서 살진 송아지를 잡으셨습니다." 큰아들은 화가 나서, 집으로 들어가려고 하지 않았다. 아버지가 나와서 그를 달랬다. 그러나 그는 아버지에게 대답하였다. "나는 이렇게 여러 해를 두고 아버지를 섬기고 있고, 아버지의 명령을 한 번도 어긴 일이 없는데, 나에게는 친구들과 함께 즐기라고, 염소 새끼 한 마리도 주신 일이 없습니다. 그런데 창녀들과 어울려서 아버지의 재산을 다 삼켜버린 이 아들이 오니까, 그를 위해서는 살진 송아지를 잡으셨습니다." 아버지가 그에게 말하였다. "애야, 너는 늘 나와 함께 있으니 내가 가진 모든 것은 다 네 것이다. 그런데 너의 이 아우는 죽었다가 살아났고, 내가 잃었다가 되찾았으니, 즐기며 기뻐하는 것이 마땅하다."

—

눅 15:25-32

4

렘브란트, 그리고 큰아들

✣

예르미타시 미술관에 조용히 앉아서 〈탕자의 귀향〉을 감상하는 동안, 아버지가 돌아온 아들을 껴안고 있는 중앙에서 오른편에 있는 남자가 당연히 큰아들이라고 생각했습니다. 폭발적인 환영의 몸짓을 바라보며 서 있는 자세가 영락없이 렘브란트가 묘사하고 싶어 하는 인물의 형상이었기 때문입니다. 부지런히 펜을 놀려서 그 메마른 시선과 쌀쌀한 관찰자의 태도를 메모했습니다. 예수님이 말씀하신 큰아들의 특징을 고스란히 볼 수 있었습니다.

하지만 이상한 점이 보입니다. 비유 내용에 따르면 아버지가 잃어버렸던 아들을 껴안고 사랑을 베풀었던 건 분명히 큰아들이 아직 집에 돌아오지 않은 시점이었습니다. 성경을 읽어보면 맏아들이 일터에서 돌아왔을 때는 이미 동생의 귀환을 환영하는 잔치가 한창 벌어지고 있던 상황임을 알 수 있습니다.

렘브란트의 그림과 비유 사이에 이토록 커다란 차이가 있다는 걸 어쩌면 그렇게 새카맣게 모를 수가 있는지, 그리고 렘브란트가 탕자의 초상을 그리면서 형제를 모두 집어넣을 거라고 지레짐작해버릴 수 있었는지 하도 놀라서 기가 다 막힐 지경이었습니다.

여행을 마치고 돌아오기가 무섭게 그림을 역사적으로 연구한 자료들을 찾아 닥치는 대로 읽어나갔습니다. 비평가들 역시 오른쪽에 서 있는 남자의 정체를 두고 나 못지않게 헷갈려 하고 있었습니다. 어떤 이들은 누군지 모를 노인이라고 했고, 심지어 렘브란트가 자신의 모습을 그려넣은 게 아닌지 의심하는 쪽도 있었습니다.

하지만 예르미타시 미술관을 방문한 지 일 년도 더 지난 어느 날, 탕자의 귀향에 얽힌 문제들을 두고 자주 이야기를 나누곤 하던 친구 이반 다이어는 바버라 조앤 해거의 논문, "렘브란트의 작품 〈탕자의 귀향〉에 내포된 신앙적 의미"[1] 복사본을 보내주었습니다. 당대의 시각과 상징과 아이콘의 맥락에서 작품을 분석한 그 탁월한 글에서 저자는 큰아들을 그림 속으로 복귀시켰습니다.

해거가 입증한 바에 따르면, 렘브란트 시대의 성경 주석가들과 화가들은 바리새인과 세리의 비유를 탕자의 비유와 밀접하게 연결 짓곤 했습니다. 〈탕자의 귀향〉 역시 예외가 아니었습니다. 수수께끼 같은 시선으로 아버지를 응시하며 서 있는 남자는 큰아들로서 바리새인과 서기관을 대표하는 반면, 자리에 앉은 채 가슴을 치며 돌아온 작은아들을 바라보고 있는 이는 청지기로서 죄인과 세리를 상징합니다. 가장 두드러진 증인으로 큰아들을 그려넣음으로써 화가는 비유의 문자적인 텍스트뿐만 아니라 당대의 회화 전통까지 뛰어넘었습니다. 그런 점을 염두에 두고 해거는 렘브란트를 "성경 본문의 자구字句뿐만 아니라 정신까지"[2] 포착한 작가로 평가했습니다.

바버라 해거가 발견한 사실들은 내 직관적인 생각들을 뒷받침해주었지만, 단순히 근거를 제시하는 차원에 머물지 않고 더 큰 기쁨들을 선사했습니다. 덕분에 〈탕자의 귀향〉을 거대한 영적인 전투와 거기에 따른 중대한 선택을 압축한 작품으로 볼 수 있게 된 겁니다. 아버지의 팔에 몸을 맡긴 작은아들과 더불어 자신을 향한 사랑을 받아들이거나 물리치는 선택의 기로에 선 큰아들까지 그림으로써, 렘브란트는 '내면에서 벌어지는 영혼의 드라마(내 드라마뿐만 아니라 자신의 드라마까지)'**³**를 보여줍니다.

탕자의 비유가 복음의 메시지를 요약해 제시하는 동시에, 듣는 이들에게 진실을 직시하고 현명한 선택을 하도록 요구하는 것과 마찬가지로, 렘브란트의 그림 또한 자신의 영적인 씨름을 압축해 제시하면서 감상자들에게 스스로의 삶을 살펴보고 개인적인 결단을 내리라고 초청합니다.

그러므로 렘브란트가 그린 구경꾼들은 작품을 감상자들에게 제각기 개인적인 방식으로 현장에 동참하라고 초대하는 초청장으로 변모시킵니다. 1983년 가을, 그림의 중심부만 잘라 인쇄한 포스터를 처음 보자마자 무언가에 확 끌려들어가는 느낌을 받았습니다. 이제는 그림 전체를 샅샅이 꿰게 되었으며 그 가운데서도 오른쪽에 두드러지게 묘사된 증인의 의미를 깊이 새기게 된 터라, 그 어느 때보다도 〈탕자의 귀향〉이 제기하는 엄청난 도전을 확실하게 감지할 수 있습니다.

작은아들을 살펴보는 동시에 화가의 삶을 자세히 들여다보면, 렘브란트가 대단히 개인적인 방식으로 탕자를 이해하고 있었다는 것을 확신하게 됩니다. 〈탕자의 귀향〉을 그릴 당시, 작가는 대단한 자신감과 성취, 명성으로 가득한 생활을 마감하고 고통스러운 상실과 실망, 실패로 점철된

〈탕자의 귀향〉 부분, 1668, 유화

—

"수수께끼 같은 시선으로 아버지를 응시하며 서 있는 남자는 큰아들로서 바리새인과
서기관을 대표하는 반면, 자리에 앉은 채 가슴을 치며 돌아온
작은아들을 바라보고 있는 이는 청지기로서 죄인과 세리를 상징합니다."

삶을 살고 있었습니다.

그런 경험들을 통해 렘브란트는 외면의 빛으로부터 내면의 광채로, 외적인 사건 묘사에서 내적인 의미 표현으로, 사람과 사물이 가득한 인생에서 고독과 침묵이 더 큰 자리를 차지하는 삶으로 옮겨갔습니다. 나이가 들어갈수록 더 내밀해지고 평온해진 것입니다. 일종의 영적인 귀향이었습니다.

하지만 큰아들 역시 화가의 인생 경험 가운데 한 축을 대변하고 있습니다. 오늘날 상당수 전기 작가들은 렘브란트의 삶에 덧씌워진 로맨틱한 환상들을 탐탁지 않게 생각합니다. 흔히 생각하는 것 이상으로 후원자들의 요구와 금전적인 필요에 민감했고, 다루고 있는 주제들은 영적인 비전보다는 당시 유행하던 화풍의 소산이며, 거듭된 실패는 주어진 환경에 감사할 줄 모르는 독선적이고 불쾌한 성품과 관련이 깊다고 강조합니다.

새로 출간된 여러 전기들은 렘브란트가 영적인 진리를 탐색하기보다는 이기적이고 계산적인 술수에 능한 인간이라고 말합니다. 대다수 작품들에 탁월한 면이 있는 건 사실이지만 세간에서 생각하는 것만큼 영성이 넘치는 사람은 아니었다는 겁니다. 이런 탈신화적인 렘브란트 연구를 처음 대했을 때는 적잖이 충격을 받았습니다.

특히 게리 슈워츠가 쓴 전기는 주인공을 낭만적으로 포장할 여지를 전혀 남겨두지 않아서 과연 '회심'의 경험이랄 만한 게 있기는 했는지 의심스러울 지경이었습니다. 가족과 친구들에서부터 그림을 주문하거나 구입한 이들에 이르기까지 다채로운 후원자들과 맺은 관계를 연구한 결과에 따르면, 렘브란트는 함께 지내기에 상당히 거북한 인물이었던 것만큼은 분명해 보입니다. 슈워츠는 "앞을 가로막는 이들을 공격하기 위해 합법적인 수단은 물론 불법적인 무기까지 총동원하는 모질고도 복수심이 강한 사람"⁴이라고까지 이야기합니다.

사실, 렘브란트는 이기적이고 오만하게, 또는 복수심에 사로잡혀 행동하는 경우가 많았던 것으로 유명합니다. 6년씩이나 한 지붕 아래 살았던 헤이르체 디르흐Geertje Dircx를 대했던 방식만 보더라도 그런 면모를 생생하게 엿볼 수 있습니다. 렘브란트는 전처의 친동생으로 누이의 변호사를 맡고 있던 인물을 회유해, "그녀에게 불리한 증거들을 모아 수용 시설로 보내는 일을"⁵ 맡겼습니다. 결국 헤이르체는 정신병원에 감금됐습니다. 퇴원 가능성이 다시 제기되었을 때도 곧바로 "사람을 풀어서 반대 증거를 수집해 병원을 벗어날 수 없도록"⁶ 조처했습니다.

이런 비극적인 사건들이 일어나기 시작하던 1649년, 렘브란트는 일 년 내내 그 일에 신경을 쓰느라 단 한 점의 작품도 그리지 못했습니다. 이 무렵, 주인공의 또 다른 면이 드러납니다. 쓰라린 상처에 괴로워하며 복수욕에 사로잡혀 배신을 서슴지 않는 길 잃은 인간의 모습입니다.

이런 렘브란트를 대하는 건 아주 불편한 노릇입니다. 세속적인 쾌락에 빠져 뒹굴다가 뉘우치고 집에 돌아와 대단히 영적인 삶을 살게 된 탐욕스러운 인물을 불쌍히 여기기는 어렵지 않습니다. 하지만 툭하면 앙심을 품고 소중한 시간들을 시시한 소송 따위에 낭비하며 오만한 짓거리로 가까운 이들에게 끊임없이 상처를 입히는 인간을 동정하기란 만만한 일이 아닙니다. 그럼에도 불구하고 내가 아는 한, 그 역시 렘브란트의 삶의 일부, 결코 무시해서는 안 될 일면입니다.

렘브란트는 작은아들과 많이 닮았지만 큰아들과도 무척 비슷합니다. 큰아들의 상실감과 작은아들의 방황을 삶에서 모두 체험했던 작가는 만년에 〈탕자의 귀향〉을 그리면서 두 아들을 모두 화폭에 올렸습니다. 둘 다 치유와 용서가 필요했습니다. 둘 다 집으로 돌아와야 했습니다. 둘 다 아버지의 품에 안겨 용서를 받아야 했습니다.

하지만 세상에서 가장 어렵고 힘든 회심을 찾자면 아무래도 집에 머물고 있는 이가 돌이키는 경우를 꼽아야 할 겁니다. 이것은 렘브란트의 그림은 물론이고 비유 자체에서도 분명하게 알 수 있는 사실입니다.

5

큰아들, 집을 나가다

꽃

예르미타시 미술관에서 렘브란트의 작품을 감상하며 시간을 보내다보니 차츰 큰아들이라는 인물에 점점 더 깊은 매력을 느끼게 됐습니다. 오래 응시하면서 그 마음과 생각에서 일어났을 일들을 이리저리 더듬어보았습니다. 큰아들이 작은아들의 귀향을 지켜보는 주요 입회인이라는 점에는 의문의 여지가 없습니다.

아버지가 고향에 돌아온 아들을 껴안고 있는 부분만 알고 있을 때는 오히려 그림을 이해하기가 쉬웠습니다. 초대하고, 마음을 움직이고, 안심시키는 장면으로 받아들이면 그만이었습니다. 그런데 전작全作을 대하자마자 생각이 달라졌습니다. 부자상봉에 담긴 복잡한 의미를 인식하게 된 겁니다.

두 주먹을 불끈 쥐고 서서
작은아들을 끌어안은 노인을 바라보는 핵심 입회인인 큰아들은 한 발

〈탕자의 귀향〉 부분, 1668, 유화

—

"렘브란트는 큰아들과 아버지를 대단히 흡사하게 그렸습니다. 둘 다 수염을
기르고 있으며 붉은 망토를 어깨에 넉넉하게 두르고 있습니다. 이런 외적인 요소들은
큰아들과 아버지 사이에 공통점이 많다는 사실을 넌지시 암시합니다."

뒤로 물러서 있습니다. 아버지를 바라보고 있지만 기뻐하는 기색이 없습니다. 손을 내밀지도, 웃음 짓지도, 반갑다는 표현을 하지도 않습니다. 무대 한쪽 구석에 그냥 서 있을 뿐, 전면에 나설 의사가 전혀 없어 보입니다.

'귀향'이 중심 화제畵題라는 건 분명합니다. 하지만 물리적으로 캔버스 중앙에서는 그 장면을 찾아볼 수 없습니다. 사건은 왼쪽으로 치우친 자리에서 벌어집니다. 오른쪽 구석은 기골이 장대하고 완고해 보이는 큰아들이 지배하고 있습니다. 넓은 여백은 아버지와 맏아들을 갈라놓고 있습니다. 팽팽한 긴장감을 자아내며 해결을 재촉하는 공간입니다.

그림에 큰아들이 버티고 있는 한, 탕자가 돌아온 사건을 감상적으로 해석하는 것은 거의 불가능합니다. 비중이 가장 높은 이 입회인은 아버지가 보여주는 따뜻한 환영에 동참할 생각이 없다는 듯, 한사코 거리를 두려 합니다. 큰아들 마음에는 무슨 생각이 오가고 있을까요? 무슨 일을 하려는 걸까요? 아버지처럼 동생에게 다가가 그를 힘껏 끌어안을까요? 아니면 분노와 혐오감을 못 이기고 밖으로 뛰쳐나갈까요?

친구 바트로부터 내가 작은아들보다 큰아들 쪽과 더 비슷할 거라는 이야기를 들은 뒤로 이 '오른쪽 남자'를 좀 더 면밀하게 관찰한 덕분에 이해하기 어려운 새로운 사실들을 여럿 보게 됐습니다.

렘브란트는 큰아들과 아버지를 대단히 흡사하게 그렸습니다. 둘 다 수염을 기르고 있으며 붉은 망토를 어깨에 넉넉하게 두르고 있습니다. 이런 외적인 요소들은 큰아들과 아버지 사이에 공통점이 많다는 사실을 넌지시 암시합니다. 화가는 큰아들의 얼굴에 빛을 떨어뜨려서 역시 밝은 조명을 받고 있는 아버지의 얼굴과 직접 연결시키는 방식으로 방점을 찍습니다.

III

큰아들

하지만 둘 사이에는 가슴 아픈 차이가 있습니다. 아버지는 집으로 되돌아온 아들을 향해 몸을 굽히고 있습니다. 큰아들은 뻣뻣하게 서 있을 뿐입니다. 손에서 바닥까지 곧게 이어진 지팡이는 그의 완고한 마음가짐을 보여줍니다.

아버지의 망토는 자식을 환영하는 듯 넓게 펼쳐져 있습니다. 큰아들의 옷은 몸에 착 달라붙었습니다. 아버지는 손을 펴서 탕자를 어루만지고 있습니다. 축복의 몸짓입니다. 큰아들은 양손을 단단히 모아 쥔 채 가슴에 대고 있습니다. 두 인물의 낯에는 모두 빛이 드리웠습니다. 그러나 아버지의 얼굴에서 나오는 광선은 온몸(특히 두 손)으로 흘러나가 따뜻하고 풍성한 빛으로 작은아들을 온전히 감싸는 반면, 큰아들 얼굴 위에 떨어진 빛은 차갑고 제한적입니다. 몸뚱이는 여전히 어둠에 묻혔고 그러쥔 손은 그늘졌습니다.

어쩌면 렘브란트가 그림으로 옮긴 이야기는 '탕자의 비유'가 아니라 '탕자들의 비유'라고 부르는 것이 정확할지 모릅니다. 자유와 행복을 찾아 집을 떠났다가 먼 지방에서 길을 잃은 작은아들뿐만 아니라 고향에 머물던 아들 역시 방황하기는 마찬가지였습니다. 겉으로는 어른이 시키는 일을 성실하게 잘해낸 착한 아들처럼 보이지만, 속내를 들여다보면 아버지로부터 멀리 떨어진 채 엉뚱한 곳을 헤매고 있었습니다. 부친을 잘 섬기고 하루하루 열심히 일하며 주어진 책임을 다했지만 큰아들은 날이 갈수록 불행하고 자유롭지 못했습니다.

원망 속에 길을 잃고

내가 탐욕스러운 작은아들보다 이 냉혹하고 원망과 분노에 차 있는 남자와 더 비슷하다는 사실을 받아들이기 어려웠습니다. 그러나 생각할수록 내 안에 큰아들 모습이 자리잡고 있음을 인정할 수밖에 없습니다. 집안의 장남인 나는 모범적인 아들이 된다는 것이 어떤 느낌인지 잘 압니다.

맏이들에게는 부모의 기대에 맞추어 살며 그 뜻을 잘 따르고 효도하는 자식이라는 소릴 듣고 싶어 하는 특유의 욕구가 있는지도 모른다는 생각을 자주 합니다. 첫째들은 칭찬을 받고 싶어 합니다. 아버지 어머니를 실망시키지 않으려고 노력합니다. 한편으로는 누군가를 기쁘게 하는 일 따위는 아랑곳하지 않고 '저 좋은 일을' 마음껏 하는 동생들을 아주 어려서부터 부러워합니다.

멀리 갈 것도 없이 나만 하더라도 그렇습니다. 주변 사람들이 부모의 뜻을 거슬러가며 사는 걸 보면서 늘 기묘한 호기심을 느낍니다. 감히 흉내내지는 못하지만 그게 어떤 삶인지 궁금해하는 겁니다. 어버이나 다름없는 이들(교사, 영적인 리더, 교회 지도자 등)이 설정한 의제에 순응해서 거기에 합당한 일들만 골라 하면서도 한쪽 구석에서는 어째서 탕자처럼 '달아날' 용기를 내지 못하는지 알 수 없었습니다.

이상하게 들리겠지만, 제멋대로 집을 나가버린 아들에게 부러움 비슷한 감정을 마음 깊이 품고 살았습니다. 죄스러운 일들을 천연덕스럽게 저질러가며 즐겁게 지내는 친구들을 볼 때마다 내 안에서 불끈불끈 그런 느낌이 솟구쳤습니다. 비난받을 짓이라거나 심하게는 비도덕적인 행위로 규정하기도 했지만, 전부는 고사하고 한두 가지도 따라해볼 엄두조차 내지 못하는 까닭이 궁금했습니다.

스스로 대견하게 생각하며 남들도 칭찬을 아끼지 않는 순종하고 효도하는 삶이 때로는 어깨에 짊어진 무거운 짐이 되어 계속 나를 짓눌렀습니다. 나중에는 제아무리 몸부림쳐도 떨어지지 않아서 어쩔 수 없이 받아들이는 지경에 이르렀습니다. "나는 이렇게 여러 해를 두고 아버지를 섬기고 있고 아버지의 명령을 한 번도 어긴 일이 없는데, 내게는 친구들과 함께 즐기라고, 염소 새끼 한 마리도 주신 일이 없습니다"라고 불평하는 큰아들의 마음을 십분 이해할 수 있었습니다. 큰아들의 불평을 들어보십시오. 순종과 효도는 짐이 되었고, 섬김은 종살이로 변질되어 있습니다.

크리스천이 된 지 얼마 안 된 친구한테서 열심히 기도하지 않는다는 비판을 받는 순간, 이 모든 것이 바로 내 문제가 됐습니다. 이야기를 듣는 순간 화가 치밀었습니다. 겉으로는 별 말 안 했지만, 속이 부글부글 끓었습니다. '감히 누구한테 기도를 가르치려 드는 거야! 여태까지 아무런 훈련도 받지 않고 내키는 대로 살아온 주제에. 이래봬도 난 어려서부터 철저하게 말씀을 따라 산 모태신앙이란 말씀이야! 회심한 지 얼마나 됐다고 이래라저래라 하는 거야!'

속으로 이렇게까지 화를 냈다는 것은 그만큼 큰 '탈선'을 보여줍니다. 집을 떠나 방황하는 건 아니었지만 그렇다고 아버지의 집에서 자유롭게 사는 것도 아니었습니다. 분노하고 시기하는 모습 자체가 여전히 무언가에 속박된 종의 신세라는 증거입니다.

이것이 나만의 문제일까요? 사실 집에 있으면서도 길을 잃고 방황하는 맏아들, 큰딸들이 얼마나 많은지 모릅니다. 판단과 정죄, 분노와 원망, 원한과 시기로 뒤범벅이 된 탈선은 인간의 마음에 말할 수 없을 만큼 해롭고 치명적입니다. 보통 탈선이라고 하면 눈에 확 띄는 대단한 일을 떠올립니다. 작은아들은 그런 통념에 딱 들어맞는 잘못을 저질렀습니다. 탕자의 탈선은 확연하게 드러납니다. 돈과 시간, 친구, 나아가 자기 몸까지 잘

못 사용했습니다.

백번 생각해도 그릇된 길을 갔습니다. 가족과 친구는 물론이고 자신도 그 사실을 잘 알았습니다. 인륜을 저버리는 불효를 저질렀고 욕정과 탐욕에 몸과 마음을 맡겼습니다. 너무나 명명백백해서 잘잘못을 가릴 필요조차 없습니다. 작은아들은 엇나간 비행의 말로가 비참할 따름이라는 것을 깨닫고 돌이켰으며 용서를 구했습니다. 인간이 저지르는 전형적인 실수와 간단한 해결책이 여기에 있습니다. 누구나 쉽게 이해하고 공감할 수 있습니다.

거기에 비해 큰아들의 탈선은 분별하기가 너무 어렵습니다. 우선 그르다고 할 만한 일을 하지 않았습니다. 고분고분했고, 효도를 다했고, 규율을 잘 지키고, 열심히 일했습니다. 다들 큰아들을 존중하고, 높이 평가했으며, 칭찬하고, 모범적인 아들의 전형으로 여겼습니다. 겉으로 보기에는 나무랄 데가 없었습니다.

그러나 집으로 돌아온 작은아들을 보고 떨 듯이 기뻐하는 아버지의 모습을 보자 암흑의 기운이 중심에서 솟구쳐 표면으로 떠올랐습니다. 마음 깊이 숨어 있던 분노하고, 오만하며, 몰인정하고, 이기적인 자아가 몇 년 새 점점 더 강해지더니 마침내 사납게 본색을 드러낸 것입니다.

자신을 찬찬히 살피고 주위 사람들을 돌아보면서 과연 정욕과 원망에 찬 분노 가운데 무엇이 더 해로운지 궁금했습니다. '바르고 착하게' 사는 이들 가운데 분노가 넘칩니다. 이른바 '성도'라는 이들 사이에 판단과 정죄, 편견이 횡행합니다. '죄'를 피하려고 안간힘을 쓴다는 이들이 분노에 사로잡혀 냉랭한 분위기를 연출하기 일쑤입니다.

원망에 사로잡혀 길을 잃은 '성도들'의 방황은 선하고 의로워지려는 소망과 단단히 결부되어 있으므로 그 실체를 정확하게 파악하기가 대단히 힘듭니다. 나만 하더라도 더 착하게 살고, 누구한테나 받아들여지며, 누구나 좋아할 만하며, 남들이 보고 배울 만한 모범이 되려고 얼마나 꾸준히 노력했는지 모릅니다. 죄의 함정에 빠지지 않으려고 늘 정신을 똑바로 차렸고 유혹에 빠질까봐 항상 조심했습니다.

그러다 보니 점점 더 심각해지고 도덕적으로 엄숙해져서(광신적으로 보일 만큼) 아버지의 집에 있는데도 통 편안한 느낌이 들지 않았습니다. 날이 갈수록 부자유스럽고 자연스럽지 못했습니다. 나중에는 차츰 '엄격한' 인간이 되어가는 것을 주변에서도 눈치챌 정도가 되었습니다.

남은 건 아픔뿐, 기쁨이 없다

아버지를 공격하는 큰아들(독선적이고 자기 연민에 빠져 있는데다 질투심으로 가득합니다)의 이야기를 들으면 불만의 뿌리가 상당히 깊음을 감지할 수 있습니다. 마땅히 제몫으로 돌아와야 할 대가를 전혀 받지 못했다고 생각하는 마음에서 비롯된 푸념입니다. 그것은 적개심의 토대를 이루고 있다가 온갖 은밀하고 노골적인 방식을 통해 분출되는 불평입니다. "열심히 노력했어. 오랫동안 최선을 다했다고. 일도 많이 했어. 하지만 아무 대가도 받지 못했어. 남들은 다 쉽게 얻는데 말이야. 어째서 아무도 나한테 고맙다고 인사를 하지 않는 거지? 초대하거나 함께 어울리려 하지도 않고. 왜 제대로 대우를 해주지 않느냐고. 대충대충 가볍게 사는 이들한테는 그렇게 신경들을 쓰면서 말이야."

속으로 생각만 하든, 입 밖에 내든, 그렇게 불평을 늘어놓을 때마다 내 안에 있는 큰아들의 모습을 봅니다. 사소한 거절이나 불친절, 무관심에도

탕자의 귀향

푸념을 늘어놓곤 합니다. 아차 싶어서 돌아보면 벌써 투덜거리거나, 칭얼거리거나, 으르렁거리거나, 탄식하거나, 잔소리하고 있기 일쑤입니다.

　석연치 않은 문제에 매달릴수록 형편은 더 나빠집니다. 분석을 거듭할수록 불평거리는 더 늘어납니다. 깊이 파고들수록 상황은 더 심하게 꼬여만 갑니다. 은밀한 불만으로 끌어들이는 거대한 어둠의 세력이 존재합니다. 정죄와 자책, 독선과 자기 거부 등이 서로 물고 물리면서 아주 고약한 방식으로 상승작용을 합니다. 꼬임에 넘어갈 때마다 자신을 거부하는 끝이 보이지 않는 소용돌이 속으로 빨려 들어갑니다. 일단 불평불만이라는 광막한 미로에 발을 들여놓으면 순식간에 길을 잃게 되고, 결국에는 세상이 자신을 몰라주고, 거부하며, 무시하고, 멸시한다는 의식에 사로잡히고 맙니다.

　분명한 것이 있습니다. 불평은 꼬리에 꼬리를 물게 마련이며 전혀 생산적이지 않다는 점입니다. 동정심을 자극하고 간절히 소망하는 무언가를 얻을 욕심에 푸념을 늘어놓으면 백이면 백 기대했던 것과는 전혀 다른 결과가 나타나게 마련입니다. 매사 불만스러워하는 상대와 어울리는 건 골치 아픈 일입니다. 자기부정적인 이가 늘어놓는 불평에 대처할 묘수를 터득한 이는 흔치 않습니다. 비극적인 건 한번 불평을 내뱉고 나면 머잖아 가장 두려운 상황에 몰린다는 사실입니다. 더 심한 거절에 직면하게 된다는 겁니다.

　이런 관점에서 보면, 아버지의 기쁨에 동참하지 못하는 큰아들의 심리를 십분 이해할 수 있습니다. 들판에서 돌아온 큰아들은 북 치고 장구 치며 춤추는 소리를 들었습니다. 집안에 경사가 났음을 금방 알 수 있었습니다. 순간, 수상쩍다는 생각이 들었습니다. 일단 자기부정적인 불만이 마음에 자리 잡으면 기쁜 일도 기쁘게 받아들일 수 없을 만큼 비정상적인 상태에 빠집니다.

비유를 찬찬히 읽어봅시다. 큰아들은 "종 하나를 불러서 무슨 일인지를 물어"보았습니다. 다시 따돌림 받았다는, 무슨 일이 있는지 누군가 이야기해주었을 법한데 그러지 않았다는, 중요한 자리에 끼지 못했다는 두려움이 짙게 밴 반응입니다. 즉각 "어째서 아무도 소식을 전해주지 않았지?"라는 불만이 꿈틀대기 시작합니다.

그런 줄도 모르고 하인은 신이 나서 열심히 희소식을 전합니다. "아우님이 집에 돌아왔습니다. 건강한 몸으로 돌아온 것을 반겨서, 주인어른께서 살진 송아지를 잡으셨습니다." 하지만 그 즐거운 외침은 반향을 일으키지 못합니다. 큰아들은 안도하고 감사하는 대신 정반대의 반응을 보입니다. "큰아들은 화가 나서, 집으로 들어가려고 하지" 않았습니다. 기쁨과 원망은 공존할 수 없습니다. 음악이 연주되고 춤추는 소리는 큰아들을 기쁨으로 끌어들이기는커녕 더 위축되게 만들었습니다.

내게도 비슷한 경험이 있습니다. 그날 상황이 지금도 생생하게 기억납니다. 왠지 적적하다는 생각이 들어서 친구한테 함께 바람이나 쐬고 오자고 했습니다. 상대는 바빠서 안 되겠다며 거절했습니다. 그런데 잠시 후에 바로 그 주인공을 파티가 한창이던 다른 동료의 집에서 만났습니다.

눈길이 딱 마주치자 친구가 말했습니다. "어서 와! 반가워!" 하지만 파티 얘기는 입도 뻥긋하지 않았던 게 얼마나 괘씸하던지 어울릴 기분이들지 않았습니다. 인정받지도, 선택되지도, 사랑받지도 못했다는 불만이들끓었습니다. 나는 문을 꽝 닫고 뛰쳐나왔습니다. 완벽한 소외였습니다. 방 안 가득하던 기쁨을 받아들일 수도, 거기에 낄 수도 없었습니다. 즐거

탕자의 귀향

움이 눈 깜짝할 사이에 분노의 근원이 됐습니다. 기쁨의 자리에 함께하지 못하는 경험은 곧 분노하고 원망하는 심정의 체험이기도 합니다. 큰아들은 집에 들어가 아버지와 기쁨을 나누지 못했습니다. 마음속이 불만으로 꽉 차 있는 탓에 감정이 무뎌졌고 어둠에 빠져 있었습니다.

아버지가 벅찬 기쁨으로 작은아들을 맞아들이는 무대 한쪽 구석에 서 있는 큰아들을 그릴 당시, 렘브란트는 그 깊고 오묘한 뜻을 정확히 파악하고 있었던 것이 분명합니다. 작가는 잔치 분위기를 표현하는 데 악사와 무희들을 등장시키지 않았습니다. 그런 인물들은 아버지의 기쁨을 드러내는 외적인 부호에 불과합니다. 잔치를 암시하는 기호라고는 어느 여성(탕자의 어머니일지도 모릅니다)이 기대 선 벽에 새겨진 부조, 앉아서 피리를 부는 연주자의 돋을새김뿐입니다. 대신 화가는 빛, 아버지와 아들을 모두 감싸고 있는 눈부신 광채를 그렸습니다. 렘브란트가 묘사하려 했던 것은 하나님의 집에 속한 기쁨이었기 때문입니다.

비유를 한 번이라도 들어본 이라면, 어두운 바깥에 버티고 서서 행복하게 떠드는 소리가 가득한 집 안으로 들어오지 않으려 하는 큰아들의 모습을 쉽게 상상할 수 있을 겁니다. 하지만 렘브란트는 집도, 들판도 그리지 않았습니다. 모든 걸 다만 빛과 어둠으로 표현했습니다.

환한 빛이 흘러넘치는 아버지의 포옹은 하나님의 집을 상징합니다. 세상의 모든 음악과 춤이 그 안에 다 있습니다. 큰아들은 사랑의 동심원 바깥에 머물며 빛 가운데로 들어오길 마다합니다. 맏이의 얼굴에도 광선이 드리운 걸 보면 그 역시 광선의 영역으로 초대를 받았지만 완강히 거부하고 있음을 분명하게 보여줍니다.

이 이야기를 들은 이들은 궁금해합니다. 큰아들은 결국 어떻게 됐을까요? 간곡한 설득을 듣고 마음을 바꿨을까요? 결국은 집으로 들어가 잔치 자리에 앉았을까요? 아버지처럼 동생을 껴안고 잘 돌아왔다고 환영해주 었을까요? 동생과 나란히 아버지가 베푼 상에 앉아 음식을 기꺼이 즐기 지 않았을까요? 자신 또한 용서받아야 할 죄인임을 스스로 고백했을까 요? 동생보다 결코 나을 게 없다는 사실을 선선히 받아들였을까요?

렘브란트의 그림은 물론이고 비유 그 자체를 봐도 큰아들이 마침내 어떤 결정을 내렸는지 알 수 없습니다.

이런 궁금증은 오롯이 나의 몫으로 남았습니다. 작은아들이 잔치를 어 떻게 받아들였는지, 집에 돌아온 뒤에는 아버지와 어떻게 지냈는지 알 수 없습니다. 마찬가지로 큰아들이 동생과, 아버지와, 더 나아가 자기 자신 과 화해했는지 그 여부도 알 수 없습니다. 한 점 의심 없이 분명한 것이 있다면 아버지의 마음뿐입니다. 한없이 사랑을 베푸는 그 넓은 마음 말입 니다.

저마다 대답해야 할 질문

동화와 달리 비유는 해피엔딩으로 끝나지 않습니다. 오히려 삶 전체를 통틀어 영적으로 가장 까다로운 선택과 마주하게 합니다. 모든 죄를 용서 하시는 하나님의 사랑을 신뢰할지 말아야 할지 결정해야 합니다. 누구도 그 판단을 대신해줄 수 없습니다.

바리새인들이 "죄인을 영접하고 음식을 같이 먹는다"(눅 15:2, 개역개 정)라고 비난하자, 예수님은 집으로 돌아온 탕자와 아울러 원망하고 분노 했던 큰아들을 내세워 명쾌하게 선을 그으셨습니다. 율법에 충실했던 이 종교인들에게는 충격이었습니다. 마침내 이들은 스스로 토해놓은 불평과 마주서서 죄인들을 향한 하나님의 사랑에 어떻게 반응할지 선택해야 했습니다.

예수님이 그러셨던 것처럼 바리새인들도 기꺼이 죄인들과 한 상에 앉으려 했을까요? 예나 지금이나 이건 대단한 도전입니다. 바리새인들도, 나도, 분노에 사로잡혀 불평을 늘어놓는 삶에 안주하고 싶어 하는 사람도 모두 이 심각한 선택 앞에 서 있습니다.

내 안에 자리잡은 큰아들의 모습을 돌아볼수록 이런 형태의 타락이 내 안에 얼마나 깊이 뿌리를 내리고 있는지, 그리고 거기서 돌이켜 집으로 돌아온다는 것이 얼마나 힘든 일인지 더욱 선명하게 눈에 들어옵니다. 인간 존재의 가장 깊은 구석을 차지하고 있는 차가운 분노에서 벗어나 집으로 돌아오는 일에 비하면, 정욕에 눈이 멀어 벌인 일탈 행위에서 돌이키는 건 훨씬 쉬운 일입니다. 그러나 이와 같은 분노는 쉽게 구분해서 이성적으로 처리할 수 있는 종류가 아닙니다.

이건 훨씬 치명적입니다. 개인적인 장점들과 밀접하게 연관되어 있다는 점에서 그렇습니다. 순종적이고, 성실하고, 법을 잘 지키며, 열심히 일하고, 자기희생적이라는 건 누가 봐도 좋은 자질이 아니던가요? 그런데 원망과 불평이 바로 그 칭찬할 만한 태도들과 단단히 결합되어 있으니 정말 이상한 노릇입니다. 그 탓에 절망감에 빠질 때가 한두 번이 아닙니다.

말과 행동으로 더할 나위 없이 너그러운 모습을 보여주길 원하는 바로 그 순간, 분노와 원망에 사로잡힙니다. 마음을 비워야겠다고 생각하는 바로 그 순간, 사랑을 끌어모으는 데 집착합니다. 맡은 일을 멋지게 해내기 위해 최선을 다하려는 바로 그 순간, 왜 남들은 나만큼 헌신하지 않는지 회의하기 시작합니다. 시험을 이길 능력이 있다고 생각하는 바로 그 순

〈시몬의 장모를 고치시는 그리스도〉, 1650, 소묘
—

"진정 내 힘으로 일으킬 수 없는 일이 내 안에서 일어나야 합니다.
아래로부터 다시 태어날 길은 없습니다. 인간의 힘으로, 인간의 생각으로,
인간의 심리적인 깨달음으로는 거듭날 수 없다는 말입니다.
치료는 오직 위로부터 하나님이 손을 내밀어주실 때만 가능합니다."

간, 유혹에 넘어간 이들을 은근히 부러워합니다. 고결한 자아가 있는 곳에는 반드시 원한에 사무친 불평꾼이 따라다니는 것 같습니다.

여기서 참으로 허약한 나의 진짜 모습과 마주칩니다. 나에게는 원한을 완전히 뿌리뽑을 능력이 없습니다. 원망과 분노는 내 속사람이라는 토양에 너무 단단히 박혀 있어서 그것을 힘껏 잡아당긴다는 건 곧 자신을 파괴하는 행위 같은 느낌이 듭니다. 도덕적인 장점들을 다치지 않으면서 원한을 제거할 수 있는 방법은 없는 걸까요?

내 안의 큰아들은 집으로 돌아올 수 있을까요? 작은아들처럼 나 역시 바른 길을 찾을 수 있을까요? 원한에 눈이 멀어 길을 잃었을 때, 질투에 사로잡혔을 때, 순종과 책임의 굴레에 갇혀 종처럼 살 때 어떻게 하면 되돌아설 수 있을까요?

스스로 어찌해볼 길은 없습니다. 이건 명명백백한 사실입니다. 탕자와 같은 자아를 치료하는 것보다 큰아들 같은 자신을 고치는 것이 더 크고 급한 일입니다. 제힘으로는 구원에 이르지 못함을 통감하게 된 지금은 니고데모에게 하신 예수님의 말씀이 무슨 뜻인지 잘 압니다. "내가 네게 거듭나야 하겠다 하는 말을 놀랍게 여기지 말라"(요 3:7, 개역개정).

진정 내 힘으로 일으킬 수 없는 일이 내 안에서 일어나야 합니다. 아래로부터 다시 태어날 길은 없습니다. 인간의 힘으로, 인간의 생각으로, 인간의 심리적인 깨달음으로는 거듭날 수 없다는 말입니다. 지난날, 불평불만에서 벗어나려고 온갖 노력을 다했지만 실패하고, 실패하고, 또 실패해서 결국 정서적으로 완전히 무너져내렸을 뿐만 아니라 신체적으로도 심각하리만치 피폐해졌던 경험에 비추어볼 때 이것은 분명하고도 확실한 사실입니다.

치료는 오직 위로부터 하나님이 손을 내밀어주실 때만 가능합니다. 내게는 불가능할지라도 하나님은 가능합니다. 성경은 말합니다. "하나님께는 불가능한 일이 없다"(눅 1:37).

6

큰아들, 집으로 돌아오다

❈

아버지는 작은아들뿐만 아니라 맏아들도 애타게 기다렸습니다. 그 역시 잘못을 깨닫고 기쁨의 집으로 되돌아올 필요가 있었습니다. 큰아들은 간곡히 타이르는 아버지의 가르침에 반응을 보일까요, 아니면 자기 뜻을 굽히지 않을까요? 렘브란트 또한 그 질문에 확실한 답을 하지 않습니다.

바버라 존 해거는 이렇게 적었습니다. "렘브란트는 큰아들이 빛을 보았는지 여부를 드러내지 않는다. 다만 노골적으로 정죄하지 않음으로써 그 역시 스스로 죄인임을 알게 될 가능성을 남겨두었다. 큰아들의 반응을 어떻게 해석하느냐는 관람자의 몫이 되었다."[1]

여전히 열려 있는 회심의 가능성

마무리가 열려 있는 비유와 그것을 묘사한 렘브란트의 그림은 영적으로 수많은 과제를 안겨주었습니다. 빛을 받고 있는 큰아들의 얼굴과 어둠이 드리운 두 손에서 옴짝달싹 못하는 현재 상태만이 아니라 언제든 자

125

유로워질 가능성까지 엿볼 수 있습니다.

탕자의 비유는 형제를 선과 악으로 갈라놓는 이야기가 아닙니다. 여기서 선한 이는 오직 아버지뿐입니다. 어른은 형과 아우를 모두 사랑합니다. 버선발로 달려나가 두 아들을 맞아들입니다. 두 자식을 모두 한 상에 앉히고 더불어 기쁨을 나누길 바랍니다. 동생은 모든 허물을 용서하는 아버지 품에 안겼습니다. 큰아들은 멀찍이 물러서서 아버지의 자비로운 몸짓을 지켜볼 따름입니다. 아직까지는 분노와 원망을 떨쳐버리고 아버지가 베푸는 치유의 손길에 자신을 내어맡기지 못합니다.

아버지는 사랑을 받아들이라고 강요하지 않습니다. 모든 이들의 내면에서 어둠을 몰아내주기를 바라면서도 자유롭게 선택할 여지를 줍니다. 우리는 계속해서 암흑 속에 머물 수도 있고, 하나님이 비춰주시는 사랑의 빛 속으로 걸어들어 갈 수도 있습니다. 하나님이 거기에 계십니다. 주님의 빛이 거기에 있습니다. 거룩한 용서가 거기에 있습니다. 창조주의 무한한 사랑이 거기에 있습니다.

자녀들이 어떤 길을 선택하든 상관없이 하늘 아버지는 늘 그 자리를 지키며 언제라도 베풀고 용서할 준비를 갖추고 계신다는 사실만큼 분명한 것이 또 있을까요? 회개 여부나 안팎의 변화와 전혀 상관없이, 주님의 사랑은 처음부터 끝까지 한결같습니다.

작은아들이든 큰아들이든 하나님이 기대하시는 건 단 하나, 집으로 돌아오는 것뿐입니다. 아서 프리먼은 이렇게 적었습니다.

아버지는 큰아들과 작은아들을 모두 사랑했다. 아버지는 저마다 뜻하는 대로 살 자유를 주시지만, 받아들이지도 않고 제대로 깨닫지도 못하는 자유를 부여하실 수는 없다. 당시의 관습과는 달리 이 아버지는 자식들이 주체적으로 살아가야 한다는 사실을 잘 알고 있는 것처럼 보인다. 하지만 아울러 아버지의 사랑과 '집'이 반드시 필요하다는 점 역시 분명하게 인식하고 있다. 인생사를 어떻게 매듭지을지는 각자의 선택에 달려 있다. 이야기가 완결되지 않았다는 사실만 봐도 이야기가 올바르게 마무리되는 데 따라 아버지의 사랑이 달라지는 것이 아님을 확실히 알 수 있다. 아버지의 사랑은 다만 그 자신의 존재와 성품에 따라 좌우될 뿐이다. '변화가 생길 때마다 변하는 사랑은 사랑이 아니다'라는 셰익스피어의 소네트 그대로다.[2]

개인적으로는 큰아들의 회심 가능성은 대단히 중요합니다. 내 안에는 아직도 예수님이 맹렬하게 비판하셨던 집단, 즉 바리새인과 서기관의 모습이 남아 있습니다. 많은 책들을 연구하고, 법률을 공부하며, 신앙과 관련된 사안들의 권위자로 자처합니다. 존중을 받으며 '성직자' 소리를 듣습니다. 인사와 칭찬, 재물과 상급, 엄청난 갈채를 받습니다. 그리고 이런 저런 행동 유형들을 비판하는가 하면 다른 이들을 판단할 때도 많습니다.

그러기에 예수님이 들려주시는 탕자의 비유를 들으면서 "이 사람이 죄인을 영접하고 음식을 같이 먹는다"는 말로 이야기의 실마리를 제공했던 이들과 내가 무척 닮았다는 사실을 의식할 수밖에 없었습니다.

나에게도 아버지한테 돌아가서 따뜻하게 환영받을 기회가 있을까요? 아니면 간절한 소망과는 달리 독선적인 불만의 덫에서 벗어나지 못하고 분노와 원망으로 몸부림치며 아버지의 집으로 들어가기를 한사코 거부하게 될까요?

예수님은 말씀하셨습니다. "너희 가난한 사람들은 복이 있다. … 지금

굶주리는 사람들은 복이 있다. … 지금 슬피 우는 사람들은 복이 있다"(눅 6:20-21). 주님은 기도하셨습니다. "하늘과 땅의 주님이신 아버지, 이 일을 지혜 있는 사람들과 똑똑한 사람들에게는 감추시고, 철부지 어린아이들에게는 드러내주셨으니 감사합니다"(눅 10:21). 나는 그 '지혜 있는 사람들과 똑똑한 사람들'에 속할 것입니다. 예수님은 사회의 주류에서 밀려난 주변인들(가난한 이들, 병자들, 죄인들)에게 더 깊은 관심과 사랑을 보이셨습니다. 아무리 생각해도 나를 소외계층이라고 할 수는 없습니다.

복음서를 읽을 때마다 뼈아픈 질문이 마음에 떠오릅니다. "나는 이미 상을 받았는가?" 예수님은 "사람들에게 보이려고, 회당과 큰 길 모퉁이에 서서 기도하기를 좋아하는"(마 6:5) 이들을 호되게 몰아세웠습니다. 그리고 "그들은 자기네 상을 이미 다 받았다"(마 6:5)고 단언하셨습니다. 그동안 기도에 관해 수없이 많은 글을 쓰고 강연을 하면서 청중들의 환호를 마음껏 즐겼던 터라, 그 모든 말씀이 바로 내 이야기일지도 모른다는 불안감을 떨쳐버릴 수가 없습니다.

사실 그것은 나에게 주시는 말씀이 분명합니다. 하지만 큰아들의 이야기는 그 모든 고민스러운 질문들을 새로운 관점에서 보게 합니다. 하나님이 탕자를 맏아들보다 더 사랑하셨던 것은 아니라는 것을 명쾌하게 보여주기 때문입니다. 비유를 가만히 들여다보면 아버지는 작은아들에게 했던 것과 마찬가지로 큰아들한테도 달려나갔습니다. 그리고 안으로 들어가자고 권하며 간곡히 말했습니다. "애야, 너는 늘 나와 함께 있지 않느냐? 또 내가 가진 모든 것은 다 네 것이 아니냐?"

관심을 두고 가슴 깊이 간직해야 할 말씀이 바로 여기 있습니다. 하나님은 "내 아들!"이라고 부르십니다. '아들'에 해당하는 말로 누가는 '테크

128

탕자의 귀향

논*Teknon*'이라는 헬라어를 사용했습니다. 조지프 A. 피츠마이어에 따르면 이 단어는 '더할 나위 없이 깊은 애정'을 담은 호칭입니다.[3] 직역하자면 "내 아이야"쯤으로 해석될 수 있는 표현입니다.

이처럼 애정이 짙게 배어 있는 접근은 이어지는 말씀에서 더 확실하게 드러납니다. 아버지는 큰아들이 거칠고 모질게 대들어도 비난 섞인 꾸지람으로 맞서지 않습니다. 되받아치지도, 잘못을 꼬집는 법도 없습니다. 변명하지 않을뿐더러 큰아들의 처신을 비판하지도 않습니다. 이러니저러니 하는 평가를 단숨에 뛰어넘어 곧바로 친밀한 관계를 강조합니다. "애야, 너는 늘 나와 함께 있지 않느냐?" 무조건적인 사랑을 여실히 보여주는 이 한마디는 큰아들보다 탕자를 더 사랑했을지도 모른다는 의구심을 단숨에 날려버립니다.

맏이는 집을 떠난 적이 없습니다. 아버지는 큰아들과 모든 것을 다 나누었습니다. 큰아들에게는 그 무엇도 감추지 않았으며 하루하루를 살아가는 삶의 일부로 여겼습니다. 아버지는 "내가 가진 모든 것은 다 네 것이 아니냐?"라고 말합니다. 큰아들을 무한정 사랑한다는 것을 이보다 더 명확하게 보여주는 말이 있을까요? 아버지는 그렇게 무제한적이고 무조건적인 사랑을 두 아들 모두에게 온전히, 그리고 공평하게 쏟아부었습니다.

경쟁 의식을 떨쳐버리고

작은아들이 극적으로 돌아온 것을 아버지가 한없이 기뻐했지만, 그것이 어떤 면으로든 큰아들을 덜 사랑한다거나, 높이 평가하지 않는다거나, 덜 좋아한다는 뜻은 아닙니다. 아버지는 두 아들을 비교하지 않습니다.

각각 걸어온 삶의 여정에 따라 온전한 사랑을 쏟습니다. 형제의 됨됨이와 형편을 속속들이 압니다. 저마다 가진 독특한 은사와 부족한 점들을 꿰고 있습니다. 작은아들의 열정을 사랑의 눈으로 바라봅니다. 비록 제대로 다듬어지지 않아서 간혹 불순종하기는 하지만 개의치 않습니다.

마찬가지로 큰아들의 순종도 같은 마음으로 지켜봅니다. 열정이 부족해서 생동감이 모자라는 것이 아쉽지만 상관하지 않습니다. 큰아들에게 잣대를 들이대지 않는 것처럼, 작은아들에게도 낫고 못함을 가리거나 더하고 덜함을 재려 하지 않습니다. 아버지는 두 아들이 가진 독특한 특성에 맞추어 반응합니다. 작은아들이 고향으로 돌아오자 잔치를 열었습니다. 큰아들이 집으로 돌아오는 걸 보고는 함께 어울려 그 기쁨을 마음껏 누리자고 초대했습니다.

예수님은 "내 아버지의 집에는 있을 곳이 많다"(요 14:2)라고 말씀하셨습니다. 거룩한 자녀들은 하나님나라에 저마다 고유한 자리를 가지고 있습니다. 그 하나하나가 모두 주님의 거처입니다. 그러므로 마음에서 비교와 경쟁 의식, 다툼을 모두 비워낸 자리에 하나님의 사랑을 채워야 합니다.

그러자면 신앙의 도약이 필수적입니다. 여태까지는 비교하지 않는 사랑을 체험해본 적이 거의 없으며 거기에 담긴 치유의 능력도 알지 못하기 때문입니다. 집 밖, 어두운 곳에 머무는 한, 비교에서 비롯된 원망과 불평에서 벗어날 길은 없습니다. 빛이 비치지 않는 자리에서는 아버지가 작은아들을 더 사랑하는 것처럼 보입니다. 빛이 없으면 아예 동생이 동생으로 보이지 않을 수도 있습니다.

하나님은 열심히 설득하십니다. 집으로 돌아오라고 하십니다. 빛 속으로 즉시 들어서라고 하십니다. 주님은 그 품안에 안긴 자녀들을 하나하나 특별하고 온전하게 사랑하신다는 것을 믿으라고 하십니다. 거룩한 빛 가운데 발을 들여놓는 순간, 마침내 이웃을 나와 같은 하나님에게 속한 형제로 인식할 수 있게 됩니다.

그러나 하나님의 집 바깥에서는 형제와 자매가, 남편과 아내가, 연인과 친구가 라이벌이 되고 심하면 적으로 변하기도 합니다. 그래서 저마다 질투와 의심, 분노에 끝없이 시달립니다.

잔뜩 화가 난 큰아들이 아버지에게 불평을 늘어놓는 것은 놀랄 일이 아닙니다. "… 나에게는 친구들과 함께 즐기라고, 염소 새끼 한 마리도 주신 일이 없습니다. 그런데 창녀들과 어울려서 아버지의 재산을 다 삼켜버린 이 아들이 오니까, 그를 위해서는 살진 송아지를 잡으셨습니다." 잘 들어보십시오. 큰아들이 느끼는 아픔이 얼마나 큰지 알 수 있지 않습니까?

큰아들은 기쁨을 주체하지 못하는 아버지를 보면서 자존감에 깊은 상처를 받았습니다. 화가 치민 나머지 돌아온 탕자를 동생으로 받아들이지 못합니다. '이 아들'이란 표현만 가지고도 맏이가 아버지는 물론이고 동생과도 거리를 두고 있음을 충분히 짐작할 수 있습니다.

큰아들 눈에는 현실감을 잃어버린 채 처음부터 끝까지 터무니없는 장면을 연출하고 있는 아버지와 동생이 별종으로 보였습니다. 머리에는 동생의 방탕한 생활에 관한 생각들뿐이었습니다. 큰아들 눈에 더 이상 아우는 없었습니다. 아버지도 없었습니다. 둘 다 남이나 다름없었습니다. 동생을 죄인이라고 깔봅니다. 아버지는 종의 주인으로 우러러보고 두려워합니다.

큰아들이 바른 길에서 얼마나 멀리 벗어났는지 여기서 알 수 있습니다. 다른 곳도 아니고 바로 자기 집에서 이방인의 신세가 된 겁니다. 진정한 교제는 사라졌습니다. 어둠이 모든 관계에 스며들었습니다. 두려워하든

〈은화 30전을 돌려주는 유다〉 부분, 1629, 유화

—

"진정한 교제는 사라졌습니다. 어둠이 모든 관계에 스며들었습니다. 두려워하든 얕잡아보든,
복종하든 지배하든, 압제자 노릇이든 당하는 사람의 역할이든 그것은 모두 빛의 테두리 바깥에 있는
이들이 선택하는 길입니다. 죄를 고백할 수도, 용서를 받을 수도 없습니다.
사랑을 나누는 관계 따위는 존재하지 않습니다. 참다운 교제는 기대조차 불가능합니다."

얕잡아보든, 복종하든 지배하든, 압제자 노릇이든 당하는 사람의 역할이든 그것은 모두 빛의 테두리 바깥에 있는 이들이 선택하는 길입니다. 죄를 고백할 수도, 용서를 받을 수도 없습니다. 사랑을 나누는 관계 따위는 존재하지 않습니다. 참다운 교제는 기대조차 불가능합니다.

이러한 곤경에 빠진다는 건 고통스럽고 또 고통스러운 일입니다. 어디서도 자연스러움을 찾아볼 수 없습니다. 모든 것이 의심스럽습니다. 자의식이 강해집니다. 계산적이 됩니다. 걸핏하면 넘겨짚습니다. 신뢰가 깃들여지는 전혀 없습니다. 미미한 움직임에도 곧장 맞대응합니다. 별것 아닌 말도 낱낱이 분석합니다. 사소한 몸짓에도 평가가 따릅니다. 그 모든 것이 어둠의 병리 현상입니다.

탈출구가 있을까요? 그럴 것 같지 않습니다. 적어도 내 경우엔 그랬습니다. 어둠에서 빠져나오려고 발버둥칠수록 사방은 더 어두워졌습니다. 흑암을 몰아낼 빛이 필요하지만 스스로 만들어낼 능력은 없습니다. 나는 나를 용서할 수 없습니다. 사랑받는다는 느낌을 자가 생산하지 못합니다. 제힘으로는 분노의 땅에서 벗어날 수 없습니다. 자력으로는 집으로 돌아가지도, 교제를 나누지도 못합니다. 간절히 바라고, 소망하고, 기다리고, 기도도 해보지만 진정한 자유를 스스로 만들어낼 수는 없습니다.

남은 방도는 누군가에게서 받는 것뿐입니다. 나는 이미 길을 잃었습니다. 목자가 나를 찾아내고 달려와서 집으로 데려가주길 기대할 따름입니다.

탕자의 비유는 나를 만날 때까지 잠시도 쉬지 않고 찾아다니는 하나님의 이야기입니다. 주님은 권면하고 간청하십니다. 죽음의 권세에 의지하지 말고 그토록 소원하는 생명을 얻을 수 있는 곳으로 데려다주는 거룩한 팔에 몸을 맡기라고 사정하십니다.

최근에 구체적으로, 그야말로 온몸으로 큰아들이 집으로 돌아오는 경험을 했습니다. 지나는 차를 얻어 타려고 길가에 섰다가 교통사고를 당했습니다. 눈을 떴을 때 나는 병원에 누워 있었습니다. 죽음의 문턱에서 간신히 살아난 겁니다. 그 순간, 문득 깨달았습니다. 나를 아들 삼으신 분에게 충분히 사랑받지 못했다는 불만을 품고 있는 한, 죽음에서도 자유로울 수 없다는 것을.

웬만큼 성장했다고 생각했는데 아직도 많이 미숙한 모양입니다. 사춘기 아이 같은 불만을 잠재우고 동생들보다 사랑받지 못했다는 거짓말에 속지 말라고 단호하게 명령하는 목소리가 들리는 듯했습니다. 당황스러웠지만 한편으로는 해방감이 들었습니다.

때마침 아버지가 나를 만날 욕심에 고령을 무릅쓰고 네덜란드에서 비행기를 타고 날아왔습니다. 하나님이 주신 아들의 신분을 자랑스럽게 내세울 절호의 기회였습니다. 난생처음, 아버지에게 사랑한다고, 그리고 사랑해줘서 감사하다고 당당하게 고백했습니다. 예전에는 한 번도 입에 올린 적이 없는 말들을 무척 많이 했습니다. 그런 이야기를 하기까지 그토록 긴 세월이 필요했다는 것이 새삼 놀라웠습니다. 아버지 역시 내가 갑자기 왜 그러는지 궁금해하고 심지어는 곤혹스러워하기까지 했지만, 환한 미소로 잘 받아주었습니다.

귀향이라는 영적인 사건을 돌아볼 때마다 집으로 돌아온다는 것은, "필요한 것을 다 채워줄 능력이 없는 인간 아버지에게 기대는 잘못된 태도를 버리고 '애야, 너는 늘 나와 함께 있지 않느냐? 또 내가 가진 모든 것은 다 네 것이 아니냐?'라고 물으시는 하늘 아버지께 의지하는 행위"

라는 생각이 듭니다. 불평하고, 비교하며, 원망하는 데서 벗어나 거리낌 없이 사랑을 주고받는 자아로 되돌아오는 겁니다. 여태까지 무수한 방해가 있었고 앞으로도 계속되겠지만, 그럼에도 불구하고 집으로 돌아가지 않으면 자신의 삶을 살다 죽을 자유를 누리지 못합니다.

육신의 아버지는 '너그럽게 사랑을 베풀어주지만 그 역시 유한성을 벗어날 수 없는 인간'일 따름입니다. "하늘과 땅에 있는 각 족속에게 이름을 붙여주신 아버지"(엡 3:15)께로 돌아간다는 말은 하늘 아버지를 '모든 원한과 분노를 녹이는 무한하고 무조건적인 사랑을 가지셨으며 마음에 들려고 노력하거나 인정받으려고 애쓰는 차원을 넘어 마음껏 사랑하게 하시는 하나님'으로 받아들이는 것을 의미합니다.

신뢰와 감사, 집으로 돌아가는 지름길

큰아들의 귀향이라는 이 개인적인 경험은 원망(누군가를 기쁘게 해주어야 한다는 강박이 낳은 쓰디쓴 열매입니다)에 사로잡힌 이들에게 소망을 줍니다. 누구나 언젠가는 마음속에 있는 큰아들이나 큰딸의 속성을 처리해야 합니다. 핵심은 간단합니다. 집으로 돌아가기 위해 무엇을 할 수 있을까 하는 것입니다. 물론 하나님은 자녀들을 찾아 집으로 데리고 들어가시려고 몸소 달려나오십니다. 하지만 이편에서도 길을 잃었다는 사실을 인정할 뿐만 아니라 주님을 만나서 그 손에 이끌려 집으로 돌아갈 준비를 해야 합니다.

어떻게 하면 될까요? 수동적으로 기다리기만 해서는 안 된다는 것은 두말할 필요조차 없습니다. 비록 제힘으로 차가운 분노에서 벗어날 길은 없다 할지라도, 날마다 구체적으로 신뢰하고 감사하는 훈련을 통해 주님

앞에 모습을 드러내며 거룩한 사랑에 힘입어 건강을 찾을 수 있도록 스스로 분발해야 합니다. 신뢰와 감사는 큰아들이 돌아오는 데 반드시 필요한 훈련입니다. 나 역시 경험을 통해 그 사실을 깨달았습니다.

신뢰가 없으면 아버지 앞에 나타나지 못합니다. 신뢰란 내가 집으로 돌아오기를 하나님이 간절히 바라신다는 사실을 마음 깊이 확신하는 것을 말합니다. 아버지가 두루 찾을 만큼 자신이 소중하다는 점을 의심한다든지 동생들보다 덜 사랑한다고 스스로 비하하는 한, 그분을 만날 수 없습니다.

그러므로 꾸준히 자신에게 이야기해주어야 합니다. "하나님은 너를 찾고 계셔. 너를 찾으러 사방팔방 다 돌아다니실 거야. 너를 말할 수 없이 사랑하시거든. 집으로 돌아오길 학수고대하시지. 너를 곁에 두실 때까지는 잠시도 쉬지 못하실 게 분명해."

하지만 내 안에서는 너무나 어둡고 강력한 목소리가 생판 다른 소리를 합니다. "하나님은 나 따위한테는 관심도 없어. 요란스럽게 탈선했다가 회개하고 돌아온 죄인들을 더 좋아하실걸? 동네를 벗어나본 적이 없는 나에게 무슨 신경을 쓰시겠어. 있어도 그만, 없어도 그만이겠지. 나는 주님이 좋아하는 아들이 아니야. 그분이 진정으로 원하는 걸 주시리라고는 기대도 안 해."

때로는 그 어두운 음성이 너무나 강력해 내가 집으로 돌아오기를 하나님이 바라신다는, 그것도 작은아들이 되짚어 찾아오길 기대하는 것만큼이나 애타게 기다리신다는 진실을 신뢰하는 데 영적으로 엄청난 에너지가 소모됩니다. 몸에 밴 불만을 떨쳐내고 주님이 세상을 샅샅이 뒤져 나를 찾고 계시며 언젠가는 반드시 만나게 될 것이라는 확신 가운데 생각하며 말하고 행동하려면 실제적인 훈련이 필요합니다. 그러지 않고는 눌러도 눌러도 되살아나는 절망감의 제물이 되기 십상입니다.

"나처럼 별것 아닌 존재를 하나님이 찾아다니실 리가 있겠어?"라는 이야기를 되풀이하는 한, 자기 불만이 증폭돼서 목이 메도록 나를 부르시는 거룩한 음성을 전혀 듣지 못하기에 이릅니다. 경우에 따라서는 이처럼 자기부정의 어두운 내면의 소리를 단호하게 떨쳐버리고 곁길로 빗나갔던 형제자매들에게 하나님이 그러셨던 것처럼 나 또한 그 품에 안아주고 싶어 하신다는 사실을 과감히 주장해야 합니다. 부정적인 소리를 극복하려면 길을 잃었다는 낭패감보다 아버지를 신뢰하는 마음이 훨씬 깊어야 합니다. 예수님은 그 중요성을 이렇게 설명하셨습니다. "내가 너희에게 말하노니 무엇이든지 기도하고 구하는 것은 받은 줄로 믿으라. 그리하면 너희에게 그대로 되리라"(막 11:24, 개역개정). 이렇게 전폭적인 신뢰를 품고 살 때 비로소 하나님이 나의 가장 간절한 소망을 이뤄주실 길이 열립니다.

신뢰와 아울러 감사하는 마음이 있어야 합니다. 감사는 원망과 상반되는 감정입니다. 두 감정은 공존할 수 없습니다. 원망은 삶을 선물로 의식하고 경험하지 못하도록 차단하기 때문입니다. 원망은 마땅히 받아야 할 것을 받지 못했다고 속삭이길 좋아합니다. 언제나 질투의 옷을 입고 나타납니다.

그러나 감사는 '내 것' '네 것'을 초월해 삶 전체가 온전히 선물이라는 진리를 내세웁니다. 예전에는 감사라고 하면 '선물을 받았음을 의식하고 자연스럽게 보이는 반응' 정도로 생각했지만, 지금은 거기에 더하여 '삶으로 실현해내야 할 훈련'임을 깨달았습니다. 감사를 훈련한다는 것은, 존재와 소유 전체를 사랑의 선사품이자 기쁨으로 누릴 선물로 받았다는 것을 마음에 새기기 위해 의지적으로 노력하는 것을 말합니다.

감사 훈련에는 의지적인 선택이 포함됩니다. 아직 정서적으로, 또는 감정적으로 상처와 원망이 마음을 뒤덮고 있는 상황에서도 감사하는 길을 선택할 수 있습니다. 잘 살펴보면 불평하는 대신 감사의 반응을 보여야 할 일이 얼마나 많은지 깜짝 놀랄 겁니다. 비난을 받고 심중에 쓸쓸한 아픔이 여전히 남아 있을 때라도 감사를 선택하지 못할 이유가 없습니다. 마음의 눈이 쉴 새 없이 비난할 상대와 추하다고 손가락질할 대상을 찾고 있을지라도 꿋꿋이 선善과 아름다움에 관해 이야기하는 편을 선택할 수 있습니다. 복수의 말이 귓가를 맴돌고 증오의 추악한 얼굴이 눈앞에 어른거릴지라도, 용서의 음성에 귀를 기울이고 미소를 머금은 얼굴을 보는 쪽을 선택할 여지는 충분히 남아 있습니다.

원망과 감사 사이에 선택이 있습니다. 하나님은 어둠 속에서 허우적대는 나에게 나타나셔서 집으로 돌아가자고 권하십니다. 사랑이 가득한 음성으로 "얘야, 너는 늘 나와 함께 있지 않느냐? 또 내가 가진 모든 것은 다 네 것이 아니냐?"라고 선포하셨기 때문입니다.

그대로 어둠에 남아 처지가 더 나아보이는 이를 가리키며 지난날 아픔을 가져다주었던 갖가지 불행한 사건들을 탓하면서 원망에 사로잡힌 채 살아가는 길을 선택할 수도 있습니다. 그러나 그 길만 있는 건 아닙니다. 나를 찾아오신 분의 눈을 들여다보며 그 안에서 내 존재와 소유 전체가 순전히 선물임을 깨닫고 깊이 감사하는 길도 열려 있습니다.

실질적인 노력이 뒷받침되지 않으면 감사의 길로 들어서기는 어렵습니다. 그러나 한 번 바른 길을 고르면 다음 선택은 좀 더 쉽고, 더 자유로우며, 덜 겸연쩍습니다. 한 가지 선물에 눈을 뜰 때마다 다음 선물을 인식하게 되고 또 다음으로 이어져서 마침내 가장 일상적이며, 뻔하고, 평범해 보이는 사건이나 만남들조차도 은혜로 가득 차 있음을 깨닫기에 이릅니다. "작은 일에 고마워할 줄 모르는 사람은 큰일에도 감사하지 않는다"는 에스토니아 속담이 생각나는 대목입니다. 감사는 더 큰 감사를 불러옵니다. 모든 것이 은혜임을 하나씩 드러내주기 때문입니다.

신뢰와 감사에는 두 쪽 다 위험을 무릅쓸 용기가 필요합니다. 혼란과 원망은 나를 계속 그 영향권 안에 묶어둘 속셈으로 면밀한 계산과 안전한 예측을 포기하는 것이 얼마나 위험한 일인지 지속적으로 경고하기 때문입니다. 따라서 신뢰와 감사가 제대로 작동하려면 여러 가지 측면에서 신앙의 도약을 이루어내야 합니다. 용서하지 않을 것이 분명한 이에게 예의 바른 편지를 써 보내고, 거부했던 상대에게 전화를 걸며, 똑같이 반응할 줄 모르는 이에게 다독이는 말을 해야 합니다.

신앙의 도약이란 언제나 사랑받기를 바라지 않고 사랑하며, 돌려받을 생각 없이 먼저 주고, 초대받기를 기대하지 않고 초청하며, 마주 붙들어주길 요구하지 않고 잡아주는 것을 의미합니다. 미미하나마 신앙이 도약할 때면 어김없이 반갑게 달려나와 거룩한 기쁨(나뿐만 아니라 형제자매들이 함께 누리는)으로 이끄시는 분이 언뜻 눈에 들어옵니다. 이처럼 신뢰하고 감사하는 훈련은 원망과 불평을 몰아내고 하늘나라 잔치자리에 나를 부르셔서 그 오른편에 앉히고 싶어 속태우는 하나님의 모습을 선명하게 보여줍니다.

누가 진짜 큰아들인가?
큰아들의 귀향은 내게 작은아들이 집으로 돌아온 사건만큼이나(그보다

'더'는 아닐지라도) 중요해졌습니다. 불평에서, 분노와 원망에서, 질투에서 자유로워진 큰아들의 모습은 어땠을까요? 큰아들이 어떤 반응을 보였는지에 관해서는 한마디 언급조차 없으므로, 비유만 가지고는 아버지의 권면에 귀를 기울였는지, 또는 자기부정적인 감정에 갇힌 채 버티는 쪽을 선택했는지는 정확히 알 수 없습니다.

어떤 선택을 할 수 있을지 곰곰이 돌아볼수록 예수님과 렘브란트가 바로 내 회심을 염두에 두고 이 비유를 들려주시고 그렸음을 실감하게 됩니다. 그러나 한편으로는 이 말씀을 전하신 주님 자신이 작은아들이자 곧 큰아들이라는 사실 역시 더욱 분명해집니다. 그리스도는 아버지의 사랑을 보여주고 원한의 굴레에서 나를 해방시키러 세상에 오셨습니다. 예수님이 하신 말씀을 찬찬히 들여다보면, 주님은 하늘 아버지와 온전히 교제하는 사랑스러운 아들이었음을 알 수 있습니다. 부자지간에는 거리감도, 두려움도, 의심도 없습니다.

"애야, 너는 늘 나와 함께 있지 않느냐? 또 내가 가진 모든 것은 다 네 것이 아니냐?"라는 비유 속 아버지의 말은 성부 하나님과 성자 예수님의 진실한 관계를 정확히 묘사하고 있습니다. 예수님은 아버지께 속한 모든 영광은 '독생자의 영광'(요 1:14)이라고 여러 차례 확언했습니다. 뿐만 아니라 "아버지의 권능을 힘입어서, 선한 일을 많이"(요 10:32) 보여주었습니다.

아버지와 아들 사이에는 단절이 없습니다. 아버지와 아들은 하나입니다(요 17:22). 하시는 일의 구별도 없습니다. 아버지는 "아들을 사랑하셔서, 모든 것을 아들의 손에"(요 3:35) 맡겼습니다. 다툼도 없습니다. "내가 내 아버지께 들은 것을 다 너희에게 알게 하였음이라"(요 15:15, 개정개역).

탕자의 귀향

질투도 없습니다. "아들이 아버지께서 하시는 일을 보지 않고는 아무것도 스스로 할 수 없나니 아버지께서 행하시는 그것을 아들도 그와 같이 행하느니라"(요 5:19, 개역개정).

아버지와 아들 사이에는 완전한 연합이 있습니다. "내가 아버지 안에 있고, 아버지께서 내 안에 계시다는 것을 믿어라"(요 14:11). 예수님을 믿는다는 것은 곧 아버지가 아들을 보내셨으며 그 안에서, 그리고 그를 통해 흘러넘치는 하나님의 사랑이 나타난다는 것을 신뢰한다는 뜻입니다.

예수님이 들려주신 사악한 농부들의 비유에서도 이러한 사실이 잘 드러납니다. 포도원 주인은 소출 가운데 자기 몫을 거두러 몇 차례에 걸쳐 종을 보낸 뒤에 마지막으로 '사랑하는 아들'을 파견하기로 작정했습니다. 하지만 소작인들은 상속자를 알아보고 그를 죽이고 유산을 차지할 계획을 도모했습니다. 여기서 종이 아니라 사랑하는 아들로서 아버지께 순종하며 그분과 온전히 하나가 되어 거룩한 뜻을 이뤄가는 참아들의 전형을 볼 수 있습니다.

그러므로 예수님은 하늘 아버지의 맏아들입니다. 아버지는 모든 원망하는 자녀들에게 끊임없는 사랑을 보여주고 집으로 돌아오는 길을 제시하기 위해 그 아들을 보내셨습니다. 예수님은 불가능을 가능하게 하는, 빛을 보내 어둠을 몰아내는 하나님의 방법입니다. 그 빛과 마주하는 순간, 더할 나위 없이 뿌리 깊은 원망과 불평도 흔적도 없이 사라지고 맙니다. 예수님 안에서 아들의 충만한 빛을 볼 수 있습니다. 렘브란트가 그린 맏아들을 다시 바라봅니다. 얼굴에 드리운 차가운 빛은 얼마든지 깊고 따듯해질 수 있습니다. 그 빛은 큰아들을 온전히 변화시켜 진정 '하나님의 은혜를 입은 사랑하는 아들'로 만들어줍니다.

3부
아버지

그가 아직도 먼 거리에 있는데, 그의 아버지가 그를 보고 측은히 여겨서, 달려가 그의 목을 껴안고, 입을 맞추었다. 아들이 아버지에게 말하였다.
"아버지, 내가 하늘과 아버지 앞에 죄를 지었습니다. 이제부터 나는 아버지의 아들이라고 불릴 자격이 없습니다." 그러나 아버지는 종들에게 말하였다.
"어서, 가장 좋은 옷을 꺼내서, 그에게 입히고, 손에 반지를 끼우고, 발에 신을 신겨라. 그리고 살진 송아지를 끌어내다가 잡아라. 우리가 먹고 즐기자. 나의 이 아들은 죽었다가 살아났고, 내가 잃었다가 되찾았다." 그래서 그들은 잔치를 벌였다. … 아버지가 나와서 그를 달랬다. … 아버지가 그에게 말하였다. "얘야, 너는 늘 나와 함께 있으니 내가 가진 모든 것은 다 네 것이다. 그런데 너의 이 아우는 죽었다가 살아났고, 내가 잃었다가 되찾았으니, 즐기며 기뻐하는 것이 마땅하다."

—
눅 15:30-24, 28, 31-32

7

렘브란트, 그리고 아버지

⁂

예르미타시 미술관, 그중에서도 〈탕자의 귀향〉 정면에 앉은 채, 작가가
묘사한 장면에 몰입하고 있는 동안에도 수많은 단체 여행객들이 지나갔
습니다. 그림을 감상하는 시간은 기껏해야 1분 남짓이었지만 가이드들은
마치 입을 맞추기라도 한 것처럼 그 작품이 너그러운 아버지를 표현하고
있으며 렘브란트가 신산스러웠던 삶을 마무리하는 시점에 그린 후기작
가운데 하나라고 소개했습니다.

그렇습니다. 아마도 그게 이 작품을 한마디로 압축한 말일 겁니다. 〈탕
자의 귀향〉은 인류를 불쌍히 여기시는 하나님의 따뜻한 마음을 인간에
대입해 표현한 그림입니다.

어쩌면 〈탕자의 귀향〉 대신 '인정 많은 아버지의 환영'이라는 제목을
붙이는 편이 더 정확할지 모릅니다. 아들보다는 아버지 쪽을 더 강조하고
있기 때문입니다. 사실은 비유 역시 '아버지의 사랑에 관한 비유'라고
부르는 것이 맞습니다.

렘브란트가 아버지를 그려낸 기법을 지켜보면서 온유, 자비, 용서 같은 성품을 내면적으로 전혀 새로운 차원에서 이해하게 되었습니다. 과연 측은히 여기시는 하나님의 무한한 사랑이 이처럼 통렬한 방식으로 표현된 작품이 또 있을까 싶을 정도입니다. 아버지라는 인물의 세부묘사 하나하나(얼굴 표정, 자세, 옷의 색깔, 무엇보다도 손놀림)가 인류를 향해 하나님이 쏟아부으시는 사랑, 태초부터 존재했으며 앞으로도 변치 않을 하나님의 애정을 웅변하고 있기 때문입니다.

렘브란트의 사연과 인류의 역사, 하나님의 이야기가 이 한 점에서 만납니다. 시간과 영원이 교차되고 죽음과 영원한 삶이 가까워지다가 마침내 한데 얽힙니다. 죄와 용서가 꼬리에 꼬리를 물고 이어집니다. 인간적인 요소와 거룩한 속성이 하나가 됩니다.

렘브란트가 그린 아버지의 초상에서 그처럼 거부할 수 없는 힘이 느껴지는 것은, 견줄 수 없을 만큼 거룩한 요소를 가장 인간적인 틀 안에 포착하고 있기 때문입니다. 거의 시력을 잃은 노인을 보십시오. 구레나룻을 길렀고 턱수염은 두 갈래로 나뉘었습니다. 금실로 수놓은 웃옷에 심홍색 외투를 두르고 있습니다. 큼지막하고 뻣뻣한 두 손은 돌아온 아들의 어깨에 올려져 있습니다. 묘사가 대단히 구체적이고 분명해서 직접 현장에 같이 있는 것 같은 느낌이 듭니다.

하지만 그와 더불어 우주 만물을 지으신 아버지로부터 나오는 끝없는 동정심과 무조건적인 사랑, 영원한 용서(바로 하나님의 속성입니다)를 볼 수 있습니다. 〈탕자의 귀향〉은 인간의 특질과 하나님의 성품, 연약함과 강고함, 노쇠함과 영원한 젊음을 온전히 그려내고 있습니다. 렘브란트의 천재성이 빛을 발하는 대목입니다. 영적인 진리는 인물 속에 완벽하게 체화되

아버지

〈새끼 염소를 훔쳤다고 토비트에게 질책당하고 있는 안나〉 부분, 1626, 유화
〈은화 30전을 돌려주는 유다〉 부분, 1629, 유화
〈책상 앞에 앉은 사도 바울〉, 1627, 유화

—

"렘브란트가 하나님의 사랑을 전달하기 위해 거의 앞을 보지 못하는 노인을
선택한 점은 대단히 중요한 의미를 갖습니다."

어 있습니다. 폴 보디케Paul Baudiquet는 이를 가리켜 "렘브란트의 영성은 대상으로부터 가장 강렬하고 빛나는 요소들을 끌어냈다"[2]고 했습니다.

렘브란트가 하나님의 사랑을 전달하기 위해 거의 앞을 보지 못하는 노인을 선택한 점은 대단히 중요한 의미를 갖습니다. 화가는 하나님의 자비로운 사랑을 그려내면서 예수님이 들려주신 이야기와 오랜 세월 그 비유를 해석해온 방식을 기본 모티브로 삼았습니다. 이건 두말할 것도 없이 확실합니다. 하지만 그처럼 독특한 표현방식을 채택할 수 있었던 것은 렘브란트의 개인사 덕분이었다는 사실 또한 놓쳐서는 안 됩니다.

폴 보디케는 "젊어서부터 렘브란트의 직업은 단 하나, 늙어가는 것뿐이었다"[3]고까지 했습니다. 어찌됐든, 렘브란트가 나이 든 이들에게 늘 관심을 보였던 것만큼은 확실합니다. 청년기 이래로 줄곧 노인들을 스케치하고, 새기고, 그렸으며 차츰 대상이 가진 내면의 아름다움에 매료되어갔습니다. 렘브란트의 노인 초상 가운데 단연 돋보이는 작품은 만년에 그린 매력적인 자화상들이었습니다.

가정사는 물론 일과 관련해서도 여러 어려움을 겪은 뒤로 렘브란트는 시력을 잃은 이들에게 특별한 애착을 보였습니다. 내면화된 빛을 화폭에 옮기는 데 관심을 갖게 되면서 작가는 본질을 직관하는 인물로 앞을 보지 못하는 이들을 그리기 시작했습니다. 토비트와 눈이 거의 멀다시피 한 시므온에 매료되어 그들을 여러 번 화제畫題로 삼았습니다.

삶에 노년의 그늘이 드리우고, 화려했던 성공이 이울기 시작하고, 겉으로 드러나는 빛이 퇴색하면서 화가는 내면생활의 광대한 아름다움에 눈을 떴습니다. 거기서 절대로 사위지 않는 화톳불, 즉 사랑의 불꽃에서 비롯된 빛을 찾았던 겁니다. 렘브란트의 예술은 더 이상 "눈에 보이는 대상

아버지

렘브란트 자화상들

—

"삶에 노년의 그늘이 드리우고, 화려했던 성공이 이울기 시작하고,
겉으로 드러나는 빛이 퇴색하면서 화가는 내면생활의 광대한 아름다움에 눈을 떴습니다.
거기서 절대로 사위지 않는 빛을 찾았던 겁니다."

을 포착해서, 정복하고, 통제하는 데" 목표를 두지 않고 "가시적인 존재를 화가의 독특한 심상에서 나오는 사랑의 불꽃으로 변형시키는"[4] 데 초점을 맞추었습니다.

렘브란트의 마음은 아버지의 심정이 되었습니다. 고통으로 점철된 세월을 보내는 동안 차츰 강렬해져서 작가의 내면에서 환한 빛을 내게 된 불꽃은 작은아들을 환영하는 아버지의 마음속에서도 똑같이 타올랐습니다.

이제는 작가가 비유를 있는 그대로 그리지 않은 이유를 알 것 같습니다. 누가는 "그가 아직도 먼 거리에 있는데, 그의 아버지가 그를 보고 측은히 여겨서, 달려가 그의 목을 껴안고, 입을 맞추었다"고 했습니다. 초기의 렘브란트는 대단히 극적인 움직임을 담고 있는 이 사건을 판화로 새기고 캔버스에 옮기기도 했습니다. 하지만 죽음이 다가오는 시점에 이르자 육신의 눈이 아니라 마음에 자리잡은 내면의 시선으로 아들을 알아보는 평온한 아버지의 초상을 그리는 쪽으로 선회했습니다.

집으로 돌아온 아들의 등을 어루만지는 두 손은 마음으로 세상을 보는 아버지의 도구처럼 보입니다. 육신의 눈이 거의 감기다시피 한 아버지는 오히려 더 멀리, 그리고 널리 봅니다. 그것은 인류 전체를 아우르는 영원한 시선입니다. 시간과 장소, 성별을 초월해서 모든 이들의 상실과 방황을 살핍니다. 집을 떠나는 쪽을 선택한 자녀들이 겪는 아픔을 알고 말할 수 없을 만큼 가슴 아파하는 눈길입니다. 정신적인 고통과 고뇌에 사로잡혀 있는 모습을 보고 바다를 이루도록 눈물을 쏟습니다. 아버지의 마음은 길 잃은 자식을 집으로 데려오려는 열망으로 뜨겁게 타오릅니다.

아버지는 자녀들에게 얼마나 이야기해주고 싶었는지 모릅니다. 앞길에 도사리고 있는 위험을 알려주고 싶어 몸살이 날 지경이었습니다. 사방팔

아버지

방 돌아다니며 찾고 있는 것들이 집에 다 있다는 사실을 믿게 하려고 무척 애썼습니다. 아버지의 권위를 동원해 자식들을 다시 데려오고 싶었습니다. 슬하에 두고 상처받지 않게 해주고 싶은 마음이 굴뚝같았습니다.

하지만 그러기에는 사랑이 너무 컸습니다. 한없이 사랑하므로 강요할 수도, 속박할 수도, 밀어붙일 수도, 끌어당길 수도 없었습니다. 도리어 그 사랑을 거부하든지 아니면 집으로 돌아오든지 선택할 자유를 주었습니다. 하나님을 그토록 고통스럽게 하는 근원은 그 끝을 알 수 없는 사랑이었습니다. 하늘과 땅을 지으신 창조주는 우선, 그리고 무엇보다도 아버지가 되기로 작정하셨습니다.

아버지 하나님은 자녀들이 자유로워지기를, 자유로이 사랑하기를 바랍니다. 거기에는 자식이 집을 떠나 '먼 지방'으로 가서 모든 재산을 탕진할 가능성이 포함되어 있습니다. 아버지는 내심 그런 선택이 불러올 극심한 고통을 알고 있지만 사랑에 가로막혀 하릴없이 바라만 봅니다.

아버지로서 당연히 자녀들이 모두 집에 머물며 함께 즐기며 거룩한 사랑을 만끽하길 소망합니다. 그럼에도 불구하고 그저 사랑을 베풀 뿐, 받아들이는 건 자녀들의 선택에 맡깁니다. 마음은 멀리 떠났으면서 입술로만 공경하는 걸 보면서(마 15:8; 사 29:13) 말로 다 할 수 없는 아픔을 느낍니다. "입으로 그에게 아첨하며 자기 혀로 그에게 거짓을 말하는"(시 78:36, 개역개정) 것을 꿰뚫어보시지만 진정한 부성을 가졌기에 사랑을 강요하지 못하십니다.

아버지로서 하나님이 스스로 내세우시는 권위가 있다면 측은히 여기는 권위가 전부입니다. 자녀들의 죄를 붙들고 마음 아파하는 데서 오는 권위입니다. 아들딸들이 속에 품고 있는 정욕과 탐심, 분노, 원한, 질투,

앙갚음하려는 의지 따위는 하나같이 아버지에게 커다란 슬픔을 안깁니다. 워낙 맑고 순전한 분이므로 그 고통은 견디기 어려울 만큼 큽니다. 사랑으로 인간의 모든 아픔을 끌어안는 중심 깊은 곳으로부터 아버지는 자녀들에게 손을 내밉니다. 내면의 빛이 담긴 손길로 어루만지며 어떻게 해서든 상처를 치유해주려 하십니다.

내가 믿고 싶어 하는 하나님이 여기에 있습니다. 만물을 처음 지으시던 때부터 팔을 내밀어 너그러운 은총을 베푸시는 아버지입니다. 누구에게도 그 뜻을 강요하지 않고 늘 기다립니다. 아무리 실망스러워도 축복을 거두는 법이 없습니다. 하루빨리 자녀들이 돌아와 그 어깨에 피곤한 두 팔을 내려놓고 사랑을 속삭이게 되길 늘 고대합니다. 아버지에게 소망이 있다면 복을 빌어주는 것뿐입니다.

'축복하다'는 뜻의 라틴어는 '베네디체레benedicere'인데, 직역하자면 '좋은 말을 하다'라는 뜻입니다. 하늘 아버지는 목소리보다 어루만짐을 통해 자녀들에게 좋은 말씀을 들려주고 싶어 하십니다. 벌주시려는 생각은 전혀 없습니다. 안팎으로 방황하면서 이미 넘치도록 벌을 받았기 때문입니다.

아버지는 다만 자녀들이 그토록 비뚤어진 방식으로 찾아 헤매왔던 사랑이 늘 가까이에 있었고, 지금도 마찬가지며, 앞으로도 그럴 것임을 알려주길 바랄 뿐입니다. 아버지는 입보다 손으로 말씀하길 좋아합니다. "사랑하는 아들아, 내가 네게 은혜를 베푸노라." 주님은 "그의 양 떼를 먹이시며, 어린 양들을 팔로 모으시고, 품에 안으시며, 젖을 먹이는 어미 양들을 조심스럽게"(사 40:11) 인도하시는 목자와도 같습니다.

렘브란트의 작품 〈탕자의 귀향〉의 참된 중심은 아버지의 손에 있습니다. 가장 밝은 빛이 그 위를 비추고 있습니다. 구경꾼들의 시선도 거기에 쏠렸습니다. 그 안에서 자비로운 사랑이 구현되었습니다. 거기서 용서와 화해, 치유가 일어납니다. 탈진한 아들뿐만 아니라 지친 아버지도 두 손을 통해 안식을 얻습니다.

시몬의 사무실 문짝에서 그 포스터를 처음 보았을 때부터 그 손에 끌렸습니다. 그때는 그 까닭을 정확히 알지 못했습니다. 그러나 세월이 지나면서 차츰 그 손의 존재를 선명하게 의식하게 됐습니다. 아버지의 두 손은 내가 모태에 조성될 때부터 나를 붙들어주었으며, 태어나는 순간에 환영해주었고, 어머니의 품에 안겨주었으며, 잘 먹이고 따뜻하게 보살펴주었습니다. 위험이 닥칠 때면 어김없이 지켜주었으며 슬픔에 잠길 때마다 위로해주었습니다.

잘 가라고 흔들어 인사하고 돌아오면 반갑게 맞아주었습니다. 그건 바로 하나님의 손입니다. 동시에 부모, 스승, 친구, 의사처럼 하나님이 나를 안전하게 지키신다는 사실을 기억하도록 보내주신 모든 이들의 손이기도 합니다.

아버지와 축복을 베푸는 두 손을 그리고 얼마 후, 렘브란트는 세상을 떠났습니다.

렘브란트의 손은 이루 헤아릴 수 없을 만큼 많은 인물의 얼굴과 손을 화폭에 담았습니다. 마지막 작품들 가운데 하나인 이 그림에서는 하나님의 얼굴과 손을 그렸습니다. 과연 누가 하나님을 담은 이 등신대 초상화의 모델이었을까요? 렘브란트 자신이었을까요?

〈탕자의 귀향〉은 자화상이지만 전통적인 의미에서는 조금 벗어나 있습니다. 사실 렘브란트의 얼굴은 몇 차례 작품에 등장합니다. 사창가에

탕자의 귀향

앉은 탕자나, 무섭게 파도치는 호수 위에서 겁에 질려 있는 제자 가운데 하나로 등장하기도 하고, 예수님의 주검을 십자가에서 끌어내리는 인물들 속에 끼기도 합니다.

하지만 여기에 투영된 것은 렘브란트의 얼굴이 아니라 그의 심령, 여러 차례 죽음의 고통을 겪어낸 아버지의 영혼입니다. 63년의 생을 살면서 렘브란트는 사랑하는 아내 사스키아가 세상을 떠나는 걸 목격했을 뿐만 아니라 세 아들과 두 딸, 그리고 함께 살았던 두 여인의 죽음까지 지켜보았습니다. 눈에 넣어도 아프지 않을 만큼 사랑했던 아들 티투스는 혼인한 지 얼마 지나지도 않아 스물여섯 젊디젊은 나이로 삶을 마감했습니다.

렘브란트는 그 뼈아픈 슬픔을 단 한 번도 드러낸 적이 없지만, 〈탕자의 귀향〉 속 아버지를 보면 그가 얼마나 눈물을 쏟았을지 짐작하고도 남습니다. 그림 속에서 렘브란트는 하나님을 상징하는 인물로 형상화되어 있습니다. 화가는 스스로 길고 고통스러운 싸움들을 치르면서 주인공의 진면목을 포착해냈습니다. 그것은 깊은 상처를 입고 돌아온 아들을 앞에 두고 말없이 눈물지으며 은혜를 베푸는 아버지, 그것도 거의 앞을 보지 못하게 된 노인의 모습이었습니다. 렘브란트는 처음엔 그 아들이었다가 차츰 아버지가 되었습니다. 영원한 생명에 들어갈 준비를 마친 겁니다.

아버지

8

반가이 맞아주시는 아버지

෯

종종 친구들한테 렘브란트의 〈탕자의 귀향〉을 보여주고 첫인상을 묻곤 합니다. 십중팔구는 방탕한 자식을 용서한 지혜로운 노인, 사랑이 넘치는 가장 이야기를 먼저 꺼냅니다.

그런데 그 '가장'의 모습을 보면 볼수록, 하나님을 단순히 지혜로운 노老가장으로 표현한 차원을 넘어 무언가 전혀 다른 메시지를 전하려 했음이 더욱 분명하게 드러납니다.

실마리는 손에 있습니다. 두 손은 정말 판이합니다. 아들의 어깨에 닿은 아버지의 왼손은 강하고 억세 보입니다. 손가락을 펼쳐 탕자의 어깨와 등을 상당 부분 가리고 있습니다. 마디마디에 적잖이 힘이 들어가 있는 게 눈에 뜁니다. 특히 엄지손가락이 그렇습니다. 그저 만지는 데 그치지 않고 힘을 주어 단단히 부여잡고 있는 것 같습니다. 물론 왼손으로 아들을 다독이는 모습에서는 부드러움이 넘치지만 그러쿤 느낌은 여전합니다.

탕자의 귀향

하지만 오른손은 아주 딴판입니다. 부여잡거나 움켜쥐지 않습니다. 세련되고, 부드럽고, 대단히 다정합니다. 손가락들을 가지런히 모으고 있어 우아한 분위기가 납니다. 아들의 어깨에 사뿐히 올려놓았다고 해야 할까요? 어루만지고 토닥이며 위로와 위안을 주는 것처럼 보입니다. 그건 어머니의 손입니다.

아버지일 뿐만 아니라 어머니인 하나님

평론가들 가운데는 억센 왼손은 화가의 손이고 여성적인 오른손은 비슷한 시기에 그린 〈유대인 신부新婦〉[1](399페이지 그림 참조)의 것과 비슷하다고 주장하는 이들이 있습니다. 개인적으로는 충분히 신빙성 있는 이야기라고 봅니다.

아버지의 두 손이 서로 다르다는 점을 깨닫기가 무섭게 새로운 의미의 세계가 열렸습니다. 아버지는 그저 '대단한 가장' 정도가 아니었습니다. 아버지이면서 동시에 어머니였습니다. 남성의 손과 여성의 손으로 아들을 어루만지고 있습니다.

아버지의 손은 부여잡고 어머니의 손은 쓰다듬습니다. 아버지는 확신을, 어머니는 위안을 줍니다. 아버지는 남성성과 여성성, 부성과 모성을 두루 가진 하나님을 상징합니다. 부드럽게 쓰다듬는 손길은 이사야서의 말씀을 떠올리게 합니다. "어머니가 어찌 제 젖먹이를 잊겠으며, 제 태에서 낳은 아들을 어찌 긍휼히 여기지 않겠느냐! 비록 어머니가 자식을 잊는다 하여도, 나는 절대로 너를 잊지 않겠다. 보아라, 예루살렘아, 내가 네 이름을 내 손바닥에 새겼고, 네 성벽을 늘 지켜보고 있다"(사 49:15-16).

내 친구 리처드 화이트는 아들의 등을 어루만지는 아버지의 여성스러

〈탕자의 귀향〉 부분, 1668, 유화

—

"아버지의 두 손이 서로 다르다는 점을 깨닫기가 무섭게 새로운
의미의 세계가 열렸습니다. 아버지는 그저 '대단한 가장' 정도가 아니었습니다.
아버지면서 동시에 어머니였습니다. 남성의 손과 여성의 손으로
아들을 어루만지고 있습니다."

운 손길은 탕자의 상처투성이 맨발과 대비를 이루는 반면, 억센 손은 샌들을 신은 발과 대조된다고 지적합니다. 한 손으로 아들의 연약한 부분을 감싸고 다른 한 손으로는 삶을 헤쳐나가려는 아들에게 힘과 소망을 북돋아주고 있다고 보면 지나친 해석일까요?

아버지가 입고 있는 큼지막한 붉은 외투도 짚고 넘어갈 필요가 있습니다. 색깔이 따뜻한데다 모양도 아치를 닮아서 깃들이기 좋은 환영의 공간 같은 느낌을 줍니다. 처음에는 구부정한 아버지의 몸을 감싸고 있는 외투가 고단한 나그네들을 불러 쉬어가게 하는 장막처럼 보였습니다. 하지만 계속해서 그 붉은 망토를 살피면서 천막보다 더 강렬한 이미지를 떠올리게 됐습니다. 새끼를 품고 지키는 어미 새의 날개가 생각납니다.

불현듯 하나님의 어머니다운 사랑에 관해 예수님이 들려주신 말씀이 생각납니다. "예루살렘아, 예루살렘아, 네게 보낸 예언자들을 죽이고, 돌로 치는구나! 암탉이 병아리를 날개 아래 품듯이, 내가 몇 번이나 네 자녀들을 모아 품으려 하였더냐! 그러나 너희는 원하지 않았다"(마 23:37).

하나님은 밤낮으로 나를 안전하게 지키십니다. 마치 암탉이 병아리를 날개 아래 안락하게 품는 것 같습니다. 하늘 아버지가 자녀들에게 주시는 안전을 표현하기에는 천막보다는 어미 새의 날개 이미지 쪽이 훨씬 더 가깝습니다. 보살핌과 보호 속에서 안전하게 쉴 수 있는 자리를 압축해 보여주기 때문입니다.

렘브란트의 그림에서 천막, 또는 날개 같은 외투를 볼 때마다 하나님의 사랑에 담긴 어머니의 속성이 감지됩니다. 순간, 시편 기자의 영감 어린 노래가 입에서 흘러나옵니다.

157

지존자의 은밀한 곳에 거주하며

전능자의 그늘 아래에 사는 자여,

나는 여호와를 향하여 말하기를

그는 나의 피난처요 나의 요새요

내가 의뢰하는 하나님이라 하리니

…

그가 너를 그의 깃으로 덮으시리니

네가 그의 날개 아래에 피하리로다(시 91:1-4, 개역개정).

이처럼 대가족을 이끄는 연로한 가장의 모습 이면에는 아들을 반갑게 맞아들이는 어머니 같은 아버지의 성품이 깔려 있습니다.

지금은 렘브란트의 그림에서 집으로 돌아온 아들에게 몸을 숙이고 그 어깨를 어루만지는 노인을 볼 때면, "달려가 그의 목을 껴안고" 있는 아버지뿐만 아니라, 온몸으로 자식을 따듯하게 감싸안은 채 자궁(거기서 그 아들이 나왔습니다) 쪽으로 끌어당기고 있는 어머니의 모습도 함께 보입니다. 요컨대 '탕자의 귀향'은 곧 '하나님의 자궁으로의 복귀'이자 '존재의 근원으로의 회귀'가 되었습니다. 예수님이 니고데모에게 주셨던 위로부터 거듭나야 한다는 가르침이 생각나는 대목입니다.

이제는 하나님을 그린 이 초상화에 담긴 거대한 평안에 관해서도 잘 알게 되었습니다. 여기에는 감상도, 낭만도, 해피 엔딩으로 마무리되는 단순화된 이야기도 없습니다. 자기 형상대로 만든 자녀를 다시 자궁 속으로 받아들이는 어머니로서의 하나님이 보일 뿐입니다. 거의 앞을 보지 못하는 눈, 손, 외투, 구부정한 몸 등은 하나같이 주님의 어머니다운 사랑을 연상시킵니다. 슬픔과 갈망, 소망, 그리고 끝없는 기다림으로 점철된 사랑입니다.

어머니로서의 하나님은 한없는 긍휼로 자신과 자녀들의 삶을 영원히 연결해놓으셨습니다. 이보다 더 신비로운 사건이 또 있을까요? 피조물들에게 자유를 선물로 주시고 도리어 그 뜻을 존중해주는 길을 택하신 겁니다. 그처럼 특별한 선택을 하신 탓에 아들딸이 고향을 떠나면 아파할 수밖에 없습니다. 집을 나갔던 이들이 되돌아올 때는 말할 수 없이 기뻐하십니다. 하지만 그건 옹근 기쁨이 아닙니다. 어머니 하나님으로부터 생명을 선사받은 자녀들이 모두 본향으로 돌아와 주님이 차려놓은 잔칫상에 함께 둘러앉을 때까지 아직 완전한 기쁨은 없습니다.

그리고 여기에는 큰아들도 포함됩니다. 렘브란트는 맏이를 얼마쯤 떨어진 자리에 배치했습니다. 빛의 동심원 가장자리, 아버지의 풍성한 외투 자락이 미치지 않는 지점입니다. 아버지가 자신과 동생을 비교하지 않고 똑같이 사랑하신다는 사실을 받아들여야 할지 또는 거부해야 할지, 큰아들은 딜레마에 빠졌습니다. 아버지가 그분의 방식대로 쏟아부어 주는 사랑을 덥석 받아들일 것인지, 아니면 스스로 합당하다고 생각하는 형태로 사랑받기를 고집할 것인지 선택해야 합니다.

아버지는 여전히 손을 내민 채 기다리지만 결정은 아들에게 맡기고 강요하지 않습니다. 큰아들은 선뜻 무릎을 꿇고 아버지가 동생을 어루만지던 그 손으로 자신을 다독여주길 요청할까요? 허물을 용서받으며 비교하지 않고 사랑을 베푸는 아버지의 손길을 통해 치유의 역사를 경험할 수 있을까요? 누가는 비유를 기록하면서 아버지가 두 아들 모두에게 달려갔음을 분명히 했습니다. 엇나갔다 돌아온 작은아들을 환영하러 달려나갔

아버지

을 뿐만 아니라, 밭에서 돌아오는 길에 집안에서 흘러나오는 풍악소리를 듣고 황당해하는 큰아들도 달려 나가 맞았으며 안으로 들어가자고 간곡히 권했습니다.

더도 덜도 없다

사건의 전모를 파악하고 그 의미를 완전히 파악하는 일은 매우 중요합니다. 아버지는 집으로 돌아온 작은아들을 보고 기쁨을 주체하지 못하면서도 큰아들을 잊지 않았습니다. 맏이를 무시한 적도 없습니다. 너무도 행복한 나머지 먼저 잔치를 시작했지만, 큰아들이 도착했다는 소릴 듣기가 무섭게 자리를 박차고 나가 함께 즐거워하자고 소맷부리를 잡아끌었습니다.

질투심에 속이 뒤틀린 큰아들은 무책임한 동생한테 더 많은 관심이 쏠리는 걸 보고 아버지가 자신을 덜 사랑한다고 단정했습니다. 하지만 아버지의 마음은 아들 사이에 더하고 덜하고를 가리는 식으로 나뉜 적이 없습니다. 작은아들이 집에 돌아왔을 때 아버지가 보인 자유롭고 자연스러운 반응에는 어떤 면으로도 큰아들과 비교하는 마음을 찾아볼 수 없습니다. 오히려 아버지는 큰아들이 함께 어울려 기뻐해주길 진심으로 바랐습니다.

나로서는 쉬 납득이 가지 않는 일입니다. 얼마나 똑똑한지, 얼마나 잘생겼는지, 얼마나 출세했는지 등급을 매겨가면서 끊임없이 비교하는 세상에 살면서 누군가와 견주지 않는 사랑이 선뜻 믿기지 않았습니다. 다른 이를 칭찬하는 소릴 들으면서 '맞아, 난 저런 소릴 들을 자격이 없어'라고 인정하기는 쉽지 않습니다. 착하고 온유한 누군가에 관한 글을 읽을 때면

'나도 그 정도는 선하고 따듯하게 살지 않았을까?' 하고 스스로 묻게 됩니다. 특별한 일을 해낸 인물들이 트로피나 상금, 상품 따위를 받는 걸 보면 '어째서 나한테는 그런 일이 생기지 않는 걸까?'라는 생각이 절로 떠오릅니다.

내가 태어나서 성장한 이 세계는 성적과 점수, 통계로 가득 차 있어서 의식적으로든 무의식적으로든 늘 다른 이들과 견주어 자신을 평가하려 합니다. 삶의 슬픔과 기쁨 가운데 상당 부분은 비교에서 비롯되며, 전부는 아닐지라도 대다수는 아무 쓸데가 없으며 한심하게 시간과 에너지를 낭비하는 처사에 지나지 않습니다.

아버지인 동시에 어머니이신 하나님은 비교하지 않습니다. 그런 일은 결단코 없습니다. 머리로는 그것이 사실임을 잘 압니다. 하지만 온몸으로, 그리고 전폭적으로 받아들이기는 여전히 힘듭니다.

누군가가 아들이나 딸을 끔찍이 아끼는 걸 보면 당장 상대적으로 덜 인정받거나 더 사랑받는 아이가 있겠구나 하는 생각부터 듭니다. 그런데 하나님은 어떻게 그 많은 자녀들을 하나하나 똑같이 사랑하실 수 있는지 내 수준으로는 헤아릴 길이 없습니다. 어찌됐든 우리는 여전히 주님의 한결같은 사랑을 받고 있습니다. 세상에 발을 붙이고 하나님나라를 들여다보면 주님을 천국의 점수판 관리인쯤으로 착각하게 마련입니다. 그래서 우리는 혹시라도 커트라인을 넘지 못하면 어떻게 하나 안달복달하기 일쑤입니다. 그러나 하늘 아버지가 반갑게 맞아주시는 집에서 세상을 보는 순간, 상황은 달라집니다. 아무하고도 비교할 수 없도록 자녀들에게 제각기 독특한 성품과 자질을 주신 하나님의 거룩한 사랑을 깨닫게 됩니다.

큰아들은 자신을 동생과 견주어보고 곧 질투에 사로잡혔습니다. 하지

〈무릎 위에 아이를 안고 있는 여인〉, 1646, 소묘

—

"아버지인 동시에 어머니이신 하나님은 비교하지 않습니다.
그런 일은 결단코 없습니다. 머리로는 그것이 사실임을 잘 압니다. 하지만 온몸으로,
그리고 전폭적으로 받아들이기는 여전히 힘듭니다."

만 아버지는 그 둘을 무척 사랑했으므로 맏이가 상대적 박탈감을 느끼지 않도록 잔치를 늦춘다는 건 생각조차 해보지 못했습니다. 하나님은 어머니처럼 자애로우셔서 결코 자녀들을 비교하지 않으신다는 진리를 마음 깊이 새겼더라면 개인적으로 오랫동안 씨름해왔던 문제들 가운데 상당수는 눈 녹듯 사라졌을 것이 분명합니다.

하지만 포도원 일꾼들의 비유(마 20:1-16)를 읽을 때마다 그것이 얼마나 힘든 일이지 새록새록 절감합니다. 주인이 고작 한 시간 동안 일한 일꾼들에게 "종일 수고하며 더위를 견딘" 이들과 똑같은 품삯을 주는 장면을 읽으면 마음에서 아직도 불편한 감정이 부글거립니다.

어째서 주인은 오랜 시간 동안 일한 이들에게 먼저 품삯을 치르지 않았던 걸까요? 그랬더라면 나머지 일꾼들이 후한 대접에 놀라고 감동하지 않았을까요? 어째서 느지막하게 포도원에 나온 이들부터 일당을 나눠줘서 나머지 삯꾼들로 하여금 그릇된 기대감을 갖게 하고 쓸데없는 상처와 질투심에 시달리게 만들었을까요? 이제야 알게 된 사실이지만, 이런 의문이 드는 것은 하나님의 독특한 질서를 세상의 경제 논리로 판단하려 들기 때문입니다.

주인의 입장에서는 늦게 온 이들에게 베푼 너그러운 선물에 일찍부터 일한 일꾼들도 함께 즐거워해주길 바랐을 거라고 가정해본 적이 예전에는 단 한 번도 없었습니다. 진종일 포도원에서 땀 흘린 일꾼들이 주인을 위해 일할 기회를 얻었다는 사실에 깊이 감사하며, 더 나아가 참으로 너그러운 상전을 만났다는 점을 고마워할 수도 있었다는 생각을 해본 일도 없습니다.

그렇게 비교를 초월한 사고방식을 받아들이려면 마음의 진로를 급선

아버지

회해야 합니다. 대단히 어려운 숙제지만 그것이 바로 하나님의 사고방식입니다. 주님은 거룩한 백성들을 특별히 잘한 일이 없어도 대단한 일을 해낸 이에 못지않게 즐겁게 지낼 수 있는 행복한 가정의 자녀들로 여기십니다.

하나님은 길든 짧든 포도원에서 시간을 보낸 이들에게 한결같은 상급을 베풀면 다들 크게 기뻐할 것이라고 생각할 만큼 고지식하십니다. 모두들 거룩한 임재 가운데 기뻐할 것이므로 서로 비교하는 일 따위는 일어나지 않을 거라고 믿어 의심치 않습니다. 사랑하는 자녀들이 단단히 삐친 걸 보고 몹시 의아해하며 "너 그렇게 베푼 걸 두고 그렇게 샘낼 까닭이 무어냐?"고 물으실 수밖에 없는 이유가 바로 여기에 있습니다.

주님은 말씀하십니다. "너희는 하루 종일 나와 함께 지냈잖느냐? 너희가 원하는 거라면 뭐든지 다 주었다. 그런데 어째서 그토록 속 쓰려 하느냐?" 질투심에 사로잡힌 큰아들에게 이상하다는 듯, "얘야, 너는 늘 나와 함께 있지 않느냐? 또 내가 가진 모든 것은 다 네 것이 아니냐?"고 묻는 아버지의 심정도 그와 다르지 않습니다.

여기에 돌이키라고 큰소리로 부르시는 음성이 숨어 있습니다. 낮아질 대로 낮아진 자존감의 눈이 아니라 사랑이 넘치는 주님의 눈으로 보라는 겁니다. 계속해서 하나님을 포도원 주인, 또는 최소의 비용으로 최대의 성과를 올리고 싶어 하는 아버지로 의식하는 한, 동료들이나 형제자매들을 질투하고 스스로 상처를 내며 원망하는 마음을 떨쳐버릴 수 없습니다.

반면에 하나님의 눈으로 세상을 바라보는 한편, 주님의 참모습이 전형적인 지주나 가부장적인 아버지와는 딴판이며 도리어 자녀들이 얼마나 올바르게 행동하는지와 상관없이 무조건 사랑을 베풀고 모든 필요를 채우시며 무한정 용서하는 분이심을 깨닫는다면, 깊은 감사야말로 하나님에게 보일 수 있는 유일한 반응이라는 점을 즉시 인식하게 됩니다.[2]

하나님의 마음

렘브란트의 그림에서, 큰아들은 말없이 지켜만 보고 있습니다. 속으로 무슨 생각이 오가는지 가늠하기는 어렵습니다. 비유와 마찬가지로 그림 역시 "잔치자리에 들어가자는 초대에 어떤 반응을 보였을까?" 하는 질문에 확실한 답을 주지 않습니다.

비유에서든 그림에서든, 아버지의 심정에 관해서는 한 점 의문의 여지가 없습니다. 노인의 마음은 두 아들 모두에게로 달려갑니다. 형과 아우를 모두 사랑했으며 두 아들이 한 상에 앉아 즐기기를 간절히 소망했습니다. 됨됨이가 서로 다르지만 한 집안 식구고 똑같은 아버지의 자식임을 온몸으로 체득하기를 바랐습니다.

그런 점을 염두에 두고 아버지와 탕자의 이야기를 살펴보면 내 쪽에서 하나님을 선택한 것이 아니라 주님 편에서 먼저 나를 지목하셨음을 보다 명확하게 알 수 있습니다. 위대한 신앙의 신비가 여기에 있습니다.

인간이 하나님을 선택한 것이 아닙니다. 주님이 우리를 선택하셨습니다. 태초부터 그분은 우리를 "손 그늘에 숨기시며 … 손바닥에"(사 49:2, 16, 개역개정) 새기셨습니다. 우리는 누군가의 손길이 미치기 훨씬 전에 창조주의 손에 붙들려 "은밀한 데서 지음을 받고 땅의 깊은 곳에서 기이하게 지음을"(시 139:15, 개역개정) 받았습니다. 인류의 운명에 대한 어떠한 결정도 내려지지 않았던 시기에 "주께서 내 장기를 창조하시고, 내 모태에서 나를 짜"(시 139:13) 맞추셨습니다. 누구도 사랑을 보여준 적이 없을 때, 하나님은 이미 사랑하고 계셨습니다. 하나님은 무한하고 무조건적인 사랑을 '먼저'[3] 베풀어주십니다. 아울러 우리가 사랑스러운 자녀로 성장하며 주님처럼 두루 사랑하길 원하십니다.

철이 든 이후로는 줄곧 하나님을 찾고, 이해하며, 사랑하려는 씨름을 벌여왔습니다. 항상 기도하고, 다른 이들을 섬기며, 성경을 읽는 등 영성 생활의 지침들을 따르면서 방탕의 구덩이로 빠지게 만드는 유혹을 피하려고 안간힘을 썼습니다. 실족하고 실패하기를 거듭했지만 절망의 문턱에서 다시 일어나곤 했습니다.

문득 의구심이 듭니다. 하나님이 나를 찾고, 이해하며, 사랑하려고 애쓰시는 동안 나는 무엇을 했던 걸까요? 그것을 알고는 있었던 걸까요? 문제는 "어떻게 하나님을 찾을 것인가?"가 아니라 "어떻게 하나님이 찾으시도록 나를 드러낼 것인가?"입니다. "어떻게 하나님을 이해할 것인가?"가 아니라 "어떻게 하나님이 아실 수 있도록 나를 보여드릴 것인가?"입니다. 마지막으로 "어떻게 하나님을 사랑할 것인가?"가 아니라 "어떻게 하나님의 사랑을 받을 것인가?"입니다. 하나님은 혹시 내가 보이지 않는지 아득히 먼 곳을 뚫어지게 살피십니다. 하루빨리 찾아 집에 데려가시려는 뜻입니다.

"왜 죄인과 음식을 같이 먹는가?"라는 질문에 대한 대답으로 들려주신 세 가지 비유에서, 예수님은 한결같이 하나님의 주도권을 강조하셨습니다. 하나님은 잃은 양을 찾아다니는 목자입니다. 잃어버린 동전을 찾을 때까지 불을 밝히고 온 집안을 샅샅이 뒤지는 여인입니다. 목이 빠지도록 밖을 내다보며 자녀들을 기다리다가 반갑게 달려나가 영접하고, 힘껏 끌어안으며 어서 집으로 들어가자고 간청하고, 부탁하고, 권면하는 아버지

〈아벨을 살해하는 가인〉, 1650, 소묘

—

"문득 의구심이 듭니다. 하나님이 나를 찾고, 이해하며,
사랑하려고 애쓰시는 동안 나는 무엇을 했던 걸까요?"

입니다.

이상하게 들릴지 모르지만, 내가 하나님을 발견하길 원하는 만큼(그 이상이겠지만 적어도 그만큼은) 주님도 나를 찾고 싶어 하십니다. 그분이 내게 필요한 만큼 그분에게도 내가 필요합니다. 하나님은 집에서 팔짱을 끼고 앉은 채, 자식이 돌아와서 탈선행위를 사죄하고, 용서를 청하며, 앞으로 잘 살겠다고 약속해주기를 기다리는 가부장적인 아버지가 아닙니다. 오히려 집 밖으로 찾아다닙니다. 위엄 따위는 내팽개치고 달려나갑니다. 사과나 개과천선을 약속하는 말에 집착하지 않습니다. 하나님은 잔칫상을 떡 벌어지게 차려놓고 손을 잡아끄십니다.

요즘 새롭게 의식하기 시작한 사실이 한 가지 있습니다. 하나님을 꼭꼭 숨어서 가능한 한 찾아내지 못하게 만드는 분으로 생각하는 대신, 그 눈을 피해다니는 동안에도 나를 만나러 두루 살피고 다니는 분으로 여긴다면 내 영적인 여정이 극적으로 달라질 것이라는 점입니다. 길을 잃고 방황하는 자아를 하나님의 눈으로 바라보며 자식이 돌아올 때마다 주님이 얼마나 기뻐하시는지 깨닫는다면 삶의 고뇌는 줄어들고 하늘 아버지를 향한 신뢰는 더욱 커질 것입니다.

하나님은 나를 발견하면 집으로 데려가 천사들과 더불어 귀향을 기념하는 큰 잔치를 열어주십니다. 그렇게 해서 주님의 기쁨이 더욱 커진다면 얼마나 좋은 일이겠습니까? 나를 찾아내고 아낌없이 사랑할 기회를 드려 주님 얼굴에 웃음이 피어오르게 한다면 그야말로 굉장한 사건이 아닐까요?

이것은 핵심을 건드리는 질문들입니다. 자아 개념에 관한 문제를 제기하고 있기 때문입니다. 자신을 '주님이 반드시 찾아야 할 만큼 소중한' 존재로 받아들일 수 있을까요? 하나님의 마음에는 그저 나와 함께 있고 싶다는 소망이 자리잡고 있습니다. 과연 나는 그 사실을 믿고 있는 걸까요?

여기에 내 영적인 씨름의 고갱이가 있습니다. 자기부정, 자기 비하, 자기혐오와 벌이는 투쟁입니다. 세상과 그 권세를 잡은 마귀들은 나를 흔들어서 스스로 무가치하며, 아무 쓸모가 없고, 하찮은 존재로 여기게 하려고 온갖 술수를 다 부리고 있으므로 싸움은 언제나 치열해질 수밖에 없습니다.

소비지향적인 경제 체제는 소비자들의 낮은 자존감을 교묘하게 조작하고 물질을 통해 영혼의 만족을 얻을 수 있으리라는 기대를 창출하는 방식으로 경기를 부양합니다. 자신을 '변변찮은' 인간으로 여기는 상태에서는 자기 비하의 감정을 완전히 해소해주겠다고 장담하는 물건을 구매하거나, 사람을 만나거나, 특정 장소를 찾아가려는 유혹에 쉽게 무너집니다. 하지만 그런 수단을 통해 원하는 효과를 얻기란 완전히 불가능합니다. 도리어 그런 조작이나 꼬임에 넘어갈 때마다 자기를 비하하고 아무짝에도 쓸모없는 인간으로 치부할 이유가 더 늘어날 따름입니다.

첫사랑이자 영원히 계속되는 사랑

오랫동안 낮은 자존감을 일종의 미덕으로 착각했습니다. 교만과 독단을 경계하는 말을 하도 자주 들어서 자신을 업신여기는 것을 올바른 행동이라고 생각했던 겁니다. 하지만 주님이 베풀어주신 최고의 사랑을 부정하고 저마다 가지고 태어난 우수한 자질을 무시하는 행위야말로 실질적인 죄라는 것을 지금은 잘 압니다.

하나님이 주신 큰 사랑과 태생적인 장점을 스스로 부정하면 진정한 자아와 단절되게 마련이고, 결국 오직 아버지의 집에서만 얻을 수 있는 것들을 찾아 부적절한 인물과 장소를 전전하는 파괴적인 탐색에 나서게 됩니다.

하나님이 주신 비할 데 없이 큰 사랑과 저마다 가진 뛰어난 자질을 인정하는 문제를 붙잡고 씨름하는 것이 나 혼자만은 아닐 겁니다. 자기 주장이 강하고, 경쟁적이고, 선두 다툼에 민감하고, 지나치리만치 자신감이 넘치고, 심지어 오만하기까지 한 이들도 그 바닥에는 불안 심리가 깔려 있기 일쑤입니다. 겉으로는 아무도 눈치챌 수 없을 만큼 당당하게 행동하지만 속으로는 자기 확신이 턱없이 모자랍니다.

누가 봐도 뛰어난 재주를 가졌고 사회적으로도 출세해 상당한 보상을 받은 이들이 스스로 가진 재능을 신뢰하지 못하는 모습을 종종 보면서 그때마다 큰 충격을 받습니다. 외적인 성취를 내면에 담긴 장점이 표현된 결과로 보는 대신, 자신의 무가치함을 감추는 덮개로 여기며 삽니다. "남들이 내 마음 가장 깊은 데서 벌어지고 있는 일을 알게 되면 나한테 보내는 갈채와 칭찬을 당장 철회할 겁니다"라는 소리를 한두 번 들은 게 아닙니다.

누구나 청송해 마지않는 어느 청년과 나누었던 대화가 아직도 귓가에 생생합니다. 젊은이는 사소한 문제점을 지적하는 친구의 이야기를 듣고 절망의 수렁에 빠져들게 된 사연을 소상히 털어놓았습니다. 이야기를 하는 내내 눈물을 뚝뚝 떨구었으며, 몸을 뒤틀며 괴로워했습니다. 친구가 방어벽을 뚫고 들어와서 자신의 실체를 똑똑히 보았을 거라는 게 청년의 생각이었습니다. 번쩍거리는 갑옷을 입고 있는 추악한 위선자요, 치사한 속물임을 들키고 말았다는 겁니다.

고백을 들으면서 남들이 모두 부러워하는 재능을 가졌음에도 불구하

탕자의 귀향

고 청년이 얼마나 불행한 삶을 살았는지 짐작할 수 있었습니다. 그는 오
랜 세월 동안 내면의 질문에 사로잡혀 지냈던 겁니다. '정말 나를 사랑하
는 이가 있을까? 진심으로 걱정해주는 사람이 있을까?' 그리고 성공의
사다리를 조금씩 올라갈 때마다 생각했습니다. '이건 진짜 내 모습이 아
니야. 언젠가는 모든 게 무너져내리고 내가 좋은 놈이 아니라는 게 만천
하에 드러나겠지.'

그 만남은 수많은 이들이 자신의 삶을 살아가는 방식을 여실히 보여줍
니다. 잘났든 못났든 생긴 그대로 사랑받는다는 생각을 전혀 찾아볼 수
없습니다. 저마다 그처럼 자존감이 낮아진 이유를 아주 그럴듯하게 설명
하는 사연들이 있습니다. 성장기에 부모가 필요를 채워주지 않았다든지,
교사가 함부로 대해 상처를 입었다든지, 친구가 배신했다든지, 일생일대
의 순간에 교회가 차갑게 방치했다든지 하는 이야기들입니다.

탕자의 비유는 거부하기 이전에도 존재했고 거절당한 뒤에도 여전히
지속되는 사랑 이야기입니다. 아버지인 동시에 어머니인 하나님의 첫사
랑이자 영원히 계속되는 사랑을 다루고 있습니다. 한계가 분명하기는 하
지만 인간의 모든 사랑도 여기에 토대를 두고 있습니다. 예수님의 삶과
가르침의 목표는 단 하나였습니다. 절대로 말라붙는 법이 없으며 영원무
궁한 어머니답고 아버지다운 하나님의 사랑을 드러내며, 그 사랑이 일상
적인 삶을 이끌어가도록 송두리째 맡기는 방법을 보여주시려는 것이었
습니다.

렘브란트는 그림 속 아버지의 모습을 통해 그 사랑을 살짝 엿보게 해
줍니다. 집으로 돌아올 때마다 늘 반가이 맞으며 언제나 잔치를 베풀어주
고 싶어 하는 그 사랑입니다.

9

아버지, 잔치를 열다

작은아들이 평범한 농부 가정으로 돌아온 게 아닌 것만큼은 분명합니다. 누가의 설명에 따르면, 아버지는 엄청난 재산과 수많은 하인을 거느린 대단히 부유한 인물이었습니다.

렘브란트 역시 누가의 묘사를 그대로 반영해서 아버지는 물론이고 현장을 지켜보고 있는 두 남자에게까지 호화로운 의상을 입혔습니다. 뒤편에 배치된 두 여인은 농가보다는 왕궁의 일부처럼 보이는 아치에 기대고 있습니다. 노인이 입고 있는 호화로운 복장과 으리으리한 실내장식은 거의 앞을 보지 못하는 두 눈과 슬픔에 찌든 얼굴, 구부정한 자세 등 오랫동안 고통을 겪었음을 보여주는 장치들과 선명한 대조를 이룹니다.

자녀들을 향한 한없는 사랑 탓에 고통스러워하는 하나님은 '인자하심과 너그러우심과 오래 참으심'이 넘치며(롬 2:4; 엡 2:4), '자기의 풍성하신 영광을'(롬 9:23) 알려주고 싶어 하시는 주님이기도 합니다.

아버지는 아들에게 사죄할 틈조차 주지 않습니다. 아들이 입을 열기도

탕자의 귀향

전에 앞질러 잘못을 용서하십니다. 자식이 돌아온 것만으로도 너무 기뻐서 변명 따위는 다 쓸데없는 것으로 치부하십니다. 그뿐이 아닙니다. 아버지는 단 한마디 묻지도 않고 허물을 덮어주며, 반가이 맞아주는 데서 그치지 않고 지체 없이 새로운 인생, 즉 '풍성한 삶'(요 10:10)을 주십니다.

돌아온 아들에게 새 삶을 열어주려는 마음이 얼마나 간절한지 조바심치는 것처럼 보일 정도입니다. 아무리 좋은 걸 줘도 성이 차지 않습니다. 가장 좋은 선물만 골라서 선사합니다. 작은아들은 일꾼 대접도 얼마든지 감수할 준비가 되어 있었지만, 아버지는 특별한 손님을 위해 따로 마련해 둔 겉옷을 내오게 했습니다. 아들은 스스로 자식의 자격이 없다고 생각했지만, 아버지는 손가락에 가락지를 끼우고 신발을 신겨주었습니다. 사랑하는 아들로 인정하고 상속자의 지위를 회복시킨 겁니다.

가장 좋은 것을 베푸시는 아버지

고등학교를 졸업하던 해 여름에 입었던 옷들이 생각납니다. 하얀 바지, 폭 넓은 벨트, 화려한 셔츠에 반짝거리는 구두까지 하나같이 기분 좋아지는 소품들이었습니다. 아버지와 어머니는 그 새 옷을 사주며 무척이나 기뻐했습니다. 자식을 한없이 자랑스러워하는 눈치였습니다. 나 역시 두 분의 아들이라는 게 감사했습니다.

그중에서도 새 신을 신었을 때 제일 기분이 좋았습니다. 그 뒤로 수없이 많은 지역을 여행하면서 평생 맨발로 사는 이들을 보았습니다. 차츰 새 신에 담긴 상징적인 의미를 더 잘 이해하게 되었습니다. 맨발은 가난, 더 나아가 종속의 상징입니다. 신발은 뱀한테 물리는 것을 막아줍니다. 안전을 보장하고 능력을 제공합니다. 쫓기는 처지에서 벗어나 쫓는 입장이 되게 합니다. 가난한 이들에게는 신발을 신는다는 건 일정한 수준에 올라섰다는 뜻입니다. 그걸 아름답게 노래한 흑인영가가 있습니다.

> 하나님의 자녀들은 모두 신발을 신는다네
> 하늘나라에 가면 나도 신발을 신을 거야
> 하나님나라를 마음껏 돌아다녀야지.[1]

하늘 아버지는 아들에게 자유, 즉 거룩한 자녀의 자유를 상징하는 표지들을 덧입히셨습니다. 주님은 어떤 자식도 일꾼이나 노예로 삼지 않으십니다. 아들딸들에게 영광의 겉옷을 입히고, 상속자의 반지를 끼우고, 명예의 신을 신기십니다. 마치 하나님이 베푸시는 은혜의 해가 시작되었음을 선포하는 의식을 거행하는 것 같습니다.

스가랴 선지자의 네 번째 환상을 보면 이 수여식이 어떤 의미를 갖는지 잘 알 수 있습니다.

주님께서 나에게 보여주시는데, 내가 보니, 여호수아 대제사장이 주님의 천사 앞에 서 있고, 그의 오른쪽에는 그를 고소하는 사탄이 서 있었다. … 그때에 여호수아는 냄새 나는 더러운 옷을 입고 천사 앞에 서 있었다. 천사가 자기 앞에 서 있는 다른 천사들에게, 그 사람이 입고 있는 냄새 나는 더러운 옷을 벗기라고 이르고 나서, 여호수아에게 말하였다. "보아라, 내가 너의 죄를 없애준다. 이제, 너에게 거룩한 예식에 입는 옷을 입힌다." 그때에 내가, 그의 머리에 깨끗한 관을 씌워달라고 말하니, 천사들이 그의 머리에 깨끗한 관을 씌우며, 거룩한 예식에 입는 옷을 입혔다. 그동안 주님의 천사가 줄곧 곁에 서 있었다. 주

탕자의 귀향

님의 천사가 여호수아에게 경고하였다. "만군의 주님께서 이렇게 말씀하신다. '네가 내 도를 준행하며 내 율례를 지키면 네가 내 집을 다스릴 것이요 내 뜰을 지킬 것이며 여기에서 섬기는 사람들 사이를 자유로이 출입하게 할 것이다. 여호수아 대제사장은 들어라. 여기 여호수아 앞에 앉아 있는 여호수아의 동료들도 함께 잘 들어라. 너희는 모두 앞으로 나타날 일의 표가 되는 사람들이다. 내가 이제 새싹이라고 부르는 나의 종을 보내겠다. 나 만군의 주가 말한다. 내가 여호수아 앞에 돌 한 개를 놓는다. 그것은 일곱 눈을 가진 돌이다. 나는 그 돌에 내가 이 땅의 죄를 하루 만에 없애겠다는 글을 새긴다. 나 만군의 주가 말한다. 그날이 오면, 너희는 서로 자기 포도나무와 무화과나무 아래로 이웃을 초대할 것이다'"(슥 3:1-10).

스가랴의 환상을 염두에 두고 탕자의 비유를 읽어보면, 아버지가 아들에게 겉옷과 반지, 신발을 가져다주라고 종들에게 이를 때 사용했던 '어서'라는 단어에 인간의 서두름을 뛰어넘는 의미가 있음을 알 수 있습니다. 그 한마디에는 태초부터 준비되어 있던 새로운 나라를 출범시키려는 하나님의 열성이 담겨 있습니다.

아버지가 성대한 잔치를 원했다는 데는 의문의 여지가 없습니다. 특별 행사를 대비해 키워온 송아지를 잡는 것만 봐도 아버지가 온 힘을 다해 아들에게 난생처음 보는 굉장한 축하연을 베풀려 한다는 것을 알 수 있습니다. 이러저러한 준비를 갖추라는 명령을 내리고 나서 아버지는 외칩니다. "우리가 먹고 즐기자. 나의 이 아들은 죽었다가 살아났고, 내가 잃었다가 되찾았다!"

그 즉시 잔치가 시작됐습니다. 음식이 넘치게 나오고 연주와 춤이 이어졌습니다. 파티를 즐기는 행복한 소음이 집에서 멀리 떨어진 곳까지 퍼져 나갔습니다.

기쁨으로 부르는 초대장

개인적으로는 큰 잔치를 여는 하나님의 모습을 상상하기 어렵습니다. 속으로 생각해왔던 근엄하고 진지한 주님의 형상과 상충되는 것 같은 느낌이 듭니다. 하지만 그리스도가 하나님나라를 어떻게 설명하시는지 살펴보면 그 중심에 잔치가 자리잡고 있는 경우가 많습니다.

예수님은 "내가 너희에게 말한다. 많은 사람이 동과 서에서 와서, 하늘나라에서 아브라함과 이삭과 야곱과 함께 잔치 자리에 앉을 것이다"(마 8:11)라고 말씀하셨습니다. 하늘나라를 임금님이 왕자에게 베풀어주는 결혼 잔치에 빗대기도 했습니다. 신하들은 밖에 나가서 "내가 오찬을 준비하되 나의 소와 살진 짐승을 잡고 모든 것을 갖추었으니 혼인 잔치에 오소서"(마 22:4, 개역개정)라고 외치며 사람들을 청했습니다. 하지만 대부분은 관심을 보이지 않았습니다. 저마다 자기 일에 바빠서 신경쓸 겨를이 없었던 겁니다.

탕자의 비유에서와 마찬가지로 이번에도 예수님은 자녀들에게 잔치를 베푸시려는 아버지의 욕구와 설령 초대받은 이들이 참석을 거부할지라도 기어코 파티를 열려는 열성을 가르치고 있습니다.

식사를 하러 오라는 건 곧 하나님과 친밀하게 교제하자는 초대입니다. 이러한 사실은 예수님이 십자가에서 돌아가시기 직전에 가졌던 마지막 만찬 장면을 보면 확실히 알 수 있습니다. 상을 앞에 놓고 주님은 제자들에게 약속하십니다. "이제부터 내가 나의 아버지의 나라에서 너희와 함

〈최후의 만찬〉, 1634-1635, 소묘

—

"식사를 하러 오라는 건 곧 하나님과 친밀하게 교제하자는 초대입니다.
이러한 사실은 예수님이 십자가에서 돌아가시기 직전에 가지셨던
마지막 만찬 장면을 보면 확실히 알 수 있습니다."

께 새것을 마실 그날까지, 나는 포도나무 열매로 빚은 것을 절대로 마시지 않을 것이다"(마 26:29). 신약성경을 마무리짓는 대목에서는 하나님의 궁극적인 승리를 성대한 결혼 잔치로 설명하셨습니다. "주 우리 하나님 곧 전능하신 이가 통치하시도다. 우리가 즐거워하고 크게 기뻐하며 그에게 영광을 돌리세 어린양의 혼인 기약이 이르렀고 … 어린양의 혼인 잔치에 청함을 받은 자들은 복이 있도다"(계 19:6-9, 개역개정).

축하하는 잔치는 하나님나라에 속한 일입니다. 주님은 용서와 화해, 치유를 허락하실 뿐만 아니라, 그런 선물들을 기쁨의 근원으로 끌어올려 지켜보는 이들 모두가 함께 누리게 하십니다.

예수님은 죄인들과 더불어 먹는 까닭을 설명하면서 세 가지 비유를 들려주셨는데, 하나같이 하나님이 크게 즐거워하며 그 기쁨에 동참하도록 다른 이들을 초대하는 장면이 등장합니다.

양을 되찾은 목자는 "나와 함께 기뻐해주십시오. 잃었던 내 양을 찾았습니다"(눅 15:6)라고 말합니다. 동전을 발견한 여인은 "나와 함께 기뻐해 십시오. 잃었던 드라크마를 찾았습니다"(눅 15:9)라고 외칩니다. 탕자의 아버지는 "나의 이 아들은 죽었다가 살아났고, 내가 잃었다가 되찾았다"(눅 15:24)라고 선언하며 사람들과 더불어 즐거워했습니다.

이들은 모두 하나님의 음성입니다. 주님은 기쁨을 혼자 간직하실 생각이 없습니다. 모든 이들과 나누길 원하십니다. 하늘 아버지의 기쁨은 천사들의 기쁨이고, 성도들의 기쁨이며, 하나님나라에 속한 모든 이들의 기쁨입니다.

작은아들이 집으로 돌아온 바로 그 순간을 렘브란트는 화폭에 옮겼습니다. 아버지의 다른 세 식솔들은 멀찌감치 떨어져서 바라보고 있습니다.

탕자의 귀향

과연 그들 또한 아버지의 기쁨을 이해하게 되었을까요? 안아주시도록 아버지의 품에 자신을 맡기게 될까요? 나라면 어땠을까요? 나중에라도 아버지에게 대드는 짓을 그만두고 기쁨을 함께할 수 있을까요? 나는 어떨까요?

나는 단지 한 순간만 볼 수 있을 따름이고 다음에 무슨 일이 일어났을지는 온전히 상상의 몫입니다. 그래서 똑같은 생각을 되풀이합니다. 그들은 어떻게 했을까? 나라면 어땠을까? 돌아온 작은아들을 새롭게 차려입힌 아버지는, 주위에 있던 이들이 입을 모아 감탄하며 한자리에 앉아 음식을 먹으며 즐겁게 춤추기를 기대했습니다. 아들을 다시 찾은 건 쉬쉬할 일이 아닙니다. 집안 식구들이 한마음이 되어 감사하며 축하할 경사입니다.

속으로 묻고 또 묻습니다. 그들은 어떻게 했을까? 나라면 어땠을까? 이건 대단히 중요한 질문입니다. 좀 이상하게 들릴지 모르겠지만, 즐거운 삶을 살지 못하게 가로막고 있는 문제들을 건드리고 있기 때문입니다.

하나님은 기뻐하고 있습니다. 세상의 문제들이 전부 해결되어서가 아닙니다. 인류의 괴로움과 고통이 끝났기 때문이 아닙니다. 허다한 무리가 돌아와서 주님의 의로우심을 찬양하는 까닭에서가 아닙니다. 하늘 아버지는 잃어버렸다가 다시 찾은 자녀 하나로 인해 환호하십니다.

나는 그 기쁨에 동참하라는 부름을 받았습니다. 그건 하나님께 속한 기쁨입니다. 세상이 주는 기쁨이 아닙니다. 그건 파멸과 재앙, 고난으로 가득한 세상 한복판에서 벗어나 집으로 걸어오는 자녀를 알아보는 데서 비롯된 기쁨입니다. 아울러 은밀한 기쁨이기도 합니다. 그것은 렘브란트가 자리에 앉아 있는 구경꾼 머리 위의 벽면에다 그려 넣은 피리 연주자만큼이나 눈에 띄지 않습니다.

아버지

나로서는 작고, 드러나지 않으며, 주위 사람들이 거의 눈치채지 못할 만큼 미미한 일들을 가지고 기뻐하는 데 익숙하지 않습니다. 보통은 나쁜 전갈을 받고, 전쟁과 폭력과 범죄에 관한 기사를 읽고, 갈등과 혼란을 지켜볼 마음의 준비를 늘 갖추고 삽니다. 손님이 찾아오면 언제나 문제와 고통, 좌절과 실망, 우울과 고민으로 가득한 이야기보따리를 풀어놓겠구나 하는 생각부터 듭니다.

어느새 슬픔을 껴안고 사는 데 얼마쯤 적응이 됐습니다. 한편으로는 기쁨을 보는 시력이 약해졌습니다. 하나님께 속한, 그러나 세상의 어느 외진 구석에 감춰진 즐거움을 감지해낼 청력을 잃었습니다.

주님과의 교제가 깊어서 슬픔뿐일 것 같은 곳에서도 기쁨을 볼 줄 아는 친구가 있습니다. 세계 방방곡곡을 다니면서 수많은 사람들을 만납니다. 모처럼 친구가 돌아오면, 방문했던 나라들의 어려운 경제 사정이라든지 엄청난 부정에 관한 소문, 두 눈으로 본 고통스러운 삶 등에 대한 이야기를 들려줄 거라고 기대합니다.

하지만 굵직굵직한 세상사를 두루 알고 있으면서도 거기에 대해서는 입도 뻥긋하지 않습니다. 경험담을 들려줄 일이 있으면 항상 자신이 찾아낸 희미한 기쁨들을 나눌 뿐입니다. 소망과 평안을 전해준 남자, 여자, 어린아이들을 소개합니다. 극심한 어려움을 겪으면서도 서로 신뢰를 저버리지 않는 소그룹들의 소식을 전해줍니다. 누군가와 어울려 신나게 떠들 수 있을 만큼 극적이고 자극적인 '뉴스 감'을 바라던 나로서는 김이 빠지기 일쑤입니다. 그래도 친구는 선정주의적인 요구에 부응하는 법이 없습니다. 시종일관 "정말 사소하지만 말할 수 없이 아름다운 것들을 보았어. 나한테는 큰 기쁨을 주는 일들이지"라고 말할 뿐입니다.

탕자의 귀향

아버지는 집으로 돌아온 탕자가 가져다준 기쁨에 푹 빠졌습니다. 거기서 배워야 합니다. 진정한 기쁨을 힘닿는 데까지 '훔쳐다가' 남들이 볼 수 있도록 높이 쳐드는 법을 배워야 합니다. 그렇습니다. 아직 세상 사람들이 다 돌아오지도, 온누리에 평화가 깃들지도, 모든 고통이 사라지지도 않았다는 걸 잘 압니다.

그럼에도 불구하고 사람들이 돌이켜 집으로 돌아오는 걸 보고, 그 기도 소리를 들으며, 용서하고 용서받는 순간을 감지하며, 수많은 소망의 징표를 목격합니다. 세상 문제가 죄다 해결될 때까지 기쁨을 보류할 이유는 없습니다. 주변에서 하나님나라를 엿볼 수 있는 실마리를 볼 때마다 얼마든지 즐거워할 수 있습니다.

이것이 진짜 훈련입니다. 두려울 만큼 어둠이 짙을 때도 빛을 선택하고, 죽음의 세력이 손에 잡힐 듯 보이는데도 생명을 선택하며, 거짓에 둘러싸여 있는 상황에서도 진리를 택하는 연습이 필요합니다.

인생사가 너무 서글퍼서 사소하지만 대단히 실제적인 방식들을 통해서는 더 이상 기쁨을 느낄 수 없을 것만 같은 생각이 들 때가 있습니다. 그러나 기쁨을 선택하는 이는 기쁨 그 자체를 상급으로 받습니다. 정신지체를 가진 이들과 어울려 살면서 그것을 확실히 깨달았습니다. 수없이 많은 거절과 고난, 상처가 우리 가운데 존재하지만 그 아픔 속에서도 일단 기쁨을 찾는 길을 선택하면 삶은 곧 잔치가 됩니다.

기쁨은 결코 슬픔을 부정하지 않습니다. 다만 더 큰 기쁨을 거두기 위한 옥토로 변화시킬 뿐입니다.

틀림없이 순진하고, 비현실적이며, 감상적인 생각이라고 지적하는 이들이 있을 겁니다. '현실적인' 문제, 다시 말해서 대다수 인간고人間苦의 바

181

아버지

닥에 깔려 있는 구조적인 악을 무시하고 있다는 비난을 받을지도 모릅니다.

하지만 죄인 하나가 회개하고 돌아올 때 하나님은 무한히 기뻐하십니다. 이것은 엄연한 사실입니다. 수치상으로는 주목을 끌 만한 일이 아닙니다. 그러나 주님에게 숫자는 중요한 요소가 아닙니다. 인류 전체가 소망을 잃고 주저앉았을 때 한 사람, 두 사람, 또는 세 사람이 꾸준히 기도해온 덕분에 파멸을 면하게 될지 누가 압니까?

하나님의 눈으로 보면, 단 한 차례의 은밀한 회개나 사심이 담기지 않은 소소한 사랑의 몸짓 하나, 또는 진정한 용서가 이루어지는 지극히 짧은 순간만으로도 주님으로 하여금 보좌에서 내려와 집으로 돌아온 아들에게 달려가며 거룩한 기쁨에 겨워 내지르는 환호성으로 하늘나라를 가득하게 만들기에 충분합니다.

슬픔을 모두 없애주시지는 않을지라도

만약 그것이 하나님의 방식이라면, 나로서는 낙담하게 만드는 파멸과 저주의 목소리들을 모두 떨쳐버리고 '사소한' 기쁨들을 통해 지금 살고 있는 세계의 실체를 드러내는 도전을 받아들여야 합니다. 예수님은 세상에 관해 말씀하실 때마다 대단히 현실적인 시각을 보이셨습니다. 전쟁과 소동, 지진, 역병과 기근, 박해와 투옥, 배신, 미움과 모함 등을 일일이 거론하셨습니다.

세상의 어둠을 대표하는 이런 징조들이 언젠가 깨끗이 사라질 거라는 이야기는 단 한 번도 없었습니다. 그럼에도 불구하고 그 한복판에서도 하나님의 기쁨을 소유할 수 있는 가능성은 항상 열려 있습니다. 그것은 주님의 집안에 속해 있다는 사실에서 비롯된 기쁨입니다. 거룩한 사랑은 죽음보다 강합니다. 하나님은 이미 기쁨의 나라에 속한 자녀들이 세상에서 살아갈 힘을 주십니다.

성도들이 누리는 기쁨의 비밀이 여기에 있습니다. 사막의 수도자 성 안토니오를 비롯해서 아시시의 성 프란체스코, 떼제 공동체의 로제 슐츠 수사, 콜카타의 마더 테레사에 이르기까지 기쁨은 거룩한 백성들의 특징이었습니다. 경제적으로나 사회적으로 격변하는 세상에 살면서 이미 하늘 아버지의 집에서 악기를 연주하고 흥겹게 춤추는 소리가 흘러나오는 것을 들은 평범하고, 가난하며, 십중팔구 고통을 받고 있는 허다한 이들의 얼굴에도 그 기쁨이 나타납니다.

개인적으로는 똑같은 기쁨을 공동체에서 함께 생활하는 지적 장애인들의 얼굴에서 매일 만납니다. 오래전에 살았던 인물이든 동시대인이든 거룩한 백성들은 날마다 탕자가 돌아오는 크고 작은 사건들을 보면서 하늘 아버지와 더불어 크게 기뻐합니다. 다들 참다운 기쁨의 의미를 꿰뚫어 보고 있는 겁니다.

하루도 빠짐없이 냉소주의와 기쁨 사이에서 극단적인 차이를 경험한다는 것은 참으로 놀라운 일입니다. 냉소적인 이들은 어디를 가든 어둠을 찾습니다. 언제나 다가오는 위험, 순수하지 못한 동기, 은밀하게 진행되는 음모 따위를 지적하기 바쁩니다. 신뢰를 순진함으로, 배려를 허구로, 용서를 감상으로 매도합니다. 열심을 비웃고, 영적인 열정을 조롱하며, 성령의 역사를 멸시합니다. 스스로 무엇이 진실인지 실체를 볼 줄 알고 '도피적인 정서들'에 속아 넘어가지 않는 현실주의자라고 생각합니다. 그러나 하나님이 주시는 기쁨을 과소평가할수록 그들의 어둠은 더 짙어

〈병자들 가운데 계신 그리스도〉 부분, 1649, 소묘

—

"예수님은 세상에 관해 말씀하실 때마다 대단히 현실적인 시각을 보이셨습니다. 전쟁과 소동,
지진, 역병과 기근, 박해와 투옥, 배신, 미움과 모함 등을 일일이 거론하셨습니다. 그럼에도 불구하고
그 한복판에서도 하나님의 기쁨을 소유할 수 있는 가능성은 항상 열려 있습니다."

만 갑니다.

하나님의 기쁨을 알게 된 이들은 어둠을 부정하지는 않지만 그 안에서 사는 길을 선택하지 않습니다. 캄캄한 가운데 반짝이는 빛이 어둠 그 자체보다 신뢰할 만하며, 한 줌의 광선으로도 엄청난 어둠을 몰아낼 수 있다고 믿습니다.

이들은 서로 빛줄기가 여기 있다 저기 있다 가리켜주며 한 사람 한 사람이 '눈에 보이지 않지만 실존하시는' 하나님의 임재를 드러내는 존재임을 잊지 않도록 격려합니다. 서로 상처를 치유하며, 잘못을 용서하고, 소유를 나누며, 공동체의 영성을 기르고, 받은 은사를 즐거워하며, 하나님의 영광이 온전히 드러나기를 항상 소망하며 삽니다.

하루하루, 순간순간마다 냉소주의와 기쁨 가운데 하나를 고르는 선택에 내몰립니다. 냉소적으로 생각할 수도 있고 기쁨으로 받아들일 수도 있습니다. 빈정대며 이야기할 수도 있고 기쁨을 전달할 수도 있습니다. 어떤 행동이든 시니컬해질 수도 있고 기쁨에 넘칠 수도 있습니다. 날이 갈수록 이쪽을 택할 수도 저쪽을 택할 수도 있다는 점을 점점 더 의식하게 됩니다. 그리고 기쁨을 택할수록 결국 더 큰 기쁨이 돌아오며, 하늘 아버지의 집에서 벌이는 참다운 잔치자리로 만들어주는 일들이 삶에 더 많아진다는 사실을 깨닫습니다.

예수님은 하늘 아버지의 집에 속한 기쁨을 충만하게 누리며 사셨습니다. 우리는 예수님을 통해 하나님의 기쁨을 볼 수 있습니다. 그리스도는 "아버지께서 가지신 것은 다 나의 것이다"(요 16:15)라고 하셨고, 거기에는 하나님의 끝없는 기쁨도 포함되어 있습니다.

거룩한 기쁨은 거룩한 슬픔을 완벽하게 지우지 않습니다. 물론 세상에서는 기쁨과 슬픔이 서로 배타적입니다. 지상에서 기쁨이란 슬픔이 전혀 없는 것을 말하고, 슬픔이란 기쁨이 완전히 사라진 것을 뜻합니다. 그러나 하나님 안에서는 그런 구별이 없습니다. 예수님은 하나님의 아들인 동시에 슬픔과 기쁨을 온전히 느낄 줄 아는 인간이기도 했습니다. 독생자는 가장 고통스러운 순간에도 하늘 아버지와 분리된 적이 없습니다.

아버지와 아들의 기쁨이 하나라는 사실은 그것만 봐도 알 수 있습니다. 하늘 아버지로부터 버림받았다고 '느끼는' 순간에도 성부와 성자의 연합은 깨어지지 않았습니다. 하나님의 기쁨은 곧 아들의 기쁨이었습니다. 그리고 두 분의 기쁨은 내게도 주어졌습니다. 예수님은 친히 누리시는 바로 그 기쁨을 나도 맛보기를 원하십니다. "아버지께서 나를 사랑하신 것같이 나도 너희를 사랑하였으니 나의 사랑 안에 거하라. 내가 아버지의 계명을 지켜 그의 사랑 안에 거하는 것같이 너희도 내 계명을 지키면 내 사랑 안에 거하리라. 내가 이것을 너희에게 이름은 내 기쁨이 너희 안에 있어 너희 기쁨을 충만하게 하려 함이라"(요 15:9-11, 개역개정).

집으로 돌아와 하늘 아버지와 더불어 사는 자녀로서, 이제는 하나님께 속한 기쁨을 모두 내 것으로 당당하게 주장할 수 있습니다. 삶 전체를 통틀어 단 한 순간도 슬픔, 애수, 냉소, 암울한 기분, 침울한 생각, 음울한 추측, 낙심의 물결 등에 흔들리지 않았던 적이 없었습니다. 그런 감정들을 방치한 나머지 그것들이 아버지의 집에서 누리는 기쁨을 뒤덮게 만들기 일쑤였습니다.

하지만 자신이 벌써 집에 돌아와 있으며 아버지가 이미 겉옷과 반지와 신발로 단장해주셨음을 확실히 믿는다면, 마음의 얼굴에서 슬픔의 탈을 벗어버리고 참된 자아를 헐뜯는 거짓말을 몰아내며 거룩한 자녀들에게 주어진 내면의 자유를 가지고 진리를 외치는 일은 얼마든지 가능합니다.

하지만 거기가 끝은 아닙니다. 자녀는 어린아이로 남아 있을 것이 아니라 성인으로 성장해야 합니다. 어른은 어머니와 아버지가 됩니다. 탕자가 집으로 돌아올 때는 그냥 아이로 살겠다고 찾아온 게 아닙니다. 아들의 신분을 요구하고 스스로 아버지가 되기 위해 되돌아온 겁니다. 집에서 본래의 신분을 되찾고 새 출발하라는 아버지의 초대를 받고 돌아온 자녀가 이제 감당해야 할 도전(그렇습니다, 소명이라고 해도 좋습니다)은 스스로 하늘 아버지처럼 되는 겁니다.

나로서는 그런 소명이 두려웠습니다. 오랜 세월, 아버지의 집으로 돌아가는 것이 궁극적인 부르심이라는 생각을 가지고 살아왔습니다. 내면에 자리잡은 작은아들뿐만 아니라 큰아들을 돌이키게 해서 반가이 맞아주는 아버지의 사랑을 받아들이게 만드는 데만 해도 영적으로 큰 수고가 필요했습니다. 여러 정황으로 미루어볼 때, 아직도 나는 집으로 돌아가는 도중임에 틀림없습니다. 하지만 집에 가까워질수록 돌아서라는 명령을 뛰어넘는 더 큰 부르심이 존재한다는 사실은 더욱 분명해집니다. 집에 돌아온 자식들을 환영하고 잔치를 여는 아버지가 되라는 바로 그 소명입니다.

아들의 신분을 되찾았다면 이제는 아버지의 직분을 감당해야 합니다. 렘브란트가 그린 〈탕자의 귀향〉을 처음 보았을 때만 하더라도 잘못을 뉘우치는 아들이 된다는 건 반갑게 맞는 아버지가 되는 첫걸음에 불과하다는 걸 꿈에도 생각하지 못했습니다. 지금은 용서하고, 화해하며, 치유하고, 잔칫상을 내미는 두 손이 바로 내 것이어야 한다는 사실을 잘 압니다. 그러므로 렘브란트의 〈탕자의 귀향〉을 오래도록 묵상한 끝에 도달한 결론은 간단하고도 분명합니다. 이제는 아버지가 되어야 합니다.

아버지가 된다는 것

렘브란트의 그림 〈탕자의 귀향〉 일부를 처음 본 순간, 나의 영적인 여정은 시작되었으며, 마침내 이 책을 쓰기에 이르렀습니다. 마무리지어야 하는 지금, 돌아보면 참으로 멀고도 긴 길이었습니다.

작은아들뿐만 아니라 큰아들 또한 영적인 여정의 중요한 일면을 열어줄지도 모른다는 사실에 대해서는 처음부터 받아들일 준비를 하고 있었습니다. 하지만 오랜 시간이 지나도록 아버지에 관해서는 나를 받아주고, 용서하며, 가정을 제공하고, 평화와 기쁨을 주는 '제3의 존재'쯤으로 미뤄두었습니다. 하지만 아버지는 결국 내가 돌아가야 할 곳이고, 내 여정의 종착점이며, 마지막 안식처였습니다. 아버지를 제3자로 제쳐놓고서는 결코 이 여정을 마무리할 수 없습니다. 그러한 사실을 의식하는 게 점차, 그리고 종종 견딜 수 없을 만큼 괴로웠습니다.

고독한 행로

신학적으로나 영적으로 제아무리 훌륭한 체계를 갖춘다 하더라도 하나님을 얼마쯤 위협적이고 두려운 분으로 느끼는 감정에서 완전히 자유로워질 수 없다는 것이 차츰 분명해졌습니다. 하나님의 사랑에 관해서라면 귀에 못이 박이도록 들었지만, 마음만 먹으면 언제든지 압도적인 권능을 행사할 수 있는 권세자의 이미지를 말끔히 지워버리지는 못했습니다.

하나님의 권능을 두려워하는 마음이 너무 커서 주님의 사랑을 받아들이는 게 다소 어려웠습니다. 하늘 아버지와 친밀하게 교제하고 싶은 마음이 굴뚝같을지라도 일정한 거리를 유지하며 조심하는 것이 상책이라고 생각했습니다.

이런 경험을 가진 이들이 한둘이 아닐 겁니다. 하나님의 앙갚음과 징벌을 받게 될 거라는 두려움이 연령이나 신앙의 깊이, 생활양식과 상관없이 수많은 이들의 정신적이고 정서적인 삶을 무력화시키는 것을 보았습니다. 이처럼 삶이 마비될 정도로 하나님을 두려워한다는 것은 인간의 가장 큰 비극 가운데 하나입니다.

렘브란트의 그림과 처절한 삶은 하늘 아버지에 대한 두려움을 깨끗이 털어내고 주님처럼 되는 길을 여는 것이 영성 생활의 마지막 단계라는 사실을 깨닫는 실마리를 제공했습니다. 생각만 해도 두렵다면 하늘 아버지는 내 중심이 아니라 마음의 울타리 바깥에 머물 수밖에 없습니다. 렘브란트는 극도로 상처받기 쉬운 아버지상을 제시함으로써 주님을 좇아 일상생활에서 거룩한 사랑을 실천하며 사는 것이 내 마지막 소명임을 깨닫게 해주었습니다.

비록 지금은 작은아들인 동시에 큰아들의 처지지만 한없이 그 모습에

〈탕자를 맞이하는 아버지〉, 1642, 소묘

—

"비록 지금은 작은아들인 동시에 큰아들의 처지지만 한없이 그 모습에 머물러서는
안 되며 아버지처럼 되어야 합니다. 자녀들은 의식적으로 어린아이의 단계를 뛰어넘어
누군가의 아버지 어머니가 되는 길을 선택해야 합니다."

머물러서는 안 되며 아버지처럼 되어야 합니다. 어떤 아버지와 어머니도 아들딸 시절을 거치지 않고 부모가 될 수 없습니다. 하지만 자녀들은 의식적으로 어린아이의 단계를 뛰어넘어 누군가의 아버지 어머니가 되는 길을 선택해야 합니다. 힘들고도 외로운 과정을 밟아야 하지만(특히 역사적으로 부모 노릇을 잘해내기가 무척 어려운 시기라면 더욱 그럴 겁니다), 영적인 여정을 마무리하기 위해서는 피할 수 없는 일입니다.

렘브란트는 아버지를 물리적으로 화면 중앙에 배치하지는 않았지만, 그림에서 아버지가 중심인 것만큼은 분명합니다. 모든 빛이 아버지에게서 나오며 모든 시선이 그곳으로 수렴됩니다. 비유의 내용에 충실했던 화가는 감상자의 관심이 다른 누구보다 아버지에게 집중되도록 유도하고 있습니다.

그런데도 아버지에게 관심의 초점을 맞추는 데 그토록 오랜 시간이 걸렸던 것을 생각하면 기가 막힙니다. 우리는 자신을 아들들과 동일시하기 쉽습니다. 형제가 안팎으로 방황하는 모습에 얼마든지 공감할 수 있기 때문입니다. 인간적인 면모가 너무도 여실해서 연관성을 발견하기 무섭게 반사적으로 일체감을 느낍니다.

오래도록 자신을 작은아들로 여겨온 탓에 큰아들과 더 비슷할 가능성에 대해서는 생각조차 못해봤습니다. 그러나 친구한테서 "자넨 도리어 큰아들과 더 닮지 않았나 싶은데?"라는 소리를 듣자마자 다른 인물들은 눈에 들어오지도 않았습니다. 더 크고 작은 정도의 차이는 있을지언정 인간이라면 누구나 온갖 약점을 가지고 있습니다. 탐욕과 분노, 정욕과 원한, 경박한 행실과 시기심에서 완전히 자유로울 수 있는 인간은 아무도 없습니다. 인간의 약점은 여러 모양으로 나타날 수 있지만 죄악과 범죄,

다툼은 하나같이 마음에 그 종자를 퍼트리게 마련입니다.

하지만 아버지에 대해서는 어떻습니까? 아버지가 중심 인물이고 동일시해야 할 대상인데, 어째서 그토록 많은 관심을 두 아들에게만 쏟는 걸까요? 정작 중요한 문제는 어떻게 하면 아버지처럼 될 수 있을까 하는 것인데, 왜 형제와 닮았다는 이야기만 하는 걸까요? "나는 작은아들, 또는 큰아들과 닮았다"는 말은 불편할 게 없습니다. 누구나 이해할 수 있는 이야기이기 때문입니다.

하지만 "나는 아버지랑 비슷하다"는 말도 그만큼 편안하게 할 수 있을까요? 정말 아버지를 닮고 싶기는 한 걸까요? 진정 용서받을 뿐만 아니라 용납하는 사람이 되기를 바라기는 한 걸까요? 집으로 돌아와 환영받을 뿐만 아니라 돌아온 이를 환영하는 사람이 되기를 진심으로 원하는 걸까요? 불쌍히 여김을 받을 뿐만 아니라 가엾게 여기는 사람이 되기를 참으로 소망하는 걸까요?

의존적인 어린아이 상태로 남아 있으라는 교묘한 압력이 교회와 사회 양쪽에 존재하는 건 아닐까요? 지난날 어느 한때라도 교회가 앞장서서 영적인 아버지의 지위를 주장하기 어렵게 만드는 사조에 굴복할 것을 요구하지는 않았나요? 현대 소비사회가 어린아이 같은 자기만족에 안주하도록 부추겨온 건 아닐까요? 미숙한 의존성을 버리고 책임감 있는 성인으로 주어진 짐을 받아들이라고 대놓고 도전한 이가 있었던가요? 아버지가 되는 두려운 과업을 회피하려고 끊임없이 발버둥치고 있지는 않았나요?

렘브란트는 분명히 그런 삶을 살았습니다. 수많은 역경과 아픔을 겪고 나서 마침내 죽음이 코앞까지 닥쳐온 뒤에야 부성의 실체를 깨닫고 그것을 화폭에 옮겼습니다.

예수님이 선포하신 가장 근본적인 주장은 아마도 "너희의 아버지께서 자비로우신 것같이 너희도 자비로운 사람이 되어라"(눅 6:36)는 말씀일 겁니다. 주님은 하나님의 자비를 설명하시면서, 하늘 아버지가 길 잃은 자녀를 찾고 또 찾으며 기꺼이 그 죄를 용서하고 새로운 생명과 행복을 선사하고 싶어 하신다는 사실을 보여주는 데 그치지 않고, 우리도 그분처럼 되어서 자신이 받은 그대로 다른 이들에게 거룩한 자비를 베풀도록 초청하신다는 점도 아울러 지적하셨습니다.

탕자의 비유에 담긴 뜻이, 인간은 죄를 짓고 하나님은 용서하신다는 것뿐이라면 죄를 짓는 것을 '주님께 용서할 기회를 드리는 행위'로 착각할 수밖에 없습니다. 그런 해석에 진정한 도전은 없습니다. 자신의 연약함을 어쩔 수 없는 일로 간주하고 결국 무슨 짓을 했든지 하나님이 못 본 척 눈감아주시고 집으로 인도해주시기를 기대하게 될 겁니다. 그러나 그처럼 감정적인 감상주의는 복음서의 메시지가 아닙니다.

아버지는 작은아들이 됐든 큰아들이 됐든, 사랑이 넘치는 아버지의 아들이라는 사실을 믿으라고 요구하십니다. 나는 상속자입니다. 바울은 그 누구보다 확신에 찬 목소리로 말합니다. "바로 그때에 그 성령이 우리의 영과 함께, 우리가 하나님의 자녀임을 증언하십니다. 자녀이면 상속자이기도 합니다. 우리가 그리스도와 함께 영광을 받으려고 그와 함께 고난을 받으면, 우리는 하나님이 정하신 상속자요, 그리스도와 더불어 공동 상속자입니다"(롬 8:16-17).

아들이요 상속자로서 나는 그분의 후계자가 될 겁니다. 언젠가는 아버지의 자리를 이어받아 내게 주신 그대로 다른 이들에게 자비를 베풀도록

탕자의 귀향

되어 있다는 말입니다. 그러므로 아버지에게 돌아간다는 것은 궁극적으로 그분처럼 되기 위한 도전이기도 합니다.

아버지가 되라는 이 부르심은 탕자의 비유를 '달콤하게만' 해석하는 데 이의를 제기합니다. 집으로 돌아가 안전하게 머물고 싶다는 소망이 간절한 건 분명하지만, 과연 권한과 의무를 통째로 받아들이면서까지 상속자가 되길 원하는 걸까요? 하늘 아버지의 집에 머물기 위해서는 주님의 생명을 내 것으로 삼으며 그분의 형상으로 변화되어야 합니다.

얼마 전에 거울을 들여다보다가 아버지를 쏙 빼닮은 생김새에 깜짝 놀랐습니다. 내 모습을 물끄러미 응시하는데 불현듯 스물일곱 살 때 보았던 한 남자의 영상이 떠올랐습니다.

비판하면서도 존경하고, 두려워하는 동시에 사랑하는 이였습니다. 그의 얼굴에서 내 자신을 찾는 데 에너지의 상당 부분을 투자했습니다. 현재의 정체성과 미래의 자아상을 묻는 질문 가운데 상당수는 그의 아들이 되면서 시작됐습니다. 거울에 비친 그 남자의 얼굴을 보는 순간, 여태껏 다른 점이 참으로 많은 줄 알고 살았는데 닮은 점에 비하면 그것은 아무것도 아니라는 걸 통감했습니다. 충격이었습니다. 내가 바로 상속자요 후계자였습니다. 지난날 내가 아버지에게 그랬던 것처럼 사람들 또한 나를 존중하고, 두려워하며, 칭송하고, 오해할 것입니다.

인정이 넘치는 아버지가 되어야

탕자의 아버지를 그린 렘브란트의 그림을 보면서 더 이상 아들의 신분을 이용해 아버지가 되기를 회피해서는 안 된다는 사실을 깨달았습니다. 아들의 지위를 충분히 만끽했다면, 이제 모든 장애물들을 뛰어넘어 눈앞

〈탕자의 귀향〉 부분, 1668, 유화

—

"아들의 지위를 충분히 만끽했다면, 이제 모든 장애물들을
뛰어넘어 눈앞에 있는 저 노인처럼 되는 것을 평생의 소원으로
삼아야 한다는 진리를 주장할 때가 됐습니다."

에 있는 저 노인처럼 되는 것을 평생의 소원으로 삼아야 한다는 진리를 주장할 때가 됐습니다.

영원히 어린아이로 남을 수는 없습니다. 죽는 날까지 아버지 평계만 댈 수도 없습니다. 과감하게 축복이 가득 담긴 손을 내밀어 무한한 사랑으로 자녀들을 환영해야 합니다. 아이들이 내게 대해 어떤 느낌과 생각을 가지고 있든 개의치 말아야 합니다. 렘브란트의 그림은 물론 비유에도 여실히 나타나 있지만, 인정 많은 아버지가 되는 일이 영적인 삶의 최종 목표이므로 우선 그 온전한 의미부터 탐색해볼 필요가 있습니다.

무엇보다도 예수님이 '두 아들을 둔 사람'의 비유를 말씀하시게 된 전후 상황을 잘 살펴보아야 합니다. 누가는 이렇게 기록하고 있습니다. "모든 세리와 죄인들이 말씀을 들으러 가까이 나아오니 바리새인과 서기관들이 수군거려 이르되 이 사람이 죄인을 영접하고 음식을 같이 먹는다 하더라"(눅 15:1-2, 개역개정). 비판자들은 죄인들을 가까이한다는 점을 꼬집으며 선생으로서의 타당성에 문제를 제기하고 있습니다.

거기에 대한 답변으로 그리스도는 꼬투리를 잡으려는 무리에게 잃어버린 양, 잃어버린 동전, 그리고 탕자의 비유를 들려주셨습니다.

예수님은 하늘 아버지의 참모습을 똑똑히 알려주고 싶어 하셨습니다. 주님이 말씀하시는 하나님은 죄인이 회개하는 것을 보고 뛸 듯이 기뻐하며 반가이 집 안으로 맞아주시는 인정 많은 분입니다. 그러므로 평판이 나쁜 이들과 어울리며 먹고 마시는 것은 하나님의 가르침에 어긋나는 행동이 아니며, 도리어 실생활에서 거룩한 가르침을 온몸으로 살아내는 행위입니다.

하나님이 죄인들을 용서하신다면, 하나님을 믿는 이들도 어김없이 그 뒤를 따라야 합니다. 하나님이 죄인들을 반갑게 맞아 집으로 들이셨다면, 그분을 신뢰하는 이들 역시 똑같이 행해야 합니다. 하나님이 자비를 베푸셨다면, 그분을 사랑하는 이들 역시 그래야 합니다. 예수님이 선포하신 하나님, 그 이름으로 무수한 역사를 일으키셨던 아버지는 스스로 모든 행동의 본보기가 되셨습니다.

하지만 거기서 그치지 않습니다. 하늘 아버지처럼 되는 건 예수님이 주신 가르침의 중요한 일면이 아니라 메시지의 핵심입니다. 그것을 하나님의 참다운 아들딸이 되어야 하며 또 그렇게 되리라는 보편적인 부르심의 일부로 듣는다면, 예수님 말씀의 혁명적인 특성과 언뜻 불가능한 일처럼 보이는 주님의 요구는 더욱 명명백백해집니다.

세상에 속해 있는 한, 경쟁적인 방식에 따르지 않을 도리가 없으며 성과가 좋을수록 더 큰 보상을 기대하게 됩니다. 그러나 조건 없이 사랑을 베푸시는 하나님에게 속해 있다면 그분을 좇아 행할 수 있습니다. 세상에 속한 입장에서 하나님에게 귀속된 신분으로 돌아서는 것이야말로 예수님이 요구하시는 일생일대의 대변환입니다.

죽임을 당하기 직전, 예수님은 하늘 아버지에게 제자들을 맡기는 기도를 드렸습니다. "내가 세상에 속하지 않은 것과 같이, 그들도 세상에 속하지 않았습니다. … 아버지, 아버지께서 내 안에 계시고, 내가 아버지 안에 있는 것과 같이, 그들도 하나가 되어서 우리 안에 있게 하여 주십시오. 그래서 아버지께서 나를 보내셨다는 것을, 세상이 믿게 하여주십시오"(요 17:16-21).

일단 하나님의 아들과 딸의 신분으로 주님의 집에 머물기만 하면 그분처럼 되고, 그분처럼 사랑하며, 그분처럼 선하고, 그분처럼 돌볼 줄 알게 됩니다. 예수님은 한 점 의구심도 남기지 않고 명확하게 말씀하셨습니다. "너희가 너희를 사랑하는 사람들만 사랑하면, 그것이 너희에게 무슨 장한 일이 되겠느냐? 죄인들도 자기네를 사랑하는 사람들을 사랑한다. 너희를 좋게 대하여주는 사람들에게만 너희가 좋게 대하면, 그것이 너희에게 무슨 장한 일이 되겠느냐? 죄인들도 그만한 일은 한다. 도로 받을 생각으로 남에게 꾸어주면, 그것이 너희에게 무슨 장한 일이 되겠느냐? 죄인들도 고스란히 되받을 요량으로 죄인들에게 꾸어준다. 그러나 너희는 너희 원수를 사랑하고, 좋게 대하여주고, 또 아무것도 바라지 말고 꾸어주어라. 그리하면 너희는 큰 상을 받을 것이요, 더없이 높으신 분의 아들이 될 것이다. 그분은 은혜를 모르는 사람들과 악한 사람들에게도 인자하시다. 너희의 아버지께서 자비로우신 것같이, 너희도 자비로운 사람이 되어라"(눅 6:32-36).

이것이 복음서가 전하는 메시지의 고갱이입니다. 인류는 하나님의 방식으로 서로 사랑하라는 명령을 받았습니다. 렘브란트가 그려낸 아버지의 모습에서 보는 그대로 이기심이 섞이지 않은 적극적인 방식으로 서로 사랑하도록 부르심을 받은 겁니다. 사랑을 품고 가엾게 여기는 마음이 경쟁적인 생활 방식의 토대가 될 수는 없습니다. 도리어 경쟁 냄새가 조금도 나지 않는 절대적인 자비가 드러나야 정상입니다. 원수에게까지 미치는 지극한 사랑 말입니다. 하나님 품에 안길 뿐만 아니라 주님처럼 받아들이기도 하려면 하늘 아버지처럼 변화되어 하나님의 눈으로 세상을 보아야 합니다.

예수님이 비유로, 또는 직선적인 말씀으로 전해주신 가르침보다 더 중요한 건 그분의 인성입니다. 그리스도는 하늘 아버지의 참아들입니다. 자녀들이 아버지를 닮아가는 데 모델로 삼아야 할 분입니다. 예수님 안에는 하나님이 온전히 거하십니다. 주님은 하나님을 속속들이 아십니다. 아버지와 너무도 친밀하고 완벽하게 하나가 되셔서 성자 예수님을 보는 것은 곧 성부 하나님을 보는 것과 같습니다. 빌립이 "주님, 우리에게 아버지를 보여주십시오"(요 14:8)라고 말씀드리자, 주님은 "나를 본 사람은 아버지를 보았다"(요 14:9)라고 대답하셨습니다.

예수님은 자식이 된다는 게 진정 어떤 것인지 똑똑히 보여줍니다. 주님은 거역하지 않는 작은아들이며, 원망하지 않는 큰아들입니다. 범사에 아버지에게 순종했지만 결코 노예가 되지는 않으셨습니다. 아버지가 세상에 보내며 맡기신 일을 다 이루었지만 철저히 자유로우셨습니다. 모든 걸 주시고 또 모든 걸 받으셨습니다.

주님은 당당히 선언하셨습니다. "그러므로 예수께서 그들에게 이르시되 내가 진실로 진실로 너희에게 이르노니 아들이 아버지께서 하시는 일을 보지 않고는 아무것도 스스로 할 수 없나니 아버지께서 행하시는 그것을 아들도 그와 같이 행하느니라. 아버지께서 아들을 사랑하사 자기가 행하시는 것을 다 아들에게 보이시고 또 그보다 더 큰 일을 보이사 너희로 놀랍게 여기게 하시리라. 아버지께서 죽은 자들을 일으켜 살리심같이 아들도 자기가 원하는 자들을 살리느니라. 아버지께서 아무도 심판하지 아니하시고 심판을 다 아들에게 맡기셨으니 이는 모든 사람으로 아버지를 공경하는 것같이 아들을 공경하게 하려 하심이라. 아들을 공경하지 아니하는 자는 그를 보내신 아버지도 공경하지 아니하느니라"(요 5:19-23, 개역개정).

거룩한 자녀가 된다는 것은 바로 이런 겁니다. 하나님은 이런 자녀의 신분을 갖도록 우리를 부르셨습니다. 대속代贖의 신비는 하늘 아버지의 잃어버린 자녀들이 모두 예수님처럼 거룩한 아들딸의 신분을 얻을 수 있도록 창조주의 독생자가 육신을 입었다는 데 있습니다. 이런 관점으로 보면 탕자의 비유는 전혀 다른 차원의 이야기가 됩니다. 성부 하나님의 사랑하는 아들인 예수님은 빗나간 자녀들의 죄를 거두어 집으로 가져오기 위해 집을 떠나셨습니다. 하지만 멀리 떨어져 있는 동안에도 아버지와 친밀하게 교제하셨으며 전폭적인 순종을 통해 원망하는 형제자매들에게 치유의 길을 제공하셨습니다.

예수님은 내게 아버지가 되는 법을 보여주기 위해 큰아들뿐만 아니라 작은아들이 되십니다. 나는 주님을 통해 진정한 아들로 거듭날 수 있으며 참아들로 성장해 하늘 아버지처럼 측은히 여기는 마음을 가득 갖게 됩니다.

살면 살수록 영적인 아버지의 지위로 성장한다는 것이 한없이 고되고 도전적이지만, 다른 한편으로는 또 얼마나 만족스러운 일인지 새록새록 느낍니다.

렘브란트의 그림에 권력, 영향력, 지배권 등의 사고가 끼어들 여지는 전혀 없습니다. 수많은 상사들이 다 사라지고 마침내 가장 높은 자리에 오르는 꿈을 꿀 수 있습니다. 하지만 그것은 권력이 주요 관심사인 세상의 방법입니다. 주변에서 흔히 보듯, 일생을 바쳐서 원하는 지위를 차지한다 하더라도 그 역시 전임자들과 비슷한 전철을 밟기 일쑤입니다. 영적인 아버지의 자리는 권력이나 지배와 아무 상관이 없습니다. 그 자리는 불쌍히 여기고 자비를 베푸는 자리입니다. 탕자를 끌어안고 있는 아버지의 그림을 볼 때마다 문득문득 그 진리를 엿보게 됩니다.

무엇이 가장 선한 뜻인지 잘 알면서도 계속해서 권력을 쥐는 데 연연하는 내 모습을 봅니다. 조언 하나를 하더라도 거기에 따를 것인지 여부를 알고 싶어 합니다. 도움을 줄 때는 고맙다는 소리를 듣고 싶어 합니다. 기부할 때는 그 돈을 이편에서 시키는 대로 사용해주길 기대합니다. 조금이라도 좋은 일을 할 때면 상대편이 기억해주길 소망합니다. 동상이나 기념비까지는 아닐지라도 누군가의 생각과 사고에 얼마쯤은 살아 숨쉬면 좋겠다고 생각합니다.

그러나 탕자의 아버지는 자신에게는 눈곱만큼도 관심이 없습니다. 오랜 세월에 걸쳐 고통스럽게 지내온 탓에 무언가를 지배하려는 욕구 자체가 사라졌습니다. 관심사가 있다면 자녀들뿐입니다. 아들딸들에게 자신을 온전히 내어주고 그들을 위해 모든 것을 쏟아붓고 싶어 합니다.

보답을 전혀 기대하지 않고 베풀며 아무런 조건 없이 사랑할 수 있을까요? 남들한테 인정과 사랑을 받으려는 욕심이 엄청난 나에게 그것은 평생 씨름해야 할 문제입니다. 하지만 그런 욕망을 넘어 대가에 관심을 두지 않고 자유롭게 행동할 때마다 참다운 성령의 열매를 맺는 삶을 살게 되리라고 믿습니다.

이러한 영적인 아버지의 자리에 들어갈 방법이 있을까요? 아니면 세상에서 내 자리를 찾으려는 욕구에 사로잡혀 자비의 권위를 행사하는 대신, 때때로 권력의 위세를 내보이는 신세에서 헤어나지 못하게 될까요? 존재 전체에 경쟁 의식이 속속들이 스며든 나머지 내 자녀들을 경쟁자로 보게 될까요? 예수님이 정말 나를 하늘 아버지가 자비로우신 것처럼 측은히 여기는 마음을 품도록 부르시고 그런 삶으로 이어지는 통로로 자신을 제시하셨다면 계속 '경쟁만이 살 길'이라는 듯 행동해서는 안 됩니다.

탕자의 귀향

주님은 하늘 아버지처럼 되도록 우리를 부르셨으며 그럴 능력을 주신다는 사실을 믿어야 합니다.

슬픔, 용서, 그리고 너그러운 마음

렘브란트가 그린 아버지를 찬찬히 살펴보면, 슬픔과 용서, 너그러운 마음 등 참으로 인정 넘치는 아버지가 되는 세 가지 길이 눈에 들어옵니다.

슬퍼하는 것이 가엾게 여기는 방법이라니, 이상하게 들릴지 모릅니다. 그러나 분명한 사실입니다. 자신의 죄는 물론이고 세상의 죄까지 마음에 사무치게 받아들여서 억수같이 눈물을 흘려야 합니다. 눈물을 쏟지 않는 한, 측은히 생각하는 마음도 없습니다. 눈에서 줄줄 흘러내리지는 않을지라도 마음의 샘에서는 펑펑 솟아나야 합니다. 거룩한 자녀들이 벌이고 있는 엄청난 탈선 행위들과 정욕, 탐심, 폭력, 분노, 원망을 생각하면, 그리고 그것을 하나님 마음의 눈으로 바라보면 절절한 슬픔에 눈물을 쏟으며 울부짖을 수밖에 없습니다.

보아라, 내 영혼아, 인류가 서로에게 고통을 안기려고 안간힘을 쓰는 것을! 동료들에게 해를 끼칠 궁리에 골몰하는 이 인간들을! 어린 자녀를 학대하는 부모들을! 일꾼들을 착취하는 주인들을! 폭행당한 여인, 혹사당하는 남정네, 버려진 아이들을! 내 영혼아, 세상을 한번 둘러보라! 집단수용소들, 감옥들, 요양원들, 병원들을 보라! 그리고 가난한 이들의 부르짖음을 들으라!

슬픔은 기도입니다. 세상에는 이렇게 슬퍼하는 이들이 거의 다 사라졌습니다. 그러나 슬픔은 세상의 죄를 직시하고 그 자체가 사랑하는 데 꼭 필요한 자유를 얻기 위해 필요한 서글픈 대가임을 의식하는 훈련입니다. 기도 가운데 상당 부분은 슬픔입니다. 나는 그것을 깨달아가고 있는 중입니다.

이 슬픔은 말할 수 없이 깊습니다. 인간의 죄가 너무 커서이기도 하지만 그보다는 거룩한 사랑이 한없이 크기 때문입니다. 가엾게 보는 것 말고는 아무 권위도 내세우지 않으시는 하늘 아버지처럼 되기 위해서는 수없이 눈물을 쏟으며 상대가 여태껏 어떤 길을 걸어왔든 상관없이 받아들이고 한결같은 마음으로 용서할 마음의 준비를 갖추어야 합니다.

영적으로 아버지가 될 수 있는 두 번째 방법은 용서입니다. 하늘 아버지처럼 되려면 끊임없이 용서해야 합니다. 마음으로 용서한다는 건 힘들고 또 힘든 일입니다. 거의 불가능하다 해도 지나친 말이 아닙니다. 예수님은 제자들에게 말씀하셨습니다. "그가 네게 하루에 일곱 번 죄를 짓고, 일곱 번 네게 돌아와서 '회개하오' 하면, 너는 용서해주어야 한다"(눅 17:4).

흔히 "난 벌써 다 잊었는데 용서하고 말고 할 게 뭐 있어"라고 이야기하지만, 말과는 달리 마음에는 여전히 분노와 원한이 남아 있기 일쑤입니다. 여전히 내가 백번 옳다는 소릴 듣고 싶어 합니다. 미안하다, 잘못했다는 인사를 받아야 직성이 풀릴 것 같습니다. 용서하는 대신, 그렇게 용서하다니 대단하다는 따위의 칭찬이라도 들어야 속이 후련합니다.

하지만 하나님의 용서는 무조건적입니다. 대가를 요구하지 않는 마음, 이기적인 욕구가 완전히 사라진 심령에서 비롯된 용서입니다. 바로 그 용서를 일상생활에서 실천해야 합니다. 그러자면 용서한다는 건 지혜롭지 못하고, 불건전하며, 비현실적이라는 내면의 소리를 뛰어넘어야 합니다.

감사와 칭찬을 받으려는 모든 욕구를 초월하는 도전에 나서야 합니다. 그리고 마지막으로, 아프고 억울한 느낌을 주며 용서해야 할 누군가 앞에 몇 가지 전제 조건을 내밀고 싶게 만드는 상처를 딛고 넘어가야 합니다.

이 '초월'이야말로 용서에 꼭 필요한 훈련입니다. 어쩌면 뛰어넘는다기보다 타넘는다고 말하는 편이 더 정확할지 모릅니다. 개인적으로는 다툼과 분노의 벽을 타넘어야 할 때가 너무 많습니다. 사랑하지만 그 사랑에 반응하지 않기 일쑤인 이들 앞에 내가 쌓아놓은 장벽입니다. 이용당하거나 다시 상처를 입게 될지도 모른다는 두려움의 벽입니다. 교만의 장벽이며 지배력을 유지하고 싶은 욕구의 벽입니다. 하지만 그 벽을 뛰어넘거나 타넘을 때마다 아버지가 계신 집에 들어가며 거기서 따뜻한 사랑이 가득한 이웃들과 만날 수 있습니다.

슬픔은 장벽 너머를 바라보게 해줄 뿐만 아니라 길을 잃어버리면서 인간에게 엄청난 고통이 찾아왔음을 깨닫게 해줍니다. 마음을 열고 동료들과 진정한 유대감을 갖도록 이끌어줍니다. 용서는 장벽을 뛰어넘는 길이자 보답에 대한 기대 없이 다른 이들을 마음으로 반가이 맞아들이는 길이기도 합니다.

스스로 하나님이 가장 사랑하는 자녀라는 사실을 잊지 말아야 합니다. 그래야만 돌이켜 되돌아오고 싶어 하는 이들을 하나님이 나를 환영해주신 것과 똑같은 사랑으로 맞을 수 있습니다.

하나님 아버지처럼 되는 세 번째 방법은 너그러운 마음을 품는 겁니다. 비유를 보면, 아버지는 떠나가는 아들이 요구하는 대로 모든 것을 다 내어주었을 뿐만 아니라 집에 돌아온 것을 환영하며 온갖 선물을 퍼부었습니다. 또 큰아들에게는 "내가 가진 모든 것은 다 네 것"(눅 15:31)이라고

〈간음한 여인을 용서하는 예수님〉, 1659, 소묘

—

"하나님의 용서는 무조건적입니다. 대가를 요구하지 않는 마음,
이기적인 욕구가 완전히 사라진 심령에서 비롯된 용서입니다.
바로 그 용서를 일상생활에서 실천해야 합니다."

말했습니다. 본인을 위해서는 아무것도 챙기지 않습니다. 두 아들에게 자신을 다 쏟아부었습니다.

아버지는 단순히 죄인에게 합당한 처분보다 훨씬 관대한 대접을 해준 것이 아닙니다. 전혀 아닙니다. 아버지는 아무것도 따로 떼어놓지 않고 가진 것을 몽땅 주어버렸습니다. 노인에게 두 아들은 문자 그대로 '전부'였습니다. 자식들에게 자기 생명을 건넸습니다. 큰아들에게 '아버지 마음의 일부를 독차지하고 있음'을 설명하면서 동생과 한자리에 앉아 즐기자고 권유하는 모습뿐만 아니라, 작은아들에게 겉옷을 입히고 반지를 끼워주며 신발을 신긴 뒤에 성대한 잔치를 열어 귀향을 축하하는 장면 역시 가장의 행동 반경을 완전히 넘어서고 있는 게 분명합니다.

이것은 어느 훌륭한 아버지를 그린 그림이 아닙니다. 선하고, 사랑이 넘치며, 용서하고, 두루 보살피며, 한없는 기쁨과 자비를 가진 하나님의 초상입니다. 예수님은 온갖 표현을 총동원해 하나님의 너그러운 마음을 보여주십니다. 주님은 그 당시 문화의 틀 안에서 설명하셨지만, 그 비유는 지금도 변신을 거듭하고 있습니다.

하늘 아버지처럼 되려면 그분이 너그러우신 것처럼 넉넉해져야 합니다. 하나님이 자녀들에게 자신을 내어주셨던 것과 마찬가지로 형제자매들에게 자신을 바쳐야 합니다. 예수님은 그렇게 자신을 허락하는 것이야말로 진정한 제자의 징표임을 명확하게 말씀하셨습니다. "사람이 자기 친구를 위하여 자기 목숨을 내놓는 것보다 더 큰 사랑은 없다"(요 15:13).

자신을 준다는 것은 훈련이 필요한 일입니다. 저절로 생기는 품성이 아니기 때문입니다. 두려움과 이기심, 탐욕, 권력이 지배하는 어둠의 자식들에게는 생존과 자기 보존의 욕구가 가장 큰 동기가 됩니다. 하지만 완전한 사랑이 모든 두려움을 쫓아낸다는 사실을 알고 있는 빛의 자녀들은 가진 것을 송두리째 남을 위해 내어주는 일이 가능해집니다.

빛의 자녀들은 스스로 참다운 순교자, 다시 말해서 하나님의 한없는 사랑을 삶으로 입증해보이는 증인이 될 준비를 갖추어야 합니다. 모든 걸 주는 이는 모든 걸 얻게 됩니다. 예수님은 분명히 말씀하셨습니다. "누구든지 나와 복음을 위하여 제 목숨을 잃는 사람은 구할 것이다"(막 8:35).

너그러운 마음을 갖는 쪽으로 한 걸음씩 내디딜 때마다 두려움에서 사랑으로 옮겨가는 걸 느낄 수 있습니다. 물론 한 발짝 한 발짝이 쉽지는 않습니다. 이런 감정 저런 생각이 아낌없이 주는 것을 가로막기 때문입니다. '나한테 상처를 입힌 사람한테 에너지와 시간, 돈, 무엇보다도 관심을 줄 이유가 무어란 말인가? 그걸 고맙게 여길 줄 모르는 상대에게 삶을 나눠줄 필요가 있을까? 그런데도 기꺼이 용서하고 거기에 더해 모든 것을 주어야 하다니!'

그렇지만 영적으로 보면 아픔을 준 이들은 사실 나의 혈족이고 피붙이들입니다. 너그러움을 의미하는 영어 단어 generosity는 gen이란 어휘를 포함하고 있습니다. 이 말은 gender(성), generation(세대), generativity(생산성) 같은 용어에도 들어가 있습니다. gen은 같은 유형의 존재를 가리키는 라틴어 *genus*와 그리스어 *genos*에서 나왔습니다.

그러므로 generosity, 곧 너그러움은 긴밀한 유대에서 비롯된 베풂을 의미합니다. 진정한 관용이란 용서해야 할 대상이 일가붙이며 한 가족이라는 사실(느낌이 아닙니다)에 근거해서 행하는 것을 말합니다. 그런 식으로 너그러운 마음가짐을 보일 때마다 그 사실은 더 분명해질 겁니다. 너그러움은 신뢰할 만한 가족을 창출해냅니다.

슬픔과 용서, 너그러운 마음은 내 안에서 아버지의 모습을 키워갈 수 있는 세 가지 방법입니다. 한편으로는 아버지가 내리신 집에 있으라는 부르심의 세 얼굴이기도 합니다.

이제는 아버지가 되었으므로, 작은아들이나 큰아들 신분으로 집에 돌아오는 것이 아니라 집에 머물러 있다가 돌아온 자녀들을 기쁘게 환영하는 인물이 되라는 소명을 받은 겁니다. 마냥 집에서 기다린다는 것은 좀 힘든 일이 아닙니다. 집을 떠난 이들을 기억하며 슬픔 속에 대기하는 일이며, 돌아온 이들에게 용서와 새 생명을 주려는 소망을 품고 기다리는 일입니다.

아버지로서는 인간이 마음으로 소망하는 모든 것이 집에 다 있다는 믿음이 있어야 합니다. 호기심에 차서 여기저기 두리번거리려는 욕구라든지, 어린 시절에 놓쳐버렸다고 생각하는 기회를 다시 잡으려는 욕심에서 벗어나야 합니다. 청춘은 흘러갔으며, 여전히 어린아이의 장난감을 만지작거리는 것은 스스로 노쇠했고 죽음을 목전에 두었다는 진실을 덮으려는 우스꽝스러운 몸짓에 불과하다는 걸 알아야 합니다.

영적인 성인으로서 주어진 책임을 기꺼이 받아들이는 동시에, 오직 삶의 여정 속에서 다치고 깨진 이들을 반가이 환영하며 잘잘못을 따지거나 대가를 바라지 않는 마음으로 사랑하는 데서 진정한 기쁨과 만족이 온다는 사실을 과감히 받아들여야 합니다.

영적인 아버지가 되는 데는 두려울 만큼 비어 있는 공간이 존재합니다. 거기엔 권력도, 성공도, 인기도, 쉽게 얻는 만족도 없습니다. 하지만 철저하게 비운 그 여백은 곧 진정한 자유가 깃드는 자리기도 합니다. '더 이상 잃을 게 없는'[1] 곳이며, 사랑에 아무런 조건이 붙지 않는 지점이자, 참다

209

운 영적인 능력을 찾을 수 있는 장소입니다.

그처럼 두렵고도 풍성한 내면의 빈 공간에 들어가면 누구든 정죄하지 않고 소망을 전달하며 반가이 맞을 수 있습니다. 거기서는 평가하거나, 분류하거나, 분석하지 않고 다른 이들의 짐을 주저 없이 받아들입니다. 그처럼 심판과 판단이 완전히 배제된 상태에서 새로운 신뢰를 쌓아가는 겁니다.

언젠가 살날이 얼마 남지 않은 친구한테 인사하러 갔다가 거룩한 비움을 직접 체험했습니다. 죽어가는 친구 앞에서 과거를 캐묻거나 미래에 관해 장밋빛 꿈을 펼쳐보인다는 건 그야말로 무의미한 일이었습니다. 우린 그저 함께 있었을 따름입니다. 아무런 두려움도, 죄책감이나 수치심도, 걱정도 없었습니다. 그처럼 마음을 비우자 하나님의 무조건적인 사랑이 더 생생하게 다가왔습니다.

비로소 연로한 시므온이 아기 예수를 팔에 안고 했던 것과 같은 얘기를 나눌 수 있었습니다. "주님, 이제 주님께서는 주님의 말씀을 따라, 이 종을 세상에서 평안히 떠나가게 해주십니다"(눅 2:29). 철저한 공백, 그 한복판에 완전한 신뢰, 완벽한 평화, 온전한 기쁨이 자리잡았습니다. 죽음은 더 이상 맞서 싸워야 할 적이 아니었습니다. 최후의 승리는 사랑의 몫이었습니다.

대가를 바라지 않는 사랑으로 마음을 깨끗이 비워낼 때마다 하늘과 땅이 울리고 '하나님의 사자들 앞에'(눅 15:10) 큰 기쁨의 샘물이 솟아납니다. 아들딸들이 돌아온 데서 비롯된 환희입니다. 영적인 아버지만이 맛볼 수 있는 희열입니다.

이렇게 영적인 아버지의 삶을 살아내자면 집에 머무는 철저한 훈련이 필요합니다. 늘 인정과 사랑에 목말라 하는 자기부정적인 인간인 나로서는 대가를 기대하지 않고 꾸준히 사랑한다는 게 거의 불가능에 가깝습니다. 하지만 훈련이란 엄밀하게 말해서 제힘으로 대단한 공을 세우고 싶어 하는 마음을 포기하는 것을 말합니다. 스스로 영적인 아버지가 되어 가엾게 여기는 마음에서 나오는 권위를 행사하기 위해서는 거역하는 작은아들과 원망 가득한 큰아들을 무대로 불러올려, 하늘 아버지가 내게 베푸신 조건 없이 용서하는 사랑을 받아들이게 하며, 내 아버지가 집에 머무시는 것처럼 집을 벗어나지 말라고 요구하시는 그 거룩한 부르심을 깨닫게 해주어야 합니다.

그렇게 되면 내 안의 두 아들은 점차 인정이 넘치는 아버지로 변해갈 수 있습니다. 이러한 변화는 불안한 마음 가장 깊숙이 숨어 있는 소망을 충족시켜줍니다. 피로한 팔을 뻗어 은총이 가득한 두 손을 집에 돌아온 아이들의 어깨 위에 올려놓는 것이야말로 무엇과도 견줄 수 없는 큰 기쁨이기 때문입니다.

맺는 글

몸으로 그림을 살다

　1983년 어느 가을날, 렘브란트의 포스터를 처음 만났을 때는 집에 돌아온 자식을 가슴팍으로 끌어당기고 있는 노쇠한 아버지의 두 손에만 온 관심이 쏠렸습니다. 용서와 화해, 치유가 거기에 있었습니다. 집에서만 누릴 수 있는 안전감과 쉼도 보였습니다. 생명을 주고받는 아버지와 아들의 포옹에 한없이 깊은 감동을 받았습니다. 탕자가 받은 그대로 환영받고 싶다는 갈망이 마음에 들끓었습니다. 그 만남은 집으로 돌아가는 내 영적인 여정의 출발점이었습니다.

　라르쉬 공동체는 차츰 내 집으로 변해갔습니다. 그때까지 살아오면서 어느 한 순간도 정신지체를 가진 이들이 축복의 몸짓으로 두 손을 내게 얹거나 집을 제공해줄 거라고는 꿈조차 꿔본 적이 없습니다. 오래도록 지혜롭고 명석한 이들 사이에서 안전과 안정을 찾아 헤맸을 뿐, 하나님나라의 일이 '어린아이들에게'(마 11:25) 계시되었으며, 주님이 "세상의 미련한 것들을 택하사 지혜 있는 자들을 부끄럽게"(고전 1:27, 개역개정) 하신다는 사실을 거의 깨닫지 못했습니다.

하지만 무엇 하나 내세울 만한 게 없는 이들의 따뜻하고 진심 어린 영접과 아무것도 묻지 않는 친구들의 사랑 넘치는 포옹을 경험하면서, 진정한 귀향이란 하나님나라에 속해 있는 심령이 가난한 이들에게 돌아간다는 뜻임을 눈치채기 시작했습니다. 하늘 아버지의 포옹은 정신적으로 가난한 이들이 껴안아주는 몸짓을 통해 대단히 구체적인 현실이 되었습니다.

지적장애를 가진 이들의 공동체를 방문했다가 렘브란트의 그림과 대면하면서 구원의 신비에 깊이 뿌리내린 관계를 맺게 됐습니다. 하나님이 주신 은총과 가난한 이들이 베풀어준 축복 사이를 연결 지을 수 있게 된 겁니다.

라르쉬 생활을 통해 그 둘이 실제로는 하나임을 실감했습니다. 네덜란드를 대표하는 이 거장은 내 마음의 가장 절실한 갈망과 직면하게 해주었을 뿐만 아니라, 처음 만난 바로 그 공동체를 통해 충족될 수 있다는 사실에 눈뜨도록 이끌어주었습니다.

트로즐리에서 렘브란트의 포스터를 본 지 6년이 됐고, 라르쉬를 집으로 삼기로 결심한 뒤로도 5년이 흘렀습니다. 지난 세월을 돌아볼 때마다 지적장애를 가진 친구들과 그 도우미들이 상상보다 더 완벽하게 렘브란트의 그림을 온몸으로 '살게' 해주었다는 것을 느끼게 됩니다. 라르쉬의 여러 집들에서 받았던 따뜻한 환영과 함께 즐겼던 잔치들은 집으로 돌아온 작은아들의 기분을 만끽하게 해주었습니다.

사실 환영과 잔치는 '방주에서 사는 삶'의 두 가지 두드러진 특성이라고 할 수 있습니다. 라르쉬에는 환영의 몸짓, 포옹과 입맞춤, 노래와 연극, 잔치음식이 늘 넘쳐나서 외부인들에게는 날이면 날마다 환영잔치만 하는 것처럼 보일 정도입니다.

한편으로는 큰아들의 삶도 살았습니다. 상트페테르부르크에 가서 전도
全圖를 보기 전까지는 큰아들이 얼마나 큰 비중을 차지하고 있는지 몰랐
습니다. 화폭 위로 화가가 그려넣은 긴장이 팽팽하게 흘렀습니다. 그림에
는 아버지와 작은아들 사이의 빛으로 충만한 화해뿐만 아니라 어둡고 원
망으로 가득한 큰아들의 거리감도 보였습니다. 회개뿐만 아니라 분노도
존재했습니다. 연합뿐만 아니라 소외도 나타났습니다. 상처를 치유하는
광선의 따뜻함뿐만 아니라 비판적인 눈길의 냉엄함도 느낄 수 있었습니
다. 자비로운 제안뿐만 아니라 받아들이기를 한사코 거부하는 엄청난 저
항도 감지되었습니다. 내 안의 큰아들과 마주치는 데는 그리 오래 걸리지
않았습니다.

공동체 생활은 어둠을 내몰아주지 않았습니다. 오히려 정반대였습니
다. 라르쉬로 이끌었던 그 빛이 이번에는 내 안에 존재하는 어둠을 드러
내는 것만 같았습니다. 용서와 화해, 치유를 추구하는 공동체 생활을 하

면서도 질투, 분노, 거부 또는 무시를 당했다는 느낌에 시달렸습니다. 공동체 생활은 본격적인 영적 전투, 정확하게 말해서 더할 나위 없이 짙은 어둠 속에서 빛을 향해 전진하는 투쟁의 물꼬를 터놓았습니다.

혼자 생활한다면 큰아들을 들키지 않도록 감추기가 한결 쉬웠을 겁니다. 하지만 감정을 숨길 줄 모르는 이들과 더불어 살다보니 얼마 지나지 않아 내면의 큰아들이 불쑥 튀어나오곤 했습니다. 공동체 생활에는 낭만이 발붙일 자리가 거의 없습니다. 남은 길은 어둠의 심연에서 벗어나 아버지의 포옹이 기다리는 무대 위로 끊임없이 걸어나가는 것뿐입니다.

지적장애를 가진 이들은 더 이상 잃을 게 없습니다. 그래서일까요? 참모습을 교묘하게 은폐하지 않고 고스란히 보여줍니다. 두려움뿐만 아니라 사랑도, 뼈아픈 고통뿐만 아니라 온화함도, 이기심뿐만 아니라 너그러움도 노골적으로 표현합니다. 스스로 생긴 그대로 존재하고 살아갈 뿐만 아니라, 위선적인 내 방어막을 열어젖히고 들어와서는 그들처럼 자신을 드러내라고 요구합니다.

〈타워 곁에 있는 집〉 부분, 1650, 소묘

라르쉬 식구들의 장애는 내 장애를 폭로합니다. 그들의 아픔은 내 아픔을 생생하게 비춰냅니다. 그들의 연약함은 내 연약함을 보여줍니다. 라르쉬는 내 안의 큰아들과 당당히 맞서도록 몰아세웠고, 마침내 집으로 들어갈 길을 터주었습니다.

집으로 돌아온 것을 환영하며 잔치를 열어주었던 바로 그 지적 장애인들이 이번에는 여전히 돌이키지 않고 버티는 내 자아를 눈앞에 들이대며 아직도 갈 길이 멀다는 것을 실감하게 해준 겁니다.

이러한 깨달음들이 내 삶 깊숙이 영향을 미치기는 했지만, 라르쉬가 준 가장 큰 선물을 꼽으라면 뭐니 뭐니 해도 아버지가 되라는 도전이 아니었을까 싶습니다. 대다수 공동체 식구들보다 연장자이고 성직자인 까닭에 '아버지'라는 개념이 스스로 낯설지는 않았습니다. 성직자로 안수를 받았으므로 이미 아버지에 준하는 직함을 가지고 있었습니다. 이제 남은 건 이름에 걸맞은 삶을 사는 일뿐입니다.

지적장애를 가진 이들과 그 도우미들의 공동체에서 아버지가 된다는 건 작은아들과 큰아들이 씨름했던 문제들과 투쟁하는 것보다 훨씬 더 큰 노력이 필요한 일입니다. 렘브란트의 그림에 나오는 아버지는 온갖 고통을 통해 텅 빈 상태에 이른 아버지입니다. 아픔과 괴로움을 안겨주었던 수많은 '죽음들'을 겪으면서 아버지는 주고받는 일에서 완전히 자유로워졌습니다. 앞으로 내민 노인의 두 손은 구걸하거나, 무언가를 붙들거나, 요구하거나, 경고하거나, 심판하거나, 정죄하고 있지 않습니다. 오직 은총을 베푸는, 가진 것을 다 주고 아무것도 기대하지 않는 손입니다.

이제 나는 어렵다 못해 불가능해 보이기까지 한 임무 앞에 섰습니다. 바울은 분명히 말하고 있습니다. "내가 어렸을 때에는 말하는 것이 어린

이와 같고 깨닫는 것이 어린아이와 같고 생각하는 것이 어린아이와 같다가 장성한 사람이 되어서는 어린아이의 일을 버렸노라"(고전 13:11, 개역개정). 여기에 대면 곁길로 나간 작은아들이나 성을 내는 큰아들이 되는 쪽이 훨씬 편해보입니다.

우리 공동체에는 엇나가고 성난 아이들이 가득합니다. 다들 고만고만해서 연대감이 이만저만 단단하지 않습니다. 하지만 공동체에서 생활한 세월이 길어질수록 그 연대감이라는 것이 더 외로운 목적지(아버지의 고독, 하나님의 고독, 사랑하는 한 피할 수 없는 지독한 고독)를 향해 가는 길에 서 있는 간이역에 지나지 않는다는 것을 알게 됩니다. 작은아들이나 큰아들이 더 필요하지는 않습니다. 회심하고 돌아왔든 그렇지 않든 상관없습니다.

이제 늘 손을 내민 채 살며 한시바삐 아이들이 돌아와서 그 어깨에 손을 내려놓고 쉬기를 학수고대하는 아버지가 있어야 합니다. 하지만 내 안에 있는 모든 것들이 들고일어나서 그 부르심에 저항합니다. 내면의 아이에 집착합니다. 거의 눈이 먼 노인이 되고 싶지 않습니다. 아이들이 집에 돌아오기를 마냥 기다리는 것이 싫습니다. 더불어 먼 지방으로 가거나 일꾼들과 함께 농장으로 나가는 편이 훨씬 낫다고 생각합니다.

아무것도 묻지 않고 입을 다문다는 것이 맘에 들지 않습니다. 궁금한 것이 너무 많아서 시시콜콜 전모를 알고 싶습니다. 물어봐야 할 일도 한두 가지가 아닙니다. 달려와서 품에 안기려는 이도 없는데 줄곧 두 팔을 내밀고 있는 것도 끔찍합니다. 특히 아버지나 아버지에 버금가는 인물들이 자기 문제의 근원이라고 생각하는 이들이 수두룩할수록 더 그렇습니다.

그러나 이미 아들로 오랜 세월을 살아온 터라, 궁극적이고 참다운 소명은 한없이 너그러운 자비로움으로 축복하며, 이것저것 따지지 않으며, 항상 베풀고 용서하며, 보답을 전혀 기대하지 않는 아버지가 되는 것임을 잘 압니다.

공동체에서는 이 모든 일들이 온통 뒤엉킨 채 일어납니다. 무슨 일이 벌어지고 있는지 다 알아야 직성이 풀립니다. 오르락내리락하는 식구들의 일상생활에 일일이 끼어들고 싶습니다. 나를 기억하고, 초대하고, 소식을 알려주면 좋겠습니다. 하지만 이런 바람을 아는 이도 많지 않고, 설령 의식하고 있다 하더라도 어떻게 반응해야 할지 어려워합니다. 장애를 가졌든 그렇지 않든, 공동체 식구들이 찾는 건 동료나 놀이친구, 형제가 아닙니다. 그들이 애타게 찾는 건 아버지입니다. 자기들처럼 무언가를 요구하는 것이 아니라 아무것도 바라지 않으면서 다만 축복하고 용서해줄 아버지 말입니다.

그런 아버지가 되라는 부르심을 잘 알지만 그 진리를 좇는다는 것이 내 눈에는 거의 불가능해 보입니다. 욕망을 따라서든 분노를 이기지 못해서든 다들 밖으로 나가는데 혼자서만 집 안에 머물고 싶지는 않습니다. 나 역시 똑같은 충동을 느낍니다. 남들처럼 이리저리 돌아다니면 좋겠습니다.

하지만 뛰쳐나갔던 이들이 지치고, 탈진하고, 흥분하고, 실망하고, 죄책감과 수치심에 사로잡힌 채 돌아왔을 때 과연 누가 집에 있게 될까요? 돌아가서 안전하게 쉴 곳이 있으며 따뜻한 품이 기다린다는 사실을 누가 그들에게 확실하게 이야기해줄 수 있을까요? 나마저 나가버린다면 누가 거기 있어줄까요? 아버지로서 느끼는 환희는 빗나간 자식들이 맛보는 기쁨과는 판이하게 다릅니다. 그것은 거부와 외로움을 뛰어넘는 희열입니다. 그렇습니다. 인정과 소속감마저 초월한 기쁨입니다. 하늘 아버지로부

탕자의 귀향

터 그 직분을 부여받고(에베소서 3장 15절을 보십시오) 그 거룩한 고독에 참여하는, 오직 아버지의 신분을 가진 이만이 누릴 수 있는 기쁨입니다.

스스로 아버지의 신분을 내세우는 이가 가물에 콩 나듯 드물다는 것은 전혀 놀라운 일이 아닙니다. 당해야 할 고통은 너무 뚜렷하고 얻을 수 있는 기쁨은 눈에 잘 들어오지도 않습니다. 나도 마찬가지입니다. 아직까지도 아버지가 되었음을 당당하게 주장하지 못하고 있습니다. 영적인 성인으로서 마땅히 감당해야 할 책임을 기피하고 있는 셈입니다. 더 나아가 하나님이 주신 소명을 외면하는 꼴입니다. 이보다 더 나쁜 일이 또 있을까요?

하지만 내 욕구에 정면으로 배치되는 일을 어떻게 선택할 수 있단 말입니까? 귓가에 속삭이는 음성이 들립니다. "걱정 마라. 독생자가 네 손을 잡고 아버지의 자리에 들어갈 수 있게 이끌어줄 것이다." 이것은 믿을 만한 음성입니다. 가난하고, 연약하고, 소외되고, 거절당하고, 잊혀지고, 미미한 사람들 … 언제나 그랬듯이 이들은 내게 아버지의 자리를 맡아주길 요구할 뿐만 아니라 어떻게 아버지 노릇을 할 수 있는지 분명하게 보여줍니다.

참으로 아버지다운 아버지가 되려면 하나님의 무조건적인 사랑에 굶주린 가난한 마음을 공유해야 합니다. 그처럼 가난해지는 것이 두렵습니다. 하지만 신체적이고 정신적인 장애를 통해 이미 가난해진 친구들이 스승 역할을 해줄 겁니다.

도우미들은 물론이고 장애를 가진 이들까지, 더불어 살고 있는 동료들을 가만히 바라봅니다. 너나없이 부성과 모성을 한 몸에 지닌 아버지를 갈구하고 있습니다. 다들 거부당하고 버림받은 쓰라린 아픔을 겪었던 이

에필로그

들입니다. 성장기를 거치면서 상처를 입었습니다. 그래서 자신이 정말 하나님의 무조건적인 사랑을 받을 가치가 있는 인간인지 궁금해합니다. 그리고 돌아가서 안전히 머물 수 있으며 축복의 손길로 어루만져줄 누군가가 기다리는 곳을 늘 찾습니다.

렘브란트는 아버지를 그리면서 자식들의 태도를 초월한 인물로 묘사했습니다. 아버지에게도 외로움과 분노가 있었겠지만 고통과 눈물을 거치면서 변화되었습니다. 외로움은 끝없는 고독이 되었고 분노는 무한한 감사로 바뀌었습니다. 거기가 바로 내가 도달해야 할 경지입니다. 마음을 비우고 자식들을 한없이 불쌍히 여기는 아버지의 기가 막히도록 아름다운 모습을 볼 때마다 그런 생각이 분명해집니다. 작은아들과 큰아들을 모두 버리고 나날이 성장해서 인정이 넘치는 아버지의 성숙함을 갖출 수 있을까요?

4년 전, 렘브란트의 〈탕자의 귀향〉을 보러 상트페테르부르크에 갔을 때만 해도 본 대로 살아야 한다는 생각을 거의 하지 않았습니다. 경외감을 품은 채, 거장이 이끄는 자리에 서 있었을 따름입니다. 렘브란트는 남루한 옷차림으로 무릎을 꿇고 있는 작은아들에게서 구부정하게 서 있는 아버지에게로, 축복을 받는 자리에서 은총을 베푸는 자리로 인도했습니다.

나이 들어 쪼글쪼글해진 내 두 손을 바라봅니다. 이제는 알겠습니다. 이것은 고통을 당하는 모든 이들에게 내밀라고, 집을 찾아온 모든 이들의 어깨에 내려놓으라고, 하나님의 그 어마어마한 사랑에서 비롯된 축복을 베풀라고 주님이 주신 손입니다.

탕자의 귀향

감사의 글

우정과 사랑의 산물

책을 쓰는 동안 도움을 준 수많은 이들을 생각할 때 가장 먼저 떠오르는 이름은 코니 엘리스Connie Ellis와 콘래드 비에초렉Conrad Wieczorek입니다. 코니 엘리스는 원고가 한 단계 한 단계 완성되어가는 내내 글과 더불어 살다시피 했습니다. 열성적이고, 헌신적이며, 유능한 비서처럼 도와준 덕분에 정신없이 분주한 시기에도 펜을 놓지 않았을 뿐만 아니라, 깊이 낙심하고 있는 동안에도 스스로 하고 있는 일의 가치를 신뢰했습니다. 콘래드 비에초렉은 기획 단계부터 완성 원고가 나올 때까지 꼭 필요한 도움을 주었습니다. 엄청난 시간과 에너지를 투자해 원고를 편집하는 한편, 형식과 내용을 수정하도록 제안해준 그 너그러운 지원에 감사합니다.

개정판을 내는 데 중요한 역할을 해준 친구들도 한둘이 아닙니다. 엘리자베스 버클리Elizabeth Buckley, 브래드 콜비Brad Colby, 아이번 다이어Ivan Dyer, 바트 개비건Bart Gavigan, 제프 임바흐Jeff Imbach, 돈 맥닐Don McNeill, 수 모스텔러Sue Mosteller, 글렌 페코버Glenn Peckover, 짐 퍼디Jim Purdie, 에

스테르 드 발Esther de Waal, 수전 짐머만Susan Zimmerman은 저마다 결정적인 기여를 했습니다. 원고가 이나마 다듬어진 건 모두 이 친구들이 조언을 아끼지 않은 결과입니다.

리처드 화이트Richard White에게도 각별히 고맙다는 인사를 전하고 싶습니다. 개인적인 지원과 전문지식을 아낌없이 제공해가며 격려해준 덕분에 이 원고가 책으로 묶여나올 수 있었습니다. 그 넉넉한 마음 씀씀이에 감사합니다.

마지막으로 머리 맥도넬Murray McDonnell, 데이비드 오슬러David Osler, 폴린 바니에Pauline Vanier 등 이 책이 나오기 전에 세상을 떠난 세 친구들에게 특별한 감사를 표하고자 합니다. 머리의 물심양면에 걸친 지원, 데이비드가 보여준 우정과 초고에 대한 따뜻한 평가, 집필 기간 동안 바니에 부인이 베풀어준 친절은 모두 큰 격려가 되었습니다. 친구들이 정말 그립지만 그들의 사랑은 죽음보다 강해서 앞으로도 계속해서 영감을 주리라 믿습니다. 이 책이 진정 우정과 사랑의 산물이라는 생각을 할 때마다 가슴 벅차도록 기쁩니다.

╬ 여는 글: 작은 아들, 큰아들, 그리고 아버지

1 _ Paul Baudiquet, *La vie et l'oeuvre de Rembrandt* (Paris: ACR Edition-Vilo, 1984), 210, 238

1부 작은아들

╬ 1. 렘브란트, 그리고 작은아들

1 _ Jacob Rosenberg, *Rembrandt: Life and Work*, 3d ed. (London-New York: Phaidon, 1968), 26

╬ 2. 작은아들, 집을 나서다

1 _ Kenneth E. Bailey, *Poet and Peasant and Through Peasant Eyes: A Literary-Cultural Approach to the Parables* (Grand Rapids, Mich.: William B. Eerdmans, 1983), 161-62

2 _ 같은 책, 164

3 _ Christian Tümpel(with contributions by Astrid Tümpel), *Rembrandt* (Amsterdam: N. J. W. Becht-Amsterdam, 1986), 350. 필자 영문 번역.

4 _ Jakob Rosenberg, 앞의 책, 231, 234

5 _ 열왕기상 19장 11-13절 참조.

† 3. 작은아들, 다시 집으로

1 _ Pierre Marie(Frère), "Les fils prodigues et le fils prodigue," *Sources Vives 13*, Communion de Jerusalem, Paris (March 87), 87-93, 저자 영역.

2부 큰아들

† 4. 렘브란트, 그리고 큰아들

1 _ Barbara Joan Haeger, "The Religious Significance of Rembrandt's Return of the Prodigal Son: An Examination of the Picture in the Context of the Visual and Iconographic Tradition." Ph. D. diss., University of Michigan (Ann Arbor, Mich.: University Microfilm International, 1983), 173

2 _ 같은 책, 178

3 _ 같은 책, 178

4 _ Gary Schwartz, *Rembrandt: zign Leven, zign Schilderijen* (Maarsen, Netherlands: Uitgeverij Gary Schwartz, 1984), 362. 저자 영역.

5 _ Charles L. Mee, *Rembrandt's Portrait: A Biography* (New York: Sion and Schuster, 1988), 229

6 _ 같은 책.

† 6. 큰아들, 집으로 돌아오다

1 _ Haeger, 앞의 책, 185-86

2 _ Arthur Freeman, "The Parable of the Prodigal," 출간되지 않은 원고.

3 _ Joseph A. Fitzmyer, *The Gospel According to St. Luke*, Volume 2, Cc.x-xxiv. In *The Anchor Bible* (Garden City, N.Y.: Doubleday, 1985), 1084

3부 아버지

†7. 렘브란트, 그리고 아버지

1 _ Joseph A. Fitzmyer, 앞의 책, 1084 참조.

2 _ Paul Baudiquet, 앞의 책, 9. 필자 영역.

3 _ 같은 책.

4 _ René Huyghe, 같은 책에서 재인용.

†8. 반가이 맞아주시는 아버지

1 _ 원제는 〈The Jewish Bride〉. 〈이삭과 리브가Isaac and Rebecca〉라고도 한다.
1688년경 완성. 네덜란드 국립미술관(Rijksmuseum, 암스테르담) 소장.

2 _ 포도원 일꾼의 비유와 관련된 통찰은 Heinrich Spaemann의 탁월한 논문,
"In der Liebefern der Liebe, Eine Menschheitsparabel (Lukas 15, 11-
13)" Kapitel V in *Das Prinzip Liebe* by Heinrich Spaemann (Freiburg im
Breisgau: Verlag Herder, 1986), 95-120에 힘입은 바 크다.

3 _ 요한일서 4장 19-20절을 보라.

†9. 아버지, 잔치를 열다

1 _ *The Interpreter's Bible* (New York and Nashville: Abingdon Press, Vol. 8, 1952),
277

† 맺는 글: 아버지가 된다는 것

1 _ 재니스 조플린Janis Joplin이 부른 〈Me and Bobby McGee〉 중 '자유란 더 이
상 잃을 게 없다는 말의 다른 표현'이란 노랫말의 일부.

The Return of
the Prodigal Son
Anniversary Edition

집으로
돌아가는 길

우리는 매일, 매시간 떠나고 돌아오길 반복한다.
떠나고 돌아오는 건 삶의 단막극이 아니라 계속 이어지는 연속극이다.

서문

오늘 밤엔 집에 계실 건가요?

> 🐌 우리는 영혼의 여정을 따라가는 인간이 아니라, 인간의 길을 걷고 있는 신령한 존재들이다. _테일라르 드 샤르댕

1986년, 헨리 나우웬은 처음으로 라르쉬 데이브레이크에 들어갔다. 공동체 측에서는 지적장애를 가진 이들 몇몇이 함께 지내는 곳에 숙소를 마련해주었다. 그리고 그 식구들 가운데 존이 있었다. 벌써 여러 해째 공동체 안에 살면서 그룹 홈에 붙박이로 뿌리를 내린 중년 남성이었다. 열명 남짓 되는 동료들 가운데서도 최고참이었다. 그런데 존에게는 낯선 이를 만날 때마다 다짜고짜 "집이 어디에요?"라고 묻는 버릇이 있었다.

자주 만나는 주변 인물들도 질문 공세를 빗겨가지 못했다. 날이면 날마다 공동체와 그룹 홈을 이리저리 오가는 도우미들을 가만히 지켜보고 있다가 이때다 싶으면 핵심을 찌르는 두 번째 질문을 던졌다. "오늘 밤에는 집에 있을 건가요?" 하루하루 엄청난 스케줄을 소화하느라 분주한 헨리

나우웬 역시 예외가 될 수 없었다. 두 번째 질문은 유난히 통렬해서 함께 저녁밥을 먹지 못하는 까닭을 더듬더듬 설명해야 할 때가 한두 번이 아니었다. 애초부터 거처를 구할 작정을 하고 데이브레이크에 들어왔음에도 불구하고, "집이 어디에요?"와 "오늘 밤엔 집에 있을 거예요?"라는 질문에 담긴 복합적인 의미를 깨닫기까지는 5년이라는 세월이 더 필요했다. 헨리 나우웬에게 존은 그가 여전히 집으로 가는 여행 중임을 확실하고도 지속적으로 일깨워주는 아버지와도 같은 존재였다.

공동체 생활이 이태째로 접어들 무렵, 헨리 나우웬은 신경쇠약에 시달리다 7개월 정도 한시적으로 데이브레이크를 떠나 있기로 했다. 매니토바 주 위니펙에 있는 또 다른 공동체 홈스 포 그로스Homes for Growth에 들어가서, 친구들의 도움을 받아가며 혼자 조용한 시간을 갖기로 한 것이다. 개인적으로는 이 시기에 그를 만나는 특권을 누렸다. 헨리 나우웬은 차츰 기운을 되찾아가고 있다면서 감동어린 말투로 고독한 삶에 관해, 그리고 렘브란트의 탕자 그림에 등장하는 인물들과의 '뜻밖의 만남'에 대해 이야기했다.

헨리 나우웬의 경험은 원초적인 동시에 지극히 개인적이었다.

위니펙에서 보낸 시간을 정리하고 라르쉬 데이브레이크로 다시 돌아가기 직전, 그러니까 이제는 고전이 된 《탕자의 귀향The Return of the Prodigal Son》을 펴내기 3년 전의 일이다. 나우웬 신부는 복음서의 비유와 렘브란트의 그림을 벗 삼아 고독한 나날을 보내는 동안 내면에서 벌어진 일들을 중심으로 사흘짜리 워크숍을 열었다. 말로 전달하기 쉽지 않은 경험이었음에도, 나우웬은 과감하게 '육성'으로 설명하는 쪽을 선택했다. 어쩌면 스스로 하나님의 사랑하는 아들로 받아들여졌음을 표현하기에 가장 적합한 방법이 육성이라고 생각했는지도 모른다. 신부는 세계 곳곳에 있는 라르쉬 공동체에서 온 도우미들을 앞에 두고 말하기를, 개인적인 체험을 나누는 까닭은 탕자의 비유가 거기 모인 사람들 각자의 삶과 어떻게 연결되는지 깨닫도록 돕고 싶어서라고 했다. 자신이 홀로 고독한 시간을 보내며 그랬던 것처럼, 다들 탕자의 비유를 자신의 삶과 아주 밀접한 관계가 있는 이야기로 만들어야 한다고 강조했다.

　　　이야기에서 교훈을 얻는 건 멋진 일이다. 이야기는 결코 끝나지 않으므로, 거기서 가르침을 얻는 일 역시 한없이 지속되기 때문이다. _파커 J. 파머, 《예수가 장자를 만날 때*The Active Life*》[1]

　나우웬은 청중들을 신뢰했다. 자신의 경험을 디딤돌 삼아 저마다 비유에 뛰어들어 독특하고도 소중한 깨달음을 얻게 되리라고 믿었다. 비록 나우웬은 세상을 떠났지만, 하나님의 무조건적인 사랑을 깊이, 그리고 온전히 느낄 수 있는 길을 제시한 이 원고를 내놓으며 독자들에게 거는 기대도 다르지 않을 것이다.

　워크숍에서 행한 강연들은 전문가가 제대로 녹음한 것이 아니라, 헨리 나우웬이 숨을 거둔 뒤에 여기저기서 조금씩 뽑아내고 복사해서 돌려보던 것들이다. 나우웬은 두 번째와 세 번째보다는 첫 번째 강연을 더 주의 깊게 준비했던 것 같다. 그런 까닭에 나머지 두 테이프에 들어 있는 내용은 아직 책으로 출판된 적이 없다. 그래서 '내슈빌 다락방선교회'의 존 모가브가브와 로빈 피핀, 토론토에 사는 친구 린지 에스쿠, 뉴욕 더블데이 출판사의 트레이스 머피와 힘을 모아 녹취록을 글로 편집하는 작업에 도

전해보기로 했다. 나우웬의 목소리를 그대로 살려가며 설득력 있는 메시지들을 정리해서, 독자들이 심오한 깨달음에 이르도록 이끄는 일에 착수한 것이다.

헨리 나우웬은 사흘에 걸친 워크숍 기간에 아침마다 메시지를 전했다. 그리고 강연이 끝나면 경건의 시간을 가지면서 예로부터 전해 내려오는 그대로 하나님 말씀에 귀를 기울이고, 일기를 쓰고, 깊이 묵상하는 영성 훈련으로 초대했다. 참석자들은 이런 과정을 통해서 예수님의 비유와 렘브란트의 그림을 각기 자신의 것으로 받아들일 수 있었다. 그 뒤에는 소그룹으로 모여서 저마다 얻은 깨달음을 서로 나누고 진지하게 경청했다. 나머지 시간에는 개인적으로 묵상을 하든지 공동예배에 참석하든지 선택할 수 있었다.

　　🐌 간곡하게 부탁하는데 풀리지 않는 마음속 매듭들에 조급해하지 말고 그 의문들을 자물쇠가 채워진 방이나 외국어로 쓰인 책처럼 사랑하도록 해 보게. 당장 정답이 보이지 않는다고 해서 우왕좌왕하지 말게. 답을 얻었댔자 몸으로 살아낼 수 없기 때문일세. 중요한 건 삶으로 드러내는 일이라네. 지금은 의문으로 살게. 언젠가 미래의 어느 시점이 되면 자신도 모르는 사이에 해답으로 통하는 길을 살아내고 있을 테니까… _라이너 마리아 릴케, 《젊은 시인에게 보내는 편지Letters to a Young Poet》

이 책은 이런 궤적을 따라가면서, 독자들에게 워크숍을 직접 체험할 기회를 주어 헨리 나우웬의 핑계와 두려움과 거부를 단번에 압도했던 그 강렬한 음성을 들을 수 있게 하는 데 초점을 맞추었다.

233

나우웬으로서는 자신의 영적 귀향을 얘기한다는 게 다소 부담스러웠겠지만, 그 메시지가 다른 누군가의 삶에서 훌륭하게 열매 맺을 수 있다는 사실을 잘 알고 있었다. 하지만 나우웬 자신조차도 전혀 눈치 채지 못했던 사실이 있었다. 이야기가 전개될수록 나우웬은 자신이 설명하고 있는 아버지의 모습, 자녀들이 돌아오길 간절히 바라고 또 기대하는 인물로 차츰 변해갔다는 점이다.

자, 이제 나우웬과 함께, 그리고 심령에 불씨를 되살려주시는 살아 계신 성령님, 그 사랑의 영과 더불어 존의 예리한 질문에 귀를 기울일 차례이다.

"집이 어디에요?"

"오늘 밤에는 집에 있을 건가요?"

수 모스텔러

헨리 나우웬 재단, 2007년 8월

이야기 속으로 함께 들어가 볼까요?

🌿 부드럽고 섬세한 마음으로 읽어라. 은혜를 입길 기대하는 심정으로 읽어라. 졸린 눈을 비벼가며 사랑하는 신랑을 기다리는 심령으로 읽어라. 존경하는 자세로 읽어라. _마크리나 비더케르, 《천사가 내려앉은 나무 _A Tree Full of Angels_》[1]

성경에 나오는 돌아온 탕자의 이야기를 밖에서 안으로, 머리에서 가슴으로 끌어들이십시오. 비유의 한 장면 한 장면을 영혼에 아로새기십시오. 틀림없이 내면에 무언가 새로운 생각이 떠오를 겁니다. 내가 얻었던 것과는 전혀 다른 그야말로 독보적인 깨달음입니다. 여기서 정말 중요한 건 단 하나, 탕자의 이야기를 어떻게 받아들이느냐 하는 것뿐입니다. 보입니까? 비유와 그림이 손짓하며 부릅니다. 어서 들어와서 등장인물 가운데 하나로 참여하라고 말입니다. 누구든지 이야기 속으로 뛰어들기만 하면, 주인공들의 모습이 자신의 인생 여정과 새로이 연결되는 걸 감지할 수 있을 겁니다. 자, 이제 탕자의 비유를 가장 내밀한 자신의 이야기로 만드십시오.

　뿐만 아니라, 혼자서만 비유 속으로 들어가지 않았으면 좋겠습니다. 지구촌에 발붙이고 살며 한 식구가 된 형제자매들과 손을 맞잡고 함께 가십시오. 분명히 말하지만 그냥 하는 소리가 아닙니다. 인간으로서 같은 됨됨이를 가진 모든 이들과 함께라면 이야기 속으로 더 잘 들어갈 수 있기 때문입니다. 비유에 뛰어들어 참여하려는 마음가짐은 자신뿐만 아니라 다른 이들에게도 대단히 유익합니다. 한 인간의 삶은 가까운 인물들은 물론이고 특별한 관계가 없는 이들에게까지 멋진 선물이 되는 까닭입니다. 과학적인 연구들을 통해서 오늘날 인류는 우주에 존재하는 모든 사물, 또는 다른 인간들과 긴밀한 연관을 맺으며 살 수밖에 없다는 사실이 속속 드러나고 있습니다. 이건 일종의 초대입니다. 무언가가 여러분의 마음을 울렸다면, 또한 '인간'의 이름으로 이 땅에 살고 있는 다른 이들의 마음도 움직일 수 있음을 믿고 바로 여기서 지금 당장 자신을 돌아보아야 합니다.

　생소한 얘기처럼 들릴지도 모르겠습니다. 하지만 주위에 있는 이들을 생각해보십시오. 가족에서 시작해서 사랑하는 이들, 친척, 친구, 지인, 직장 동료, 이웃, 교회, 같은 문화권과 대륙, 세계로 범위를 넓혀 가십시오. 어쩌면 가장 가까운 이들이 더 힘들 수도 있습니다. 배우자, 부모, 자녀, 형제, 자매 같은 가족들과 갈등을 겪는 경우가 얼마나 많은지 모릅니다. 파손, 상실, 의견 충돌을 둘러싼 고통스러운 기억과 감정들이 수두룩합니다. 그 밖에도 저마다 가깝고 먼 수많은 얼굴들을 의식에 담고 삽니다. 더러는 잘 살아가지만 가난과 질병, 학대, 폭력, 외로움, 기근, 전쟁, 절망을 겪는 사람들도 적지 않습니다. 그런 이들을 두루 불러들여서 인간으로서

집으로 돌아가는 길

유대를 나누십시오. 누구도 혼자서는 생각할 수도, 성장할 수도, 이야기를 나눌 수도, 움직일 수도 없습니다.

> ✍ 소중한 무언가를 잃고 아파할 때, 그 비통한 마음은 내면의 눈을 열어서 가족, 친구, 동료라는 작은 세계를 뛰어넘어 상실의 고통이 지배하는 다른 세상을 보게 해줍니다. 죄수, 난민, 에이즈환자, 굶주리는 어린이들, 지속적인 두려움 속에 지내는 수많은 인간들이 사는 세계를 발견합니다. 그렇게 해서 괴로워하며 부르짖는 심령은 고난당하는 인류의 슬픔과 신음으로 이어집니다. 우리의 슬픔은 자신보다 더 커집니다. _헨리 나우웬, 《뜨거운 마음으로With Burning Hearts》[2]

차츰 다른 이들을 향해 마음을 열면, 내면 가장 깊은 곳에서 살아 있는 이들과 이미 세상을 떠난 모든 이들을 위해 살아가는 길을 선택할 수 있습니다. 그들을 불러 모으고 보살피십시오. 여러분도 기꺼이 인류의, 그리고 우주를 이루는 무수한 미립자의 일부가 되십시오. 물에 돌멩이 하나를 던졌을 때처럼, 자신의 삶을 중심으로 한없이 퍼져나가는 동심원을 소유하게 될 것입니다. 머리에 어떤 얼굴이 떠오르든지, 그와 더불어 비유 속으로 들어가십시오. 손짓해서 가까이로 초대하십시오. 그들과 하나가 되십시오. 필자와 함께 탕자의 이야기 속을 더 샅샅이 헤집을수록 그들에 대한 생각도 더 깊어지길 바랍니다.

이 책은 전반적으로(쉽게 풀어낸 성경말씀이 자주 등장하기는 하지만) 탕자의 비유를 통해 개인적인 경험을 풀어낸 책입니다. 이 글이 사사로운 고통과 환희에서 비롯됐다는 사실을 알고 나면 얼마쯤 거리감이 생길지도 모르겠습니다. "내 삶은 달라. 하지만 탕자의 비유가 내 인생과 나름대로 상관이 있다는 건 알겠군"이라고 생각하며 등을 돌릴 수도 있습니다. 그렇습니다. 성경에 기록된 이 말씀 속으로 깊이 들어갈수록 하나님, 그리고 만물을 지으신 창조주의 영과 거룩한 관계를 맺고 유지하는 데 필요한 이야기를 제외하곤 내 모든 말들을 내버리게 될 것입니다.

아주 어려서부터 두 갈래 선명한 목소리에 사로잡혀 살았습니다. 첫 번째는 "세상에 나가 성공해야 하며 네 힘으로 이뤄낼 수 있다는 신념을 잃지 말라"는 음성이었습니다. 두 번째는 "죽는 날까지 지극히 사소한 일 하나라도 예수님 사랑에 의지하라"는 얘기였습니다. 아버지는 첫 번째에 가까웠고 어머니는 두 번째에 조금 더 기우는 편이었습니다. 하지만 두 쪽 다 더할 나위 없이 강렬했습니다. 한쪽에서 말합니다. "유명해져야 한다. 마음만 먹으면 뭐든지 할 수 있다. 아무것도 두려워하지 않는다는 걸 세상에 확실히 보여줘라. 앞만 보고 무한정 전진해라. 사나이답게 씩씩해야 한다. 장남으로서, 그리고 맏형으로서 한 점 부끄럼 없이 살아야 한다." 다른 한편에서는 이렇게 속삭입니다. "소박하고 평범하게 다가오시는 예수님의 손길을 놓쳐서는 안 된다. 삶에서 죽음에 이르기까지 주님의 삶을 온전히 본받아야 한다."

고민스러웠습니다. 한 목소리는 위로 올라가라고 하고 다른 음성은 내려가기를 요구했기 때문입니다. 동시에 양쪽을 만족시킬 방도를 도무지 찾을 수가 없었습니다.

식구들의 기대를 한몸에 받는 맏아들로서는 응당 위로 올라가라는 목소리를 좇아야 했습니다. 처음에는 나도 무언가 대단한 일을 할 수 있다는 걸 세상에 보여주고 싶었습니다. 그래서 '겸' 사제가 되었습니다. '겸'

〈나무와 작은 초가집〉, 1650, 소묘

—

"차츰 다른 이들을 향해 마음을 열면, 내면 가장 깊은 곳에서 살아 있는 이들과 이미 세상을 떠난
모든 이들을 위해 살아가는 길을 선택할 수 있습니다. 그들을 불러 모으고 보살피십시오."

이 붉은 사제가 무슨 소리냐고요? 성직자 겸 심리학자가 되기로 했다는 뜻입니다. 평범한 성직자로는 만족할 수 없었습니다. 심리학자까지 되어야 직성이 풀릴 것 같았습니다. 사제를 싫어하는 이라도 심리학자는 좋아해줄지 모르니까요. 그래서 위를 바라보며 걷기 시작했습니다. 네덜란드에서 미국으로 건너갔고 얼마 지나지 않아서 노트르담 대학에서 학생들을 가르치게 됐습니다. 그러곤 노트르담 대학에서 예일 대학으로, 예일 대학에서 하버드 대학으로 자리를 옮겼습니다. 아버지는 기뻐하며 말했습니다. "장하구나, 내 아들!"

반면에, 어머니는 거듭 물었습니다. "그래, 참 잘했다. 하지만 예수님과의 관계를 잃어버린 건 아니니?"

> 물 속 깊은 곳으로 빠져 들어갔더니
> 큰 물결이 나를 휩쓸어갑니다.
> 목이 타도록 부르짖다가
> 이 몸은 지쳤습니다. 눈이 빠지도록
> 나는 나의 하나님을 기다렸습니다.
> _난 C. 메릴, 《기도를 위한 시편Psalms for Praying》[3]

그런 과정이 반복되면서 차츰 뼈아픈 외로움과 끊임없이 고개를 내미는 애정 결핍 속으로 끌려들어갔습니다. 대학에서 가르치는 걸 좋아했지만 깊은 친밀감을 느끼고 싶다는 갈망을 떨쳐낼 수 없었습니다. 물론 어머니와의 관계에서 어느 정도 특별한 사랑을 감지할 수 있었습니다. 그 어른의 사랑은 아주 세심했으며, 일거수일투족을 놓치지 않았고, 필요를

〈개를 보고 놀란 아이를 붙들고 있는 여인〉, 1636, 소묘

—

"어머니가 세상을 떠나자 진심으로 그 부재를 서러워했습니다.
어머니라는 존재와 '가정'이라는 감각을 한꺼번에 잃어버린 이중 상실이었습니다."

낱낱이 채워주었고, 아주 구체적이었으며, 빈 구석이 없었습니다. 그야말로 무조건적인 사랑에 가까웠습니다. 그랬기에 1978년, 어머니가 세상을 떠나자 진심으로 그 부재를 서러워했습니다. 언제나 안전하게 '붙들어주던' 손길이 홀연히 사라져버린 겁니다. 어머니라는 존재와 '가정'이라는 감각을 한꺼번에 잃어버린 이중 상실이었습니다. 어머니를 잃으면서 하강 국면에 접어들었습니다. 1980년대 초, 하버드 대학에서 보낸 마지막 학기는 인생 전체를 통틀어 가장 불행했던 시기였습니다. 그리고 외로움을 뒤로 한 채 라르쉬를 향해 가는 일생일대의 장정을 시작한 것도 바로 그 무렵이었습니다.

지난 한 해 동안, 라르쉬를 떠나서 두 번째 고독으로 들어가는 또 다른, 더 도전적인 길을 떠나라는 부르심을 받았습니다. 그리고 다시 집으로 돌아가는 그 먼 길을 가는 동안 대부분 탕자의 비유와 함께했습니다. 여러분과 더불어 이 이야기 속으로 들어가는 이 발길이 필생의 보물을 찾아 떠나는 여정의 잠재적인 출발점이 되길 간절히 바랍니다.

탕자의 비유는 여러분에게 가장 친숙한 이야기가 될 가능성이 높습니다. 어느 시점에서든 각자를 위해 아주 독특한 통찰을 담고 있습니다. 나로서는 그저 개인적인 경험을 들려주어서 제각기 이야기를 풀어나가는 한편, 자신을 지으신 분과의 관계에 비추어 인간으로서 여러분 자신의 됨됨이를 진지하게 받아들이도록 돕고자 할 따름입니다. 생각뿐만 아니라 마음을 다하여, 신앙적인 면에서만이 아니라 삶의 체험을 통해서 안전과 치유와 용서를 비롯한 중요한 선물을 베푸시는 분의 '임재'를 향해 돌아서라는 호소인 셈입니다.

‽ 익숙한 게 도리어 문제가 될 수 있다. 이 이야기는 성경에 나온 것이어서 개중에는 귀에 못이 박이도록 들었던 이들도 적지 않을 것이다. 이미 수많은 이들이 이리저리 해석해온 터라 새로운 의미를 찾아보려는 생각조차 들지 않을지 모른다. _파커 J. 파머, 《예수가 장자를 만날 때》⁴

그러기 위해서 잠시 여정을 멈추고 귀를 기울이고, 일기를 쓰고, 깊이 묵상하는 세 가지 영성 훈련을 해보라고 권하고 싶습니다. 이런 '영적인 연습'은 나우웬이라는 인간의 체험을 초월해서 저마다 개인적인 차원에서 비유와 그림 속으로 들어가게 이끄는 통로 구실을 합니다. 운동이 신체를 유연하게 하듯, 영성 훈련은 쉬 흐트러지는 마음을 단단히 붙들어서 단순히 책을 읽는 차원을 넘어 본문이 말하는 바를 대단히 사사로우며 구체적인 방식으로 받아들이게 해줍니다. 영성 훈련은 비유를 머리에서 마음으로 끌어내려서 단단히 간직하게 하며 중심에 살아 숨 쉬도록 이끕니다. 영적인 진리를 배우는 수준에 머물지 않고 살아 계신 사랑의 영과 만나게 해줍니다. 규칙적인 영혼의 훈련을 반복하면 온전함으로 나가는, 다시 말해서 고향 집으로 돌아가는 여정이 더욱 흥미진진해집니다.

앞으로 전개될 이야기는 처음부터 끝까지 누가복음 15장 11-32절에 등장하는 비유에 토대를 두고 있습니다. 먼저 조용하고 편안한 데 자리를 잡고 영성 훈련의 모험을 시작하십시오. 선입견을 버리십시오. 천천히 본문을 읽으십시오. 마음 깊이 들이마시십시오. 뼛속 깊이 스며들게 하십시오. 머리에서 가슴으로 자유롭게 흘러가게 하십시오.

어떤 사람에게 아들이 둘 있는데, 작은 아들이 아버지에게 말하기를 "아버지,

재산 가운데서 내게 돌아올 몫을 내게 주십시오" 하였다. 그래서 아버지는 살림을 두 아들에게 나누어주었다. 며칠 뒤에 작은 아들은 제 것을 다 챙겨서 먼 지방으로 가서, 거기에서 방탕하게 살면서 그 재산을 낭비하였다.

그가 그것을 다 탕진했을 때에, 그 지방에 크게 흉년이 들어서 그는 아주 궁핍하게 되었다. 그래서 그는 그 지방에 사는 어떤 사람을 찾아가서 몸을 의탁하였다. 그 사람은 그를 들로 보내서 돼지를 치게 하였다. 그는 돼지가 먹는 쥐엄 열매로라도 배를 채우고 싶은 마음이 간절했으나 주는 사람이 없었다. 그제서야 그는 제정신이 들어서 이렇게 말하였다. "내 아버지의 그 많은 품꾼들에게는 먹을 것이 남아도는데, 나는 여기에서 굶어 죽는구나. 내가 일어나 아버지에게 돌아가서 이렇게 말씀드려야 하겠다. '아버지, 내가 하늘과 아버지 앞에 죄를 지었습니다. 나는 더 이상 아버지의 아들이라고 불릴 자격이 없으니 나를 품꾼으로 삼아주십시오.'" 그는 일어나서, 아버지에게로 갔다.

그가 아직도 먼 거리에 있는데, 그의 아버지가 그를 보고 측은히 여겨서 달려가 그의 목을 껴안고 입을 맞추었다. 아들이 아버지에게 말하였다. "아버지, 내가 하늘과 아버지 앞에 죄를 지었습니다. 이제부터 나는 아버지의 아들이라고 불릴 자격이 없습니다." 그러나 아버지는 종들에게 명령하였다. "어서 좋은 옷을 꺼내서 그에게 입히고, 손에 반지를 끼우고, 발에 신을 신겨라. 그리고 살진 송아지를 끌어내다가 잡아라. 우리가 먹고 즐기자. 나의 이 아들은 죽었다가 살아났고, 내가 잃었다가 되찾았다." 그래서 그들은 잔치를 벌였다.

큰 아들이 밭에 있다가 돌아오는데, 집에 가까이 이르렀을 때에, 음악 소리와 춤추면서 노는 소리를 듣고 종 하나를 불러서 무슨 일인지를 물어보았다. 종이 그에게 말하기를 "아우님이 집에 돌아왔습니다. 건강한 몸으로 돌아온 것을 반겨서 주인 어른께서 살진 송아지를 잡으셨습니다" 하였다. 큰 아들은 화가 나서, 집으로 들어가려고 하지 않았다. 아버지가 나와서 그를 달랬으나, 그는 아버지에게 말하였다. "나는 이렇게 여러 해를 두고 아버지를 섬기고 있고 아버지의 명령을 한 번도 어긴 일이 없는데, 내게는 친구들과 함께 즐기라고 염소 새끼 한 마리도 주신 일이 없습니다. 그런데 창녀들과 어울려서 아버지의 재산을 다 삼켜버린 이 아들이 오니까, 그를 위해서는 살진 송아지를 잡으셨습니다."

아버지가 그에게 말하기를 "애야, 너는 늘 나와 함께 있지 않느냐? 또 내가 가진 모든 것은 다 네 것이 아니냐? 너의 이 아우는 죽었다가 살아났고 내가 잃었다가 되찾았으니 즐거워하고 기뻐하는 것이 마땅하지 않겠느냐?" 하였다.

본문 말씀을 적금통장쯤으로 여기십시오. 아직 움트지 않은, 잘 보살피고 물을 주고 키워 열매를 거두어야 할 씨앗이 가득 묻혀 있는 비옥한 들판쯤으로 생각하십시오. 조용히 앞으로 나가십시오.

⚘ 귀를 기울이십시오

말씀이 깁니다. 짓눌리지 말고 다른 구절에 비해 특별히 감동을 주는 부분에 초점을 맞추십시오. 누가 이 메시지를 전하고 있습니까? 이 본문을 의미 있게 받아들이는 까닭은 무엇입니까? 마음을 울리는 이런 구절들에 주목하십시오.

하지만 '침묵의 시간'과 같은 훈련은 생각만큼 만만하지 않다. 공부하지 않으면 불가능한 체험이다. 먼저 산더미처럼 쌓여 있는 쓸데없는 쓰레기와 부스러기, 온갖 폐기물들을 마음에서 치워야 한다. 아주 조그만 쪼가리라도 내면에 방치하면 금방 수북해져서 주의를 산만하게 한다. 더 깊이 느끼고 사고하게 해주는 요소들이 있는 반면, 잡동사니 역시 늘 있기 마련이다. 그러므로 가장 내밀한 자아를 광활하고 텅 빈 평원으로 만드는 것을 묵상의 목표로 삼아라. 눈속임에 능한 덤불들이 시야를 가리지 않아야 '하나님'으로부터, 그리고 '사랑'으로부터 무언가가 중심으로 들어올 수 있을 테니. _에티 힐레줌,
《**가로막힌 삶, 베스터보르크에서 온 편지**_An Interrupted Life, and Letters from Westerbork_》[5]

☫ 일기를 쓰십시오

앞쪽에 실린 렘브란트의 그림을 주의 깊게 보십시오. 탕자의 비유를 묘사한 거장의 걸작입니다. 어떤 느낌이 듭니까? 화가가 재현한 현장에 빛이 어떻게 들고 나는지 유심히 들여다보십시오. 광선에 관해 관찰한 내용을 일일이 일기에 기록하십시오. 끈질기게 붙들고 늘어지십시오. 귀 기울여 들은 내용과 그림 속의 빛이 알려주는 사실들을 마음에 떠오르는 대로 노트에 쓰십시오. 그림자와 어두운 부분을 세심하게 살피십시오. 빛이 드는 자리와 대조해가며 새로 알게 된 점들을 적으십시오. 여러분의 삶에 드리운 빛, 어두움, 그림자 따위를 적절히 표현해주는 단어들을 찾아내십시오.

☫ 묵상하십시오

영성 훈련은 펜촉에서 끝나지 않습니다. 연필을 내려놓고 다음 단계로 넘어가십시오. 자녀를 향한 사랑보다 더한 사랑으로 여러분을 대하시는 그분 앞에서 아무 거리낌 없이 생각과 감정을 털어놓는다고 상상하십시오. 한없이 믿어주고 소중하게 여겨주는 친구를 앞에 두고 있는 것처럼

프롤로그

속 시원히 마음을 펼쳐놓으십시오. 여태껏 마주친 빛과 어두움, 그림자에 대한 감정과 믿음을 힘닿는 데까지 정확하게 설명하십시오. 사랑이 많으신 하나님은 자녀들이 무슨 이야기를 하든 꾸중하지 않으시고 불쌍히 여기시며 처음부터 끝까지 다 들어주신다는 사실을 굳게 믿고, 다소 고통스러울지라도 철저하게 솔직해지십시오. 조용히 자리를 지키며 기다리십시오.

마음에서 마음으로 대화하십시오.

❖•

1부
가출, 그리고 귀향

그래, 아들아, 가거라. 아마 상처를 입을 테고 사는 게 힘들어지고 고통을 겪게 될 것이다.
심지어 목숨을 잃게 될지도 모른다. 그래도 위험을 감수하려는 걸 미리 막지는 않겠다.
돌아올 때까지 여기서 너를 기다리마. 네가 떠나는 순간에도 난 여기에 있겠다.
우리는 하나이고 그 무엇도 우리를 나눠놓을 수 없단다.

–

Henri J. M. Nouwen
Home Tonight: Further Reflections on the Parable of The Prodigal Son

1

외로움으로부터 라르쉬로

✦

꧁ 고통은 무시무시한 교사이지만 가장 멋진 무언가가 시작되는 출발점
인 경우가 많다. 괴로움과 창의성은 상당 부분 상호의존적이다. 고통이 불러
일으키는 엄청난 압박감은 창의적인 반응을 통해서 풀려나가곤 한다. 고난은
조개껍질 속에 틀어박힌 모래알과 같아서 언젠가 멋진 진주를 키워낸다.

_딕 라이언, 《가슴에서 흘러나오다Straight from the Heart》**1**

하버드 대학에서 세계 각국으로부터 찾아온 수많은 인재들에게 예수
님을 가르치면서도 늘 비참하고 우울했습니다. 그때마다 나도 모르게 어
린 시절, 주님의 순전한 진리를 들려주던 그 강렬한 목소리가 떠올랐습니
다. 복음을 선포한답시고 하는 일들이 결국은 심령을 지키지 못하게 하고
하나님과 긴밀하게 연결된 삶을 가로막는 결정적인 요인으로 작용하는
게 아닌가 하는 의심이 들기 시작했습니다. 하버드 대학은 대단히 야심적
인 학교입니다. 다들 가장 뛰어나고 가장 명석한 존재가 되고 싶어 합니

집으로 돌아가는 길

다. 권력을 틀어쥐고, 더 높은 지위를 차지하고, 정치적인 영향력을 행사하며, 경제적으로 성공하는 데 관심이 많습니다.

그 틈바구니에서 예수님에 대해 이야기하는 건 쉬운 일이 아니었습니다. 대학의 분위기에 맞춰 좀 더 치열하게 경쟁하며 주어진 조건을 십분 활용해서 '성공한' 교수가 되어야 할 것만 같은 압박감을 느꼈습니다. 어머니의 죽음으로 사랑이 넘치는 관계가 단절된 뒤로 이루 말할 수 없을 만큼 외로웠습니다. 기도는 겉돌고, 친구가 되고 싶어 하는 이들에게 적절한 반응을 보이지 못했으며, 공동체라는 울타리 안에 머물지도 못했습니다. 무언가 대책을 세워야 한다는 생각이 들었지만 무얼 어떻게 해야 좋을지 몰랐던 터라 절망감만 깊어졌습니다. 기도시간마다 괴로움에서 벗어날 길을 가르쳐달라고 간구하기 시작했습니다.

어느 날 아침, 누군가 내가 사는 조그만 아파트 현관문을 똑똑 두드렸습니다. 자그마한 여성이 얼굴 가득 미소를 머금고 문간에 서 있었습니다. "안녕하세요? 그런데 이렇게 이른 아침부터 무슨 일이시죠?"

"저는 얀 리세라고 합니다." 여인이 대답했습니다.

"아, 그러세요. 뭘 도와드릴까요?"

"음, 장 바니에 신부님이 안부를 전해달라고 하셨어요."

지금은 '장 바니에'라는 인물과 개인적으로 긴밀한 관계가 생겼지만, 당시는 달랐습니다. 물론 장애를 가진 이들을 반갑게 맞아들여서 라르쉬라는 공동체를 꾸려가고 있다는 건 잘 알고 있었으며, 늘 존경스러운 마음으로 지켜보기는 했습니다. 심지어 책을 쓰면서 장 바니에 신부를 잠깐 소개한 일도 있었습니다. 하지만 단 한 번도 얼굴을 맞대본 적은 없었습니다. 그래서 다시 한 번 여인에게 물었습니다. "잘 알겠습니다. 그럼 이

가출, 그리고 귀향

제 뭘 하면 되죠?"

얀 리세는 여전히 미소 띤 얼굴로 말했습니다. "신부님이 안부를 전해 달라고 하시더군요."

"참 감사하군요. 그런데 정말 그것뿐인가요?"

"예, 장 바니에 신부님은 그냥 안부를 전하라고 하셨어요."

여느 날처럼 분주한 하루가 기다리고 있었으므로 쓸데없는 인사치레 따위는 건너뛰고 싶었습니다. 그래서 재우쳐 물었습니다. "그러니까 어디서 강의를 해달라든지, 세미나를 인도해달라든지, 연설해달라는 게 아니냐는 말씀입니다. 뭘 해드리면 되죠?" 여인은 물끄러미 바라보더니 엉뚱하게도 안으로 들어가도 되겠느냐고 물었습니다. 얼른 비켜서며 대답했습니다. "물론이죠. 어서 들어오세요. 하지만 곧 수업이 있습니다. 그 다음에는 회의에 들어가야 하고요. 저녁식사 시간까지는 옴짝달싹 못하겠어요."

이미 집안에 들어선 얀 리세는 뒤를 돌아보며 대꾸했습니다. "괜찮습니다. 나가서 마음 편히 일 보세요. 돌아오실 때까지 여기서 기다리겠습니다." 그렇게 해서 손님은 집으로 들어가고 주인은 종일 일하러 문을 나섰습니다. 저녁 무렵, 아파트로 돌아온 나는 뜻밖의 장면과 맞닥뜨렸습니다. 하얀 천이 덮인 식탁에 촛불과 포도주병, 사기그릇 따위가 근사하게 차려져 있었습니다. 식탁 한복판에는 예쁜 꽃병이 자리를 잡았습니다. 눈이 휘둥그레져서 소리쳤습니다. "이게 다 뭐예요?"

"신부님과 함께 저녁을 먹으면 좋을 것 같아서요." 여인이 아무렇지도 않게 대답했습니다.

"하지만 이렇게 멋진 물건들은 어디서 구했죠?"

집으로 돌아가는 길

"신부님 찬장에서요." 부엌 쪽을 가리키며 그녀가 말했습니다. "살림에 통 관심이 없으신가 봐요." 결국 집에 있던 것들만 가지고 촛불에 포도주까지 이 훌륭한 저녁상을 차렸다는 얘기였습니다.

얀 리세는 캠퍼스에 마련해준 숙소에서 사흘을 머물다 떠났습니다. 그동안 몇 차례 만나서 이야기를 나누었고 수업에 들어오기도 했습니다. 마지막으로 남긴 말이 인상적이었습니다. "잊지 마세요. 장 바니에 신부님이 안부를 전하셨어요."

의자에 앉아서 혼자 중얼거렸습니다. "흠, 뭔가 변화가 일어나고 있어. 이건 예삿일이 아냐." 그러나 한 달, 두 달, 심지어 몇 달이 흘러도 조용했습니다. 그러던 어느 날, 마침내 전화가 걸려왔습니다. 장 바니에였습니다. "여기는 시카고예요. 지금 피정 중인데 신부님 생각이 나더군요. 괜찮으면 이리 와서 함께 지내지 않으실래요?"

> 🌿 살아가다 무슨 일을 만나든지, 설령 매사가 엉망진창이고 정신없이 돌아간다 할지라도, 그 가운데 어느 틈에는 하나님의 손길이 미치는, 쉽게 말해서 모든 상황을 끌어안고 구원을 베풀어주시는 순간이 있음을 믿어야 한다.
> _딕 라이언, 《가슴에서 흘러나오다》[2]

서둘러 대답했습니다. "그러고 싶지만, 올해만 해도 벌써 여러 번 그런 기회를 가져서요."

장 바니에가 말했습니다. "피정하러 오시라는 뜻이 아닙니다. 지금 세계 여러 나라에서 온 라르쉬 식구들과 함께 있거든요. 나우웬 신부님도 여기서 함께 기도하면 좋겠다 싶어서 드리는 말씀입니다. 우리는 이번 기

음악은 그녀의 삶에 없어서는 안될 동반자와 같다. 라르쉬 케이프브레턴의 캐시.

사진 : 아밀 자보

—

"어쩌면 우리 식구들(라르쉬 공동체에서 사는 장애우들)이
신부님께 집이 되어드릴 수 있을지 모르겠습니다."

간 내내 침묵하기로 했습니다. 그러니까 수많은 이들 앞에서 강연해야 한다는 부담도 가질 필요가 없습니다. 여기 며칠 머물면 신부님께 쉼이 될 것 같군요."

순간, 무언가 중요한 일이 일어나고 있다는 생각이 또 한 번 뇌리를 스쳤습니다. 결국 만사를 제쳐놓고 며칠 동안 시카고에 가 있기로 했습니다. 쉰 명이 넘는 이들이 한데 모여 말없이 함께 먹고 나누고 예배를 드렸습니다. 날마다 장 바니에와 만나서 하버드 대학에서 느끼는 고뇌를 털어놓는 것 말고는 온종일 지구촌 곳곳의 라르쉬 공동체에서 온 이들과 더불어 침묵 피정을 즐겼습니다. 그리고 마침내 다시 헤어져야 할 시간이 됐을 때, 장 바니에 신부는 스치듯 한마디 했습니다. 도전적이면서도 안도감을 주는 묘한 얘기였습니다. "어쩌면 우리 식구들(라르쉬 공동체에서 사는 장애우들)이 신부님께 집이 되어드릴 수 있을지 모르겠습니다."

그 한마디가 심금을 울렸습니다. 마치 예언적인 부르심 같았습니다. 그래서 얼마 후, 유럽에 간 김에 파리 바로 북쪽에 있는 라르쉬로 장 바니에를 찾아갔습니다. 장애를 가진 이들과 지내는 게 전혀 불편하지 않았습니다. 도리어 공동체 안에서 지내는 동안 전반적으로 평안하고 느긋하며 안전한 느낌이 들었습니다. 하버드는 제게 어울리는 자리가 아니라는 걸 깨달았습니다. 그해 연말쯤 학교에 사표를 내고 '트로즐리 공동체'에서 글을 쓰며 안식년을 갖기로 했습니다. 거기 머무는 동안 캐나다 토론토에 있는 라르쉬 데이브레이크 공동체에서 3년 동안 목회자가 되어달라는 연락이 왔고, 저는 흔쾌히 그러마 하고 초대를 받아들였습니다.

≥ 소명 의식은 조금씩, 눈에 띄지 않을 만큼 조금씩 가장 건강한 본성과

255

가출, 그리고 귀향

지극히 고상한 욕구들을 표현하게해준다. 크고 작은 일들을 통해 끊임없이 소집 신호를 보내는 내면의 부름에 반응하는 것이다. _딕 라이언, 《가슴에서 흘러 나오다》[3]

그리고 이듬해, 드디어 데이브레이크에서 멋진 집, 따뜻한 가정을 얻었습니다. 아울러 외로움에서 출발해서 라르쉬에 이르는 여정의 제1부를 마무리했습니다. 하지만 한편으로는 아직도 가야 할 길이 남아 있다는 놀라운 사실을 깨달았습니다. 그것도 아주 먼 길이었습니다.

라르쉬를 생각할 때 가장 익숙한 말은 '집'이었습니다. 라르쉬는 집이고 가정이었습니다. 장 바니에는 말했습니다. "어쩌면 우리 식구들이 신부님께 '집'이 되어드릴 수 있을지 모르겠습니다." 데이브레이크 관계자들은 말했습니다. "공동체의 목회자가 되어주면 좋겠어요. 우리는 신부님의 '집'이 되어드릴게요." 평생 혼자 살면서 내면에 늘 외로움을 품고 지냈던 탓에, '집'이라는 단어가 마음을 흔들었습니다. 대학이라는 경쟁 사회에서 '집'은 중요한 말이 아니었습니다. 조직, 성공, 재원 확보, 권력 같은 어휘들 속에서 공동체, 친밀감, 단란함 따위의 개념은 설 자리를 잃

었습니다.

어딘가에 속해 있다는 의식, 그리고 '집'에 머물고 있다는 느낌에 목말
랐던 터라, 갈망이 채워질 거라는 기대를 잔뜩 품고 라르쉬에 들어갔습니
다. 그런데 거기에서 3년을 머무는 사이에 '집'이란 마음에 새겨진 그림
이나 육신이 소망하는 모습과는 다른 형상일 수 있다는 생각이 차츰 또
렷해졌습니다. 충격이었습니다. 그동안은 집이라고 하면 온화하고 친밀
하고 사랑이 넘치는 순수한 경험의 총체일 거라는 허상을 바라보며 살았
습니다. 처음에는 그 환상이 적잖이 채워지기도 했습니다. 하지만 데이
브레이크에서 보낸 날이 길어질수록 집을 찾으려면 먼저 집을 포기할 줄
알아야 한다는 사실을 더 깊이 깨달았습니다. 공동체 안에서 장애를 가진
이들, 그리고 도우미들과 더불어 지내면서 내가 아직 살아낼 준비를 갖추
지 못한 어떤 삶으로 초대하시는 주님의 음성을 감지할 수 있었습니다.

데이브레이크에 익숙해질수록, 옛 마귀들이 다시 찾아와서 애정 결핍
이라는 내 약점을 물고 늘어졌습니다. 자기밖에 모르고 대가를 바라는 마
음을 버리고 넉넉히 사랑한다는 게 이루 말할 수 없을 만큼 힘들다는 생
각이 뼛속 깊이 파고들기 시작했습니다. 여태껏 살면서 경험했던 것과는

〈블로에멘달의 풍경〉, 1651, 동판화

확연히 다른 두 번째 고독으로 연결된 캄캄한 터널 속으로 빨려 들어가는 느낌이 들었습니다. 내게 일어난 일들을 어떻게 설명해야 좋을지 모르겠지만, 탕자의 이야기는 그 여정이 가져다주는 선물과 영적인 의미를 파악하는 데 큰 도움이 되었습니다.

> ✎ 제 몫의 암흑과 맞닥뜨려서 스스로 한없이 무기력하다는 사실을 인식하고 상황을 지배하려는 욕구를 포기하며… 자신의 실상이 어떠함을 깨닫고 하나님의 사랑이 절박하게 필요하다고 인식할 때 비로소 치유가 시작된다.
> _딕 라이언, 《가슴에서 흘러나오다》[4]

탕자의 비유를 읽고 렘브란트의 그림을 연구하면서 내 안에 뉘우쳐야 할 작은아들과 역시 돌이켜야 할 큰아들이 공존한다는 사실을 알게 되었습니다. 하지만 가장 중요한 가르침은 따로 있었습니다. 아버지(또는 부모)의 모습이 내 안에 가장 먼저 드러나서 마침내 나처럼 미숙한 작은아들과 큰아들을 받아들일 수 있는 자리에 이르러야 한다는 점이었습니다. 비유에서 얻은 깨달음 덕분에, 언젠가는 수많은 탕자(작은아들, 작은딸)들뿐만 아니라 무수한 큰아들과 큰딸들이 부모-자식의 진정한 정체성이 살아 있는 고향집으로 돌아와서 아버지-어머니 하나님과 더불어 한 상에 둘러앉아 잔치를 즐기게 되리라는 확신이 더 굳어졌습니다. '집'이라는 단어는 그 무엇보다도 내 마음을 강하게 흔들어서 라르쉬의 친구들과 삶을 나누는 길에 들어서게 이끌었습니다.

그렇게 외로움에서 출발하여 라르쉬로 가는 여정을 통해서 내 삶과 그 변화를 예고하는 안팎의 여러 '사건과 사고'들에 관심을 기울이게 됐습니다. '신호'에 주목하는 훈련은 지혜의 날을 세우는 데 아주 유익한 방법으로, 대단히 슬기롭고 거룩했던 조상들로부터 여러 세대를 거쳐 지금까지 전해 내려오고 있습니다.

귀를 기울이십시오

거룩한 생활을 하다 보면 저절로 이런 훈련을 하게 됩니다. 생각뿐만 아니라 심령으로 주님의 음성을 들어야겠다는 마음이 생깁니다.

조용한 곳을 찾아서 편안하게 자리를 잡으십시오. 렘브란트의 그림을 감상하십시오. 눈에 보이지 않는 손님이 되어 천천히 그림 속으로 들어가십시오. 구경꾼이 되어 둘러보기에 안성맞춤인 방으로 가서 상황을 지켜보십시오. 눈을 감고 무슨 소리가 들리는지 귀 기울여 들으십시오. 어떤 소음이 들립니까? 무슨 얘기가 오가고 있습니까? 서두르지 말고 천천히 눈앞에 펼쳐진 장면에서 들려오는 내면의 소리에 집중하십시오.

일기를 쓰십시오

여전히 그림에 마음을 주는 한편, 노트를 꺼내서 보고 들은 걸 기록하십시오. 여유를 가지십시오. 화폭 한 구석에 서 있는 동안 중심에 오가는 감정들에 초점을 맞추고 주의를 기울이십시오. 등장인물 하나하나가 하는 얘기들이 자신에게 어떤 영향을 주었는지 적으십시오. 거기서 느낀 점과 마음의 반응도 써두십시오.

> 알다시피 인간은 저마다 매순간 끝없는 사랑과 깊은 기쁨을 체험할 수 있는 엄청난 잠재력을 물려받아 내면에 품고 있다. _존 매퀴슨 II, 《항상 다시 시

가출, 그리고 귀향

작한다*Always We Begin Again*)**5**

⚓ 묵상하십시오

오직 자신과 하나님께만 열려 있는 마음속 은밀한 곳으로 들어가십시오. 여러분을 빚으시고 시간이 멈추는 순간까지 함께하시는 분께 그림의 세계를 탐험하면서 경험하고 느낀 점들을 말씀드리십시오. 모든 걸 다 내려놓고 미세하고 잔잔한 사랑의 음성에 귀를 기울이십시오. 다시 말씀드리고 또 기다리며 경청하십시오. 가만히, 그대로 계십시오. 편안히 쉬십시오.

마음과 마음으로 대화하십시오.

첫 번째

◆◆◆

'신호'를 놓치지 마십시오

돼지를 키우며 절망의 구덩이 밑바닥까지 떨어졌던 탕자는 삶에 변화가 필요하다는 사실을 깨달았습니다. 집으로 돌아간다는 생각만 해도 가슴이 벅찼지만, 곧 수치심과 두려움과 옴짝달싹할 수 없는 무력감이 소망을 밀어냈습니다. 그러나 작은아들에게는 달리 선택의 여지가 없었습니다. '집'을 생각할 때마다 그리움이 아프게 사무쳤습니다. 탕자는 마음의 소리를 무시하지 않았습니다. 떨어지지 않는 발길을 힘들게 돌려서 집으로 돌아가는 여정을 시작한 겁니다.

🐚 외로움, 서둘러 털어버리지 말지니

더 날카롭게 벼리고

261

곰삭혀 속속들이 스미게 하라.

인간을 넘어 신성한 존재들이 그러하듯

오늘밤, 내 마음에서 사라진 것들이

내 눈을 더 아련하게

내 목소리를 더 부드럽게

신을 향한 갈망을

한없이 또렷하게 만드나니.

_샴스 알-딘 하피즈

하버드에서 일하던 마지막 몇 년 동안, 나 역시 대학에서 가르치는 삶이 한계에 부닥쳤음을 깨달았습니다. 그래서 기도하면서 여기저기 조언을 구했고 장차 일어날 일의 실마리가 될 만한 마음의 움직임을 놓치지 않으려고 노력했습니다. 처음에는 얀 리세가, 곧이어 장 바니에가 내 마음을 흔들었습니다. 결코 우연한 만남이 아니었습니다. 그리고 마음의 소리에 귀를 기울였습니다. 라르쉬로 간다는 건 일단 신나는 일이었습니다. 하지만 강의실을 떠나서 불확실한 세계로 머뭇머뭇 걸어 들어가기란 여전히 조심스럽고, 두렵고, 쉬 엄두가 나지 않는 결정이었습니다.

사는 것처럼 살려면 '내면'에 관심을 가져야 합니다. 만족스럽고 안전하며 제자리에 있다는 느낌에 민감해져야 하며 외로움, 환멸, 가벼운 우울 증세 같은 감정을 예민하게 포착할 필요가 있습니다. 혼란스러운 상황과 맞닥뜨리면 어떻게 대처하는 편입니까? 지혜로운 스승들은 정신을 바짝 차리고 순간순간을 지켜보라고 권면합니다. 새로운 방향을 모색하며 균형을 되찾고 끝까지 생명을 지킬 길을 제시해줄 만한 '신호'와 느낌, 누군가 스치듯 던진 말 한마디, 책에서 읽은 짧은 글귀, 생각지 못했던 만남이나 사건 등을 면밀히 관찰하라는 말입니다.

영적인 신호들은 일반적으로 복잡하지 않고 단순하며, 지속적이고, 사실상 입증하기가 어려워 보이며, 언제나 자신뿐만 아니라 다른 이들과 연관성을 갖는 등 네 가지 특성을 보입니다. 영적인 여정에 이런 요소들이 나타나거든 눈여겨보십시오. 문제만이 아니라 그 이면에 감춰진 기회까지 보려고 노력하십시오. 너무 빨리 반응하지 않도록 조심하십시오. 지혜를 주시길 간구하십시오. 두루 조언을 구하고, 올바른 방향을 선택했다는 주위의 평가를 받기 전까지 한 걸음도 떼지 마십시오. 여유를 가지고 자유롭게 선택한 뒤에 진로를 바꿔도 늦지 않습니다.

가출, 그리고 귀향

2

작은아들

    모름지기 예술가라면 상실을 딛고 살아남는 법을 배워야 한다. 소망의 상실, 체면의 상실, 재물의 상실, 자신감의 상실을 이겨낼 줄 알아야 한다. … 예술가의 상실은 이점과 강점으로 바뀔 수 있다. 그러나 머리가 겹겹이 상실에 포위되어 고립 상태에 빠지면 방법이 없다. … 그러니 반드시 상황을 파악하고 서로 공유해야 한다. _줄리아 캐머런, 《아티스트 웨이*The Artist's Way*》[1]

    저는 네덜란드 사람입니다. 렘브란트 역시 화란 출신이고 반 고흐도 그렇습니다. 이미 이야기한 것처럼, 이 두 화가는 내 마음 깊은 곳까지 파고들었습니다. 이제는 어느덧 위안을 주는 존재로 자리 잡았습니다. 버거운 삶의 문제들에 부닥쳐 다만 눈물지을 뿐 달리 할 말이 없을 때, 렘브란트나 반 고흐의 작품들을 들여다봅니다. 두 거장의 삶과 예술은 그 무엇보다도 확실하게 상처를 싸매고 다독여줍니다.

    렘브란트는 1666년부터 1667년 사이에, 그러니까 인생의 황혼기에

〈탕자의 귀향〉을 그렸습니다. 한창때는 암스테르담에서 화가로 이름을 날렸습니다. 당대의 거물들이 앞 다투어 초상화를 그려달라고 부탁할 정도였습니다. 오만하고 다툼을 즐기는 성격이었지만 당시 사회에서 대단히 부유한 계층에 속했던 것만큼은 분명합니다. 그러나 렘브란트의 인생은 차츰 내리막길을 내달리기 시작합니다.

먼저 아들을 잃었습니다.
이어서 큰딸이 세상을 떠났습니다.
곧 작은딸도 목숨을 잃었습니다.
이번에는 아내가 숨을 거두었습니다.
그 후 함께 살던 여성은 정신병원에 간혔습니다.
다시 결혼했지만 두 번째 아내 역시 먼저 떠나버렸습니다.
재물과 명성을 모두 잃었습니다.
세상과 작별할 날을 얼마 앞두고 아들, 티투스마저 앞세웠습니다.

〈탕자의 귀향〉을 그린 이 화가는 평생에 걸쳐 이루 말할 수 없을 만큼 거대한 외로움을 경험한 사나이였습니다. 어마어마한 상실을 온몸으로 살아내는 한편, 잇달아 세상을 떠나는 가족들과 함께 조금씩 죽어갔습니다. 쓰라린 상처와 분노, 원한에 찬 삶을 산다 해도 이상할 게 없는 처지였습니다. 하지만 그 덕에 렘브란트는 시간과 공간을 가로질러 인류와 가장 친숙한 작품, 〈탕자의 귀향〉을 그려낼 수 있는 인물이 되었습니다. 그건 젊고 잘 나가던 시절에 만들 수 있는 작품이 아니었습니다. 한 아이를 제외한 모든 자식과 두 아내에서부터 전 재산과 명예와 인기에 이르기까

265

〈자화상〉, 1669, 유화

—

"상실과 고통은 렘브란트의 마음을 비워서 하나님의 사랑을 온전히,
그리고 깊이 받아들이게 해주었습니다."

지 모든 걸 다 잃어버린 뒤에야 눈 먼 아버지의 따뜻한 모습을 정확하게 표현해낼 수 있었습니다. 비극이란 비극을 다 겪고 나서 비로소 〈탕자의 귀향〉을 그릴 힘이 생겼으며, 하나님 사랑의 실체를 꿰뚫어볼 수 있는 내면의 화실에서 그 걸작을 완성했습니다.

어찌됐든, 상실과 고통은 렘브란트의 마음을 비워서 하나님의 사랑을 온전히, 그리고 깊이 받아들이게 해주었습니다. 빈센트 반 고흐는 이 작품을 보고 중얼거렸습니다. "수없이 죽음을 맛보지 않았더라면, 결코 이런 그림을 그리지 못했을 거야." 스스로 죽고 또 죽은 끝에 하나님의 사랑으로 돌아간다는 게 무얼 의미하는지 깨달았습니다. 덕분에 이 거장은 위대한 작품을 그려낼 수 있었습니다.

렘브란트의 삶을 따라가노라면 그 인격과 예술이 변해가는 과정이 한눈에 보입니다. 참으로 감동적인 여정이지만, 정작 중요한 건 저마다 자신의 이야기를 곱씹으며 삶을 진지하게 받아들이는 자세입니다.

개인적으로는 "러시아에 가려고 하는데, 함께 갈래?"라고 묻는 친구의 전화를 받고서야 내가 렘브란트의 탕자 그림을 얼마나 중요하게 생각하는지 실감했습니다. 1986년, 라르쉬 데이브레이크 공동체의 담임 목회자로 부임하기 직전의 일이었습니다. 미처 생각할 틈도 없이 입에서 "와, 정말 신난다!" 소리가 터져 나왔습니다. 모스크바나 크렘린궁전 때문이 아니었습니다. 부끄러운 얘기지만 러시아 사람, 러시아 문화, 러시아 상품, 러시아의 성상들은 떠오르지도 않았습니다. 오직 렘브란트를 만날 궁리뿐이었습니다. 〈탕자의 귀향〉이 레닌그라드 예르미타시 미술관에 있다는 걸 알고 있었기 때문입니다. 실물을 너무나도 보고 싶었습니다.

그렇게 해서 러시아 땅을 밟았고 곡절 끝에 드디어 예르미타시 미술관

가출, 그리고 귀향

복원 담당자와 끈이 닿았습니다. 얼굴을 대하자마자 속사포처럼 말했습니다. "〈탕자의 귀향〉을 보고 싶습니다. 그게 전붑니다. 관광객들 틈에 끼어 스치듯 지나가며 구경하긴 싫습니다. 그림 바로 앞에 앉아서 싫증이 날 때까지 감상할 수 있으면 좋겠습니다. 그 밖에는 아무것도 바라지 않습니다." 담당자는 친절하게도 원하는 작품 앞으로 곧장 안내해서 그 앞에 앉혀주었습니다. 미술관 한쪽 벽을 완전히 덮고 있는 높이 2.5미터짜리 대작이었습니다. 바로 앞에는 벨벳 의자 3개가 나란히 놓여 있었습니다. 거기 앉아서 실컷 그림 구경을 했습니다. 수많은 관람객들이 밀려와서 잠시 머물다가 다시 흘러갔지만, 전혀 개의치 않고 찬찬히 뜯어보고 필요한 내용을 노트에 적어나갔습니다.

　　✎ 인생은 끝이 아니라 시작이다. 그러므로 개방적이며 자연스럽고 기뻐하는 태도를 지녀야한다. '아는 게 없다는 사실을 잘 아는' 마음가짐이 중요하다. 마음 안에 빈자리가 있어야 한다. 여전히 놀랄 수 있고 서슴없이 의심할 수 있는 여지가 필요하다. _크리스틴 L. 웨버, 《파인딩 스톤The Finding Stone》[2]

　오후 2시쯤 볕이 들면서 그림이 번들거리기에 의자를 움직여서 각도를 바꿨습니다. 막 자리에 앉으려는데, 경비원이 다가와서 명령하듯 무언가를 요구했습니다. 러시아말이어서 정확하게는 알 수 없었지만 "의자를 제자리에 돌려놓으시오!"라고 말하는 것 같았습니다. 아니나 다를까, 직접 의자를 끌어다가 본래 모습대로 바꿔놓았습니다. 입술을 쑥 내밀고 창문을 가리키며 말했습니다. "그럼 아무것도 볼 수 없잖아요. 그림이 번들거리는 게 보이지 않나요? 난 이쪽에 앉아야겠어요." 경비원은 고개를 가

집으로 돌아가는 길

예르미타시 미술관 : 상트페테르부르크에 있는 미술관으로 영국의 대영박물관,
프랑스의 루브르박물관과 더불어 세계 3대 박물관에 꼽힌다.

로젓더니 다시 한 번 엄숙하게 선언했습니다. "안 돼요. 의자는 건드리지 마세요!" 낙심천만이었습니다. "말하면 뭐해, 입만 아프지"라고 중얼거리며 마룻바닥에 주저앉았습니다. 그런데 경비직원의 눈에는 그런 행동이 아까 의자를 옮겼던 것보다 더 심각한 죄로 보였던 모양입니다. 당장 달려오더니 바닥에 쪼그리고 앉은 나를 내려다보며 말했습니다. "마룻바닥은 안 돼요!" 그러곤 난방기를 가리키며 말했습니다. "저기라면 모를까!" 할 수 없이 일어나서 라디에이터에 엉덩이를 걸쳤습니다.

곧이어 단체 관람객이 밀려들었습니다. 여행 가이드는 엉거주춤 앉아 있는 나를 보고 기겁을 하더니 황급히 달려와 말했습니다. "라디에이터에 앉으면 안 되죠!" 그러자 이번에는 경비원이 펄쩍 뛰며 안내원에게 소리쳤습니다. "내가 거기 앉으라고 허락했어요!"라고 말하는 게 분명했습니다. 둘이 언성을 높이고 있던 참에 다행히도 미술관의 전반적인 복원 업무를 맡고 있는 알렉세이 씨가 나타났습니다. 내가 어찌하고 있는지 살펴러 온 겁니다. 이러지도 저러지도 못하고 쩔쩔매고 있는 걸 보자 경비원과 안내원 사이에 끼어들어서 다툼을 말렸습니다. 그러곤 정작 내게는 한마디 말도 없이 밖으로 사라져버렸습니다. 그 뒤를 따라서 가이드와 단체 관람객도 방을 빠져나갔습니다. 그리고 한 십 분쯤 지났을까? 이번에는 벨벳 의자 하나를 들고 들어와서는 내 앞에 내려놓으며 말했습니다. "이건 신부님 전용입니다. 어디든 원하는 데 두고 쓰십시오."

사흘 동안 하루도 거르지 않고 두세 시간씩 가만히 앉아서 그림을 뜯어보고, 연구하고, 묵상하고, 마음에 짚이는 생각을 기록하며 보냈습니다. 보면 볼수록 더 깊이 비유 속으로 빠져 들어갔으며, 복음서의 이야기와 내 삶을 연결 짓기 시작했습니다. 돌아선다는 말의 속뜻을 알 것 같았습니다. 거룩한 창조주의 모태로 돌아간다는 말이었습니다.

     🐚 모든 인간은 본능적으로 완강히 은혜에 저항한다. 은혜는 변화를 일으키고 변화는 의당 고통을 수반하기 때문이다. _플래너리 오코너, 《습관*The Habit of Being*》[3]

  생명력의 원천은 아버지만이 아니었습니다. 내가 본 하나님은 어머니이기도 했습니다. 예수님은 어린아이처럼 되어야 하나님나라에 들어갈 수 있다고 가르치셨는데, 그건 어머니 하나님의 자궁으로 되돌아가야 한다는 사실을 일깨워주는 말씀이었습니다. 얼마나 자발적으로 창조주 하나님의 모태로 다시 들어가며, 거기서 참다운 '집'을 찾아내느냐에 따라 내 미래가 완전히 달라지겠구나 싶었습니다. 라르쉬 데이브레이크 식구들의 도움을 받아서 육신과 영혼의 집으로 돌아가기로 한 게 올바른 결정이었음을 확인해주는 반가운 깨달음이었습니다.

  러시아에서 돌아오자마자, 새 집으로 선택한 라르쉬 데이브레이크로 가서 목회생활을 시작했습니다. 첫해에는 나를 지으시고 이해할 수 없으리만치 큰 사랑을 베푸시는 분 안에서 인생의 구심점과 집을 찾는 데 영적 생활의 초점을 맞추기로 단단히 마음먹었습니다. 그리고 비유와 그림의 궤적을 좇아가며 삶을 성찰하기 시작했습니다.

  집안의 맏아들이면서도 내 안에는 여전히 그림 속 작은아들의 모습이 여실했습니다. 선한 것들로부터 벗어나려고 안달하는, 다시 말해서 집에서 도망치려고 이제나 저제나 틈을 노리는 기질이 늘 마음 한구석에 숨어 있었습니다. 원만한 가정에서 태어나서 나무랄 데 없는 아버지 어머니

가출, 그리고 귀향

의 보살핌을 받으며 컸지만, 제멋대로 살아보려고 발버둥치는 십 대 소년의 치기가 고스란히 남아 있었던 겁니다. "집을 나가서 내키는 대로 지내보고 싶어. 이래라 저래라 하는 소리 좀 안 들었으면 좋겠어. 두고 봐. 언젠가는 내 몫을 챙겨서 달아나고 말 테니!"

꽃 참으로 역설적인 상황이다. 인간에게는 상충되는 욕구가 있다. 한편으로는 자신보다 더 큰 무언가에 소속되고 틀에 맞춰가며 그 일부가 되려하고, 다른 한편으로는 내면 깊숙이 숨어 있는 자아를 일으켜 세워서 최소한 얼마 동안이라도 괴로움을 감수해가며 익숙하고 편안한 상황을 뒤로 한 채 홀로 걷고 싶어한다. 남들과 비슷한 점이 많다는 사실을 깨닫는 건 집단 속에 있을 때이다. 반면에 하나님과 인격적인 관계를 맺는 건 개개인의 몫이다. 인간이 가진 이 두 가지 상대적인 충동 사이에서 균형을 잡는 절충점을 꼭 찾아야 한다. _장 바니에, 《인간되기Becoming Human》⁴

이렇게 스스로 답을 찾고, 문제들을 해결하며, 진리를 발견하려는 사춘기 소년식의 마음가짐은 전혀 이상할 게 없습니다. 그러므로 제 힘으로 해답을 뒤져보기도 전에 정답을 알려주려 했다가는 신경을 건드릴 수밖에 없습니다. 아버지 어머니 풍의 목소리들은 말합니다. "이렇게 하는 게 좋아. 이런 식으로 관계를 맺어야 해. 예배는 이렇게 드리는 거야. 이건 이렇게 하고 저건 저렇게 해라. 다 너를 위해 하는 소리야." 제발, 이제 그만!

부모님의 잔소리 없이 내 식대로 살면 좋겠습니다.
이편에서 묻기도 전에 답을 주려고 다가오는 건 사절하겠습니다.

정말 마음이 내킬 때까지는 신앙을 갖고 싶지 않습니다.

잘잘못을 가리는 법을 스스로 배우길 원합니다.

일찌감치 이게 옳고 저게 그르다고 가르쳐주는 건 싫습니다.

미리 입장을 정해두고 답을 제시하는 것도 불편합니다.

내면에서 수긍할 수 없는데 어떻게 자기 것이 되겠습니까? 기왕에 살던 데가 아니고서는 달리 선택의 여지가 없어서 마지못해 찾아가는 집이라면 어떻게 고마운 생각이 들겠습니까? 툴툴거리는 소리가 귀에 들리는 것만 같습니다. "삶 자체가 의문투성이라는 걸 모르세요? 진심으로 '맞아!'라고 말할 수 있는 나만의 진리를 원하는 게 안 보이세요? 기성품은 다 싫어요. 나만의 집을 짓고 싶어요. 내가 누군지조차 모르는 사람들이 만든 조립식 주택을 짓고 싶진 않아요." 심리학을 공부한 덕분에 문제의 핵심을 비교적 정확하게 알 수 있을 것 같습니다.

이건 자아 발견과 자아 표현에 관한 이야기입니다. 십 대 아이들은 상실의 위험을 마다하지 않으므로 부모들로서는 당연히 겁이 나게 마련입니다. 아버지와 어머니 들은 무엇이 옳은지 잘 압니다. 무얼 먹어야 몸에 유익한지 압니다. 어떤 식으로 말하는 게 좋은지 압니다. 어떻게 걸어야 하는지 압니다. 무얼 해야 하고 하지 말아야 하는지 압니다. 어김없는 사실입니다. 세상을 더 오래 산만큼 더 많이 압니다. 그러기에 부모들이 염려하는 건 자연스럽고 정상적입니다. 그러나 그 순간, 마음속 목소리는 다른 말을 합니다. "집어 치워! 그만하면 됐어! 이건 내 인생이야! 남의 것이 아니라고. 날 좀 내버려둬!" 그리고 이런 감정 역시 자연스럽고 정상적입니다.

가출, 그리고 귀향

〈거룩한 가족〉, 1632, 동판화

—

"올바로 교육시켜주고, 좋은 친구들을 사귀도록 이끌어주고, 착하고 진실한 가정을 세워준
아버지와 어머니에게 깊이 감사합니다. 하지만 무언가 잘못을 저지를 때마다
어김없이 죄책감에 짓눌리곤 했습니다."

나는 내가 하는 일을 도무지 알 수가 없습니다. … 선을 행하려는 의지는 나에게 있으나, 그것을 실행하지 않으니 말입니다(롬 7:15-18).

저는 전통적인 가톨릭 가정에서 태어나고 성장했습니다. 집안에서는 모든 게 유리처럼 명료했습니다. 불투명한 구석이라고는 하나도 없었습니다. 알아야 할 일들은 모두 배웠습니다. 어떻게 교제해야 하는지, 어떻게 낯선 사람들을 대해야 하는지, 어떻게 기도하고 예배해야 하는지, 어떻게 공부해야 하는지 일일이 가르침을 받았습니다. 지금도 생생히 기억하지만, 한때는 신앙이 없는 이들을 한없이 부러워했습니다. 원하는 건 뭐든지 다 하고, 심지어 거기에 대해 죄책감조차 느끼지 않았습니다. 제가 할 수 있는 일이라곤 기껏해야 불평하는 것뿐이었습니다. "제길, 이래라 저래라 죄다 정해져 있으니 뭐 하나 자유로운 게 없어! 저기는 갈 수 없고 여기는 가야 하고, 이런 식으로 행동하는 건 괜찮지만 저렇게 하는 건 안 된다는 식이지!" 이것저것 전혀 신경 쓰지 않는 이들도 보았습니다. 몸으로든 마음으로든, 자신에게든 남에게든 내키는 대로 행동하는데다가 무한정 자유로워 보이기까지 했습니다. 얼마나 샘이 나던지! 이교도가 돼서 거침없이 살면서 조금도 죄의식을 느끼지 않았으면 좋겠다고 생각했습니다.

하지만 그럴 수는 없었습니다. 올바로 교육시켜주고, 좋은 친구들을 사귀도록 이끌어주고, 건강한 몸을 가꾸게 해주고, 착하고 진실한 가정을 세워준 아버지와 어머니에게 깊이 감사합니다. 하지만 무언가 잘못을 저지를 때마다 어김없이 죄책감에 짓눌리곤 했습니다. 그러고 싶지 않았지만, 두 어른이 옳고 그름을 지나치리만치 엄격하게 가리며 자식을 키운 탓

275

에 무슨 일을 하든 늘 조심스럽고 눈치를 살펴야 했으며, 불쾌한 감정까지 따라다녔습니다. 한번은 얼마나 답답하던지 속으로 부르짖었습니다.

"좋아, 크리스천이 되긴 할 거야. 하지만 먼저 해서는 안 될 일들을 깡그리 해치운 다음에 회개하고 싶어. 좋아! 미심쩍은 부분들이 생길 수도 있겠지만 스스로 그 답을 찾았으면 좋겠어. 누군가 무엇이 옳고 그른지 가르쳐주는 건 싫어. 지금 내게 필요한 건 집을 떠나서, 여기저기 여행하며 마음대로 행동하는 거야. 그러니까 내 일은 내게 맡겨줘. 좀 내버려두라고. 알아야 할 게 있다면 내 힘으로 발견할 수 있을 거라고 믿어줘. 어째서 아주 어려서부터 나를 꼬마 목회자 취급을 하는 거냐고!"

하고 싶은 대로 하고 가고 싶은 데로 가고, 아버지와 어머니가 바르고 온당하다고 믿는 것과 다소 차이가 나는 행동을 하고 싶은 욕구가 얼마나 자연스러운 것인지 두 어른이 알아주길 진심으로 바랐습니다.

    괴로움이 하도 커서 하루하루 혼란과 절망 속에 살고 있습니다. 우둔하고 고집스러운 탓에 온몸에 병이 생겼습니다. 너무도 무식해서 어둠속을 뒹굴며 길을 찾아 이리저리 헤매지만 보람이 없습니다. _난 C. 메릴, 《기도를 위한 시편》[5]

십 대 시절, 탈선 행각을 벌일 때마다 죄책감과 두려움이 양심을 짓눌렀습니다. 어떻게 해야 최대한 빨리 정상 궤도에 재진입할 수 있을지 그저 막막하기만 했습니다. 나름대로 서둘러서 집 쪽으로 돌아서기는 했지만, 정말 누가 잡아당기기라도 하는 듯 걸음은 계속 더뎌졌습니다. '난 창조주의 사랑스러운 자녀이고, 지금 내 집으로 돌아가는 길이지. 하지만 나를 지으신 분은 화가 잔뜩 나서 다시는 날 보고 싶어 하지 않을지도 몰라.' 잘 키워줬건만 변호사가 되거나 괜찮은 직업을 갖지 않는다고 고함치며 꾸짖는 아버지의 모습이 떠올랐습니다. 꼴도 보기 싫으니 당장 나가라는 소리가 들리는 것만 같았습니다. 급기야 할 말을 준비하기 시작합니다. "맞아요, 전 형편없는 녀석이에요. 밥이나 한술 얻어먹게 해주시면 더 바랄 게 없겠어요. 그만한 값어치밖에 없는 놈이니까요." 실패자의 자리에 서서 하나님의 반응을 예상하는 옛 패턴으로 다시 복귀합니다. 집으로 돌아갈 때마다 번번이 그런 경험을 합니다.

이 책을 읽는 여러분은 주저하며 발걸음을 내딛는 제 심정을 알고도 남을 겁니다. 자아정체감이 확실해서 자신이 누군지 잘 알고 있다고 생각합니까? 하지만 그처럼 불안해하는 걸 보면 정말 그런지 의심스럽습니다. 여러분도 인정이나 애정, 혹은 성공을 좇고 있습니까? 어쩌면 무얼 추구하는지조차 정확하게 파악하지 못하고 있을지도 모르지만 정체를 알 수 없는 불안감이 참다운 자유를 누리지 못하도록 가로막고 있는 것만큼은 분명합니다. 또는 왠지 모르게 두려워서 여러분을 '모태에서 만드신' 분의 무조건적인 사랑을 향해 마음을 열지 못할 수도 있습니다. 어째서 삶이 늘 분주하고 평안할 때가 없는지, 그저 존재하는 데 만족하지 못하고 이리저리 뛰어다니며 쉴 새 없이 불평을 늘어놓는지 스스로 묻고 있을지도 모릅니다.

크리스천들이 타인에게 폭력적이 되는 까닭을 해석하는 정신분석이론이 있습니다. 크리스천들은 스스로 신앙을 선택하거나 경험하거나 통합해본 적이 없는 탓에 마치 화가 난 것과 같은 상태에 이른다는 설명입니다. 다시 말해서, 체험이 아니라 학습을 통해 갖게 된 결론이기에 신앙을

277

가출, 그리고 귀향

〈둑에 앉은 거지〉, 1630, 동판화

—

"'맞아요, 전 형편없는 녀석이에요. 밥이나 한 술 얻어먹게 해주시면 더 바랄 게 없겠어요.'
집으로 돌아갈 때마다 번번이 그런 경험을 합니다."

거절하기 힘든 짐처럼 받아들이는 겁니다.

성경에 나오는 탕자의 비유는 유산을 미리 챙겨 집을 나간 작은아들이 여자와 게임, 노름에 빠져 전 재산을 탕진했다고 이야기합니다. 젊은이는 사사건건 가르치는 목소리가 들리지 않는 머나먼 나라에 가서 인생의 쾌락을 모조리 시험해보려고 합니다.

아마 작은아들은 마음속으로 이렇게 중얼거렸을 겁니다. "도대체 무슨 짓을 하고 있는 거지? 이건 현명한 처사가 아니야. 사실, 말도 안 되는 짓이지." 결국 가진 걸 다 잃어버린 청년은 자신이 얼마나 어리석었는지 깨달았습니다. 하지만 진정 중요한 걸 얻기 위해서 반드시 겪어야 했던 일은 아니었을까요? 거짓 자아와 참 자아에 대해 공부하는 과정으로 볼 수는 없었을까요?

거리를 냅다 달려가는 남자를 본 랍비 레비가 물었다. "왜 그렇게 정신없이 뛰는 거요?" 그가 대답했다. "행운을 잡으려고요!" 랍비가 말했다. "어리석은 양반아, 행운이 뒤에서 쫓아오고 있는데 자네가 너무 빨리 달리는 바람에 미치지 못하고 있는 걸세!" _웨인 멀러, 《휴Sabbath》[6]

아마도 누구에게나 탕자의 모습을 드러내는 순간들이 있을 겁니다. 어쩌면 부모나 교사, 친구들이 하는 얘기가 어김없는 진실임을 알면서도 '멍청하고 어리석은 소리'로 치부하며 "무슨 말을 해도 괜찮지만 지금은 내 힘으로 길을 찾아볼 거야"라는 말로 합리화했던 기억을 가지고 있을 겁니다.

비유 속 젊은이는 집을 뛰쳐나온 뒤에 모든 걸 다 잃어버렸지만 아직

가출, 그리고 귀향

남아 있는 게 하나 있었습니다. 여전히 한 가정의 식구라는 점이었습니다. 한 집안에 소속되어 있다는 사실만큼은 변하지 않았습니다. 삶과 자신에 대한 환멸이라는 고통스러운 과정을 통과해서 그럼에도 불구하고 절대로 달라지지 않는 진실이 존재한다는 깨달음에 이를 때, 비로소 탕자의 귀향은 시작되었습니다. '맞아, 난 지금도 아버지와 어머니의 자식이야. 집안의 식구이기도 하고. 내겐 집이 있어. 나를 잘 아는 이들이 거기 모여 살고 있지.' 그러나 이런 생각 이면에는 혼란과 죄의식과 부끄러움의 거대한 짐 보따리가 자리 잡고 있습니다. 말할 수 없이 어리석은 짓을 했으며, 결국 밑바닥 신세가 됐다는 걸 누구보다 자신이 잘 알고 있기 때문입니다. 탕자에게는 선택할 수 있는 길이 많지 않았습니다. 그대로 절망에 빠져 살든지, 손을 내밀어 잃어버렸던 진실을 되찾든지 둘 중 하나입니다. 간절하고 절박한 심정으로 탕자는 돌이키는 쪽을 선택하고 귀향길에 오릅니다. "아버지의 집으로 돌아가자!"

하지만 곧바로 정확한 진상을 파악하지는 못했습니다. "집으로 가야겠다!"고 했지만, "부모님이 예전처럼 뛸 듯이 기뻐하며 팔 벌려 안아주실 거야!"라는 얘기는 아니었습니다. 실은, 그 근처에도 가지 못했습니다. 탕자는 꿍얼거렸습니다. "내 집, 내 가족이 있는 고향으로 돌아가야지. 거기서는 일꾼들도 지금 나보다 더 배불리 먹을 수 있거든. 도착하거든 아버지께 '죽을죄를 지었습니다. 일꾼 부리듯 저를 대해주십시오'라고 말씀드려야겠어." 여전히 집이 있으며 돌아가야 한다는 진실을 깨달았지만, 한편으로는 죄책감에 눈멀고 헷갈려서 완전한 자유를 누리지 못했습니다. 진리를 알았지만 돌이키고 돌아가는 수준에 그치고 말았습니다.

집으로 돌아가는 길

아, 사랑하는 임의 목소리!

저기 오는구나. 산을 넘고 언덕을 넘어서 달려오는구나.

사랑하는 나의 임은 노루처럼, 어린 사슴처럼 빠르구나.

벌써 우리 집 담 밖에 서서

창틈으로 기웃거리며

창살 틈으로 엿보는구나.

아, 사랑하는 이가 나에게 속삭이네.

나의 사랑 그대, 일어나오.

나의 어여쁜 그대, 어서 나오오.

겨울은 지나고, 비도 그치고, 비구름도 걷혔소(아 2:8-11).

예수님은 세례를 통해서 아버지와 친밀하게 연결되셨습니다. 하나님은 "너는 내 사랑하는 아들이라. 내가 너를 기뻐하노라"라고 말씀하시며 주님의 신분을 확인해주셨습니다. 이러한 원초적인 진실을 알고 있었기에, 주님은 용납과 거절이 공존하는 세계에서 자신을 세상에 보내신 분과 긴밀한 관계를 놓치지 않고 주어진 삶을 살며 죽음을 받아들일 수 있었습니다. 관계의 실상을 꿰뚫어보셨으므로 사람들이 더불어 있고 싶어 하든, 말씀을 귀 기울여 듣든, 왕으로 삼으려 하든, 배척하고 거부하든, 때리든, 침을 뱉든, 십자가에 못 박든 흔들리지 않고 하나님의 아들이라는 신분을 시종일관 기억하셨습니다.

베드로와 유다의 사연에서도 똑같은 연결과 단절이 나타납니다. 둘 다

가출, 그리고 귀향

예수님의 벗이 되는 특권을 받았으며, 그것이 두 사람의 정체성이 되었습니다. 주님의 선택을 받았으며, 스스로 그 사실을 잘 알고 있었습니다. 하지만 두 제자 모두 부인과 배신을 통해 진리를 떠났습니다. 그런데 그걸 자각하는 순간, 베드로는 그리스도의 친구라는 정체성을 되찾고 대성통곡했습니다. 반면 유다는 노골적이고 악의적으로 죄를 지어본 적이 없는 이들 틈에 낄 수 없다고 판단하자 죽고 싶은 마음이 들었습니다. 결국 엄청난 유산을 포기한 채 목을 매고 말았습니다.

식구가 되고 집을 나가고 다시 돌아오는 게 영적으로 무얼 의미하는지 여러분도, 나도 잘 알고 있습니다. 작은아들이 그랬던 것처럼 감정보다 행동을 앞세우며, 사랑이 기다리고 있음을 신뢰하고, 불안해하면서도 기어코 돌아가는 법을 배울 필요가 있습니다. 탕자의 비유에 드러난 하나님의 성품을 알고 나면 그렇게 하기가 한결 수월해집니다. 이 글을 쓰기 전까지는, 아버지가 '돌아온 자식'뿐만 아니라 '집에서 달아난 아들'까지 끌어안고 있다는 걸 전혀 눈치 채지 못했습니다. 그걸 깨닫는 순간 눈이 번쩍 뜨이면서 두 가지 질문이 잇달아 튀어나왔습니다.

"집을 나가던 순간에도 그 자리에 계셨다는 뜻입니까?"

"지금이라도 집에 돌아가면 여전히 거기서 나를 기다리고 계신다는 말입니까?"

어쩌면 떠나고 돌아오는 건 하나의 과정일지 모릅니다. 특히 사랑이 넘치는 아버지의 마음으로는 더욱 그러할 겁니다. 여기에는 "가지 마라!"고 말리는 부모가 없습니다. 그런 말은 이 이야기의 취지에 부합되지 않습니다. 비유가 전달하려는 메시지는 다릅니다. 탕자의 아버지는 이렇게 말하는 것 같습니다. "그래, 아들아, 가거라. 아마 상처를 입을 테고, 사는 게 힘들어지고, 고통을 겪게 될 것이다. 심지어 목숨을 잃게 될지도 모른다. 그래도 위험을 감수하려는 걸 미리 막지는 않겠다. 다만, 돌아올 때까지 여기서 너를 기다리마. 또 네가 떠나는 순간에도 난 여기에 있겠다. 그렇다. 우리는 하나이고, 그 무엇도 우리를 나눠놓을 수 없단다." 사랑이 많으신 하나님의 이런 모습이야말로 무엇보다 확실한 생명선입니다. 적어도 내게는 그렇습니다.

> 주님, 나를 가르치셔서
> 옴짝달싹하지 못하는 연약하고 부족한 모습을,
> 주님으로부터 떨어져 나와서
> 중심에 계신 주님의 생명을 의식하지 못하는
> 사랑이 사라진 내 마음의 실체를 보게 해주십시오.
> 늘 두려움과 어울려 다니며
> 무지의 집에 기거하지만
> 사랑으로 세상에 태어났으므로
> 사랑만이 나의 타고난 권리입니다.
> _난 C. 메릴, 《기도를 위한 시편》[7]

속으로 생각할 때가 있습니다. 어딘가에 자비로운 분의 사랑이 있다 굳게 믿고 가끔씩 가출의 모험을 감행하는 것도 괜찮겠다고 말입니다. 탕자가 그랬던 것처럼 누구에게나 잠시 뛰쳐나가고 싶을 때가 있는 법이 아닐까요? 우리들 한 사람 한 사람이 끊임없이 들락거리는 아들딸로서 생명을 주시는 분께 사랑을 받습니다. 자신이 걷고 있는 여정을 면밀히 관

가출, 그리고 귀향

찰할수록 매일, 아니 매시간 떠나고 돌아오길 되풀이한다는 사실을 절감하게 됩니다. 생각은 시시때때로 곁길로 새나가지만 결국 제자리로 돌아옵니다. 마음은 애정을 찾아 떠났다가 상처투성이가 되어 돌아옵니다. 몸은 욕망을 좇아 뛰쳐나가지만 머지않아 갔던 길을 되짚어 돌아옵니다. 떠나고 돌아오는 건 삶의 단막극이 아니라 계속 이어지는 연속극입니다.

비유, 그리고 그 그림과 만나고 더불어 살아가면서 수많은 작은아들에게 연민을 품게 되었으며, 집을 떠나고 돌아올 권리를 마음껏 행사하라고 초청하고 싶어졌습니다. 우리는 너나없이 창조주의 사랑하는 자녀들입니다. 영원하고도 끝이 없는 사랑의 품에 안전하게 안겨 있습니다. 그러나 영적으로 성장하면서 차츰 본성을 좇아 살게 되는 건 지극히 정상적인 일입니다. "그렇습니다. 제멋대로 욕심껏 살려고 가출을 감행할 때조차도 주님은 사랑하셨습니다. 실수를 해도 사랑을 베풀어주셨습니다. 못된 짓을 저질렀지만, 당시로서는 그럴 수밖에 없었습니다. 사람들에게 상처를 받았고 억울하게 고통을 당했습니다. 하지만 무슨 일이 생기기도 전에 사랑해주셨습니다." 그러므로 사랑을 주신 그분 이상으로 지나치게 자신을 심판하지 않는 게 중요합니다.

> 🐚 영성 훈련이란 … 삶의 안팎에 여백을 만들어내고자 혼신의 노력을 기울이는 걸 말한다. … 영성 훈련은 우리로 하여금 자유롭게 기도하고 더 잘 아뢰게 하며 우리 안에서 하나님의 영이 친히 간구하게 한다. _헨리 나우웬, 《모든 것을 새롭게 _Making All Things New_》[8]

집을 떠나는 순간 그 자리에 사랑이 있었다는 사실을 부정하면, 고향

집으로 돌아가는 길

으로 돌아오는 길 역시 죄책감의 지배를 받을 수밖에 없습니다. "언젠가는 꼭 실패해서 반드시 내게 손을 벌릴 줄 알고 있었다"고 질책하시는 무서운 하나님을 연상하게 되기 때문입니다. 그건 탕자의 비유에 나타난 위대한 창조주의 모습이 아닙니다. 주님은 제 힘으로 무얼 해보려다 쓰러진 자식을 비웃지 않으십니다. 성경은 죄책감과 부끄러움에 사로잡힌 채 잘못을 고백하는 걸 귀향의 조건으로 내걸지 않습니다. 비유가 설명하는 하나님은 인격적이며, 친밀하고, 사랑이 넘치는 분입니다. 한없는 관용과 용서를 베푸셔서 안타깝게 떠나보내셨다가 돌아오기만 하면 반가이 집 안으로 맞아들입니다. 하나님의 이런 모습을 살펴보는 작업은 이성적으로 옳고 그름을 가리는 것과는 차원이 다릅니다. 마음의 빗장을 풀어헤쳐서 서서히 두려움을 떨쳐버리고, 신뢰를 회복하며, 자식의 가출은 물론이고 되돌아와 잔치를 벌일 날을 고대하는 기다림까지를 모두 축복하는 아버지의 사랑이 스며들 여지를 마련하는 과정입니다.

☧ 귀를 기울이십시오

조용히 마음의 문을 열고 전혀 새로운 각도에서 이야기에 귀를 기울이십시오. 이번에는 '자세'를 기준으로 탕자의 비유에 접근하십시오. 주인공들의 위치가 무엇을 암시하는지 살펴보십시오. 준비를 단단히 하십시오. 깜짝 놀랄 일이 생길지도 모릅니다.

그림에 등장하는 주요 인물들을 면밀하게 관찰하면서, 화가는 주인공들의 어떤 면을 부각시킬 의도로 그 순간을 포착해서 그런 방식으로 그려냈을지 추정해보십시오. 예수님이 비유를 통해서 어떤 가르침을 전달하고 싶어 하셨을지 곰곰이 생각해보십시오. 주인공들이 여러분 각자에게 주는 의미를 읽어내십시오.

⚓ 일기를 쓰십시오

다시 펜과 노트를 준비하고 자리를 잡으십시오. 비유와 그림에 묘사된 작은아들의 모습을 여러분의 말로 다시 정리하십시오. 작은아들의 자세는 어떤 마음가짐을 드러냅니까? 탕자의 안팎을 가늠해보고 공감할 수 있는 부분을 찾아보십시오. 다소 고통스러울지라도, 저마다 집을 떠나고 돌아오는 문제와 관련해서 생각나는 일들을 적으십시오. 경험과 감정을 있는 그대로 포착하려고 노력하십시오. 완벽하지 않아도 좋습니다. 중요한 문제들을 붙들고 깊이 생각하고 그 내용을 기록하십시오. 하나님의 아들딸로서 작은아들의 어떤 점이 마음을 움직입니까?

    ✍ 한 걸음 물러나서 나를 통해 창조적인 힘이 움직이게 만드는 법을 배웠다. 나는 그저 들리는 대로 종이 위에 옮기고 써내려갈 따름이다. 그렇게 되면 글쓰기는 핵무기를 발명해 내는 쪽보다는 엿듣기에 가까워진다. … 감상에 젖을 필요가 없다. 영감이 작용하고 있는지 알아보기 위해 감정의 온도계를 들이댈 까닭이 없다. 타협이 파고들 여지도 없다. 선? 악? 어느 편에도 관심 없다. 그냥 쓸 뿐이다. 남의 시선을 의식하는 작가의 자리에서 물러나 자유롭게 쓴다. _줄리아 캐머런, 《아티스트 웨이》[9]

⚓ 묵상하십시오

찢어지는 아픔을 감수하면서까지 자식에게 떠날 자유를 허락하시고 축복을 거둬가지 않으시는 하나님을 생각할 때 어떤 느낌이 듭니까? 소

리 내어 표현해보십시오. 아직 집에서 멀리 떨어진 곳에 있다면, 마음에
떠오르는 생각을 입으로 고백하십시오.

한없이 반가운 마음으로 활짝 벌려 안아주시던 두 팔, 그리고 무조건적
인 사랑을 담아 등을 어루만지던 손길이 기억납니까? 그렇다면 감사하십
시오. 여러분은 다시 한 번 안전하게 집에 들어섰습니다.

마음에서 마음으로 대화하십시오.

　　🙠　입을 다물고 말하지 않겠습니다. 자신을 잊음으로써 자신을 구원하게
　　도우소서. 무슨 일을 하고 무슨 생각을 하든지, 무한한 분의 자녀라는 사실을
　　확실히 인식하게 인도하소서. _존 매퀴슨 II, 《항상 다시 시작한다》[10]

가출, 그리고 귀향

두 번째

◆◆◆

잔치

장 바니에는 《공동체와 성장Community and Growth》이라는 책에서 잔치를 일컬어 '하늘나라의 상징'이라고 했습니다. '인간이 가장 열망하는 완전한 친교의 몸짓'이라는 겁니다. 탕자의 비유에서 늙은 아버지는 오랫동안 간절히 바라던 대로 아들이 살아 돌아왔을 때 어떤 반응을 보이는 게 가장 적절한지 누구보다 잘 알고 있었습니다. 노인은 일꾼들에게 "살진 송아지를 끌어내다가 잡아라. 우리가 먹고 즐기자"라고 했습니다. 가출했다가 깊이 뉘우치고 다시 집을 찾아온 작은아들이 '완전한 친교'에 참여한 다른 손님들과 더불어 사랑받는 아들로서 축하 인사를 받을 준비가 됐었는지, 그렇지 않았는지는 알 수 없습니다. 하지만 무조건적인 사랑을 받고 부끄러워서 몸 둘 바를 모르는 모습은 탕자뿐만 아니라 우리에게서도 자주 볼 수 있습니다.

　대학에서 일하면서는 '잔치'의 진정한 의미를 잊고 지냈습니다. 그러나 데이브레이크에 살면서부터 사랑과 인정이 듬뿍 담긴 단순한 제스처들을 보면서 '잔치'란 단순한 파티나 행사 이상이라는 점을 새삼 떠올릴 수 있었습니다. 시끌벅적 맛있는 생일 음식을 실컷 먹고 나서 한 사람씩 돌아가며 주인공의 존재와 삶에 대해 감사의 말을 전하는 걸 보고 감동을 받았습니다. 장례를 치르고 나서 한데 모여 고인에 관한 이야기를 주고받으며 웃고, 울고, 추억하는 걸 보면서 뭉클했습니다. 봄마다 엘렌의 부모가 몇몇 동행들과 먼 길을 달려와서 유월절 만찬을 함께하며 '선민'의 역사 가운데 임하신 하나님의 모습을 가르치는 장면을 지켜보며 깊은 인상을 받았습니다. 금요일 저녁 예배가 끝나고 마지막 찬송을 부를 때는 누가 시키지 않아도 다들 자연스럽게 한바탕 춤판을 벌이곤 했는데, 그 속에는 진정한 기쁨이 흘러넘쳤습니다. 잔치를 벌인다는 건 서로를 향해 따듯한 마음을 품고 기뻐하며, 즐겁게 음식을 나누고, 격려하며, 마음에 담아두었던 감사의 뜻을 공개적으로 알리는 걸 말합니다.

　잔치가 영성 훈련이 되려면, 단순히 먹고 마시며 즐기는 차원을 넘어서 감격과 우정을 나누는 잘 준비된 모임이 되어야 합니다. 창의성을 마음껏 발휘해서 가벼운 '축제'를 기획해보십시오. 잔치를 열어서 사랑하는 이들을 공개적으로 지지해주고, 축복하고, 높여주십시오. 주인공의 입장이라면 최대한 순수해지려고 노력하십시오. 참다운 자양분을 한껏 받아들여서 불안정한 마음을 단단히 붙드십시오.

가출, 그리고 귀향

3

라르쉬로부터
두 번째 외로움으로

⚜

함께 노래하고 춤추며 즐거워하되

저마다 홀로 있게 하라.

비록 현악기의 줄들이 한데 어울려 음악을 연주할지라도

하나하나 따로 떨어져 있듯이

나란히 서되 너무 가까이 다가서지는 마라.

사원의 기둥들은 뚝 떨어져서 있게 마련이며

참나무와 삼나무는

서로의 그늘 아래서는 자랄 수 없는 법이니.

_칼릴 지브란, 《예언자*The Prophet*》[1]

라르쉬와의 허니문은 일 년 남짓 계속됐습니다. 행복한 기간이 끝나기가 무섭게 옛 마귀가 되돌아왔고, 나라는 인간이 이루 말할 수 없을 만큼 이기적인 욕구에 집착한다는 자의식을 붙들고 씨름했습니다. 작고 초라

한 삶을 초월하여 더 크고 넓은 무언가를 표현하는 전혀 새로운 방식으로로 정서적인 삶을 꾸려나가기를 진심으로 바랐습니다. 하지만 낡은 옷을 벗어버리기에는 내부 저항이 너무 극렬했습니다. 조금씩 '첫 번째 사랑'과 '두 번째 사랑'의 윤곽이 잡히기 시작했지만, 그나마도 머릿속에서뿐이었습니다. 자, 이제 구체적으로 이야기해봅시다.

세월이 지날수록 첫 번째 사랑은 궁극적인 생명의 원천, 즉 하나님으로부터 비롯되었다는 점이 내 안에서 더욱 또렷해졌습니다. 남들이 나를 알아보거나 사랑하기 훨씬 전부터 그분이 무조건적인 사랑을 베풀어주셨다는 사실을 지성적으로 받아들이는 데는 아무 문제가 없었습니다. 주님은 직접 "나는 영원한 사랑으로 너를 사랑하였고, 한결같은 사랑을 너에게 베푼다"고 말씀하셨습니다. 그리고 두 번째 사랑, 즉 부모나 가족이나 친구의 사랑은 첫 번째 사랑의 변형일 뿐임도 깨달았습니다.

짐작컨대, 첫 번째 사랑만이 줄 수 있는 만족을 두 번째 사랑에서 기대했던 게 내 고통의 근원이었습니다. 사랑하는 능력이 불완전하고 제한적인 다른 인간에게 완벽한 자기희생과 무조건적인 사랑을 바랐으니, 나무에게 물고기를 구한 꼴이었습니다. 요구가 많을수록 더 많은 것들을 잃어버리게 되고, 관계가 끊어지며, 분노가 커지고, 외톨이가 되고, 더 자주 극심한 고뇌와 고통을 맛보게 마련이라는 걸 경험에 비추어 잘 알고 있었습니다. 하지만 서글프게도 내게는 행동을 바꿀만한 힘이 없었습니다.

라르쉬에 들어가 살기 전까지는 이런 사실들을 새카맣게 몰랐습니다. 애정에 목말라하는 태도와 평생 맞붙어 싸워야 한다는 건 알고 있었지만, 두 번째 사랑으로 반응할 수밖에 없는 이들에게 첫 번째 사랑을 요구하고 있다고는 꿈에도 생각지 않았습니다. 라르쉬 데이브레이크에서도 그러한 생존 방식에 기대어 정서적인 삶을 유지하려 들었습니다. '집'을 찾는 방편으로 따뜻하고 긴밀한 우정을 선택했습니다. 공동체 식구들과 관계를 맺는 데 모든 걸 다 바쳤고, 한동안은 제법 재미를 보기도 했습니다. 그러나 2년차에 접어들면서 가장 친한 친구와 쌓았던 교분이 그야말로 산산조각 나는 사건이 터졌습니다. 순간, 그동안 공들여 구축했던 세계가 와르르 무너져 내렸습니다. 한평생 경험했던 상실이 한꺼번에 되살아나서 악착같이 덤비는 것 같았습니다. 교회와 공동체 안에서 개인적인 통합을 이루는 의식은 물론이고 방향감각까지 완전히 잃어버렸습니다. 엉뚱한 데서 '집'을 찾고 있었다는 사실을 갑자기 깨닫는다는 게 얼마나 혹독한 일인지 말로 다 할 수 없을 정도였습니다. 어마어마한 외로움과 고통이 순식간에 밀려들었습니다.

> 삶에는 온갖 경험들이 넘쳐 흐르게 마련이지만 내면 깊은 곳 어디쯤엔가는 움직일 때마다, 막막한 그러나 유익한 외로움을 너나없이 끌고 다녀야 할지 모른다. _에티 힐레줌, 《가로막힌 삶, 베스터보르크에서 온 편지》[2]

고통이 극심했습니다. 일을 할 수가 없었습니다. 아니 생활 자체가 어려웠습니다. 새롭게 '집'으로 삼은 관계에 의지해서 무언가를 해보려는 의욕이 강해질수록 심리학자로서 받았던 훈련이 더 강력하게 브레이크를 걸었습니다. 공동체 안에 머무는 한, 전문가의 적절한 지원을 받거나 거리를 두고 내 상태를 선명하게 볼 길이 없음을 깨닫게 해준 겁니다. 그래서 데이브레이크를 떠나 마니토바 주 위니펙에 있는 다른 치유 공동체

집으로 돌아가는 길

에 들어가 지내면서 내 씨름의 실체를 정확히 파악해보기로 했습니다. 라르쉬 생활의 의미를 깊게 하려면 잠시 떠나 있는 게 꼭 필요하다고 굳게 믿었습니다. 개인적으로 너무나, 너무나도 힘든 시간이었습니다. 함께 있고 싶은 마음이 그 어느 때보다도 간절한데 익숙한 공동체에서 홀로 떨어져 있다니 견디기 어려웠습니다. 하지만 그런 경험을 통해서 차츰 친구, 친밀감, 안전감보다 더 뜻깊은 '집'을 찾아나서는 탐색을 시작할 수 있었습니다.

외로움에서 출발해서 라르쉬로 들어가고, 거기서 제대로 살아갈 힘을 얻기 위해 두 번째 외로움으로 떠나는 일련의 상황들 속에서 몸부림치면서, 렘브란트의 〈탕자의 귀향〉을 처음 대했을 때 받았던 강렬한 인상을 선명하게 기억해냈습니다. 어쩐지 그 그림이 내 삶에 대단히 큰 의미를 갖게 될 것 같았습니다. 그래서 위니펙에서 홀로 지내는 동안 충분한 시간을 투자해서 그림을 살피고 연구하기 시작했습니다.

나로서는 무슨 일이 일어났는지 설명하기가 어렵습니다. 한없는 고통과 고뇌에 짓눌려 있었고 그만큼 외로웠지만, 은혜로운 손길로 엇나간 아들을 어루만지는 아버지의 모습을 눈앞에서 똑똑히 보았습니다. 꿇어앉은 젊은이는 바로 나였습니다. 스스로 오랫동안 그런 사랑을 갈망해왔기에, 노인이 얼마나 큰 애정을 담아 자식을 쓰다듬고 있는지 확실히 알 수 있었습니다. 그처럼 따뜻한 손길은 눈이나 머리 못지않게 인정하고 확인하는 뜻을 정확히 전달합니다. 어깨를 짚은 두 손은 말보다 앞서서 마음을 이어줍니다. 화가의 상상력에 힘입어 살아난 주인공들의 모습이 깊은 슬픔에 빠져 있던 내 마음을 움직였습니다.

가출, 그리고 귀향

〈길 떠나는 농부 가족〉, 1652, 동판화

—

"그림이 주는 통찰들은 지성 세계에 속하는 것들이지만,
더 깊은 차원의 정서적인 삶을 영위하는 데도 큰 도움이 될 거라고 믿었습니다."

≈ 얼굴은 가면이다. 영혼의 이면에 숨어 있는 허약한 감정들을 누설하지 않으려고 뒤집어쓰는 가면. _글렌라조

개인적으로는 여러 해 동안 이 그림을 관찰해왔고 지금도 보고 있습니다. 그리고 앞에서 밝힌 것처럼, 두 번째 사랑에서 첫 번째 사랑으로 가는 여정뿐만 아니라 외로움을 딛고 라르쉬로, 다시 라르쉬에서 두 번째 외로움으로 가는 내내 그림을 눈에서 떼어놓지 않았습니다. 차츰 그림의 본질에 접근하고 있었지만 여전히 드러나지 않은 무언가가 잔뜩 남았다는 느낌을 지울 수 없었습니다. 그림이 주는 통찰들은 지성 세계에 속하는 것들이었지만, 더 깊은 차원의 정서적인 삶을 영위하는 데도 큰 도움이 될 거라고 믿었습니다.

생명의 근원이 되시는 하나님은 원초적인 사랑, 무조건적인 첫 번째 사랑을 베푸십니다. 하지만 그 사랑은 아버지와 어머니, 할아버지와 할머니, 형제와 멘토 등 한계가 뚜렷한 몇몇 사람들을 거쳐서만 볼 수 있었습니다. 창조주께서 나를 어머니의 모태에서 조성하셨으며 온전히 사랑하시는 걸 알고 있기는 했지만, 그걸 비쳐 보여주는 아버지는 대단히 권위적이었으며 어머니는 지나치리만큼 연약하고 세심했습니다. 두 어른이 죽는 날까지 한없는 애정을 퍼붓고 은혜를 베푸셨음에도, 나로서는 너무나 조심스러워서 자식을 마음껏 끌어안거나 만지지 못하는 여인과, 아들에게 출세해서 교수가 되어야 한다는 메시지를 강압적으로 전달하는 아버지를 통해서 하나님의 무조건적인 사랑을 처음 경험할 수밖에 없었습니다. 그런 부모님을 보면서 하나님이 주시는 무조건적인 첫 번째 사랑을 실감하기란 쉽지 않았습니다. 두 분 다 평생 고마워해야 할 만큼 훌륭한

어른들이었지만, 그들 역시 한계가 많은 인간들이었습니다. 힘닿는 데까지 최선을 다해서 나를 사랑해주었지만 내게 많은 상처를 준 것도 엄연한 사실입니다. 아버지와 어머니는 훨씬 먼저 나를 알아보고 끌어안아주시는 분의 무제한적인 사랑을 흐릿하게 보여주는 그림자에 불과했습니다.

 ✑ 영적 체험의 핵심이라고 할 만한 통찰이 여기에 있다. 인간은 자신을 창조하고 생존하게 해주는 사랑을 통해서 상세하고도 깊게 인식하고 이해하며, 상호의존적인 창조 공동체의 구성원인 것을 알게 된다. 이 사랑은 인간의 잠재력뿐만 아니라 한계도, 선을 행할 능력뿐만 아니라 악을 저지를 가능성도, 자신의 목표를 위해 공동체를 부당하게 이용하려는 집요한 이기심도 안다. 하지만 그 사랑은 그것을 빌미로 인간을 제한하거나 조종하려 들지 않는다. 대신에 끊임없이 은혜를 베풀어 자신을 인식하고 용납하게 해서 마침내 마음껏 더 큰 사랑을 살아내게 한다. _파커 J. 파머, 《가르침과 배움의 영성*To Know As We Are Known*》[3]

부모의 사랑은 무한한 사랑의 유한한 그림자입니다. 누구나 그렇겠지만, 나 역시 그 사랑을 체험하는 과정에서 상처를 입었습니다. 대다수 아버지와 어머니 들은 누구보다 훌륭하며 심지어 위대하기까지 하지만, 또한 인간으로 세상에 살면서 무수히 깨지고 깊이 상한 이들이기도 합니다. 자녀들에게 가장 좋은 것들을 주고 싶어 하는 뜻은 간절하지만, 저마다 지닌 상처 탓에 그럴 수가 없으며 결국 마음과 달리 유한한 사랑을 전달하는 데 그치고 맙니다.

그런 까닭에 '집'이라는 울타리를 벗어나서 사랑받을 수 있는 자리를

집으로 돌아가는 길

탐색하는 이들이 적지 않으며, 그들 가운데 상당수는 주위에서 흔히 보는 문화운동에 휩쓸립니다. 하지만 의식적으로든 무의식적으로든 "나를 어떻게 생각해요? 나를 봐주세요! 내가 하고 있는 일을 좀 보세요! 내가 가진 것들이 보이나요? 멋지지 않아요? 이만하면 괜찮다고 생각하지 않나요? 나를 받아주겠어요? 나를 훌륭한 인간으로 보고 있나요? 날 좋아해요? 날 사랑하나요?"라고 묻는 삶이야말로 방탕한 인생입니다.

우리는 남들한테 멋진 모습을 보이려고 쉴 새 없이 움직입니다. 다른 이들의 눈에 어떻게 비쳐지느냐에 따라, 혹은 무슨 일을 하고 무얼 가졌느냐에 따라 자신의 정체성과 가치가 결정된다는 착각에 빠져 있는 탓입니다. 정말 특별하고 그럭저럭 괜찮은 인물이 되면 외부에 있는 이들이 과연 그렇다고 얘기할 거라 믿습니다. 독특하고 사랑할 가치가 있는 인간인지 판별하는 시험을 통과했는지 알려면 주변 사람들의 이야기를 들어봐야 한다고 생각합니다. 이런 사고방식을 부채질하는 건 바로 우리가 사는 이 세계입니다. 세상은 묻습니다. "얼마나 벌어났지? 어떤 재산을 소유하고 있어? 공부는 어디까지 했대? 유명해? 어떤 도움을 줄 수 있지? 주변의 평가는 어때? 힘깨나 쓰는 편인가?" 잘하는 것도 없고, 돈도 없고, 성공하지도 못하고, 유명하지도 않으면 아무것도 아닌 존재가 됩니다.

이런 부류의 문화적인 환상들이 온 천지에 가득해서 자아상에 지대한 영향을 미치고 있습니다. 세상은 경고합니다.

"일(변호사, 아이 엄마, 최고경영자, 교사, 도우미, 과학자, 또는 단순노동자)이 곧 그 사람입니다. 그러니까 무언가 인정받을 만한 일을 하십시오."

"가진 게(돈, 학벌, 권력, 인기, 장애, 맨주먹) 곧 그 사람입니다. 그러므로

가출, 그리고 귀향

부지런히 움직여서 가능한 한 많이 긁어모으십시오.”

“남들 눈에 비치는 모습(친절한, 인색한, 성자 같은, 다정한, 어리석은)이 곧
그 사람입니다. 그러므로 올바르게 처신해서 존경을 받으십시오.”

영화, 예술, 연예산업은 이런 환상을 뒷받침하며 조작하는 방식으로 사
용되는 경우가 많습니다. 현대인은 자아정체감마저 정립하지 못한 이들
이 만들어낸 환상에 휘둘리고 있습니다. 그들이 인정과 용납을 얻으려고
지어낸 허상을 행동으로 옮기며 살아갑니다. 우리는 사랑스럽게 어루만
지는 동작이 움켜쥐는 행위로 변질되고, 입맞춤이 물어뜯는 걸로 발전하
는 걸 지켜보고 있습니다. 성폭력은 통제할 수 없는 인간적인 욕구에 누
군가를 순응시키려는 의도에서 비롯됩니다. 자유롭게 주고받는 관계는
존재하지 않습니다. 개인의 필요를 이기적이고 독점적으로 표현하는 데
집착할 따름입니다. 몸과 성은 전체적으로 인간이 진정한 자아를 추구해
나가는 구심점입니다. 방탕한 인생을 정리하고 차츰 절제하는 생활로 옮
겨가라고 도전하는 이유가 여기에 있습니다. 고상한 척하라는 얘기가 아
닙니다. 참다운 자아정체감은 진정한 친밀감이라는 소중한 선물을 불러
오기 때문입니다.

하나님이 우리를 사랑하시는 게 마치 우리가 다른 이들을 사랑하는 것
처럼 조건적일 거라고 생각할 때가 너무도 많습니다. 자신을 하나님의 형상
으로 보는 게 아니라 하나님을 자기 형상에 맞추려 하는 꼴입니다. … 성공주
의에 물든 인간은 그런 문화를 하나님과의 관계에까지 들이대려 합니다. 주
님을 비롯한 모든 이들에게 깊은 인상을 남기려고 안간힘을 쓰면서 점점 지

집으로 돌아가는 길

처가는 겁니다. ··· 하나님과의 관계나 그분 앞에서 누리는 지위는 우리의 행위나 업적과 전혀 상관이 없다는 사실을 확실히 믿어야 합니다. _데즈먼드 투투, 《하나님에겐 꿈이 있다*God Has a Dream*》[4]

예수님은 인간을 얽어매는 이 착각에 빠진 어두운 세상과 정면으로 맞서는 삶을 사셨습니다. 집으로 돌아간다는 건 이런 착각과 방종, 남의 기대에 맞추려는 절박한 몸짓에서 돌이킨다는 뜻입니다. 직업이 인간을 대변할 수는 없습니다. 재물이 인격과 맞먹을 수도 없습니다. 남들의 평가가 한 사람을 규정할 수는 없습니다. '귀향'은 진리를 따르는 행위를 가리킵니다. 나는 따뜻하고 다정한 창조주의 사랑스러운 자녀입니다. 이제는 더 이상 이 땅에 존재하기 위해 세상의 허락을 받을 필요가 없습니다.

   열여섯 살 무렵, 직장에서 쫓겨나고 큰 충격을 받았다. 내 전 인격이 쓰레기통에 처박힌 느낌이었다. 2층에서 울고 있는데 어머니가 들어오셨다. ··· 자초지종을 말씀드렸다. ···어머니는 침대에 걸터앉은 채 두 팔로 나를 꼭 끌어안아 주셨다.

"해고를 당해서라고? 해고란 말이지?" 하시며 호탕하게 웃으셨다.

"난 또 뭐라고. 그까짓 게 무슨 대수라고. 내일 다른 일자리를 찾아보면 돼."

그러곤 손수건을 꺼내서 내 눈물을 닦아주셨다.

"예전에 열심히 직장을 찾아다녔던 걸 기억하니? 그러다 지난번 회사에 들어갔잖아, 그치? 이번에도 마찬가지야. 한 번 더 일자리를 구하게 됐을 뿐인 거지."

어머니는 우스갯소리로 십 대 딸아이의 눈물바람을 놀리는 동시에 지혜로운 가르침을 얻어주셨다.

"생각해봐. 해고하는 순간 너희 사장은 어여쁜 아가씨 하나를 잃어버린 거
야. 넌 늑대 소굴에서 살아남은 거고!"_마야 앤젤루, 《떠날 때는 아무것도 필요하지
않습니다 _Wouldn't Take Nothing for My Journey Now_》[5]

방탕한 삶과 절제된 인생 가운데 어느 쪽을 택하느냐에 따라서 부당한
고난을 당할 때 대처하는 모습이 크게 달라집니다. 올바른 자아정체감을
가지고 절제된 삶을 사는 이들은 전혀 새로운 방식으로 어려움을 헤쳐나
갑니다. 예를 들어, 관계가 틀어져서 마음을 다치면 자연히 불안정해지
게 마련이며, 자존감의 추락과 상처뿐만 아니라 패배감까지 경험하게 됩
니다. 죽고 싶다는 생각이 들 수도 있는데, 그 자체가 삶을 얼마나 소중하
게 여기는지 보여주는 잣대가 됩니다. 선한 것과 추한 게 한데 뒤섞인 느
낌으로서, 혼란스럽지만 모두가 절실한 감정들입니다. 그러나 감당할 수
없는 상처를 입고 깊은 절망 속으로 빨려 들어가는 상황일지라도 자신의
실체를 설명하는 놀라운 진리에는 변함이 없습니다. 사랑을 받고 있다는
게 중요합니다. 이건 공부를 하거나 심리학적으로 분석해서가 아니라, 마
음 깊은 곳에서 저절로 알게 되는 사실입니다. 나는 괜찮은 사람입니다.
나를 세상에 보내서 살게 하신 분이 알고 계시며 소중하게 여겨주시는
존재이기 때문입니다. 상처를 입은 인간이기 이전에 사랑받고 있는 사람
입니다. 비록 상한 감정을 가졌을지라도 언제든 되돌아가서 진정한 나를
되찾을 길이 열려 있습니다. 자아에 관한 이러한 진리는 태어나기 전부터
내게 주어져서 지금까지 변함없이 계속되고 있습니다. 사랑이 많으신 창
조주께서 애지중지하는 자녀, 그게 내 신분입니다.

예수님은 자신의 정체성을 분명하게 파악하고 계셨으며, 거기에 힘입어 고통스러운 날들을 평안하게 살아내실 수 있었습니다. 아픔과 괴로움을 주는 이들의 상처를 잘 아셨으므로 다른 이들이나 자신을 원망하시지 않았습니다. 아버지의 사랑을 받는 아들임을 굳게 믿으셨으므로 허다한 고난을 견디시고 해코지하는 이들을 기꺼이 용서하셨습니다.

내게는 '귀향'의 체험이 애정을 얻고 싶어 하는 깊은 갈망(몸과 마음에서 다양한 형태로 표출됩니다)을 둘러싸고 일어납니다. 그 인간적인 목마름은 온갖 동경과 고독, 욕정, 분노, 상처, 복수 따위로 뒤덮인 판타지의 세계로 나를 끌어들일 때가 많습니다. 그러나 스스로 참이라고 믿고 있는 실상이 있으므로, 고통이 극심한 상황에서도 자신을 돌아보게 됩니다. "여기가 돌아설 자리야. 여기서 돌이키면 부드럽게 진리로 돌아갈 수 있어. 아직 집에 도착한 건 아냐. 그래, 난 육신을 가졌고 내 몸은 선해. 내가 누군가에게 손을 댈 수도 있고 남들이 나를 만질 수도 있지. 하지만 내 욕구에 끌려서가 아니라 사랑받는 존재의 위치에서 그래야 해."

예수님은 "아버지께서 나를 사랑하신 것같이 나도 너희를 사랑하였으니"라고 말씀하셨습니다. '아직 집에 도착하지는 않았지만 여전히 아버지의 사랑을 받는 아들'이라는 사실을 마음에 새기면 머리부터 발끝까지 방탕한 삶에 빠지는 걸 막을 수 있습니다. 지금은 절제된 삶을 완벽하게 살아내지 못할 수도 있지만, 그렇다고 해서 내 몸이 창조의 영이 거하시는 성전이라는 사실이 달라지지는 않습니다. 예수님처럼 나도 하나님의 사랑을 한 몸에 받는 자녀입니다. 그 사실 역시 변함이 없습니다. 그건 진리입니다.

절제된 삶이란 이 원초적인 진리로 돌아가서 온몸으로 살아내는 걸 말

가출, 그리고 귀향

합니다. 자아를 온전히 집으로 이끌어가는 작업이야말로 힘들고 고단한 씨름입니다. 이 여정을 잘 끝내려면 부드럽게 조금씩 전진하는 게 가장 좋은 방법입니다. 예수님은 그 길이 아주 좁다고 가르치셨습니다. 가끔 자빠질 수도 있다는 말씀입니다. 영적인 삶의 여정을 모두 마칠 때까지는 쓰러졌다 일어나고, 미끄러져서 진리를 벗어났다가 회복하고, 집을 떠났다가 돌아오는 과정이 무수히 되풀이되게 마련입니다. 그러므로 한결같은 하나님의 사랑을 잊지 마십시오. 자녀들이 돌아온 뒤와 마찬가지로 떠나 있는 동안에도 하나님은 똑같이 은혜를 베푸시고, 애정을 쏟으시며, 소중히 여기시고, 애타게 기다리십니다.

> ✍ 하나님의 사랑스러운 자녀들이여, 이 세상에 살면서 하나님이 여러분을 있는 그대로 사랑하신다는 사실을 기억하기란 쉬운 일이 아닙니다. 주님이 여러분의 선한 모습을 보시고 사랑해주시는 건 아닙니다. 천만의 말씀입니다. 하나님은 여러분을 사랑하십니다. 그게 끝입니다. 사랑할 만해서 사랑하는 게 아닙니다. 절대로 아닙니다. 정확하게 말하자면, 그분이 사랑해주신 덕분에 우리는 사랑할 만한 존재가 된 겁니다. 하나님은 공로와 상관없이 그 모습 그대로 우리를 받아주셨습니다. 얼마나 기가 막힌 은혜입니까! 이것이 진정한 해방입니다. _데즈먼드 투투, 《하나님에겐 꿈이 있다》[6]

구체적으로 실현된 자아와 몸, 그리고 마음을 사랑하는 게 가장 멋진 '귀향'입니다. 따로 놀던 걸 모아서 하나로 묶어내는 겁니다. 육신과 정신, 마음이 하나가 되면 방탕한 생활은 자취를 감춥니다. 더욱 온전하고 절제된 삶을 실감하게 됩니다. 자신과 우주가 더욱 긴밀하게 하나가 되는

집으로 돌아가는 길

걸 느낄 수 있습니다. 그리고 거기서부터 서로 부드럽게 어루만지고, 끌어안고, 몸을 씻기고, 보살피며, 감싸고, 사랑하고, 입 맞추고, 자유를 만끽할 수 있습니다. 그런 경지가 되면, 더 이상 누군가를 끌어들여서 자신을 말하거나 정체성을 확인하지 않게 됩니다. 예수님처럼 자신이 누구인지 확실히 깨닫습니다. 인격적인 하나님이 영원히 사랑하시는 자녀임을 굳게 믿게 되는 겁니다.

집으로 돌아간다는 건 곧 거룩한 하나님의 사랑스러운 자녀라는 참다운 자아상을 단단히 붙들고 고향을 향하여, 다시 말해서 절제된 삶을 향하여 걷기 시작하는 걸 일컫습니다. 어쩌면 머리로는 돌아가고 싶은데 몸이 엉뚱한 길로 끌어가는 바람에 방향을 잃고 제자리를 맴돌거나 사방천지를 헤매고 다닐 수도 있습니다. 영적인 삶은 집 쪽으로, 즉 진리를 향해 꾸준히 돌아서는 결단의 연속입니다. 따뜻한 눈길로 탕자를 지켜보는 이들이 있다면, 부디 '사랑이 많으신 성령님의 자녀'라는 참다운 정체성을 회복할 수 있도록 도와주길 바랍니다.

> ✍ 혹시 남아프리카공화국으로 돌아가서 설교를 하거나 강의를 하게 된다면, 한 사람 한 사람이 각기 제 몫의 눈물 구덩이 옆에 앉아 있다는 사실을 늘 기억하십시오. _트레버 허드슨, 《땅의 소리를 들어라 Listening to the Ground》[7]

친구와의 관계가 삐거덕거리면서 하버드와 예일에서 경험했던 예전의 외로움과는 또 다른 고독에 본격적으로 휘말려 들어가게 됐습니다. 두 번째 외로움은 훨씬 더 근원적이고 실존적이었습니다. 인간관계의 차원을 넘어 신령한 영역으로 들어가고, 유난스럽게 친구를 찾고 의지하는 태도

가출, 그리고 귀향

〈겟세마네 동산의 예수〉, 1657, 동판화

—

"자아를 온전히 집으로 이끌어가는 작업이야말로 힘들고 고단한 씨름입니다.
이 여정을 잘 끝내려면 부드럽게 조금씩 전진하는 게 가장 좋은 방법입니다."

를 버리고 온전히 신뢰하며, 주어진 것보다 더 큰 무언가를 추구하는 일에 관련된 외로움이었습니다. 거룩하신 하나님이 내 중심에 들어오시는 사건과 연관이 있었습니다. 성경이 말하는 예수님의 초대, 즉 "아버지를 버리고, 어머니를 버리고, 형제를 버리고, 자매를 버리면 헤아릴 수 없이 많은 형제자매를 얻게 될 것"이라는 부르심의 문제였습니다. 감히 말하자면, '두 번째 외로움'은 옛날 고릿적부터 이어져 내려온 영성 생활의 전통을 현대적으로 표현한 말이기 때문입니다. 다른 이미지를 끌어다 설명하자면 '캄캄한 심령의 밤'이 어울릴지 모르겠습니다. 십자가의 성 요한은 그 칠흑같이 어두운 밤을 지내면서 인간이 그 마음으로 성령님을 소유하거나 붙잡는 게 불가능하다는 걸 깊이 깨달았습니다. 하나님의 영은 너무나 광대해서 인간으로서는 도저히 담아낼 수 없는 까닭입니다.

개인적으로는 그 시기를 통과하면서, 정서적인 만족감을 주는 우정에 얽힌 첫 번째 외로움을 지나 사랑 그 자체와 친밀해지는 두 번째 외로움으로 넘어가는 과정에 관해 큰 깨달음을 얻었습니다. 하나님이 더 깊은 교제를 나누기 위해 따뜻한 인간관계를 다 포기하라고 요구하셨던 건 아닙니다. 그러나 감성적이고 지성적이며 정서적인 만족에 집착하는 마음가짐을 내려놓으라고 도전하셨습니다. 그런 종류의 두 번째 외로움은 극복해야 할 문제가 아니라 온전한 인간으로 설 수 있도록 열심히 살아내야 할 과제입니다. 두 번째 외로움은 내면적으로 거룩하신 주님과 친밀하게 교제하는 길에 들어서게 하는 동시에, 형제자매나 좋은 친구들과의 관계를 통해서 가장 깊은 자아를 어루만질 수 있게 이끌어주기 때문입니다.

　　✍ 첫 번째 부르심은 예수님이나 하나님나라의 놀랍고 고상한 진리를 좇

으라는 내용일 때가 많다. 그 말씀에 따르는 이들은 가족과 친구, 공동체로부터 칭찬과 존경을 받는다. 두 번째 부르심은 얼마쯤 시간이 지나서 인간으로서는 예수님을 위해 거창하고 대단한 일을 해낼 수 없다는 사실을 받아들이는 순간에 찾아온다. 그때는 포기와 굴욕과 겸손이 지배하게 마련이다. _장 바니에, 《공동체와 성장》[8]

역설적이지만 엄연한 사실입니다. 인생을 지으신 주님과 더 가까워질수록 더 깊은 외로움을 맛보게 됩니다. 동시에 그 외로움은 하나님의 식구만이 누릴 수 있는 소속감을 줍니다. 세상이 제시하는 그 어떤 소속감보다 훨씬 더 강렬하고 친밀한 감정입니다. 사랑받고자 하는 인간적인 갈망에서 최대한 멀리 떨어져 외롭게 지내며 성령님과 진실하게 교제할때, 온 우주를 창조하신 주님의 소유이자 인류의 한 구성원으로서 가장 높은 수준의 소속감을 체험하게 됩니다.

두 번째 외로움 안에서 인간이 가진 가장 큰 고독감은 가장 긴밀한 연대감과 한 덩어리가 됩니다. 그건 거룩한 사랑의 하나님과 나누는 연대감인 동시에 인간들 사이에서 누리는 결속의 감정이기도 합니다. 일단 이러한 과정을 무조건적인 사랑, 연약한 인간성, 어디에나 있는 모든 형제자매들과 깊이, 아주 깊이 연결된 소명으로 받아들이고 나면, 내면에서 무언가 변화가 일어나기 시작합니다. 하나님이 베풀어주신 첫사랑을 으뜸으로 삼을 때 실존적인 외로움을 살아내는 방식이 달라진다는 뜻입니다. 진리에 더 깊이 뿌리를 내리고 온갖 고난을 감수해가며 온전히 인간다운 인간으로 바로 서가게 됩니다.

〈십자가를 지신 그리스도〉, 1655–60, 소묘

—

"마리아는 십자가 아래서 기절하지 않았습니다.
아들 곁에서, 그리고 온 세상과 더불어 굳게 서 있었습니다."

☙ "심리학이 우리에게 경고하는 폭력과 공포가 깊은 심연 속에 존재한다. 그러나 이 괴물들에 올라탄다면, 그래서 지구의 테두리를 넘어 더 멀리 내려간다면, 기질基質일 수도 있고 대양이나, 모체나, 세상을 떠받치는 틀이나, 선에 선할 수 있는 힘을 주고 악을 악하게 하는 무엇이거나, 통일장일 수도 있는, 그래서 과학의 힘을 빌어 위치를 정확하게 짚어내거나 한마디로 정의하기 어려운 무언가를 발견하게 될 것이다. 서로 관심을 갖는, 그래서 이 땅에서 더불어 살아가게 하는 그 복잡하고 불가해한 보살핌은 천부적인 자질이다. 학습으로 몸에 배게 할 수 있는 게 아니라는 말이다." _애니 딜라드, 《돌들에게 말하는 법 가르치기Teaching a Stone to Talk》[9]

앞에서 혼자 탕자의 비유 속으로 들어가지 말고 다른 이들과 더불어 움직이라고 했던 까닭이 여기에 있습니다. 외로움과 괴로움 속에 사는 이들이 주변에 가득하다는 것쯤은 다들 알고 있을 겁니다. 제 몫으로 주어진 두 번째 외로움에 이르게 되면 다음에는 '인류가 가진 조건'이라는 큰 그림을 보아야 합니다. 세상의 수많은 동료 인간들과 연대를 이룬다는 차원에서 제각기 자신의 삶을 돌아보십시오. 그렇지 않으면 여러분의 삶은 여전히 왜소하고, 고립되고, 지루한 수준을 벗어나지 못할 것입니다. 가족과 교회라는 유한한 공동체 안에 있는 여러분과 나는 하나같이 상처를 품고 사는 보잘것없는 존재들입니다. 우리는 더 과학적이고 우주적인 세계관을 가지고 더 광범위한 교제를 나누도록 부름 받았습니다. 온 천하를 지으시고 통치하시는 하나님과, 그리고 세상에 사는 다른 인간들과 말입니다. 굳게 서서 인생과 고통에 맞서 끈질기게 씨름하는 삶을 살아가라고 감히 권면할 수 있는 건 우리가 개인의 한계를 뛰어넘어 더 큰 연대를 이

집으로 돌아가는 길

루고 있음을 굳게 믿기 때문입니다.

성가 〈스타바트 마테르Stabat Mater〉('슬픔의 성모'라는 제목의 가톨릭 성가로 그리스도의 십자가 아래 서 있는 마리아의 슬픔을 그린 작품―옮긴이)는 라틴어로 '서 있는 어머니'라는 뜻입니다. 마리아는 십자가 아래서 기절하지 않았습니다. 아들 곁에서, 그리고 온 세상과 더불어 굳게 서 있었습니다. 솔직히 말해서 나로서는 그러지 못할 때가 한두 번이 아닙니다. 그러나 똑바로 서서 세상을 바라보며 인간성의 실체를 선포하는 사명을 받았다는 사실만큼은 확실히 압니다. 부디 여기에 적은 내 개인적인 체험과 성찰이 여러분의 마음을 움직여서 복음서에 기록된 탕자의 비유를 제각기 자신의 삶과 연결 짓는 계기가 되길 바랍니다.

어느 날 젊은 엔지니어가 찾아와서 했던 말이 기억납니다.

"신부님, 정말 대단한 일이 일어났어요. 자동차를 몰고 고속도로를 달려가는데, 지독하게 외롭다는 생각이 드는 거예요. 문득 마음속에서 음성이 들렸어요. 아마 예수님 목소리였을 거예요. 이렇게 말씀하시는 것 같더군요. '샛길로 나가서 차를 세워두고 함께 걷자꾸나.' 차에서 내렸는데 아주 쓸쓸한 느낌이 들었어요. 주님과 나란히 걷는 장면을 떠올리려고 노력했지만 감당할 수 없을 만큼 고독했습니다. 그런데 바로 그때, 그분이 내 중심을 향해 말씀하시는 걸 알겠더라고요. 순간, 예수님이 그 어느 때보다도 가까이에 계시는 걸 절감했습니다. 말로 설명하기는 어렵지만, 내게는 너무 생생한 만남이었습니다. 너무도 강렬해서 다시는 그런 감격을 맛보지 못할 것 같아요."

짤막한 얘기였지만, 인생은 단절감을 느끼며 고속도로를 달리는 첫 번째 외로움에서 예수님 한 분이면 충분하다고 믿으며 그분과 더불어 홀로

가출, 그리고 귀향

걷는 두 번째 외로움으로 발전해가는 과정이라는 걸 다시 한 번 일깨워주었습니다. 채워지지 않은 내면의 욕구는 끊임없이 비명을 질러대지만, 더 이상 연인이나 친구에게서 치유를 기대하지 않게 되는 것입니다.

라르쉬 생활은 내 삶을 통틀어 가장 핵심적인 씨름과 맞닥뜨리는, 즉 탕자의 경험과 비유를 통해서 두 번째 외로움을 깨닫는 통로가 되었습니다. 식구들을 통해서 하나님의 무조건적인 첫 번째 사랑을 실감했습니다. 탕자의 비유와 그림은 선의와 우정, 그리고 애정을 만끽하면서도 거기에 완전히 의존하지 않을 수 있음을 가르쳐주었습니다. 또 거절과 무시를 당한다 하더라도 파멸에 이르지 않는 길이 있다는 사실도 알려주었습니다. 거절당하는 것만큼 괴로운 일도 없겠지만, 첫 번째 사랑을 배경으로 그 아픔을 살아간다면 얼마든지 생존이 가능합니다. 이런 점에서 탕자의 비유는 영적인 삶에 관한 이야기라고 할 수 있습니다.

 ⚞ 사랑하는 하나님,
수사슴이 흐르는 냇물을 찾아 헤매듯
내 영혼도 주님을 간절히 찾습니다.
내 심령이 주님을 갈망하며
생명의 물을 갈구합니다.
언제쯤 그 앞에 이르러
주님의 얼굴을 우러러볼 수 있을까요?
친구들은 쉴 새 없이
'네가 온 마음으로 사랑하는 분이 어디 있느냐?'고 물으니
밤낮없이 흐르는 눈물이

집으로 돌아가는 길

내 유일한 양식이 되었습니다.

_난 C. 메릴, 《기도를 위한 시편》[10]

혼자서, 그리고 여러분과 마찬가지로 신령한 길을 찾는 이들과 더불어 렘브란트의 그림을 찬찬히 들여다보고 연구하십시오. 거의 눈이 멀다시피 한 노인은 보아서가 아니라 어루만져서 사랑하는 자식을 알아보았습니다. 진실한 사랑을 주고받는 것과 관련하여 이러한 아버지의 모습이 가르쳐주는 원초적인 가르침을 놓치지 마십시오. 선언이나 성명이나 논쟁과는 차원이 다른 문제입니다. 아버지의 사랑은 말보다 앞섭니다. 무조건적인 사랑을 접한 인간은 부드럽게 어루만져주는 사랑을 받았던 첫 경험으로 돌아가게 됩니다. 따뜻하게 쓰다듬어주시는 하나님과 아버지, 어머니의 첫 손길은 인간의 의식 속에 깊이 파고들어서 특별한 사랑의 첫 느낌으로 자리 잡을 뿐만 아니라 집과 소속감, 안전과 보호 따위를 제공받는 첫 번째 경험이 됩니다. 죽는 날까지 우리는 진정으로 사랑받았음을 재확인해주는 그 첫 번째 어루만짐을 계속해서 갈망하며 살아가게 마련입니다.

🖎 먹고 살기 위해 무얼 하는지는 관심이 없습니다. 무엇 때문에 아파하는지, 마음의 갈망을 채우려는 꿈을 품고 사는지 궁금할 따름입니다. …사랑을 위해, 꿈을 위해, 살아 숨 쉬는 모험을 위해 바보 취급을 당하는 위험을 기꺼이 감수할 의향이 있는지 알고 싶습니다. … 슬픔의 중심에 이른 적이 있는지, 인생의 배신을 겪으면서 점점 더 마음을 열어왔는지, 아니면 더 큰 고통을 겪을지 모른다는 두려움에 잔뜩 쪼그라들고 단단히 담을 쌓게 됐는지 알

가출, 그리고 귀향

고 싶습니다. 내 것이든 남의 것이든, 고통을 숨기거나 희석시키거나 고정시
키지 않고 받아들일 수 있는지 알고 싶습니다. 자신에게 솔직하기 위해서 다
른 이들을 실망시킬 수 있는지 알고 싶습니다. _오리아 마운틴 드리머, 《초대The
Invitation》[11]

요 몇 년 동안 렘브란트의 그림 〈탕자의 귀향〉을 붙들고 살면서 그 의
미를 풀이한 수많은 글을 읽었습니다. 지극히 사회학적인 것부터 한없이
개인적인 것까지, 내용은 천차만별이었습니다. 개중에는 상상을 초월하
는 내용들도 있었습니다. 이처럼 해석의 여지가 활짝 열려 있다는 점만
가지고도 탕자의 비유는 복음서에서, 아니 문학 작품 전체를 통틀어 가장
위대한 이야기 가운데 하나입니다. 참으로 고무적인 일입니다. 제각기 자
유롭게 저만의 설명을 내놓을 수 있다는 뜻이기 때문입니다. 여태까지 내
경험을 토대로 나만의 해석을 시도했습니다. 탕자에 관한 평가가 나 자신
과 깊이 연관되어 있는 까닭이 거기에 있습니다. 그러나 여러분과 여러분
의 개인사에도 의미심장하다는 게 이 비유가 가진 미덕입니다. 삶이 다르
면 해석도 달라질 수 있는 법입니다. 여러분의 인생은 무엇과도 바꿀 수
없을 만큼 중요합니다. 그러므로 개인적인 삶의 여정을 따라가는 데 중요
한 지침이 될 수 있는 이 이야기를 각자 해석하고, 거기에 비추어 자신을
진지하게 돌아보길 바랍니다.

⚓ 귀를 기울이십시오

마음을 가라앉히십시오. 비유에 등장하는 인물들의 마음에 귀를 대고
저마다 느꼈을 외로움을 가늠해보십시오. 한 사람 한 사람의 부르짖음을

집으로 돌아가는 길

듣고 볼 새로운 귀와 눈을 주시길 간구하면서 천천히 그림으로 되돌아가십시오. 등장인물들의 개인적인 고통을 살피고 그 소리를 들으십시오. 아마 주인공들의 괴로움이 여러분의 아픔과 맞닿을 것입니다. 그처럼 거룩한 환경이 마련되면 두려워하지 말고 넉넉한 시간을 투자해서 인간이라는 가족의 구성원으로서 가지고 있는 실존적인 외로움을 느껴보십시오.

☘ 일기를 쓰십시오

펜을 들고 생각과 감정을 말로 바꾸어 노트에 옮기십시오. 마음속으로 더 깊이 들어가서 관계 가운데서, 또는 관계의 부재 속에서 경험했던 외로움들을 기록하십시오. 그런 고독이 자신에 대한 인식에 어떤 영향을 주고 있습니까? 정직하게 표현할 수 있을 때까지 계속하십시오. 탕자의 비유와 그 그림이 여러분의 소중한 삶에 어떤 빛을 드리웠는지 정리한 뒤에 마무리 지으십시오.

☘ 묵상하십시오

사랑이 많으신 창조주의 임재 안에 있는 자신의 모습을 그리면서 마음으로 대화하십시오. 현재 직면하고 있는 외로움과, 사랑을 찾고 사랑을 주고 자신을 사랑하기 위한 씨름을 소상히 말씀드리십시오. 스스로 완전한 사랑을 받아보지 못한 희생자라고 솔직하게 고백하고 사랑받을 만한 성품과 지위를 되찾으십시오. 남들에게 상처를 준 과거를 사실 그대로 털어놓고 담대하게 용서를 구하십시오. 영원한 사랑으로 여러분을 아껴주시는 분의 품에 안겨서 다시 한 번 안전하게 쉬고 싶은 간절한 소망을 표현하십시오. 그러곤 잠잠하십시오. 귀를 쫑긋 세우고 대답을 기다리십시오.

313

마음에서 마음으로 대화하십시오.

🐌 '인간'이라는 말과 '겸손'이라는 단어는 한 뿌리에서 나왔다. 인간은 대단치 않은 일을 할 때 가장 인간적이다. 사실 우리는 그저 흙과 생기가 합쳐진 하찮은 피조물에 지나지 않는다. 기껏해야 더 큰 무언가가 출현하는 과정에 참여하고 있는 다정한 산파 정도로 보면 된다. 가만히 귀를 기울이고 상황이 어떻게 돌아가는지 감지해낸다면, 충분히 지혜로워져서 막 태어나려는 존재 위에 손을 올려 놓고 애정과 관심을 담아 축복할 수 있게 될 것이다. _웨인 멀러, 《휴》[12]

세 번 째

♦♦♦

정확한 신분을 내세우십시오

탕자의 비유는 오만하고, 길을 잃어버리고, 제멋대로인 젊은이가 성숙한 어른으로 가는 길을 찾는 여정을 그리고 있습니다. 작은아들은 한없는 쾌락으로 통하는 길을 훤히 꿰뚫고 있노라고 자부했지만 결국 방향을 잃고 고통스러운 방황을 거듭했습니다. 결국 더듬거리며 자신의 정확한 소속을 밝히는 한편, 아버지의 사랑스러운 자녀라는 실체적 진실을 온몸으로 '경험하는' 걸로 이야기가 마무리됩니다.

개인적으로는 한바탕 영적인 씨름을 벌일 때마다 하나님의 사랑스러운 자녀라는 '느낌'이 자주 흔들리곤 했습니다. 하지만 그게 가장 원초적인 내 신분이며, 주저하게 만드는 이유가 아무리 많더라도 과감하게 그 지위를 선택해야 한다는 걸 잘 알고 있습니다.

자기부정, 더 나아가서 자기혐오처럼 강렬한 감정들 때문에 잠 못 이루는 밤이 많겠지만, 여러분에게는 원하는 대로 반응할 자유가 있습니다. 여러분의 실체는 남들의 생각, 아니 자신의 판단과도 다를 수 있습니다. 직장이 누군가를 대변할 수는 없습니다. 재물이 한 인간을 대표할 수는 없습니다. 여러분은 인간 가족의 온전한 구성원입니다. 어머니 뱃속에 수태되고 조성되기 전부터 하나님은 우리를 아셨습니다. 이따금 스스로 쓸모없는 존재라는 생각이 들거든 여러분이 누구인지 밝혀주는 진리를 굳게 붙잡으십시오. 매일 거울을 보고 정확한 신분을 선언하십시오. 감정이 사실을 앞지르지 못하게 하십시오. 믿어도 좋습니다. 언젠가 감정과 사실이 일치하는 날이 반드시 찾아옵니다. 오늘도, 내일도 계속해서 이 놀라운 진리의 편에 서십시오. 인격적인 창조주의 아들딸이라는 원초적인 정체성을 주장하고 되찾는 영적인 훈련을 되풀이하십시오.

2부
원한, 눈에 보이지 않는 귀양살이

탕자의 비유에 나오는 큰아들에게서와 마찬가지로 고모에게서도 내 모습을 봅니다.
오랜 세월에 걸쳐 내 안에 원한이 축적되어온 과정을 누구보다 내가 잘 알기 때문입니다.
나는 집안의 맏이였습니다. 대학에 들어간 뒤부터, 특히 아버지와의 관계에서
쌓인 원한이 마음 한구석에 자리를 잡았습니다.

–

Henri J. M. Nouwen
Home Tonight: Further Reflections on the Parable of The Prodigal Son

4

큰아들

〰

앞에서 말한 것처럼, 내 안에는 집 나간 작은아들뿐만 아니라 집으로 돌아와야 할 큰아들도 있었습니다. 개인적으로는 그림에서 아버지 오른쪽에 서 있는 인물이 비유가 설명하는 큰아들일 거라고 믿습니다. 가족, 친구, 형제자매 등 주위의 뭇사람들과 더불어 독특한 삶을 꾸려가고 있는 지구별의 중심, 그 작고 작은 점으로 다시 한 번 여러분을 초대합니다. 마음 깊은 곳에 귀를 기울여가며 비유에 등장하는 다른 주인공의 이야기 속으로 들어가 봅시다(전문은 누가복음 15장 11-32절에 나와 있습니다).

들판에서 일하다가 집으로 돌아오던 큰아들은 시끌벅적 떠드는 소리를 들었습니다.

무슨 일이냐고 묻자 일꾼 하나가 대답했습니다. "아우님이 집에 돌아왔습니다. 건강한 몸으로 돌아온 것을 반겨 주인 어른께서 살진 송아지를 잡으셨습니다."

맏이는 잔뜩 성이 나서 아예 안으로 들어가지도 않으려 했습니다.

집으로 돌아가는 길

〈소리치듯 입을 벌린 자화상〉, 1630, 동판화

—

"나는 이렇게 여러 해를 두고 아버지를 섬기고 있고 아버지의 명령을 한 번도 어긴 일이 없는데,
나에게는 친구들과 함께 즐기라고 염소 새끼 한 마리도 주신 일이 없습니다."

아버지는 손수 문밖까지 나와서 얼른 잔치 자리에 함께 앉자고 권합니다.

> 단 한 문장에서부터 이야기나 비유에 이르기까지 말씀을 들을 때, 가르침을 받고 지식을 쌓고 영감을 얻는 데 그칠 게 아니라 진심으로 순종하는 인격을 기른다면, '렉시오 디비나'(Lectio Divina, 거룩한 독서) 훈련은 시간이 지날수록 저마다의 정체성과 행동, 일상적인 신앙 활동을 크게 변화시킬 것이다. … 성경은 한 사람 한 사람에게 필요한 말씀을 담고 있지만, 역사에 길이 빛나는 크리스천들의 가르침을 알아두면 성경이 자신의 뜻을 뒷받침해주길 바라는 오류에 빠지는 걸 막을 수 있다. _헨리 나우웬, 《영성수업Spiritual Direction》[1]

하지만 큰아들은 싸늘하게 쏘아붙입니다. "나는 이렇게 여러 해를 두고 아버지를 섬기고 있고 아버지의 명령을 한 번도 어긴 일이 없는데, 나에게는 친구들과 함께 즐기라고 염소 새끼 한 마리도 주신 일이 없습니다. 그런데 창녀들과 어울려서 아버지의 재산을 다 삼켜버린 이 아들이 오니까, 그를 위해서는 살진 송아지를 잡으셨습니다."

노인은 맏아이에게 대답했습니다. "애야, 너는 늘 나와 함께 있으니 내가 가진 모든 것은 다 네 것이다. 그런데 너의 이 아우는 죽었다가 살아났고, 내가 잃었다가 되찾았으니, 즐기며 기뻐하는 것이 마땅하다."

여러분과 함께 큰아들의 됨됨이와 우리 삶에 깃들인 그의 속성들을 돌아볼 수 있어서 참 기쁩니다. 이 젊은이를 생각할 때 가장 먼저 눈에 들어오는 특징은 달아나지 않고 집에 머물렀다는 점입니다. 곰곰이 생각해보십시오. 객관적으로 이 청년은 나무랄 데 없는 인물이었습니다. 가출을

감행하기는커녕 땀 흘려 일하며 아버지의 재산을 관리했습니다. 순종적
이고 효성스러웠으며 헌신적이고 성실했습니다. 큰아들의 은사는 분명
히 그 신실함이었습니다. 나이 많은 아버지는 맏이에게 깊이 의지했으며,
그 젊은 친구가 꾸준히 그리고 열심히 일한 덕분에 가산을 잘 지킬 수 있
었습니다. 모르긴 하지만 큰아들의 노력에 힘입어 살림살이가 무척 넉넉
해졌을 겁니다.

그러나 겉으로 보이는 것만큼 모든 게 완벽하지는 않았습니다. 집에 머
물면서도 맏이 역시 마음과 생각으로는 사방팔방 떠돌아다니고 있었던
게 확실해 보이기 때문입니다. 이 젊은이가 하는 얘기를 곱씹으며 들어보
십시오. "나는 이렇게 여러 해를 두고 아버지를 섬기고 있고 아버지의 명
령을 한 번도 어긴 일이 없는데, 나에게는 친구들과 함께 즐기라고 염소
새끼 한 마리도 주신 일이 없습니다." '친밀감'과 동떨어진 '수지타산'이
느껴지지 않습니까? 쓰라린 상처와 원망의 표현들을 들어보십시오.

　　　누구도 가족을 선택할 수는 없습니다. 여러분이 나머지 식구들에게 그
러하듯, 가족이란 하나님이 여러분에게 주신 선물입니다. 가족을 선택할 수
있었더라면 지금과는 다른 형제자매를 선택했을지도 모를 일입니다. 다행인
지 불행인지, 인간은 그럴 수 없습니다. 우리에겐 그들이, 그들에게는 우리가
있습니다. 설령 형제가 마음에 들지 않는다 하더라도 내버릴 수 없습니다. …
상상이 가십니까? 좋든 싫든, 우리가 한 가족의 구성원이라는 사실을 받아들
인다면 세상이 어떻게 달라질까요? _데즈먼드 투투, 《하나님에겐 꿈이 있다》[2]

큰아들은 행복한 젊은이가 아니었습니다. 이기적인 욕구를 채우기 위

원한, 눈에 보이지 않는 귀양살이

해 유산을 모두 움켜쥐고 집을 나간 식구를 생각할 때마다 울화가 치밀고 어두운 감정들이 깃들었습니다. 금방 눈치 챘겠지만, 집을 지켰던 이 어른아이의 성실함이 백 퍼센트 순수했던 건 아니었습니다. 오히려 불순물이 가득했습니다. 입 밖에 내놓지 못한 속말, 아버지를 향한 독백이 들리는 듯합니다. "도대체 뭘 어쩌자고 그 한심한 자식에게 그처럼 엄청난 돈을 쥐어주셨습니까? 어쩌면 그렇게 오만하고 방자한 녀석이 원하는 대로 다 맞춰주실 수가 있습니까? 심지어 걔가 인생의 낙오자라는 걸 '인정하지도' 않으시잖아요! 놈이 방탕한 생활을 하는 데 온 재산을 탕진하는 동안 여기서 뼈가 으스러져라 일만 한 저에게는 고맙다는 생각이 눈곱만큼도 들지 않으세요? 아버지도, 다른 식구들도 왜 녀석한테는 아무것도 바라지 않으면서 나한테만 성실하라고 요구하는 겁니까?"

이 대목에서 작은아들이 얼마나 확실하게 빗나갔는지 살펴보는 게 좋겠습니다. 젊은이는 집을 나가서 탐욕과 욕정을 좇는 방탕한 삶을 살고 싶은 욕망을 노골적으로 드러냅니다. 결국 여자를 사고 도박판을 벌이면서 자신을 포함한 전 재산을 날려버리고 말았습니다. 작은아들은 집을 나가는 순간부터 자신이 곁길로 새나갔다는 걸 알고 있었습니다. 그건 세상이 다 아는 일이었습니다. 마침내 집으로 돌아가겠다는 결정을 내렸을 때도 그 뜻을 공공연히 드러냈습니다. 자신이 내렸던 결정을 조금도 부끄러워하지 않는 것처럼 보입니다. 음탕한 생활을 숨기려는 기색조차 찾아볼 수 없습니다. 가족의 체면이나 집안의 명예 따위는 작은아들의 주요 관심사가 아니었습니다.

반면에 언뜻 의로워 보이는 큰아들의 이야기도 평화로운 분위기는 절대 아닙니다. 그렇습니다. 순종적이지만 입을 꾹 다물고는 돌출행동을 간신히 누르고 있을 따름입니다. 아버지와는 거의 교감하지 않습니다. 부자 관계가 자유롭거나 물 흐르듯 자연스럽지 않고 진정한 안전감도 엿보이지 않습니다. 맏이가 동생에 관해 이야기하는 걸 잘 들어보십시오. "창녀들과 어울려서 아버지의 재산을 다 삼켜버린 이 아들"이라고 말합니다. '내 동생'이 아니라 '아버지의 아들'입니다.

아버지는 대답합니다. "너의 이 아우는 죽었다가 살아났고, 내가 잃었다가 되찾았으니."

큰아들이 쏟아낸 원망의 특징은 어떤 식으로든 동생과 연관되지 않기를 바란다는 점입니다. 심지어 혈육으로도, 함께 자라고 놀고 중요한 경험을 공유한 인물로도 받아들이지 않았습니다. 그럴 뜻은 눈곱만큼도 없었습니다. 마음속에는 분노와 정죄의 불길이 이글이글 타오르고 있었습니다. "아버지의 저 아들은 이만저만 했지만, 난 그러지 않았습니다. 아버지는 저 친구를 위해 큰 잔치를 열고 수많은 손님을 초대했지만 나는 집 안팎의 온갖 어려운 일들을 해내느라 정신이 없었습니다. 다른 형제자매들은 식구들이나 친구들까지 데리고 파티에 참석해서 신나는 하루를 보내겠지요. 그만한 연회를 열려면 내가 얼마나 많은 수고를 해야 하는지 따위에는 신경도 쓰지 않을 겁니다. 한바탕 놀고 난 뒤에는 난장판이 된 집 안을 치우지도 않고 가버리겠지요. 결국 내가 나서서 뒷정리를 하게 될 테고요. 그게 내 일이니까요."

〰️ 아버지가 벅찬 기쁨으로 작은아들을 맞아들이는 무대 한쪽 구석에 서 있는 큰아들을 그릴 당시, 렘브란트는 그 깊고 오묘한 뜻을 정확히 파악하고 있었습니다. 작가는 잔치 분위기를 표현하는 데 악사와 무희들을 등장시키지

원한, 눈에 보이지 않는 귀양살이

않았습니다. 그런 인물들은 아버지의 기쁨을 드러내는 외적인 부호에 불과
합니다. … 대신 화가는 빛, 아버지와 아들을 모두 감싸고 있는 눈부신 광채
를 그렸습니다. 렘브란트가 묘사하려 했던 건 하나님의 집에 속한 기쁨이었
기 때문입니다. … 큰아들은 사랑의 동심원 바깥에 머물며 빛 가운데로 들어
오길 마다합니다. 맏이의 얼굴에도 광선이 드리운 걸 보면 그 역시 광선의 영
역으로 초대를 받았지만 완강히 거부하고 있는 것이 분명합니다. _헨리 나우웬,
《**탕자의 귀향**_The Return of the Prodigal Son_》³

아버지는 큰아들의 마음에 들어앉은 악에 악으로 반응하지 않습니다.
도리어 오랜 세월 함께해온 동업자의 입장에서 접근합니다. 노인은 맏이
에게 말합니다. "내가 가진 모든 것은 다 네 것이 아니냐?" 경이로울 만
큼 놀라운 친밀감입니다. 아버지 쪽에서 큰아들에게 애정과 감사를 전하
고 있는 겁니다.

물론, 아직 한창나이였을 큰아들에게는 집에 머문다는 게 쉬운 노릇이
아니었겠지만, 그건 아버지를 도와서 집안의 크고 작은 일들을 처리하는
일종의 파트너가 될 기회이기도 했습니다. 부자지간이라 해도 분명히 뜻
이 맞지 않는 부분이 있었을 겁니다. 인생사가 다 그렇지만, 그 역시 간단
한 문제가 아니었습니다. 하지만 그 동반자 관계에는 성장과 만족을 동시
에 줄 수 있는 잠재력이 있었습니다. 그러나 큰아들은 아버지의 파트너가
되는 특권을 바라보는 대신 엉뚱한 데 한눈을 팔았으며 분한 마음을 품
었습니다. 집안에서도 특별한 존재로 자리를 잡지 못하고 점점 겉돌게 되
었습니다. 그런 판국이니 동생이 돌아온 게 반가울 리가 없었습니다.

원한은 이 시대의 가장 보편적인 죄악 가운데 하나입니다. 현대사회 구

석구석까지 스며들지 않은 데가 없을 정도입니다. 분하고 억울한 감정은 몹시 치명적이고 이루 말할 수 없을 만큼 파괴적이며 세상 누구도 거기서 자유롭지 못합니다.

잘 아는 분 가운데 제자들을 가르치면서 뛰어난 성과를 올리고 있는 정말 훌륭한 선생님이 있습니다. 경험이 많고 헌신적인, 그야말로 탁월한 교사였습니다. 하지만 어떤 모임이든 동료들과 어울리기만 하면 늘 분주하게 움직이며 다른 이들을 섬기고 안팎의 자질구레한 일들을 도맡아하곤 했습니다. 누가 봐도 남들과 동등한 위치에 서서 편안하게 즐기지 못하는 게 분명했습니다. 사사롭고 편안한 만남을 서둘러 처리해버려야 할 일거리쯤으로 바꿔놓은 겁니다. 옷을 받아 걸어주고, 먹고 마실 걸 일일이 챙기고, 주변을 깔끔하게 정리하며, 설거지를 하는 따위의 잔심부름을 하느라 종종걸음을 칠 뿐, 느긋하게 어울리거나 신나게 즐기지 못했습니다. 동료들의 평가는 칭찬 일색이었습니다. "요즘 보기 드문 여성이죠. 항상 자기를 희생하고 무슨 일이든 척척 해내요!" 그러나 그런 인정은 도리어 상황을 심각하게 만드는 요인으로 작용했습니다. 다른 이들과 동등하다고 느끼지 못하는 데서 나온, 어쩌면 마음속 깊은 곳에 자리 잡은 원한에서 비롯되었을지도 모르는 행동을 칭찬해줌으로써 문제를 자각하지 못하게 만들기 때문입니다.

원망과 분노라는 독소는 성실하고 선량하며 순종적이고 열심히 일하는 이들의 마음에 뿌리를 내리고 막대한 피해를 입힙니다. 혹시 원한이 스며들지 않았는지 늘 경계하고 반성하는 게 중요한 까닭이 여기에 있습니다. 사랑하는 사람들을 위해 최선을 다하고, 열성적으로 섬기며, 객관적으로 칭찬받을 만한 미덕을 두루 갖춘 이들조차도 마음속 깊은 곳에

원한, 눈에 보이지 않는 귀양살이

〈팬케이크를 굽는 여인〉, 1635, 동판화

—

"사랑하는 사람들을 위해 최선을 다하고, 열성적으로 섬기는 이들조차도 마음속 깊은 곳에
둥지를 튼 분하고 억울한 감정을 쉬 털어내지 못할 때가 있습니다."

둥지를 튼 분하고 억울한 감정을 쉬 털어내지 못할 때가 있습니다.

　🐚 소속감은 누군가를 사랑하고 받아들이는 데 대단히 중요한 역할을 하지만, 동시에 분노, 질투, 폭력, 비협력 따위의 문제를 일으킬 수도 있다.
_장 바니에, 《인간되기》[4]

　누구나 분노를 느낍니다. 분노는 구체적이고 실제적입니다. 인간에게는 원한을 간단하게 잠재울 능력이 없습니다. 원망은 마음의 빈자리를 꼬리를 물고 커져가는 괴로움으로 가득 채웁니다. 그렇다면 분노를 어떻게 처리해야 할까요? 심리학자들은 분노를 의식하고 실체를 파악하며 과감히 쏟아내면 영향력이 상당 부분 줄어든다고 말합니다. 분노와 '더불어' 산다고 생각하고 화가 나게 만든 요인을 추적하며 상처를 준 상대와 대놓고 싸우라고 권합니다. "제길! 당신 때문에 화가 나서 못 살겠어! 까놓고 얘기해보자고. 서로 할 말을 하도록 도와줄 사람을 부르는 게 어때? 성질이 나서 미칠 것 같은 마음을 어떻게 처리해야 나도 당신도 잘 살 수 있을지 방법을 찾아보는 게 좋겠어!" 원한이 마음에 단단히 진지를 구축하지 못하도록 막으려면 이런 행동방식이 반드시 필요합니다.

　경건하게 산답시고 분노의 감정을 집어삼킨 채 드러내지 않으면 원망이 시작됩니다. 화가 나지만 사소한 일이라 접어두고 지나가는 경우가 얼마나 많은지 모릅니다. 하지만 관리되지 않은 분노는 시간이 지날수록 관계나 상황 속에 차곡차곡 쌓여서 언제 폭발할지 모르는 상태가 됩니다. 부정적인 감정들을 발산하지 않고 꾸준히 들이마시면 언젠가는 내면세계에 가득 퍼져서 사랑을 토대로 관계를 맺어가는 능력을 크게 떨어뜨리

원한, 눈에 보이지 않는 귀양살이

〈서 있는 남자〉, 1639, 소묘

—

"누구나 분노를 느낍니다. 분노는 구체적이고 실제적입니다.
인간에게서 원한을 간단하게 잠재울 능력이 없습니다."

는 요인이 됩니다. 분노는 뜨겁고 맹렬한 단계를 지나서 차츰 차가워져서 마음의 맨 밑바닥으로 내려갑니다. 그런 상태로 오랜 시간이 지나면 원한과 원망이 존재 방식으로 정착됩니다.

　　🙠 다른 형제에게 모욕을 당한 이가 압바 시소에스를 찾아와서 말했다.

　"형제한테 상처를 받았습니다. 앙갚음을 하고 싶습니다."

　노인은 젊은이를 다독이려고 애쓰며 말했다.

　"그러지 마시게, 친구여. 원수 갚는 일은 하나님께 모두 맡기게."

　그러나 젊은이는 고집을 꺾지 않았다.

　"기필코 내 손으로 되갚아주고 말겠습니다."

　노인은 "기도하세, 형제여"라고 말하며 자리에서 일어났다.

　"오, 하나님. 저희는 이제 더 이상 주님의 보살핌이 필요 없습니다. 직접 복수를 하기로 했기 때문입니다."

　이 말을 들은 젊은이는 얼른 노인의 발아래 엎드려 고백했다.

　"이제 형제와 다투지 않겠습니다. 용서해주십시오, 압바." _유시 노무라, 《사막의 지혜Desert Wisdom》[5]

원한은 차가운 분노입니다. 정말 그렇습니다. 명백하게 드러나는 게 아니라 지극히 은밀하고 내면적이어서 더욱 까다롭습니다. 거룩한 모습으로 드러날 가능성이 높기에 훨씬 치명적일 수 있습니다. 원한은 마음속 가장 깊은 곳에 은신하며 뼈와 살을 파고들므로 그 존재를 감지해내기가 여간 어려운 게 아닙니다. 스스로는 신실하고 선하다고 생각할지 모르지만, 사실 대놓고 엇나가는 이들보다 더 교묘한 방식으로 바른 길에서 벗어나 있는 겁니다.

탕자의 비유에서 작은아들은 집을 뛰쳐나가 어리석은 짓을 저지르다 돌아왔습니다. 동선이 적나라하게 드러납니다. 그러나 원한에 찬 큰아들은 아버지 곁에 그대로 머물러 있었습니다. 그러니 그 속내를 어떻게 알 수 있겠습니까? 원한을 치유하는 건 방탕한 삶을 바로잡는 것보다 훨씬 어렵습니다.

맏아들이 생활 형편과 관련해서 보이는 반응을 보면 중요한 사실을 알 수 있습니다. 부족한 것 없이 살며 농장 관리자로서 안정된 미래를 보장받았지만 큰아들에게서는 감사하는 마음을 찾아볼 수가 없습니다. 근본적으로 좌절과 분노에 사로잡힌 불행한 청년이었던 겁니다. 안전한 집안을 벗어난 바깥 세계에 대해 불안해하면서도 그 사실을 전혀 깨닫지 못했습니다. 거칠게 내뱉는 원망을 들어보면, 겁이 나서 차마 아버지의 면전에 대고 세상을 두루 돌아다니며 구경하고 싶으니 비용을 달라고 말하지 못하는 자신의 모습을 눈곱만큼도 의식하지 못합니다. 집을 떠나지 않고 열심히 일하며 공손하게 처신하지만 자신의 행동에 진심이 빠져 있다는 것도 전혀 몰랐습니다. 어쩌면 냉랭한 미소로 말과 행동에 서린 깊은 분노를 감추고 있는 속내를 누구나 다 아는데, 정작 본인만 무감각했을지도 모릅니다.

이처럼 비유에서 객관적으로 선한 일을 해서 많은 존경을 받았던 인물, '못된 아들'과 비교되며 '착한 아들'로 칭찬받았던 인물, 집에 남아서 열심히 일하고 나이든 아버지에게 효성스러웠던 인물, 신실했던 큰아들 역시 사실상 길을 잃고 방황하는 인간에 지나지 않았습니다. 집을 뛰쳐나가서 아버지의 유산을 탕진했던 둘째와 다를 게 없었다는 뜻입니다. 하지만

집으로 돌아가는 길

큰아들의 탈선은 작은아들의 경우와 판이하며 무척 복잡합니다. 탕자는 방탕한 삶을 살았던 반면, 맏이는 원한에 사로잡혀 정서적으로 집에서 멀리 떠나가고 말았습니다.

큰아들이 집으로 돌아온다면 어떤 모습일까요? 정서적인 어려움을 딛고 일어나서 "늘 아버지에게 순종하고 그 말씀을 귀 기울여 들었습니다. 단 한 번도 어른의 뜻을 거스른 적이 없어서 참 기뻐요. 물론 힘들었지만 많이 배웠습니다. 그리고 아버지와 함께 했던 일들이 얼마나 유익하고 생산적이었는지 잘 알아요"라고 고백했더라면 어땠을까요? 그랬더라면 삶을 대하는 자세가 얼마나 달라졌을까 상상해봅니다. 이야기가 끝나는 순간까지도 큰아들은 화가 잔뜩 난 상태였던 걸로 보이지만, 그럼에도 집으로 돌아올 수 있는 가능성은 큰아들에게도 여전히 열려 있습니다.

　⁂　더 이상 분리된 삶을 살지 않겠다는 용기는 어떻게 생기는 걸까? … 로자 파크스의 이야기를 들여다보면 아주 멋진 단서를 얻을 수 있다. 버스 앞자리에 앉고 얼마나 지났을까, 경찰관이 올라와서 말했다.

　"거기 계속 앉아 있으면 감옥에 집어넣을 수밖에 없소!"

　로자 파크스는 대답했다. "그러세요." 아주 공손한 말투였다.

　"스스로 만든 감옥에 갇혀 40년이 넘도록 고생했어요. 더는 인종차별제도에 힘을 보태지 않기로 작정하고 지금 막 거기서 빠져나온 길입니다. 거기에 비하면 벽돌과 철조망으로 만든 댁들의 감옥 따위가 뭐 그리 대단하겠습니까?"_파커 J. 파머, 《삶이 내게 말을 걸어올 때Let Your Life Speak》[6]

원한, 눈에 보이지 않는 귀양살이

⚓ 귀를 기울이십시오

조용한 데 자리를 잡으십시오. 안팎의 소음을 내쉬고 대신에 안팎의 침묵을 들이마시십시오. 비유에 등장하는 큰아들에게 차츰 깊이 집중하십시오. 마음에 떠오르는 생각들을 하나씩 살피십시오. 맏이의 말과 침묵은 무얼 가르쳐줍니까? 젊은이의 심중에 있었던 쓰라린 상처가 여러분의 마음을 건드리지는 않는지 돌아보십시오. 큰아들과 대화하면서 그 생각과 감정을 헤아리십시오. 여러분과 그 친구에게 비슷한 점은 없는지 열린 자세로 점검하십시오.

⚓ 일기를 쓰십시오

렘브란트의 그림을 면밀히 관찰하면서 다른 등장인물들과 큰아들 사이에 어떤 차이점이 있는지 찾아보십시오. 잠시 멈추고 기다리십시오. 이번 장의 내용으로 다시 돌아가서 현장에 서 있는 큰아들에게서 얻을 수 있는 다른 가르침은 없는지 되새김질하며 목록을 작성해보십시오. 마음속 지극히 은밀한 자리에 서서 그 가르침들을 하나씩 다시 읽으십시오. 큰아들이라는 거울에 비친 자신의 특성들을 떠오르는 대로 적으십시오. 가면을 벗어놓고 솔직하고 과감하게 여러분의 실체를 보여주는 진실을 직시하십시오. 무엇이 보이고 어떤 느낌이 드는지 기록하십시오.

> 🐚 영적으로든 생물학적으로든 쉬는 시간은 반드시 필요하다. 가만히 멈춰 있는 시기가 없으면, 삶의 에너지가 떨어지고 교란되게 마련이다. _웨인 멀러, 《휴》[7]

✛ 묵상하십시오

자신을 하나님께 내어맡기십시오. 일기에 적은 내용들을 또박또박 사랑의 주님께 말씀드리십시오. 목록에 적힌 내용들을 하나씩 하나씩 여러분을 단단히 붙잡아주시는 분의 손에 올려놓으십시오. 자신에 대해 깨닫게 하시고 그럼에도 아무 대가 없이 사랑해주셔서 감사하다는 기도를 드리십시오. 독선과 정죄에 사로잡인 채 눈에 보이지 않는 귀양살이를 하고 있는 현실을 꿰뚫어볼 힘을 주시길 간구하십시오. 지혜와 용기를 구하십시오. 응답을 기다리십시오.

마음에서 마음으로 대화하십시오.

원한, 눈에 보이지 않는 귀양살이

네 번째

♦♦♦

나와 다른 이들을 사랑하십시오

원망과 원한에 눈이 멀어 동생에게서 어떤 동질성도 발견하지 못한 큰 아들은 몹시 분개해서 아버지에게 말했습니다. "아버지의 재산을 다 삼켜버린 이 아들…." 사랑이 넘치는 아버지는 꾸짖거나 정죄하지 않고 맏이에게 동생과 끊을 수 없는 상관관계가 있음을 일깨웁니다.

너의 이 아우는 … 내가 잃었다가 되찾았으니….

하나님의 음성이 귓가를 울리는 듯합니다. 하나님의 사랑스러운 자녀로서 친구에게는 호의적으로 대하고 '원수'에게는 차갑게 등을 돌리는 짓을 그만둘 때가 됐다는 메시지입니다. 이제는 나 또한 집을 떠나 부끄러운 짓을 서슴지 않는 자녀라는 의식의 자리에 서서 여러 진실한 형제 자매들을 바라보고 싶습니다. 비유에 나타난 아버지의 모습에 이르기까지 자라나기를 원합니다.

예수님은 산상설교에서 "너희 원수를 사랑하라"고 말씀하셨습니다. 이성적으로는 말이 안 되는 얘깁니다. 원수란 '사랑하지 않는, 사랑할 수 없는' 상대를 가리키기 때문입니다. 그러나 주님은 말로만 이 진리를 설파하신 게 아니라 친히 삶으로 보여주셨습니다. 그리스도의 제자로서 크리스천들은 그분의 가르침을 좇으며 자신을 남보다 더 나을 것도 모자랄 것도 없는, 같은 인간 가족의 형제자매로 볼 필요가 있습니다. 예수님의 삶을 자세히 되짚어보십시오. 불편한 관계에 관해 주님이 주신 가르침을 받아들이십시오.

너희를 미워하는 사람들에게 잘 해주고,
너희를 저주하는 사람들을 축복하고,
너희를 모욕하는 사람들을 위하여 기도하여라.

너희는 남에게 대접을 받고자 하는 대로 남을 대접하여라.
너희가 너희를 사랑하는 사람들만 사랑하면,
그것이 너희에게 무슨 장한 일이 되겠느냐?
죄인들도 자기네를 사랑하는 사람들을 사랑한다.

그러나 너희는 너희 원수를 사랑하고, 좋게 대하여 주고,
또 아무것도 바라지 말고 꾸어주어라.

원한, 눈에 보이지 않는 귀양살이

그러면 너희는 큰 상을 받을 것이요.

더없이 높으신 분의 아들이 될 것이다.

그분은 은혜를 모르는 사람들과 악한 사람들에게도 인자하시다(눅 6:26-28, 31-32, 35).

5

눈에 보이지 않는
귀양살이

〰️

언젠가 비유에 관해 친구와 대화를 나누면서, 헌신된 삶에서 벗어나서 방탕한 삶으로 달아나고 싶은 마음이 못 견딜 만큼 간절해질 때가 있다는 소리를 했습니다. 내 얼굴을 아는 이 세계를 벗어나 뭐든지 내키는 대로 할 수 있는 먼 나라에 가 살면 좋겠다는 얘기였습니다.

〰️ 사막의 수사 압바 쾨멘이 말했다. "겉으로는 침묵을 지키지만 속으로는 남을 비난하는 사람들이 있다. 그런 이들은 사실상 쉴 새 없이 혀를 놀리고 있는 셈이다." _유시 노무라, 《사막의 지혜》[1]

친구는 한없이 안타까운 눈길로 바라보며 말했습니다. "음, 그러니까 비유를 기준으로 얘기하자면, 신부님은 스스로 집에서 뛰쳐나간 탕자와 똑같은 문제를 가지고 있다고 생각하는 것 같군요. 하지만 지금 여기 앉아서 하시는 말씀을 가만히 들어보니, 혹시 작은아들보다 큰아들과 더 비

원한, 눈에 보이지 않는 귀양살이

숫한 게 아닌가 하는 의구심이 듭니다." 충격적이었습니다. 그동안 탕자의 비유를 수없이 읽었지만, 단 한 번도 큰아들에게 주목하지 않았으며 나와 비슷한 구석이 있을지 모른다고 생각한 적도 없었습니다. 하지만 친구의 말을 듣는 순간 의식의 문이 활짝 열렸습니다. 순종적이고 효성스러우며 한 집안의 장남이라는 관점에서 이전과는 전혀 다른 차원의 문제들을 접하게 된 겁니다. 비유 속 큰아들을 찾아가는 과정은 한 가정에서 태어나고 성장한 내 삶과 연결 짓는 계기가 되었을 뿐 아니라 새롭고 중요하며 고통스러운 기억들을 다시 떠올리게 했습니다.

아버지의 형제자매는 모두 열한 명이었는데, 고모 한 명만 빼고 나머지는 모두 결혼해서 가정을 이루었습니다. 그 시절에는 시집가지 않고 집에 남은 딸에게는 알게 모르게 시시콜콜한 일들로 많은 부담을 지우는 게 일반적이었습니다. 지금도 인생의 대부분을 늙은 어머니를 봉양하는 데 바쳤다고 한탄하는 고모의 목소리가 생생히 기억납니다. 그건 참으로 칭찬받을 만한 일이었습니다. 하지만 그 어른이 즐겁게 살았던 것처럼 보이지는 않습니다. 고모는 대단히 지적이고 표현력이 좋은 여성이었습니다. 속상해 할 이유가 한둘이 아니었겠지만 분노를 안으로 삼키고 또 삼킨 탓에 세월이 흐를수록 점점 더 그 감정에 단단히 사로잡혔던 것 같습니다. 겉으로 드러내지 않으려고 안간힘을 썼지만 누가 봐도 행복한 모습은 아니었습니다. 당시에는 자신을 표현한다든지 외로운 여정에 도움을 받을 길이 전혀 없었으므로 차츰 원한이 쌓여갔습니다. 다들 그런 정황을 알고는 있었지만, 누구도 물어보거나 감정을 쏟아낼 통로를 열어주지 않았습니다. "맞아, 이용당하고 학대받는다는 느낌이 들어. 아니, 미칠 것처럼 화가 나. 다들 바쁘게 무언가를 이루며 살지. 내가 하는 말 따위에

〈걸음마를 가르치는 두 여인〉, 1632, 소묘

—

"지금도 인생의 대부분을 늙은 어머니를 봉양하는 데 바쳤다고 한탄하는 고모의 목소리가
생생히 기억납니다. 속상해 할 이유가 한둘이 아니었겠지만 분노를 안으로 삼키고 또 삼킨 탓에
세월이 흐를수록 점점 더 그 감정에 단단히 사로잡혔던 것 같습니다."

는 조금도 신경 쓰지 않아. 내 삶이 얼마나 고달픈지, 내가 얼마나 피곤한지 한 번이라도 생각해본 적 있어? 사생활도 없고 나만의 인생도 없을 거란 생각, 안 해봤겠지? 그러니 내가 얼마나 지치고, 속상하고, 기운 빠지고, 화가 나는지 알 리가 있나."

사실 고모는 대단히 너그러운 사람이었지만 희생이 너무 커서 결국 내면에 뿌리 내린 원한으로 몹시 괴로워했습니다. 달리 방도가 없었으므로 할머니가 세상을 떠날 때까지 삶 전체를 바치다시피 했습니다. 어려서는 집안 어른들이 "무슨 일이든 척척 해내는 클라라 고모를 좀 봐라. 정말 대단하지 않니?"라고 말하는 걸 자주 들을 수 있었습니다. 고모는 식구들의 기대를 완벽하게 채워주었지만 제 몫으로 주어진 삶에 대해서는 절망감과 소외감을 느끼고 있었습니다. 그녀에겐 자유가 없었습니다. 자유의 결핍과 이용당하고 있다는 느낌을 해소할 수 있도록 도와줄 손길을 만나지도 못했습니다. 한때는 나 역시 그 어른을 대단찮게 여겼지만, 지금에 와서 고모라는 한 인간과 그분이 할머니와 더불어 살았던 세월을 돌이켜 생각하면 한없이 가여운 마음이 듭니다.

> ᕯᕰ 공중그네 팀의 예술적인 솜씨는 순간적이고 위태로운 멋을 빚어내기 위해 서로 협력하려는 노력에서 비롯된다. 폭력이 아니라 위험을, 정복이 아니라 용기를, 경쟁이 아니라 탁월함을 추구하려는 의지를, 승리가 아니라 성취의 기쁨을 의식하는 것이다. _샘 킨, 《나는 법 배우기Learning to Fly》[2]

뿐만 아니라, 탕자의 비유에 나오는 큰아들에게서와 마찬가지로 고모에게서도 내 모습을 봅니다. 오랜 세월에 걸쳐 내 안에 원한이 축적되어

온 과정을 누구보다 내가 잘 알고 있기 때문입니다. 나는 집안의 맏이였습니다. 대학에 들어간 뒤부터, 특히 아버지와의 관계에서 쌓인 원한이 마음 한구석에 자리를 잡지 않았나 싶습니다. 아버지는 법학 교수가 되면서 만년에 삶의 목표를 이룬 분이었습니다. 당시로서는 대단치 않은 가문 출신으로 그만한 명성을 쌓는다는 건 몹시 드문 일이었습니다. 그만큼 명석하고 경쟁 사회에 잘 적응할 능력이 있었다는 뜻일 겁니다. 자연스럽게 내게도 한 집안의 장남으로서 최소한 아버지만큼은 출세해야 한다는 의식이 뿌리를 내렸습니다. 억지로 머리에 집어넣은 게 아니라 저절로 그렇게 된 것 같습니다. 그렇게 해서 평생에 걸친 경쟁이 시작되었습니다. 경력을 쌓는 문제라고 해서 예외가 될 수는 없었습니다. 목회에 필요한 준비에 나서기가 무섭게 아버지는 신학서적을 읽어댔습니다. 이어서 심리학 공부에 뛰어들자 아버지도 곧바로 관련 분야를 파고들기 시작했습니다. 어쩐지 불신과 도전을 받는다는 느낌이 들었습니다. 결정적인 순간에 확실한 한 방을 날리기 위해 경쟁하려는 것이라고 믿었습니다. 아버지는 자식 사랑이 대단한 분이었지만, 다른 한편으로는 입버릇처럼 "진즉에 너한테 알려줬어야 했는데!"라고 얘기하곤 했습니다. 유독 나와 대화할 때만 그런 표현을 쓴다는 생각을 하면 마음이 내려앉았습니다. 사실 동생들과 이야기하는 동안에는 그러지 않았기 때문입니다. 너무 화가 났지만 속으로 집어삼키고 아무한테도 털어놓지 않았습니다. 이제는 편안하게 고백할 수 있지만, 그 시절에는 왠지 그러지 말아야 할 것 같아서 혼자서만 끙끙 앓았습니다. 물론 그 고민이 의식세계를 완전히 장악할 정도는 아니었지만, 부자관계가 자유롭거나 물 흐르듯 자연스럽지 못했던 건 확실합니다. 되짚어보면 내 안에 원한이 자리 잡고 있었구나 싶습니다.

원한, 눈에 보이지 않는 귀양살이

어려서부터 내 마음은 끊임없이 친밀감을 갈구했으며, 친밀감을 얻으려면 열심히 노력해야 한다고 믿고 살았습니다. 한없이 누리고 싶은 걸 충분히 얻지 못한 탓에, 살아가는 데 꼭 필요한 사랑을 받기에 적합한 존재임을 스스로 증명하기 위해 그야말로 안간힘을 썼습니다. 그러기에 어느 면으로든 인정을 받으려고 부지런히 일했던 큰아들의 경험에 그 누구보다도 깊이 공감할 수 있습니다.

  어느 군인이 압바 미오스에게 정말 하나님이 죄인을 용서하시느냐고 물었다. 얼마쯤 대답을 이어가던 노인은 군인에게 물었다.

"여보게, 그대는 겉옷이 해지면 당장 내다버리는가?"

젊은이가 대답했다. "그렇지는 않지요. 잘 고쳐서 다시 입을 겁니다."

노인이 다시 말했다. "그렇군. 자네가 구멍 난 외투를 그렇게 애지중지할 정도인데, 하나님은 손수 지으신 인간들에게 얼마나 큰 사랑을 베푸시겠는가?"_유시 노무라, 《사막의 지혜》[3]

마침내 집을 떠나야 하는 때가 닥쳤을 때는 행복한 심정으로 짐을 꾸렸습니다. 그러나 한편으로는 앞으로도 남은 식구들과 연결된 끈을 단단히 붙잡고, 아버지 어머니의 기대에 부응하며, 가족을 그 무엇보다 소중히 여겨야겠다는 각오를 다졌습니다. 올바른 방향을 선택하기로 작정한 셈이지만, 다른 한쪽으로는 그 덕에 '원한의 정서'를 더 깊이 이해할 수 있게 되었습니다. 아우들은 전혀 다른 길을 걸었습니다. 집을 떠나서 훨씬 큰 자유를 누리며 저마다의 목표를 추구했습니다. 그러다가 동생 하나가 감당할 수 없을 만큼 심각한 위기 상황에 몰렸는데, 나로서는 감히 꿈

집으로 돌아가는 길

조차 꿀 수 없는 일을 저질렀습니다. 아버지의 눈앞에다 무거운 짐들을 통째로 내려놓았던 겁니다. 지금도 아우가 그야말로 모든 걸, 최악의 사태에 대한 충격적인 사실들을 낱낱이 고백하던 게 생각납니다. 그러고 나서 두 부자는 한 자리에 나란히 앉았습니다. 마치 한 배에서 난 형제처럼 친해 보였습니다. 서로 깊이 사랑하는 걸 한눈에 알 수 있었습니다. 아버지의 말투에는 애정이 넘쳐흘렀고 자식과 경쟁하려는 기색은 보이지 않았습니다. 정말 눈곱만큼도 찾아볼 수 없었습니다. 그걸 지켜봐야 하는 게 얼마나 힘들었을지 짐작할 수 있으리라고 믿습니다. 하지만 '경건한 크리스천'이었으므로 그 아픈 감정을 꿀꺽 집어삼키고 내색하지 않았습니다. 지금에서야 하는 말이지만, 그런 신앙에는 자유가 없었습니다. 사실 경건과 아무 상관이 없는 마음가짐이었습니다. 한없이 고통스러웠음에도 불구하고 남들 눈에 착하게 보이는 그 안전한 길, 그러나 편안하게 관계를 맺어가지 못하도록 제한하는 방식을 포기하지 않았습니다. 그뿐이 아니었습니다. 한결 자유롭게 행동하는 동생들의 능력을 한없이 부러워하고 또 쓰라려하는 감정은 형으로서 동생들과 관계를 맺는 방식에도 치명적인 영향을 주었습니다. 과거를 바꿀 수는 없겠지만, 이제는 저마다 다른 삶이 있음을 인정하고 존중하며 자유로운 마음으로 현재 함께 사는 가족들에게 반응할 수 있게 되었습니다.

이처럼 개인적인 몸부림을 소개하는 건 그저 한 집안의 맏아들로서 자신의 신분을 굳게 신뢰한다는 게 얼마나 힘든 노릇인지 잘 설명하려는 뜻입니다. 적지 않은 세월 동안, 열심히 노력해서 사랑을 얻어야 한다는 윤리관, 다시 말해서 남들 눈에 훌륭한 삶을 살아야 한다고 믿으며 살았습니다. 하지만 내가 꿈꾸던 삶의 모습은 끊임없이 도전을 받았습니다.

원한, 눈에 보이지 않는 귀양살이

이상은 갈가리 찢겨나갔습니다. 마음속에서 불평하는 소리가 들리는 것 같았습니다. "어째서 안팎으로 말도 안 되는 일들만 줄줄이 일어나는 거야? 왜 꿈꾸는 대로 살 수가 없는 거지?" 개인적인 실패, 식구들에게 일어난 비극적인 사건들, 재정적인 어려움, 역사적인 재난, 정치적인 환멸 따위가 머릿속에 그리는 삶에 시시때때로 끼어들었고, 그때마다 몹시 괴로웠습니다. 그렇게 넌더리나는 일들을 겪는 동안 꾸준히 분노를 집어삼켰습니다. 원한이 마음에 뿌리를 내릴 완벽한 토양을 제공한 셈입니다.

큰아들에게 초점을 맞춰보라고 조언해준 친구는 내 안에 맏이의 면모가 살아 숨 쉬고 있음을 깨닫게 해주었습니다. 진심으로 첫째아들의 경험을 이해하게 된 겁니다. 비유에 등장하는 맏아들은 아버지의 사랑을 열심히 노력해서 획득해야 할 선물로 생각했습니다. "지금껏 아버지를 위해 이러저러한 일을 해왔습니다. 그런데도 나를 인정해주시지 않았습니다. 수고한 대가로 아무것도 주신 적이 없습니다." 큰아들은 자신과 아버지 사이를 사장과 직원, 또는 주인과 노예의 관계로 보았습니다. 나 역시 그처럼 왜곡된 논리를 사실로 착각했습니다. 뒤틀린 생각과 행동으로 하늘 아버지의 마음을 상하게 하고 노기 어린 꾸짖음을 자극했습니다. "정말로 사소한 선물 따위로 내가 널 사랑한다는 사실을 증명해주길 바라는 거냐? 왜 나를 바라보지 않느냐? 네가 태어나기도 전에 너를 알아보고 뛸 듯이 기뻐했다는 걸 왜 못 믿느냐? 너를 내 핏줄로 인정하며, 속속들이 알고 있으며, 깊이 사랑한다는 걸 정말 모르겠느냐? 열심히 노력하든 안 하든, 집을 나가든 안 나가든, 노예처럼 고되게 일하든 안 하든 개의치 않고 한결같은 사랑을 베푼다는 걸 모르겠느냐? 너는 내 맏아들이므로 널 사랑한다. 조그만 잔칫상 따위를 노리고 점수를 따려 발버둥칠 필요가

집으로 돌아가는 길

없단다. 아들이 되려면 그만한 자격을 갖추어야 한다는 발상 자체가 나를 서글프게 하는구나. 너는 내 아들이고 난 너를 사랑한다. 그게 전부란다."

    ✍ 주님, 생명을 허락하셔서 지금껏 살아 있게 해주시니 감사합니다. 비유를 통해 가르쳐주시고 내 삶의 새로운 가능성에 눈뜨게 해주셔서 감사합니다. 사랑의 성령님을 보내주시고 큰아들이 품고 있던 원한과 내 마음의 원망이 같은 부류임을 깨닫게 해주셔서 감사합니다. 독선과 판단하는 마음 탓에 만족을 누리지 못하는, 눈에 보이지 않는 귀양살이의 조짐들을 보여주십시오. 어떻게 분노와 두려움을 다스려야 하는지, 할 수 있는 일들을 주저 없이 심각하게 고려할 수 있도록 도와주십시오. 내 실체뿐만 아니라 모든 형제자매들을 사랑하고 받아들이는 일에 성숙해지기를 소원합니다. 하지만 지혜와 힘과 용기가 부족합니다. 내게 오셔서 가까이 계셔주십시오. _헨리 나우웬, 라르쉬 데이브레이크 워크숍에서

숨이 턱에 닿도록 열심히 노력해서 사랑을 얻어내야 한다는 게 워낙 야릇한 개념이라, 거기에 집착할수록 쓰라린 상처 없이 인생 여정을 계속 따라가기가 더 어려워졌습니다. 내 가치를 증명하기 위해 끊임없이 발버둥쳤습니다. "사람들이 나를 이렇게 대하는 까닭은 무엇일까?", "어떻게 해야 내가 사랑받기에 합당한 인물이라는 걸 더 분명하게 증명할 수 있을까?", 또는 "무슨 일을 더 잘해내야 이런 관계를 유지할 수 있을까?" 이런 의문들을 해소할 실마리를 찾아 헤매는 작업이 끝날 것 같지 않았습니다. 가치 있는 인물이 되려고 이렇게 몸부림치는데 어째서 세상은 그걸 알아주지 않는지 이해할 수 없었습니다.

원한, 눈에 보이지 않는 귀양살이

독서란 정보를 수집하고 새로운 통찰을 얻고 생소한 분야를 완전히 익히는 걸 의미할 때가 많다. 그렇게 책을 읽으면 학위를 취득하거나 전문가가 되거나 자격증을 얻을 수 있다. 그러나 영적인 독서는 다르다. 단순히 영적인 글을 읽을 뿐만 아니라 거룩한 문서를 신령한 방식으로 읽는 걸 말한다. … 거룩한 책은 영적으로 읽어야 마음을 열고 하나님의 음성을 들을 수 있다. 때로는 책을 내려놓고 그 말씀을 통해 하나님이 무슨 메시지를 전하려고 하시는지 귀를 기울일 필요가 있다. _헨리 나우웬, 《영혼의 양식*Bread for Journey*》[4]

비유 속 큰아들과 내가 다를 게 없다는 걸 알게 되면서 주요한 관계들을 통해 평등과 사랑, 우정 따위를 맛보려고 평생 열심히 뛰어다니는 것과 끊임없이 삶 속에 쏟아져 내리는 고마우신 은혜에 감격해서 그분과 교제하며 살아가는 것 사이에는 영적으로 엄청난 차이가 있음을 깨달았습니다. 전자의 경우에는 특별히 노력하지 않아도 이미 사랑받을 만한 존재임을 받아들이지 않으므로 신뢰가 깨지고 마음이 차츰 무너져 내립니다. 그러나 후자는 어려움을 주께 더 의지하고 더 깊이 사랑할 기회로 삼아서 인간으로서의 됨됨이를 성숙하게 다듬어갑니다. 우리는 이 두 가지 관점에서 관계의 어려움에 대처할 수 있으며 두 가지 방향 가운데 어느 한 쪽을 선택해야 합니다. "하나님, 저를 좀 봐주세요. 제가 얼마나 열심히 주님을 위해 일하는지 알아주세요. 이래도 사랑 안 해주실래요?"라고 묻거나, "오, 사랑하는 창조주시여. 생명을 허락하시고 무조건적인 사랑을 베풀어주셔서 감사합니다. 주님의 너그러우심에 늘 감격하게 하시고 항상 저와 함께 계셔서 사랑할 힘을 주실 줄 믿습니다"라고 말씀드려야 합니다. 불공평한 대접의 희생자가 되든지, 아니면 고통을 추진력으로 삼아서 변화를 추구하든지 둘 중 하나입니다. 누구든 두 갈래 길 가운데 한 쪽을 자유롭게 선택할 수 있지만, 그 결과에 따라 영적인 삶의 모습은 판이하게 갈라집니다. 고난 가운데도 어김없이 임하시는 사랑을 토대로 행동하는 길을 선택하면, 하나님의 사랑스러운 자녀라는 정체성에 깊이 뿌리를 내리게 됩니다. 태어나기 전부터 선택해주신 분의 첫 번째 사랑에 힘입어 점점 더 큰 자유와 친밀감을 맛보는 길로 접어드는 겁니다.

이 글의 앞부분에서 영적인 삶에 있어서 첫 번째 사랑과 다른 모든 사랑의 차이점을 살펴보았습니다. 저는 영혼의 길을 걷는 동안 첫 번째 사랑을 얻는 쪽을 선택하기로 마음을 다잡곤 합니다. 첫 번째 사랑은 무슨 일을 하든지, 무얼 가졌든지, 남들이 어떻게 생각하는지와 상관없이 베풀어주시는 사랑입니다. 시간의 역사가 시작되기 전부터 아껴주신 하나님의 사랑스러운 아들, 그게 바로 저입니다. 이 진리를 부르짖는 게 요즘 온 힘을 다하고 있는 내면의 사역이며, 그 덕분에 삶을 가로막는 장애물들을 전혀 새로운 관점에서 볼 수 있게 되었습니다. 이제는 저항을 이겨내고 다시 낡은 습관으로 끌어가지 않도록 끊임없이 노력하는 게 중요합니다. 시간을 내서 이 진리를 묵상하고, 자주 감사하고 간구하는 기도를 드리며, 헌신이 흔들리지 않게 붙들어주고 책임져줄 손길들을 꾸준히 찾는 까닭이 바로 여기에 있습니다.

> ✎ 쓰라린 일들을 경험하면서 분노를 누르고 억제된 열기를 에너지로 전환하는 법을 배웠다. 더할 나위 없이 소중한 공부를 한 셈이다. 이렇게 통제된 분노는 곧 세상을 움직이는 힘으로 작용한다. _마하트마 간디

⚘ 귀를 기울이십시오

크게 심호흡을 하면서 마음을 가라앉히십시오. 자신에게서 원한에 찬 큰아들의 모습을 찾아보십시오. 순종하는 착한 인간이 되려고 노력했던 일들을 돌아보십시오. 어떨 때 남들 앞에서 무력감을 느끼는지 마음의 소리를 들으십시오. 속상하게 만드는 권한을 누구에게 주었는지, 누가 여러분을 인질로 잡고 분노의 감정에 시달리게 하는지 철저히 가려내십시오. 움직이지 말고 귀를 기울이십시오. 중심에서 들리는 소리를 놓치지 마십시오. 자세히 들어보십시오. 내면 깊숙한 곳에서 "제발 그냥 아무개가 아니라 형제자매임을 믿어달라!"고 부르짖는 음성이 들리지 않습니까? 여러분이 인간 가족의 온전한 구성원이라고 말하는 그 진정한 외침을 받아들이십시오. 끊임없이 길을 찾아 헤매며 날마다 몸부림치는, 그리고 언젠가는 세상을 떠날 경이로운 동료 인간들 사이에서 여러분 역시 소중하며 가치 있는 한 구성원이라고 말하는 내면의 속삭임을 외면하지 마십시오.

⚘ 일기를 쓰십시오

귀를 기울이는 동안 마음에서 오간 대화를 기록하십시오. 여러분의 자아상을 망가뜨린 사람이나 사건들에 집중하십시오. 평생 지고 온 짐들을 마음껏 쏟아내십시오.

자신이 얼마나 놀라운 존재이며 또 얼마나 대단한 삶을 살고 있는지 진리에 근거해서 정확하게 적어보십시오. 마음속 지성소로 들어가서 어떻게 하면 열등감과 무력감을 떨쳐버리고 자신의 참모습을 찾을 수 있는지 물으십시오. 평생 여러분에게 쏟아 부어주신 놀라운 선물들에 감사하는 마음을 글로 옮기십시오. 마지막으로 여러분이 진정 아름다운 하나님의 자녀라는 진리 위에 우뚝 서고자 하는 마음을 표현하십시오.

✝ 묵상하십시오

지금 바로 이 자리에 함께하시는 거룩하신 하나님의 임재 앞에 나가십시오. 지금까지 듣고 적은 걸 모두 말씀드리십시오. "아버지와 내가 너를 찾아와서 네 마음을 집으로 삼을 것"이라고 약속하시는 예수님 말씀을 명심하게 해달라고 기도하십시오. 사랑이 많으신 하나님의 임재를 믿고, 평안히 교제하며, 그 거룩한 곳에서 비롯된 능력으로 살아갈 힘을 주시길 요청하십시오. 진심으로 말씀드리고 응답을 기다리십시오.

마음에서 마음으로 대화하십시오.

가장 높으신 분의 보호를 받으면서 사는 너는,

전능하신 분의 그늘 아래 머무를 것이다.

너는 주님께 고백하기를 "주님은 나의 피난처,

나의 요새, 내가 의지할 하나님"이라고 하였다.

정녕, 주님은 너를, 사냥꾼의 덫에서 빼내주시고,

죽을 질병에서 너를 건져주실 것이다.

주님이 그의 깃으로 너를 덮어주시고 너도 그의 날개 아래로 피할 것이니,

주의 진실하심이 너를 지켜주는 방패와 성벽이 될 것이다.

그러므로 너는 밤에 찾아드는 공포를 두려워하지 않고,

낮에 날아드는 화살을 무서워하지 않을 것이다.

흑암을 틈타서 퍼지는 염병과 백주에 덮치는 재앙도 두려워하지 말아라.

네 왼쪽에서 천 명이 넘어지고, 네 오른쪽에서 만 명이 쓰러져도,

원한, 눈에 보이지 않는 귀양살이

네게는 재앙이 다가가지 못할 것이다.

오직 너는 눈으로 자세히 볼 것이니,

악인들이 보응을 받는 것을 보게 될 것이다.

네가 주님을 네 피난처로 삼았으니,

가장 높으신 분을 너의 거처로 삼았으니,

네게는 어떤 재앙도 내리지 않을 것이다.

네 장막에는, 어떤 재앙도 가까이하지 못할 것이다.

그가 천사들에게 명하셔서 네가 가는 길마다

너를 지키게 하실 것이니,

너의 발이 돌부리에 부딪히지 않게 천사들이

두 손으로 너를 붙들어줄 것이다.

네가 사자와 독사를 짓밟고 다니며,

사자 새끼와 살모사를 짓이기고 다닐 것이다.

그가 나를 간절히 열망하니, 내가 그를 건져주겠다.

그가 나의 이름을 알고 있으니, 내가 그를 높여주겠다.

그가 나를 부를 때에, 내가 응답하고,

그가 고난을 받을 때에, 내가 그와 함께 있겠다.

그를 건져 주고, 그를 영화롭게 하겠다.

나는 그가 마음껏 오래 살게 하고,

내 구원을 그에게 보여주겠다(시 91편).

집으로 돌아가는 길

다 섯 번 째

◆◆◆

가난한 이들의 친구가 되십시오

비유에는 탕자를 바라보는 전혀 다른 두 가지 관점이 등장합니다. 큰아들은 펄펄뛰며 아우와 연결된 관계의 끈을 놓으려 합니다. 상한 마음을 가진 아버지는 작은아들이 돌아오리라는 소망을 결코 버리지 않습니다. 완전무결함을 꿈꾸는 큰아들은 동생의 실험이나 실패를 용납할 수 없었습니다. 삶의 경험이 더 풍부했던 아버지는 깊고 따뜻한 연민을 품고 인간의 고통에 담긴 수수께끼를 그냥 받아들입니다.

라르쉬 데이브레이크에서 지내면서, 처음에는 장애를 가진 친구들에게 시종일관 함께 움직이기를 강요하지 않는 환경이 참으로 마음에 들었습니다. 그런데 얼마 지나지 않아서 정상적인 생활이 불가능해졌습니다. 갑자기 몸에 문제가 생겨서 무엇 하나 제대로 할 수 없는 상태가 된 겁니다.

원한, 눈에 보이지 않는 귀양살이

그때, 공동체의 가장 연약한 구성원들이 사랑을 담은 몸짓과 함께 진심어린 기도를 드려주었습니다. 몇몇은 내 어깨를 부드럽게 토닥이며 "걱정 마세요. 다 좋아질 거예요"라고 이야기해주었습니다. 가장 연약한 시기에 한없이 따뜻한 사랑이 쏟아지는 걸 보면서 예수님 말씀의 참뜻을 깨달았습니다. "마음이 가난한 사람은 복이 있다."

두드러지게 소외당하고 있는 이들과 진실한 관계를 맺는 걸 영성 훈련의 한 방법으로 삼으십시오. 기이한 행동, 익숙하지 않은 유머, 또는 불편한 몸의 이면을 보고 서로 우정을 나누십시오. 두려움을 넘어서, 말뿐인 사랑을 넘어서, 관계를 좌지우지하려는 욕심을 넘어서 한 걸음 더 깊이 들어가십시오. '장애'라는 가름막을 젖히고 소중한 형제자매를 찾아내십시오. 그 특별한 친구들과 나누는 우정을 통해서, 여러분들 역시 생긴 그대로 참다운 사랑과 축복을 누리고 있음을 실감하고 깜짝 놀라게 될 것입니다.

집으로 돌아가는 길

6

귀향,
감사라는 이름의 집으로

꧁꧂

현재 주어진 삶을 살며 감사하는 마음으로 무엇이든 하라. 첫 번째 원칙은 이처럼 간단하다. 안전해지려는 노력을 포기하라. 쓸데없는 노릇이다. 부유해지려는 욕망을 버려라. 품위를 떨어트릴 뿐이다. 여기저기 구원의 길을 물색하지 마라. 이기적인 짓이다. 감사하는 마음가짐을 가지고 주어진 삶에 참여하는 이들은 온전한 약속을 선물로 받게 마련이다. 그걸 확실히 믿는 이들은 편안한 쉼을 누릴 것이다. _존 매쿼슨 II, 《항상 다시 시작한다》[1]

원한에서 탈피하려면 좀 더 긍정적이며 감사할 만한 무언가를 향해 나갈 필요가 있습니다. 어째서 그렇습니까? 감사는 원한과 대척점에 있으며, 사랑을 수고의 대가쯤으로 여기는 세계에서 떠나는 데 필요한 노잣돈이기 때문입니다.

예수님이 베드로에게 하신 말씀을 잘 들어보십시오. "내가 진정으로 진정으로 네게 말한다. 네가 젊어서는 스스로 띠를 띠고 네가 가고 싶은

원한, 눈에 보이지 않는 귀양살이

곳을 다녔으나, 네가 늙어서는 남들이 너의 팔을 벌릴 것이고, 너를 묶어서 네가 바라지 않는 곳으로 끌고 갈 것이다"(요 21:18).

예수님의 도道는 심리학의 원리와 정반대입니다. 성장해서 어른이 되면 스스로 결정해서 자신의 길을 가고 마음대로 행동하되, 어려서는 남들에게 의존하며 무얼 해야 할지 지도를 받으라고 가르치는 것이 세상의 길입니다.

그러나 예수님은 새로운 길, 피상적인 삶의 방식과 전혀 다른 방향을 제시하십니다. 주님은 말씀하십니다. "영적으로 어린 상태일 때는 스스로 주도권을 쥐고 무얼 믿고 믿지 않을지 선택하게 마련이다. 그러나 영적으로 더 성장하고 성숙해지면, 주위에 있는 이들에게 자신을 맡기게 되므로 가고 싶지 않은 곳이라도 순순히 따라갈 수밖에 없을 것이다!" 예수님의 길은 거룩하신 분과 더 가까워지는 통로입니다. 하나님은 변함없이 무조건적인 사랑을 베푸셔서 가장 기본적이고 중요한 관계 속에서 성장하게 도와주실 뿐만 아니라, 인간 가족 내부의 견고한 울타리를 뛰어넘어 그 바깥에 있는 이들까지 존중하는 마음으로 보살필 만큼 성숙하게 하십니다. 주님은 "원수를 사랑하라"고 말씀하십니다. 그건 몹시 힘겨운 사랑입니다. 마음을 좀먹는 원한을 내려놓고 감사의 기쁨으로 돌아서는 사랑입니다. 식구나 동료, 친구를 통제하고 지배하려는 마음을 버리는 것이야말로 예수님의 표현대로 "길이요, 진리요, 생명"입니다. 주님은 사랑으로 도전하십니다. "누군가를, 또는 무슨 일인가를 마음대로 주무르고 좌지우지하려는 생각을 버리고 기꺼이 주도권을 내주고 이끄는 대로 따라가거라."

예수님은 관계의 안전지대를 벗어나라고 초대하십니다. 연약하고 의존

적인 상태가 되어서 무조건적인 사랑을 베푸시는 분의 음성에 순종하라
고 부르십니다. 감사하며 살아가는 동시에 같은 인간 가족에 속한 형제자
매들과 긴밀한 유대를 맺으라는 뜻입니다. 자신과 전혀 다른 이들과 친밀
하게 관계한다는 건 지극히 힘든 결단일 뿐만 아니라 참으로 멋진 사건
이기도 합니다. 관계 속에서 지배권을 행사하는 대신 놀라운 사건들이 가
득할 게 빤한 불확실한 미래를 향해 마음을 여는 일이기 때문입니다. 다
른 이들과 연대하려면 태도를 바꾸고 차이를 받아들이며 겸손하게, 그리
고 존중하며 살려는 씨름을 벌여야 합니다. 독선을 버리고 동등한 입장에
서 관계를 맺어야 합니다.

> 🐌 아담은 한 지붕 아래 살았던 여러 친구들 가운데 하나였습니다. … 자기
> 집, 그러니까 토론토에 있는 라르쉬 데이브레이크 공동체에 들어갔을 때, 누
> 구보다도 먼저 도와줄 게 없는지 물었던 친구이기도 했습니다. … 아담은 친
> 구이자 선생이었고 안내자였습니다. 편치 않은 친구였습니다. 평범한 사람들
> 처럼 애정과 사랑을 표현할 줄 몰랐기 때문입니다. 특이한 교사였습니다. 사
> 상이나 개념들을 깊이 생각하거나 정리해서 전달할 능력이 없었기 때문입니
> 다. 색다른 안내자였습니다. 정확한 방향을 짚어주거나 조언해주지 못했기
> 때문입니다. … 그러나 아담의 죽음은 온 마음을 뒤흔들어놓았습니다. 어떤
> 책이나 교수보다도 더 확실하게 나를 예수님의 인격으로 이끌어준 친구였기
> 때문입니다. _헨리 나우웬, 《아담Adam》[2]

그렇다면 누가 우리를 결박해서 사랑스러운 인간이 되는 길로 데려갈
까요? 연인일 수도 있고, 배우자, 파트너, 자녀, 리더, 그리고 사회에서 소

원한, 눈에 보이지 않는 귀양살이

외된 사람들(그 역시 변화의 통로가 될 수 있습니다)일 수도 있습니다. 이들은 우리를 특별한 삶의 국면들로 이끌어갑니다. 저마다 헌신의 포대기로 우리를 단단히 감싸 안고서 사랑받고자 하는 기대를 뛰어넘어 더 위대해지는 길, 친밀한 관계와 감사로 통하는 길로 끌어갑니다. 결혼생활은 멋진 선물이지만 삶을 녹여서 변화시키는 용광로이기도 합니다. 가족은 상처를 받아가면서도 서로에게 성실해야 합니다. 우정은 감정을 뛰어넘어 사랑할 수 있는 능력의 한계를 시험합니다. 세계적으로 주목을 끄는 큰 사건들은 분수에 넘치는 긍휼을 요구합니다. 죽음은 보고 느끼는 세계를 초월한 소망으로 우리를 초대합니다. 예수님은 몸소 세상에 오셔서 '아버지'라고 불렀던 분과 하나가 되어 감사의 길을 걸으셨습니다. 친히 고통 속에 들어가셨으며, 삶의 주도권을 넘기셨으며, 원수를 용서하는 좁은 길을 걸어 되돌아가셨습니다.

예수님은 제자들에게 말씀하셨습니다. "너희들에게 성경의 시편과 예언서를 펼쳐서 온갖 싸움을 다하다가 고난을 받은 뒤에 마침내 영광에 들어가리라는 사실을 알려주겠다." 주님의 일생은 행동하고 통제하며 설교하고 교육하고 기적을 행하는 자리에서 모든 일이 자신에게 다 일어나도록 내어맡기는 고난의 자리로 옮겨가는 인생이었습니다. 체포되고, 매를 맞고, 침 뱉음을 당하고, 가시관을 쓰고, 십자가에 못 박히기까지, 그리스도는 그 무엇도 통제하려 들지 않았습니다. 스스로 무얼 해서가 아니라 모든 일이 자신에게 이뤄지게 허락하셨기에, 그 혹독한 고난을 다 받으셨기에 평생 그처럼 엄청난 역사를 이루셨던 겁니다. 행동은 지배하려는 욕구를 반영합니다. 반면에 수난은 자신을 비우고 남의 손에 맡겨서 하나님의 영광이 드러나게 합니다.

집으로 돌아가는 길

〈초가집과 그림 그리는 남자〉, 1645, 동판화

—

"원한에서 탈피하려면 좀 더 긍정적이며 감사할 만한 무언가를 향해 나갈 필요가 있습니다.
감사는 원한과 대척점에 있기 때문입니다."

나처럼 큰아들파에 속하는 이들이 원한을 버리고 돌아서기가 작은아들식의 방탕한 삶에서 돌이키기보다 훨씬 힘들다는 건 분명한 사실입니다. 원한은 방종처럼 쉽게 눈에 띄지 않기 때문입니다. 심지어 원한에 잠겨 있으면서도 본래의 자리에서 벗어났다는 사실조차 파악하지 못하는 경우도 많습니다.

비유에 나오는 큰아들과 비슷한 모습을 가졌다는 걸 알게 되면서 속에 담아두었던 깊은 슬픔을 의식하게 되었으며, 마음을 지키는 돌담을 둘러치는 데 얼마나 오랜 세월을 낭비했는지 깨달았습니다. 완악한 심령을 가졌다는 자각이 드는 순간, 담장에서 돌멩이 하나가 빠져나가는 느낌이었습니다. 일단은 큰 상처를 받았으며, 곧 겁이 났고, 마침내 분통을 터트렸습니다. 참으로 힘겨운 씨름이었습니다. 더 속속들이 현실을 인식하는 한편, 가능한 한 두려움을 줄이려 노력했습니다. 의식적으로 전혀 다른 반응을 보이려고 애썼습니다. "겁내지 마! 돌멩이가 빠져나가게 내버려두고 도리어 감사하도록 해! 하나님을 믿고 안전지대 밖으로 발을 내디뎌! 용기를 내! 마음을 열고 마음 저 밑바닥에 있는 갈망을 인정해! 벽을 무너뜨려!"

    슬픔이 들어갈 적절한 자리를 비워두지 않으면, 대부분의 공간을 미움과 복수심(다른 이들에게 또 다른 슬픔을 안겨주게 될)이 깃들 공간으로 남겨놓는다면, 슬픔은 결코 이 세상에서 사라지지 않으며 오히려 한없이 증폭될 것이다. 그러나 슬픔의 온건한 근원이 요구하는 대로 적절한 자리를 제공한다면, 진심으로 고백하게 될 것이다. 인생은 아름답고 풍성하다고. 너무도 멋지고 너무도 풍요로워서 하나님을 믿고 싶어질 것이다. _에티 힐레줌, 《가로막힌 삶, 베

이런 훈련은 안전감을 느끼게 해주기는커녕 도리어 위협적이었습니다. 하지만 어느덧 동굴 입구가 움푹 꺼지듯, 내 안에 커다란 구멍이 뚫렸습니다. 다른 이들을 궁금하게 여기고 받아들일 수 있는 통로가 생긴 겁니다. 비록 어설플지라도 가족과 공동체에 속한 사랑하는 식구들을 고마운 선물로 받아들이려고 노력하는 가운데 큰 힘과 기쁨을 얻었습니다. 거룩하신 사랑의 하나님이 내 마음에 속삭이시는 걸 감지할 수 있었습니다. "감사해라. 네 삶에 기쁨이 들어갈 더 큰 공간을 찾아내거라. 살면서 맞닥뜨리는 모든 걸 은혜로 인정하고 의식적으로 감사해라. 마음의 문을 열어라. 내가 네 돌 심장을 떼어내고 살아 숨 쉬는 새 심장을 달아주마."

남들이 나와 동등해지는 기미만 있어도 불안해지는 두려움의 실체를 똑똑히 밝혀야 합니다. 스스로 얼마나 거만하고 독선적인 태도를 가졌는지 알아야 합니다. 분노, 풀리지 않는 갈등, 정서적으로 깊은 관계를 맺는 걸 꺼리는 자세, 사랑해야 할 이들을 용서하지 못하는 마음 따위를 똑바로 보아야 합니다. 이제는 그 모든 것들이 너무 선명하게 보여서 하나님의 도우심이 없이는 집으로 돌아갈 수가 없습니다. 분노와 질투, 다른 이들과 하나가 되면 자신을 잃어버리게 될지 모른다는 엄청난 두려움 없이 행동한다는 게 저로서는 무척 힘들기 때문입니다. 감사하며 살기 위해서는 어려움을 누군가에게 이야기할 줄 알아야 합니다. 멘토에게 더 구체적으로 진실을 고백할 수 있어야 합니다. 혼자서 시간을 갖고 관계를 성찰하고 부족한 사랑을 하나님이 채워주시길 간구할 필요가 있습니다.

어떤 아픔이라도 다 이겨내라. 그대에게 맡겨진 고통의 그릇을 아직 다 채우지 못했으므로. 세상을 자식으로 둔 어머니처럼, 그대는 마음으로 그 고통을 짊어지고 있는 것이다. _**수피 격언**

마지막으로, 성경에서 한 가지 예를 더 들어보겠습니다. 똑같은 품삯

〈길 가에 서 있는 남자가 있는 풍경〉, 1636, 소묘

을 받은 포도원 일꾼들의 비유를 잘 알고 계실 겁니다. 마태복음 20장 1-16절에 전문이 나와 있지만, 요약해서 소개하자면 이렇습니다.

어느 포도원 주인이 아침 일찍 나가서 사람들에게 공정한 임금을 줄 테니 그날 하루 동안 일해달라고 청했습니다. 일꾼들은 포도원으로 올라

원한, 눈에 보이지 않는 귀양살이

갔습니다. 주인은 그날 몇 차례 더 품꾼들을 뽑아 보내며 일한 만큼 적절한 대가를 치르겠다고 약속했습니다. 그날 저녁, 포도원 주인은 처음 고용된 이들부터 맨 마지막에 뽑은 일꾼까지 모두 똑같은 임금을 주었습니다.

솔직하게 말해서, 일꾼들을 대하는 주인의 태도는 참으로 받아들이기 어렵습니다. 이렇게 불공평한 경우가 있나 싶습니다. 가장 늦게 와서 잠깐 일한 이들도 진종일 포도원에서 땀 흘렸던 품꾼들만큼 많은 돈을 받았습니다.

> ✍ 여전히 그 인식에서 도망치고 있다.
> 그 눈, 피할 길 없는 그 사랑에서 도망치고 있다.
> 당신의 뜻은 오직 사랑 또 사랑이었는데,
> 나는 그저 두려움 그리고 고통을 느꼈을 따름이므로.
> _애니 딜라드, 《돌에게 말하는 법 가르치기*Teaching a Stone to Talk*》[4]

그렇다하더라도, 주인의 처분을 바라보는 일꾼들, 그리고 오늘을 사는 우리들의 반응을 깊이 생각해보면 아주 흥미롭습니다. 우리는 분노를 느끼며 그걸 '정의'로 포장합니다. 포도원 주인은 최소한 아침에 올라온 일꾼들에게 먼저 임금을 주고 돌려보내서 마지막에 온 품꾼들이 어떤 대접을 받는지 볼 수 없도록 배려했어야 합니다. 하지만 그러지 않았습니다. 일찍부터 종일 일한 이들의 면전에서 마지막에 손을 보탠 이들에게 하루치 품삯을 지불했습니다. 그걸 지켜보던 이들은 더 많은 돈을 얹어줄 거라고 기대했지만 한 푼도 더 받지 못했습니다. 이만저만 불쾌한 일이 아님

집으로 돌아가는 길

니다. 주인의 처사는 일꾼뿐만 아니라 우리들의 정의감까지 짓밟습니다.

> 너희가 심판을 받지 않으려거든, 남을 심판하지 말아라. 너희가 남을 심판하
> 는 그 심판으로 하나님께서 너희를 심판하실 것이요 … 어찌하여 너는 남의
> 눈 속에 있는 티는 보면서, 네 눈 속에 있는 들보는 깨닫지 못하느냐? … 위
> 선자야, 먼저 네 눈에서 들보를 빼내어라. 그래야 그때에 네 눈이 잘 보여서,
> 남의 눈에서 티를 빼 줄 수 있을 것이다(마 7:1-5).

우리들의 반응은 아주 독특합니다. 똑같은 비유를 아버지와 여러 아들
을 주인공으로 각색해봅시다.

여러 자식을 둔 아버지가 큰아들을 불러놓고 말합니다. "오늘 네가 나
를 좀 거들어주면 좋겠다." 아들은 아버지를 위해 종일 열심히 일했습니
다. 아버지는 조금 어린 둘째에게도 같은 일을 시켰고 곧이어 셋째도 불
렀습니다. 오후 중반쯤에는 두 살짜리 아기를 빼놓고는 모든 아들이 똑같
은 일에 매달렸습니다. 그리고 그날 저녁, 아버지는 자식들을 모두 불러
모으고는 상으로 용돈을 나눠주었습니다. 그리고 두 살짜리 막내도 빼놓
지 않고 똑같은 삯을 주었습니다.

형제들 가운데 누구도 아버지가 불공평하다고 생각지 않았습니다. 젊
은 친구들은 깔깔거리며 말합니다. "저 꼬맹이가 형들이랑 똑같은 용돈
을 받다니, 재미있지 않아요?" 한번 곰곰이 되짚어볼 만한 얘기가 아닐까
요? 아버지가 익살맞게도 갓난아이에 이르기까지 똑같은 상을 주는 걸
보며 형제들은 몹시 즐거워했습니다. 개인적으로는 포도원에서 일하는
걸 대단한 특권으로 생각해본 적이 단 한 번도 없었던 것 같습니다. 아버

원한, 눈에 보이지 않는 귀양살이

지를 위해서 형제자매들이 한데 어울려 하루 종일 일하는 모습을 상상해 보십시오. 멋지지 않습니까? 끝나기 직전에 끼어든 친구나 전혀 손을 보태지 못했던 식구들도 똑같이 품삯을 받는다면 얼마나 아름다울까요?

　　🌿　오, 감사하는 마음으로 거룩한 빛 가운데로만 걷겠습니다.
그리고 그 빛을 온 세상에 비추겠습니다.
_난 C. 메릴, 《기도를 위한 시편》[5]

　비유를 통해서 제가 얼마나 독선적이며 얼마나 뒤틀린 사고방식을 가지고 있는지 알게 되었습니다. 저 역시 늦게 온 이들이 똑같은 삯을 받는 걸 원망하고 서운하게 생각해왔기 때문입니다. 형제자매들과 더불어 저를 가장 사랑하시는 분이 맡기신 일을 하면서 하루를 보내는 게 커다란 특권임을 어째서 새카맣게 잊어버렸는지 알다가도 모를 일입니다. 도대체 무엇 때문에 제가 가장 사랑하는 이들을 아버지가 너그럽게 대해주시는 걸 기뻐하지 못했던 것일까요?

　탕자의 아버지도 마찬가지였습니다. 잔치를 열면서 큰아들이 소외감을 느끼리라고는 꿈에도 생각지 못했습니다. 오히려 맏이에게 말합니다. "자, 어서 들어오너라! 네 아우가 돌아왔구나! 둘째가 무사히 돌아온 걸 감사하고 기뻐하자! 내가 툭하면 말썽을 피우는 저 아이를 향해 얼마나 선한 뜻을 품고 있는지 보아라. 이제 집으로 돌아왔으니 한바탕 마음껏 축하하자꾸나. 어서 와서 잔치 자리에 들어가자. 너도 나처럼 감사하는 법을 배우려무나."

　누군가를 판단하기보다 그 존재에 감사하는 변화, 그것이 진정한 돌이

집으로 돌아가는 길

공기보다 가볍게! 기쁨과 활기가 넘치는 라르쉬 케이프브레턴의 데이비드 G.

사진 : 아밀 자보

킴이며 더 깊은 회심입니다. 이런 '귀향'에는 놀라운 유익이 있습니다. 무조건 사랑해주시는 분이 얼마나 필요한지 절감하게 해줄 뿐만 아니라, 다른 이들과 얼마나 깊이 형제자매 관계로 연결되어 있는지 깨닫게 되기 때문입니다. 원한에서 감사로 넘어가는 과정에서 인간으로서의 됨됨이를 확인하게 되는 겁니다.

하지만 집으로 돌아가는 길에는 아직 거쳐야 할 관문이 더 남아 있습니다. '귀향'은 자기만의 문제에 그치지 않고 다른 이들이 품고 있는 원한에 대해 보이는 반응과도 깊이 얽혀 있습니다. 스스로 행실을 살피고 변화를 추구하다 보면 더러 다른 이들이 품고 있는 원한을 판단하고 비판하고 싶은 충동을 느끼게 됩니다. 그건 대단히 중요한 순간입니다. 제삼자의 분노와 고통에 어떻게 반응할지 선택해야 하기 때문입니다. 먼저 자신의 삶에 감사하는 마음을 품고 있어야만, 다른 이들의 분노와 정죄를 받아들이되 거기에 휘둘리지 않고 그냥 흘려보낼 수 있는 법입니다. 주님께 고마워해야 할 이유를 꾸준히 찾을 때, 우리는 비로소 전혀 새로운 눈으로 분노와 고통에 귀를 기울이되 그것이 궁극적으로는 자신이 아닌 상대방의 몫이라는 사실을 쉽게 인정할 수 있습니다. 정죄하지 않고 있는 그대로 받아주는 자세를 갖게 된다는 말입니다. 그러자면 감사를 삶의 일부로 삼아야 합니다. 그렇지 않고서는 상대방의 원망이 이편의 원한에 연결되며, 그럴수록 상황은 더 꼬여가게 마련입니다. 적어도 감사하는 삶을 사는 동안은 누군가의 원망을 들으면서 내 원한을 확인하고 합리화하는 실수를 저지르지 않게 됩니다. 남을 정죄하지도 않습니다. 그저 사랑으로 받아줄 뿐입니다.

◈ 안팎으로 원수를 깊이 이해하는 건 용서로 가는 중요한 길목이다.
_장 바니에, 《인간되기》[6]

다른 이들의 판단과 정죄를 사랑으로 받아들일 수 있게 되기까지는 고통스러우리만치 오랜 과정을 거쳐야 합니다. 오르락내리락 수많은 고개를 넘어야 하며 고단한 훈련을 끝없이 되풀이해야 합니다. 분노를 받아주는 것과 학대를 인정하는 것 사이에는 분명한 구분이 있습니다. 그 차이점을 분명하게 깨쳐서 폭력적인 대접을 용납하지 말아야 합니다. 동의할 수 없는 방식에 억지로 맞춰주어선 안 됩니다. 상대방의 잘못된 처사를 정당한 것으로 인정하는 듯 행동할 필요도 없습니다. 다른 이들이 제멋대로 하는 말들, 특히 이편을 공격하는 고통스러운 이야기들을 객관적으로 들으려는 마음가짐은 대단히 중요합니다. 상처를 받았다 싶을 때 자신을 지키러 나서는 건 당연한 처사이지만, 동시에 정죄의 감정을 투사하지 않도록 조심해야 합니다. 자신의 경우와 마찬가지로 다른 누군가의 이야기도 환희와 고통이 가득한 세계임을 받아들일 수 있도록 노력할 필요가 있습니다. 그래야 우리 사이의 연대가 더 성숙하고 단단해집니다.

아주 조금씩이기는 했지만, 이웃들에게 나와 다른 인격체로서 저마다 독특한 선택을 할 수 있도록 허용하게 됐습니다. 인간 가족 안에서 제각기 독보적인 위치를 차지하고 있음을 깨닫고 난 뒤부터는 마음을 열고 우리 사이에 존재하는 차이의 아름다움을 받아들일 여지를 남겨두게 된 겁니다. 원한에서 돌이켜 감사로 돌아가는 '귀향'은 인간을 아름답고 다양하게 지어주신 창조주께는 물론이고 광대하고 소중한 인간 가족에 속해 있다는 소속감을 줍니다. 이건 누가 뭐래도 흔들리지 않는 분명한 사실입니다.

원한, 눈에 보이지 않는 귀양살이

◦◦ 사랑하는 주님, 손을 쭉 뻗은 채 이 고독 속에 빠져 지내는 동안, 차츰 어둠에 익숙해졌습니다. 그 어느 때보다도 더 외로운 가운데, 주님이 나를 위해 선택하셨던 죽음을 사는 법을 배우고 있습니다. 그건 그 어떤 죽음보다 고통스럽지만 내 눈은 서서히 그 흑암에 적응하고 있습니다. 주님의 비밀스러운 사랑, 그 어떤 사랑보다 깊은 사랑을 이제는 조금씩 구분하기 시작했습니다. 그리고 이 외로움이 나로 하여금 주께로 돌아가게 한다는 걸 천천히 이해하게 되었습니다. 죽음은 한없이 깊지만 그 안에는 또한 즐거운 삶이 있습니다. 이 캄캄한 어둠 속에서 마침내 빛, 주님의 빛이 밝아오는 걸 봅니다. 내 '집'이 어디에 있는지 보기 시작합니다. 내 안에서 사랑이 거듭 태어나고 있습니다. 고맙습니다. 주님, 감사합니다. _헨리 나우웬, 라르쉬 데이브레이크 워크숍에서

⚘ 귀를 기울이십시오

심신을 조용히 가라앉힐 수 있는 장소와 시간을 찾으십시오. 기다리십시오. 이번 장을 읽는 동안 마음에 떠오른 이미지나 깨달음에 귀를 기울이십시오. 다시 읽어볼 필요는 없습니다. 본문의 내용은 현재 여러분이 살고 있는 삶에 대해 무슨 말을 들려줍니까? 충분한 시간을 두고 온전하고 성실하며 투명해지고 싶어 하는 마음의 소리를 들어보십시오. 침묵을 두려워하지 말고 여러분의 중심에서 깊은 울림이 명확하게 드러날 때까지 기다리십시오. 집으로 돌아가자고 부르짖는 마음의 소리에 집중하십시오.

⚘ 일기를 쓰십시오

지금껏 살아오는 동안 여러분 가운데 일어났던 멋진 일을 기록하는 데

서 시작하십시오. 아버지 어머니와 함께했던 일일 수도 있고 사랑에 빠졌던 경험일 수도 있고, 삶의 여정에 영향을 주었던 인물을 만났던 사건일 수도 있습니다. 그 밖에 어떤 중요한 일들이 있었습니까? 소중한 만남, 중요한 깨달음, 예상치 못했던 '기적들', 그리고 환희를 안겨주었던 놀라운 일들도 적어보십시오.

의미 있는 인물과 사건들에 감사하는 마음을 글로 옮기십시오. 생활 중에 의식하지 못하고 그냥 흘려보냈던 소중한 것들(삶, 그 자체를 포함해서)의 목록을 만들어보십시오. 여러분의 금쪽같은 역사를 기록하십시오.

　　세상 어딘가에 하나님의 사랑을 항상 확인할 수 있는 데가 있는지 잘 모르겠다. 주님이 그런 곳을 보여주신 적이 없기 때문이다. 그런데 분명하게 알려주신 게 있다. 실족해 있든 다시 일어서든, 하나님은 변함없이 고귀한 사랑으로 지켜주신다는 사실이다. **_노리치의 줄리안**

☀ 묵상하십시오

잊지 마십시오. 마음속 깊고 깊은 곳에서 말씀하시는 분의 거룩한 숨결이 여러분을 떠나지 않고 둘러싸고 있습니다. 주님의 임재 속으로 들어가서 여러분이 받아 누리는 온갖 선물에 대해 순수하게 감사하십시오. 믿음과 불신 사이의 망설임과 삶의 불확실성을 초월해서 여러분을 가장 잘 아시고 완전하게 사랑하시는 분께 삶을 맡기십시오. 기쁨으로 하나님께 고마움을 전하십시오.

마음에서 마음으로 대화하십시오.

원한, 눈에 보이지 않는 귀양살이

여섯 번째

♦♦♦

집으로 가는 길에서 집을 찾으십시오

현실적으로든 영적으로든, 비유에 등장하는 두 젊은이는 제각기 깊은 환멸에 빠졌지만 결국은 집에 들어갈 수 있었습니다. 아버지 말씀에 따르든 따르지 않든, 고분고분하든 안 하든, 깊이 뉘우치든 아니든 형과 아우는 모두 가족으로서 제 몫의 사랑을 받을 자격이 있었습니다. "나는 너희가 있을 곳을 마련하러 간다"고 말씀하실 때, 예수님은 바로 그런 집을 염두에 두신 것입니다.

반면에 나는 갖은 노력을 다 했음에도 불구하고 안전과 용납, 창의적인 보살핌을 베풀어주는 영원한 집을 찾지 못했습니다. 환한 미소, 따뜻한 말 한마디, 꼭 끌어안는 포옹, 우정 어린 선물 따위에서 가끔씩, 그나마도 잠깐 '집으로 가는 길에 들르는 집'을 맛볼 따름이었습니다. 그렇게 몇 달에 걸쳐 고독한 삶을 경험하고 난 뒤부터는 그처럼 특별한 배려를 선물로 받아들이고 감사하게 됐습니다. 또 다른, 더 큰 사랑에 눈을 뜬 겁니다. 이제는 순간순간 마주치는 모든 것들을 단순하게 감사하는 마음으로 받아들이도록 부르시는 음성을 감지할 수 있습니다. 더 나아가서, "당신이 여기 있고 우리가 함께할 수 있어서 정말 기뻐요"라는 말들로 다른 이들을 격려해주라는 도전을 받고 있습니다.

예수님은 "네 이웃을 네 몸과 같이 사랑하라"고 가르치셨습니다. 여기저기 신경을 쓰며 분주하게 사노라면 이웃과 간단한 사랑을 나누는 일조차 버겁게 느껴지기 일쑤입니다. 사랑에는 긴 말이 필요치 않습니다. 비록 짧은 순간이라 할지라도 평안, 친절, 우정, 가엾게 여기는 마음을 전달할 때 사랑을 느끼는 법입니다. 소중한 이들을 긍휼히 여기며 상하고 열린 마음으로 더 깊이 대화하십시오. 그것이 사랑이 요구하는 영혼의 훈련입니다.

원한, 눈에 보이지 않는 귀양살이

3부
집, 사랑을 주고받는 공간

사는 동안 깊은 사랑을 받아왔으며 덕분에 원하는 걸 다 할 수 있었다고 지금에야
새삼 깨닫습니다. 저로서는 많은, 정말 수많은 이들에게 감사해야 할 빚을 지고 있는 셈입니다.
물론 사랑해주는 이들 역시 저처럼 상처받고 깨어진 인간일 뿐이지만 그 사랑 덕에
이렇게 오늘의 제가 존재할 수 있었기 때문입니다.

–

Henri J. M. Nouwen
Home Tonight: Further Reflections on the Parable of The Prodigal Son

7

원초적이고도 중요한 관계

❧

✍ 그날에 너는 나를 '나의 남편'이라고 부르고 다시는 '나의 주인'이라고 부르지 않을 것이다. 나 주의 말이다. _호세아 2장 16절

예수님의 삶은 믿음으로 부르시는 초대장이나 다름없습니다. 자신을 믿으라는 권유보다는 늘 '아버지'라고 부르셨던 하나님과의 관계를 신뢰하라는 부르심에 가깝습니다. 더 나아가서 주님은 누구나 그와 같은 관계를 누릴 수 있다는 소식에 귀를 기울이는 이들과 교제하기 위해 세상에 오셨습니다. 삶과 죽음을 통해서, 예수님은 한 사람 한 사람과 관계를 맺고 싶어 하시는 하나님의 사랑과 열망을 세상에 선포하셨습니다. '집'으로 돌아간다는 건 이 원초적이고 중요한 만남에 들어간다는 말입니다.

그리스도와 그분을 세상에 보내신 아버지와의 관계는 예수님의 전 생애와 가르침의 구심점입니다. 주님은 스스로 온 게 아니라 성부 하나님 및 성령 하나님과의 관계 속에서 보내심을 받았다고 말씀하십니다. 예수

집으로 돌아가는 길

님의 사명과 삶, 말씀, 사역, 수욕受辱과 영광은 처음부터 끝까지 주님을 보내신 분과의 관계에 비추어볼 때만 의미가 있습니다. 그리스도의 삶은 스스로 '아버지'라고 부르신 분과의 관계 속에서만 영원할 수 있습니다. 예수님은 열정적으로 "나를 믿어라"라고 말씀하셨습니다. 예수님을 '사랑하는 아들'이라고 부르시는 분이 주님을 세상에 보내셨다는 사실을 믿으라는 의미입니다. "내가 하는 말을 믿어라. 아버지와의 관계 속에서 그 말씀을 들었기 때문이다"라는 얘기입니다. "나를 믿어라"라고 하신 분부는 곧 "이 모든 일들이 나 혼자 하는 게 아니라 성부-성령 하나님이 나를 통해 역사하시는 것"이라는 뜻입니다. "무슨 영광을 받든지 내 것이 아니라 영으로 하나가 된 분이 주신 것"이라는 말씀이기도 합니다.

이러한 연합은 지극히 총체적이고 온전해서 부재나 분리의 경험이 파고들 틈이 조금도 없습니다. 그러한 관계 안에 있는 게 곧 '집'에 머무는 겁니다. 그것이 주님 말씀의 가장 깊은 속뜻입니다.

> ✍ 믿음직스러운 그분의 손을 단단히 붙드십시오.
>
> 음침한 골짜기를 지날 힘을 얻으십시오.
>
> 늘 동행하고 앞길을 인도하시는 분을 깊이 의지하는 법을 배우십시오.
>
> _난 C. 메릴, 《기도를 위한 시편》[1]

내게는 아주 새로운 얘깁니다. 예수님을 좇으려면 주님과 그분을 세상에 보내신 아버지가 온전히 하나라는 사실뿐만 아니라 나와 나를 이 땅에 태어나게 하신 분이 긴밀하게 연합되었다는 사실도 신뢰해야 한다는 겁니다. 예수님은 빌립에게 말씀하셨습니다. "나를 본 사람은 아버지를

집, 사랑을 주고받는 공간

〈블라우브뤼흐 부근 방벽에서 본 암스텔 강〉, 1649-50, 소묘

—

"지극히 총체적이고 온전한 연합의 관계 안에 있는 게 곧 '집'에 머무는 겁니다."

보았다. 그런데 네가 어찌하여 '우리에게 아버지를 보여주십시오' 하고 말하느냐?" 예수님은 결코 홀로 존재하는 분이 아니며 주님을 세상에 보내신 이와 단단히 결합되어 있습니다. 그 사이에는 단 한 치의 틈도, 눈곱만큼의 두려움도, 순간의 망설임도 없습니다.

인간으로 오신 예수님은 무조건적인 사랑을 베푸시는 분과의 관계를 '육신을 입은' 형태로 보여줍니다. 하나님이 어떻게 인간들 가운데서 '집'이 되실 수 있는지 몸소 본보기가 되신 겁니다. "나를 본 사람은 아버지를 보았다. 나를 믿는 사람은 아버지를 믿는 것이다. 나와 아버지는 하나이다. 내가 아버지 안에 있고 아버지께서 내 안에 계시다는 것을 네가 믿지 않느냐?" 주님이 세례를 받는 자리에 있었던 이들은 너나없이 사랑이 넘치는 하나님의 음성을 들었습니다. "너는 내 사랑하는 아들이다. 내가 너를 좋아한다." 훗날 예수님은 "아버지께서 나를 사랑하신 것과 같이, 나도 너희를 사랑하였다"고 말씀하셨습니다. "내가 너를 좋아한다"는 건 바로 우리들을 향해 하신 말씀입니다. 그리스도뿐만 아니라 우리에게도 유효한 관계라는 뜻입니다. 예수님을 안다는 건 곧 그 관계를 안다는 말입니다.

> 나는 너희를 친구라고 불렀다. 내가 아버지에게서 들은 모든 것을 너희에게 알려주었기 때문이다(요 15:15).

예수님은 절대로, 절대로, 절대로 그분과 우리가 각기 무조건적인 사랑의 하나님과 맺고 있는 관계가 어떤 점에서든 서로 다르다고 말씀하시지 않습니다. "나는 위대한 성령님을 온전히 알고 있으나, 너희들은 그저 맛

집, 사랑을 주고받는 공간

〈성전에서 아기 예수를
만난 시므온〉, 1639, 동판화
—

"인간으로 오신 예수님은 무
조건적인 사랑을 베푸시는
분과의 관계를 '육신을 입은'
형태로 보여줍니다."

만 보는 수준이 될 것"이라고 가르치신 적이 없습니다. "나는 어머니 하나님의 이름으로 커다란 역사를 일으킬 수 있지만 너희들은 사소한 일이나 하면서 살라"고 이르신 일도 없습니다. 단 한 번도 없습니다. 오히려 이렇게 말씀하십니다. "내주하시는 하나님과 긴밀하게 교제하며 들은 얘기는 남김없이 너희들에게 일러주겠다. 너희들도 나처럼 거룩한 사랑을 깨달아 알게 되기를 바라는 까닭이다. 너희들 역시, 사랑을 베푸시는 분의 이름으로 내가 하는 모든 일을 행할 권능을 가지고 있다. 사실 나보다 더 큰 일도 이루게 될 것이다. 그리고 인간으로서 나를 알아보고 인정해주시는 분이 내게 허락하신 모든 영광을 너희들도 받을 것이다. 너희들도 나처럼 무조건적인 사랑을 쏟으시는 아버지의 장성한 자녀가 될 것이다. 거룩한 사랑의 실재와 단단히 연합하며, 너무도 친밀해서 세상에 성령님의 실존을 드러내는, 눈에 보이는 증거가 될 것이다."

진정으로 듣고 싶은 말씀입니다. 여러분도 그러리라 믿습니다. 예수님은 멀리 떨어진 곳에서 인류를 굽어보며 보살피시는 사랑의 하나님에 관해 이야기하러 오신 게 아닙니다. 전혀 그렇지 않습니다. 주님은 자신을 보낸 분과 나란한 자리에서 만끽하고 있는 관계, 즉 성령-아버지-어머니-사랑의 하나님과 온전히 연합하는 길을 제시하러 오셨습니다.

🍃 사랑하는 하나님의 자녀들이여, 인간은 누구나 하나님을 깊이 묵상하도록 부름 받았습니다. 흔히들 오로지 특별한 소명을 받고 수도사의 삶을 사는 몇몇 사람들에게나 해당되는 일쯤으로 치부하지만, 그건 사실이 아닙니다. 모두가 저마다 하나님의 음성을 들을 수 있는 내면의 자리를 갖는 게 마땅합니다. 누구나 주님과 교제할 수 있습니다. 그분은 말씀하십니다. "잠잠하여 내

가 하나님인 줄 알라."_데즈먼드 투투, 《하나님에겐 꿈이 있다》[2]

'성령'은 예수님과 하나님 사이의 긴밀한 연합을 설명하는 어휘입니다. 한없이 완전하고, 충만하며, 거룩하고, 신성하고, 완벽해서 부족한 게 전혀 없는 결합을 나타내는 말입니다. '영'에 해당하는 그리스어 '프뉴마 *pneuma*'는 본래 숨을 쉰다는 뜻입니다. 예수님과 그분이 '아버지'라고 부르시는 분의 유대 관계는 마치 숨을 쉬는 것과 같습니다. 숨쉬기는 이루 말할 수 없이 중요하지만 몹시 친숙해서 호흡을 하고 있다는 걸 의식조차 못하게 마련입니다. 숨을 쉬는 게 특별해지는 순간은 무언가 잘못되었을 때뿐입니다. 그게 아니라면 "오 이런, 숨을 쉬는군요!"라든지 "오늘 숨을 참 잘 쉬는 편이네요" 따위의 이야기를 들을 일이 없을 겁니다. 아무 짝에도 필요 없는 얘기이기 때문입니다. 호흡은 삶의 일부입니다. 아무도 거기에 신경 쓰지 않고 그냥 숨 쉴 뿐입니다. 그리고 숨쉬기는 곧 생명입니다.

인간의 호흡이 그러하듯, 예수님과 하늘 아버지의 관계는 직접적이고, 한 순간도 끊어질 수 없으며, 의식하지 못할 만큼 가깝습니다. 부활하신 직후에 예수님은 말씀하셨습니다. "내가 떠나가는 것이 너희에게 유익하다. 가서 너희에게 숨, 곧 내 영을 보내주겠다. 그러면 너희는 온전히 내 안에서 살고 나는 너희 안에서 살 것이다."

탕자의 비유는 놀라우리만치 복된 소식을 전하는 이 위대하고 또 위대한 계시를 차근차근 살펴보라고 초대합니다. 이건 관계를 상징하는 이야기입니다. 렘브란트의 그림에서 아버지가 아들의 어깨에 손을 올려놓고 있는 장면을 다시 살펴보십시오. 손의 감촉을 느끼십시오. 그처럼 사랑을

381

〈탕자의 귀향〉 부분, 1668, 유화

—

"아버지가 아들의 어깨에 손을 올려놓고 있는 장면을 다시 살펴보십시오.
그처럼 사랑을 담아 부드럽게 어루만지는 손길이 깊은 감동을 주며
속사람을 생생하게 살아 숨 쉬게 한다는 걸 잊지 마십시오."

담아 부드럽게 어루만지는 손길이 깊은 감동을 주며 속사람을 생생하게 살아 숨 쉬게 한다는 걸 잊지 마십시오. 사랑으로 쓰다듬어주시는 경험과 단절될 때 찾아오는 고뇌를 여러분은 알고 있을 겁니다. 주님의 놀라운 손길은 온전한 용서로 다시 일어날 힘을 주며 깨진 마음을 고쳐줍니다.

두 눈과 두 손과 외투는 풍성한 축복과 지속적인 사랑, 그리고 몇 번이고 다시 돌아갈 수 있는 집을 상징합니다. '귀향'을 환영하는 아버지의 이야기를 들어보십시오. "어서 좋은 옷을 꺼내서 그에게 입히고, 손에 반지를 끼우고, 발에 신을 신겨라." 사도 바울은 말합니다. "여러분들은 거룩한 자녀들에게 어울리는 새로운 옷을 받고 하나님처럼 될 것입니다." 그건 더할 나위 없이 멋진 예복입니다. 반지는 하나님나라를 물려받을 아들에게 주는 상속자의 표시입니다. 아버지는 마지막으로 말합니다. "살진 송아지를 끌어내다가 잡아라. 우리가 먹고 즐기자." 이 연회는 서로 다른 이들이 같은 은혜를 입고 한 상에 앉아 즐기는 하늘나라의 축하 잔치입니다.

예수님은 "하나님과 동등함을 당연하게 생각하지 않으시고 오히려 자기를 비워" 온전한 연합을 이루셨습니다. 주님은 딸, 아들, 어머니, 아버지와 같은 인간적인 관계들보다 훨씬 더 생생한 이런 이미지를 사용하셔서 관계의 본질을 설명하셨습니다. 우리가 사랑하는 이와 같이 되어야 한다는 대목은 눈을 뗄 수가 없을 만큼 강렬합니다. 인간의 진정한 '귀향'은 영을 통해 사랑의 하나님과 긴밀하게 연결되어 있습니다. 아울러 크리스천들은 스스로 사랑이 넘치는 하나님과 같은 존재가 되어서 다른 이들을 받아들여야 합니다. 문자 그대로 성령 충만해서 상대를 가엾게 여기고 너그럽게 용서하며 창의적이 되어야 합니다.

집, 사랑을 주고받는 공간

☘ 귀를 기울이십시오

크게 심호흡을 하십시오. 머리를 가득 채운 잡다한 생각들을 내보내고 평안을 들이마시십시오. 저녁 무렵에 예수님과 나란히 산에 오른다고 상상해보십시오. 조금 떨어진 곳에 자리를 잡고 기도하시는 주님을 관찰하십시오. 자신을 세상에 보내신 분과 깊이 교제하시는 모습을 지켜보십시오. 사랑의 하나님과 하나가 된 그리스도를 그려보십시오. 가만히 머물며 귀를 기울이십시오.

이제 혼자 산꼭대기로 올라가십시오. 여러분을 세상에 보내신 분의 임재 안에 있다고 생각하십시오. 잠잠하십시오. 기다리십시오. 아무 말도 하지 말고 그분의 임재 안에 머무십시오. 귀를 기울이십시오.

> ☙ 사막의 교부들은 "골방으로 들어가라. 골방이 모든 걸 가르쳐줄 것이다"라고 조언한다. 자연 속에서든, 집에서든, 교회에서든, 성전에서든, 도서관에서든, 그 어디에서든 누구도 방해할 수 없는 시간을 따로 떼어놓아라. 가만히 앉았든, 걷든, 묵상하든, 기도하든, 성경을 읽든 원하는 일을 하라. 그리고 주의를 기울여라. _웨인 멀러, 《휴》[3]

☘ 일기를 쓰십시오

산꼭대기에서 목격한 일들을 기록하십시오. 한없는 사랑을 베푸시는 분과 하나가 된 예수님을 모시고 거기에 섰을 때 떠올랐던 생각들에 주목하십시오. 무엇이 어렵습니까? 상상 속에서 여러분이 들은 이야기를 적어보십시오. 산에 홀로 올라간 것 같은 느낌이 듭니까? 하나님의 영과 깊이 연합할 때 어떤 일이 생겼는지 쓰십시오. 감정, 마음으로 들은 음성,

생각, 느낌 따위를 빠트리지 말고 글로 옮기십시오.

⚓ 묵상하십시오

마음속 가장 은밀한 자리로 조용히 들어가서 사랑의 주님 곁에 머무십시오. 말씀과 더불어, 또는 그냥 쉬십시오. 깊이 교제하십시오.

마음에서 마음으로 대화하십시오.

일곱 번째

◆◆◆

영적 삶의 질서를 찾으십시오

비유에 등장하는 작은아들과 큰아들은 둘 다 자신에게 신경 쓰느라 여념이 없습니다. 어느 쪽도 자신이 속한 가정을 책임질 만큼 성장하지 못했습니다. 유일하게 성숙한 인물이었던 아버지는 내면생활에 깊이가 있었으며, 대단히 침착하고, 가족이라는 울타리 안에서 자신이 차지하고 있는 위치를 완전히 이해하고 받아들였으며, 식구들 하나하나에 걸맞게 헌신합니다.

안타깝게도 지금까지는 내면세계에 자리 잡고 계신 예수님의 성령에 주의를 기울이기보다 분노의 감정, 고통스러운 꿈, 혼란스러운 환상, 풀리지 않는 관계를 둘러싼 상처 따위의 혼란스러운 영에 사로잡혀 있었습니다. 이제는 제 안에 살아 계신 성령님과 직접, 그리고 자주 대화하는 훈련을 하고 있습니다.

예수님은 생명을 허락하신 분께서 우리 한 사람 한 사람과 하나가 되어 긴밀하게 교제하길 원하신다고 말씀하십니다.

누구든지 나를 사랑하는 사람은 내 말을 지킬 것이다. 그러면 내 아버지께서 그 사람을 사랑하실 것이요, 우리는 그 사람에게로 가서 그 사람과 함께 살 것이다(요 14:23).

내가 아버지께 구하겠다. 그러면 아버지께서 다른 보혜사를 너희에게 보내셔서, 영원히 너희와 함께 있게 하실 것이다. 그분은 진리의 영이시다. 세상은 그분을 보지도 못하고 알지도 못하므로, 그분을 맞아들일 수가 없다. 그러나 너희는 그분을 안다. 그것은 그분이 너희와 함께 계시고 또 너희 안에 계시기 때문이다(요 14:16-17).

성경을 보면, 예수님이 사랑의 하나님과 깊이 교제하시는 장면을 자주 만날 수 있습니다. 주님은 산으로 올라가셔서 온 밤을 지새우시며 하나님께 기도하셨습니다. 십자가에 달려서도 하늘 아버지와 내면에서 하나된 것을 큰 소리로 선포하셨습니다. "아버지, 저 사람들을 용서하여 주십시오. 저 사람들은 자기네가 무슨 일을 하는지 알지 못합니다."

집, 사랑을 주고받는 공간

8

어루만지며 은혜를 베푸시다

〰️

🐚 우리는 늘 누군가가 달라지면 기분이 좋아질 거라고 생각하고 그러길 바란다. 아내가 변하거나 남편이 변한다 치자. 그게 무슨 상관이 있는지 생각 해본 적이 있는가? 당신은 예전과 마찬가지로 허약할 따름이다. 예전과 똑같 이 아둔하고, 예전과 똑같이 잠에 취해 있다. 변해야 할 존재는 바로 당신이 다. "세상이 바로 돌아가면 기분이 좋아질 것"이라고 말하지만, 천만의 말씀 이다. "기분이 좋아지면 세상만사가 다 훌륭해 보이게 마련"이다. 그게 세상 의 모든 명상가들이 입을 모아 하는 얘기이다. _앤서니 드 멜로

아버지 어머니가 상처를 주었던 일을 골똘히 생각할 때가 더러 있습니 다. 그런 식으로 행동하지 않았더라면 얼마나 좋았을까 아쉬워했던 기억 도 적지 않습니다. 하지만 이야기를 들어보니 나뿐 아니라 다른 이들도 부모나 배우자, 친척, 친구, 또는 교회 식구들에게서 심각한 상처를 받을 때가 있다는 걸 알게 됐습니다. 그렇게 상처를 받는 까닭은 무얼까요? 부

집으로 돌아가는 길

모와 그 밖의 사람들이 하나님의 무조건적인 사랑을 되비쳐주지 못해서가 아닐까요? 어쩌면 너무 단단히 끌어안거나 또는 너무 멀리 밀쳐냈는지도 모릅니다. 그러고 싶어서가 아니라 그들 역시 누군가로부터 불완전한 사랑을 받았던 탓에 상처를 준 겁니다. 우리 한 사람 한 사람은 앞서서 인생길을 지나갔던 모든 이들과 마찬가지로 인간으로서 어쩔 수 없는 한계와 불완전한 사랑에서 비롯된 고통을 공유하고 있습니다. 그렇다고 쓰라린 상처를 속수무책으로 바라보며 아파하는 데 그치거나 죄의식과 자책에 사로잡혀 사는 길만 있는 건 아닙니다. 도리어 이 모든 경험들을 붙들고 무조건적인 사랑을 베푸시는 하나님의 살아 계신 성령님과 더욱 친밀한 관계를 가꿔갈 수도 있습니다. 인간의 영적 여정이란 결국 친밀감과 안전감, 그리고 사랑이 많으신 분(아주 특별하게 찾아오셔서 지금은 우리 안에 계신)과 나누었던 최초의 관계로 다시 받아들여지는 과정을 말합니다.

사는 동안 깊은 사랑을 받아왔으며 덕분에 원하는 걸 다 할 수 있었다고 지금에야 새삼 깨닫습니다. 움직일 수 있고 이야기할 수 있습니다. 많은 이들과 관계를 맺고, 걷고, 미소 지을 수 있습니다. 엄청난 사랑을 받았기 때문입니다. 저로서는 많은, 정말 수많은 이들에게 감사해야 할 빚을 지고 있는 셈입니다. 물론 사랑해주는 이들 역시 저처럼 상처받고 깨어진 인간일 뿐이지만 그 사랑 덕에 이렇게 오늘의 제가 존재할 수 있었기 때문입니다. 그러나 여전히 옛 상처 때문에 아파할 때가 있다는 사실을 솔직히 인정할 수밖에 없습니다. 그리고 그때마다 이미 받은 커다란 사랑을 다 잊어버릴 만큼 고달픈 시간을 보내게 됩니다. 그런 고통을 끌어안고 사는 동안은 자신의 신분을 의심하게 되고 관계에 어려움을 겪습니다. 상처를 실감하는 순간, 곧바로 나라는 존재를 누구보다 잘 아시며 그 모습 그대로 사랑해주시고 내 마음을 거처로 삼으신 분께 도움을 청하고 깊이 교제하려 들지 않습니다. 그 대신 나와 마찬가지로 상처투성이인 다른 인간들의 피상적인 사랑을 찾습니다. 이것이 문제입니다.

예수님은 떡을 도구 삼아 하나님의 온전하신 사랑이 어떻게 움직이는지 가르치셨습니다. 성경에서 주님이 떡을 가지고 보여주신 몇 가지 행동은 하나님의 사랑스러운 자녀로서 그분과 우리의 삶을 상징합니다. 마지막 만찬 자리에서 떡을 나누는 과정을 생각해보십시오. 예수님은 먼저 떡을 집어 드셨습니다. 하나님이 한 사람 한 사람을 사랑스러운 아들딸로 특별하게 선택하신 것처럼, 떡도 선택을 받았습니다. 주님은 떡을 손에 들고 축복하셨습니다. 창조주께서 우리들을 하나하나 사랑하는 자녀로 확정해주시는 모습을 떠올리게 합니다. 이윽고 떡을 나누셨습니다. 예수님이 십자가에서 깨지고 찢겼던 것처럼, 그리고 거룩한 자녀들이 삶 가운데서 당하는 부당한 고난들 때문에 부서지고 조각나는 것처럼 떡도 잘게 쪼개졌습니다. 마지막으로 떡을 베푸셔서 생명을 이어가게 하셨습니다. 예수님은 이처럼 손에 쥐고, 축복하고, 나누고, 베푸는 과정을 수도 없이 되풀이하셨습니다. 크리스천은 선택되고 축복받는 기쁨을 누립니다. 그러고는 깨어집니다. 저주를 받아서가 아닙니다. 그리스도의 생애가 보여주듯, 고난은 가엾게 여기는 마음을 더 깊어지게 하며 어려움을 겪는 이들에게 헌신하도록 이끌어가기 때문입니다.

🐚 강제수용소에서 살았던 이들은 막사를 지나다니며 남들을 위로하고, 마지막 빵 한 조각을 기꺼이 건네주었던 이들을 기억할 것이다. 아주 소수에 불과했지만⋯ 인간에게서 모든 걸 다 빼앗을지라도 상황을 초월해서 자신의

집으로 돌아가는 길

〈엠마오의 그리스도〉, 1648, 유화

—

"예수님은 떡을 도구 삼아 하나님의 온전하신 사랑이 어떻게 움직이는지 가르치셨습니다."

태도를 결정하는, 다시 말해서 제각기 독자적인 길을 선택하는 최후의 자유
만큼은 어쩌지 못한다는 증거를 제시하기에는 충분하다. _빅터 E. 프랭클, 《죽음
의 수용소에서*Man's Search for Meaning*》[1]

성경은 에덴동산에 관해 기록하면서 가장 먼저 무조건적인 사랑의 관
계 속에서 하나님이 아담, 그리고 이브와 어떻게 동행하셨는지 설명합니
다. 의심에 빠져서 하나님의 말씀을 저버리고 서로의 말에 귀를 기울이는
순간부터 두 사람은 벌거벗음과 염려, 두려움을 경험합니다. 동산에 숨어
있던 아담은 "네가 어디에 있느냐?"라는 창조주의 질문에 "벗은 몸인 것
이 두려워서 숨었습니다"라고 대답합니다. 원죄는 이처럼 원래의 관계를
신뢰하지 못하는 걸 가리킵니다. 하나님 외에 다른 사람이나 사물에서 첫
번째 사랑을 맛보라는 유혹에 넘어간 결과입니다. 다행스럽게도 아담과
이브의 고통과 염려는 창조주의 마음을 움직였습니다. 하나님은 예수님
을 세상에 보내시어 원초적인 사랑의 관계를 인격적으로 증언하게 하셨
습니다.

예전에 드문드문 교도소를 찾아가서 사역한 적이 있는데, 저마다 깊은
상처를 안고 있는 인간이 인정받고, 존중받으며, 얘기를 들어줄 상대를
만나고, 총체적인 소외감에서 벗어나려는 절박한 욕구를 채우지 못해서
결국 죄인이 된다는 사실을 깨닫고 숙연해지곤 했습니다. 대다수 범죄자
들은 사랑받고 있음을 실감하고 싶어서 그야말로 안달을 합니다. 거절당
했다는 느낌이 들면 극도의 공포감에 빠져서 이렇게 죽느니 죽이는 편이
낫다는 극단적인 생각까지 하게 됩니다. 개인적으로는 악해서가 아니라
절박해서 살인을 저지르는 경우가 열에 여덟아홉은 될 거라고 믿습니다.

〈아담과 이브〉, 1638, 동판화

—

"의심에 빠져서 하나님의 말씀을 저버리고 서로의 말에 귀를 기울이는 순간부터
아담과 이브는 벌거벗음과 염려, 두려움을 경험합니다."

이른바 '흉악범'이라는 이들도 알고 보면 사랑과 보살핌을 제공하는 헌신된 관계를 보장받고 싶은 갈망에 시달리는 인간에 불과한 경우가 많습니다. 조금만 잘해줘도 눈물을 흘리며 울부짖습니다. 지금도 그들의 외침이 들리는 것만 같습니다. "내가 뭘 어쨌다는 겁니까? 그저 가치 있는 인간으로 인정받기를 바랐을 뿐입니다. 아내, 그리고 아이들과 더불어 가족의 일부가 되고 싶었을 따름이라고요." 그런 형제자매들 가운데 상당수는 사랑스럽게 어루만지는 그 안전한 손길을 단 한 번도 느끼거나 체험해본 적이 없었습니다.

    오 성령님, 고통과 감사의 마음을 가지고 이 땅에 사는 모든 형제자매들과 더불어 주께 나옵니다. 그들과 함께 여기 멈춰서서 주님의 사랑을 기다립니다. 한 사람 한 사람이 진리를 알게 하시고, 스스로 주님의 사랑스러운 자녀임을 더 온전히 깨닫게 도와주십시오. 각자의 내면에 계신 성령님이 새로운 기적을 일으켜주시길 소망합니다.
_헨리 나우웬, 라르쉬 데이브레이크 워크숍에서

어쩌면 세상에서 어려움을 겪고 있는 이들을 새로운 관점에서 볼 필요가 있을지 모릅니다. 알다시피 너나할 것 없이 내면에 온갖 불안한 행동들을 통해서 "제발 나를 알아보고 사랑해주세요"라고 부르짖는 외로운 인격을 감추고 있습니다. 인간의 괴로움은 진정한 사랑을 느끼고 싶어 하는 간절한 욕구의 표현인 경우가 대단히 많습니다. 원초적인 사랑을 전혀 모르는 이들은 필요한 사랑을 제공해줄 수 있을 것처럼 보이는 누군가에게 눈을 돌릴 수밖에 없습니다. 이처럼 절박한 욕구는 자칫 폭력으로 이

어질 수도 있습니다. "당신 없이는 아무것도 못 하겠어. 그러니까 아무데
도 가지 말고 내 곁에 있어야 해!" 부드럽게 어루만지는 대신 갑자기 상
대방을 틀어쥐고 겁을 줍니다. 멱살잡이를 한다든지, 따귀를 때린다든지,
깨문다든지, 주먹을 휘두른다든지, 심지어 성폭행까지도 모두가 사랑을
주고받길 원하는 갈망의 다른 얼굴이라는 점을 생각하면 문득 두려운 생
각이 듭니다.

　　🐚 그리스도의 영이 나를 정결케 합니다.
　　그리스도의 몸이 나를 구원합니다.
　　그리스도의 피가 나를 취하게 합니다.
　　그리스도의 옆구리에서 쏟아진 물이 나를 씻습니다.
　　그리스도의 고난이 나를 강하게 합니다.
　　오, 선하신 예수님, 내 기도를 들어주십시오.
　　고난을 당하되 주님에게서 떨어지지 않게 해주십시오.
　　사악한 적에게서 나를 지켜주십시오.
　　세상을 떠나는 순간에 저를 불러주시고
　　'내게 오라!'고 명령해주십시오.
　　그러면 뭇 성도들과 함께 주를 찬양하겠습니다.
　　영원히, 영원토록. 아멘.
　　_성 이그나티우스의 기도문 중에서

　　렘브란트는 어마어마한 고통에 짓눌린 채 오랜 세월을 보낸 뒤에야
〈탕자의 귀향〉을 그릴 수 있었습니다. 이 화가만큼 많은 눈물을 쏟았던

집, 사랑을 주고받는 공간

사람도 드물 겁니다. 먼저 세상을 떠난 자식들을 위해, 눈앞에서 숨을 거둔 아내들을 생각하며 울고 또 울었습니다. 렘브란트는 그런 눈물과 고통을 통해서 눈을 뜨고 하나님 사랑의 실체를 깨달았습니다. 길을 잃고 방황하는 자식을 위해 눈이 멀도록 눈물을 흘리셨던, 그러나 육신의 시력 대신 내면의 빛으로 사랑을 드러내는 아버지를 의식하게 된 겁니다. 렘브란트는 먼 지방으로 떠나는 자식이 장차 어떤 고생을 하게 될지 빤히 알면서도 억지로 그 앞을 막아서지 않으시는 분의 사랑을 백 퍼센트 이해하고 그림을 그렸습니다. 친밀한 관계를 맺으면서도 자유로운 선택을 가로막지 않는 하나님은 사랑하는 자녀들이 겪는 괴로움을 속속들이 아시며 집으로 돌아오는 과정도 낱낱이 지켜보십니다. 렘브란트는 인간 아버지의 형상을 빌어서 바로 그 하나님을 묘사하고 있는 겁니다. 눈물도, 실명에 가까운 시력도, 그 무엇도 귀향길에 오른 사랑하는 자식을 알아보는 데는 전혀 지장을 주지 못했습니다.

지혜는 모든 움직임보다 더 빠르며, 순결한 나머지, 모든 것을 통찰한다. 지혜는 하느님께서 떨치시는 힘의 바람이며 전능하신 분께로부터 나오는 영광의 티 없는 빛이다. 그러므로 티끌만한 점 하나라도 지혜를 더럽힐 수 없다. 지혜는 영원한 빛의 찬란한 광채이며 하느님의 활동력을 비쳐 주는 티 없는 거울이며 하느님의 선하심을 보여주는 형상이다(지혜서 7:24-26, 공동번역).

그림에서 아버지의 손을 살펴보십시오. 찬찬히 보지 않으면 두 손의 형태가 다르다는 걸 놓치기 쉽습니다. 하나는 남자의 손이고 다른 하나는 여자의 것입니다. 거룩하신 하나님은 하늘에서 피조물을 굽어보시는 남

〈탕자의 귀향〉 부분, 1668, 유화

—

"아버지의 망토를 보십시오. 고딕식 건물의 아치 같지 않습니까? 그렇습니다.
무언가를 보호하는 장치처럼 보입니다. 새끼들을 품고 있는 어미 새의 날개 같습니다."

성적인 존재만이 아니라는 사실을 화가는 잘 알고 있었습니다. 예수님이 알려주고 싶어 하셨던 창조주의 다른 측면을 정확하게 꿰뚫어보았던 겁니다. 렘브란트가 경험한 성자 하나님은 아버지와 어머니의 장점에다가 그 밖의 무수한 미덕들을 더한 최고의 성품을 가진 분이었습니다.

그래서 예전에 그린 〈유대인 신부〉라는 그림에서 여성의 손을 가져왔습니다. 주인공은 여성성(지키고, 보살피며, 지나치리만치 사랑이 깊은)을 한 눈에 알 수 있을 만큼 여리고, 온유하며, 부드러운 손을 가졌습니다. 한편, 남성적인 손은 렘브란트 자신의 것이었습니다. 손의 임자가 아버지이고, 후원자이며, 보호자이고, 자유를 베푸는 인물이라고 말해주는 상징입니다. 여러 자식과 아내들을 앞세우고 길고 지루한 삶을 살아낸 뒤에, 렘브란트는 비로소 붙들고 떠나보내며, 보호하고 자유를 부여하며, 아버지가 되고 어머니가 되는 일의 참뜻을 깊이 파악했습니다. 삶의 마지막 순간을 향해 가면서 하나님의 이미지를 제대로 그릴 수 있었던 까닭이 거기에 있습니다. 고통스러운 사건들이 마음에 상처를 내고 원한에 사무치도록 만들기만 했던 건 아닙니다. 한편으로는 눈이 밝아져서 자녀들과 친밀하고도 특별한 관계를 맺고 싶어 하시는 사랑이 많으신 주님의 갈망을 알아보게 되었습니다. 렘브란트는 인류에게 생명을 주시는 분을 마음이 한없이 따뜻하고 사랑이 가득한 상담자, 다시 말해서 미숙하지만 한창 성장하고 있는 '어른아이'를 붙들고, 축복하고, 떠나보내고, 다시 받아들여서 안전하게 살게 하시는 분으로 그렸습니다. 아버지의 망토를 보십시오. 고딕식 건물의 아치 같지 않습니까? 그렇습니다. 무언가를 보호하는 장치처럼 보입니다. 새끼들을 품고 있는 어미 새의 날개 같습니다. 시편 말씀 그대로입니다. "내가 주께로 피합니다. 이 재난이 지나가기까지, 내가 주

〈유대인 신부〉, 1663, 유화
〈탕자의 귀향〉 부분, 1668, 유화 | 〈유대인 신부〉 부분, 1663, 유화

—

"렘브란트가 경험한 성자 하나님은 아버지와 어머니의 장점에다가
그 밖의 무수한 미덕들을 더한 최고의 성품을 가진 분이었습니다.
그래서 예전에 그린 〈유대인 신부〉라는 그림에서 여성을 손을 가져왔습니다."

의 날개 아래 그늘로 피합니다"(시 57:1). 어른아이의 어깨를 쓰다듬는 은혜로운 손길은 아버지이자 어머니, 아니 그 이상의 존재로서 어루만지는 완전한 사랑의 표현입니다.

언젠가 라르쉬를 설립해서 세계 곳곳에 공동체를 세운 장 바니에가 손에 대해 이야기하는 걸 들은 적이 있습니다. 상처 입은 새를 부드럽게 감싼 모양을 해보이며 날아갈 자유를 허용하는 열린 손이라고 설명했습니다. 그리고 그처럼 에워싸는 두 손이 모두 필요하다고 했습니다. 하나는 "너를 사랑하므로 잘 붙잡아서 안전하게 지키고 있단다. 절대로 떠나지 않을 테니 걱정 말아라"라고 말하는 손입니다. 또 다른 손은 "가거라, 아들아. 가서 네 뜻대로 해보아라. 실수하고 배우고 아파하고 성장해가며 네가 꿈꾸는 인물이 되어라. 염려할 것 없다. 너는 자유이다. 나는 늘 네 곁을 지키마"라고 말하는 손입니다. 장 바니에는 그 둘을 한데 모은 게 무조건적인 사랑을 베푸시는 분의 손이라고 말했습니다.

라틴어로 축복은 '베네딕투레benedicture'입니다. '베네'는 좋다는 말이고 '딕투레'는 '말하기'라는 뜻입니다. '베네디체레benedicere'도 비슷한 표현인데 '좋은 일을 발표하고 서로 확인'한다는 의미입니다. 그림에서 두 손으로 어루만지는 장면은 아내와 더불어 낳은 자식을 뜨겁게 확인하며 사랑하는 아버지의 축복을 묘사하고 있습니다. 설령 탕자가 가는귀가 먹었다 치더라도 이 한마디만큼은 정확하게 들을 수 있습니다. "집으로 돌아와 주어 정말 고맙구나. 그동안 네가 커가는 걸 줄곧 지켜보면서 어서 어른이 되어 내 곁에 있어주기를 간절히 바랐단다. 미치도록 그리워하며 기다리고 또 기다렸지. 너는 내 소중한 아이이고 온 마음으로 사랑하는 나의 자식이다." 아버지의 이 축복은 아직 젊은 아들의 가슴을 깊이 파고

400

집으로 돌아가는 길

〈요셉의 아이들을 축복하는 야곱〉, 1656, 유화

—

"예수님은 탕자의 비유를 말씀하실 때, 하나님 백성의 역사에 부모가 자식을 축복하는 거룩하고
또 신성한 사건들이 수없이 아로새겨져 있음을 염두에 두셨습니다."

들었을 겁니다.

　지배하는 대신 사랑을 속삭이시는 분과 복된 관계에 참여하는 축복을 누릴 수 있다고 증언하는 것이 예수님의 사명이었습니다. 예수님은 탕자의 비유를 말씀하실 때, 하나님 백성의 역사에 부모가 자식을 축복하는 거룩하고 또 신성한 사건들이 수없이 아로새겨져 있음을 염두에 두셨습니다. 아브라함은 이삭을 축복했고, 훗날 이삭은 다시 야곱을 축복했습니다. 탕자 이야기를 들려주시면서 한 사람 한 사람이 저마다 축복의 손길이 영원토록 자신에게 머물러 있는 것을 확인하고 이해하며 확신하기를 기대하셨습니다. 온 우주를 지으신 창조주는 살아계십니다. 축복의 말씀을 마음에 속삭이십니다. 허락받은 자유를 마음껏 활용해서 세상을 불쌍히 여기는 중재자가 되라고 말씀하십니다. 태초부터 종말까지 단 한 순간도 변치 않고 사랑으로 삶을 어루만져주시는 분과 단단한 유대를 맺고 있다는 건 축복 중의 축복입니다.

　하나님과 관계를 맺고 집에 머문다는 건 곧 '예수님이 아버지라고 부르는 분'의 마음속에 거한다는 뜻이기도 합니다. 사랑 그 자체이신 하나님의 모태 안에 거처를 마련하고 친밀하게 교제하게 된다는 뜻입니다. 사랑의 중심에 서서 세상을 내다보면 당장이라도 피를 뚝뚝 흘릴 것처럼 가슴이 아프게 마련입니다. 하나님의 자리에서 그분의 눈으로 세상을 보기 때문입니다. 주님과 긴밀하게 연결되는 데서부터 차츰 성장해서 마침내 우리가 사랑하는 그분처럼 되는 겁니다. 다른 인간 가족의 구성원들과 마찬가지로 우리는 결코 취소되지 않는 무조건적인 사랑을 선물로 받은 복 받은 백성들입니다. 아울러 고통 속에 헤매는 이들을 불쌍히 여기고 도와야 하는 백성들이기도 합니다.

집으로 돌아가는 길

〰️ 사랑이 많으신 온 우주의 창조주시여,

주님이 계시는 곳이 얼마나 영광스러운지요!

내 영혼이 노래하며,

사랑스러운 분과 함께 있고 싶어서 못 견딜 지경입니다.

내 안에 있는 모든 것들이 기쁨을 이기지 못하고

살아 계신 사랑의 하나님께 노래합니다.

주님의 장엄한 창조세계 안에서

참새도 집을 얻고

제비도 어린 새끼들을 키울 둥지를 찾습니다.

주님은 우리를 부르십니다.

그 거룩한 심장에 들어와 살라고.

_난 C. 메릴, 《기도를 위한 시편》[2]

예수님은 "내가 곧 길"이라고 말씀하셨습니다. 성경을 한 장 한 장 넘겨가며 주님을 좇는다면 누구나 길을 찾을 수 있습니다. 말씀을 읽을수록 예수님이 그분을 세상에 보내신 아버지와 지속적으로 교제하며 관계를 긴밀하게 유지하시는 모습을 더 분명하게 볼 수 있습니다. 주어진 길을 걷다가 고난을 만났을 때, 주님은 "왜?"라고 묻지 않으셨습니다. 상처를 주는 이들을 비난하신 적도 없습니다. 괴로움을 묵묵히 견디셨으며, 사랑을 베풀어주시는 분과 더 가까이 사귀셨고, 잔인하게 고문하며 죽음으로 몰아넣은 이들을 용서하고 염려하셨습니다. 이것이 예수님의 길입니다. 그 길을 제시하시면서 주님은 고난과 인생을 들여다보는 새로운 눈도 아울러 주셨습니다.

집, 사랑을 주고받는 공간

〈풍차〉, 1641, 동판화

—

"집으로 돌아간다는 건 곧 예수님의 길을 선택하는 걸 말합니다."

집으로 돌아간다는 건 곧 예수님의 길을 선택하는 걸 말합니다. 삶에서 벌어지는 갖가지 선하기도 하고 고통스럽기도 한 일들을 인정하고 받아들이며 그 여정에서 상처를 주는 사람들을 용서할 수 있는 참을성과 용기를 달라고 기도해야 하는 길이기도 합니다. 그런 이들의 사랑은 제한적이고 조건적이지만 무한하고 조건 없는 사랑을 탐색하는 실마리를 줍니다. 주님이 가신 길은 고난의 광야를 지나서 신비로운 완전함을 되찾고 하나님 보시기에 가장 아름다운 존재가 되는 과정으로 이끌어줍니다.

⚓ 귀를 기울이십시오

잠잠히 앉아서 "하나님은 어떤 분이신가?"라고 묻고 답하는 데 집중하십시오. 여러분이 가진 하나님 개념이 생명의 근원으로서의 특징들을 가지고 있는지 곰곰이 생각하십시오. 그 하나님과 마음으로 어떤 연관을 맺고 있는지 돌아보십시오. 다음에는 의미심장하지만 역시 제한적으로 하나님의 이미지를 그린 그림을 다시 한 번 살피십시오. 친밀함과 연합을 갈구하는 가장 은밀한 목소리에 귀를 기울이십시오. 아버지가 아들에게서 눈을 돌려 여러분을 끌어안으며 손을 이끌어 '어른아이'의 자리에 앉히는 장면을 상상해보십시오. 마음의 준비가 되었다면 사랑이 넘치는 아버지의 품에 머리를 기대고 집으로 돌아온 걸 고마워하며 쓰다듬어주시는 여성스러운 손길을 기다리십시오. 이번에는 굳센 남성의 손이 기쁨과 축하의 의미를 담아 어루만져주시는 걸 느껴보십시오. 온유함과 반가움, 여러분을 향한 무조건적인 사랑이 그득한 말씀에 귀를 기울이십시오.

〰️ 가진 것에 만족하라.

지금 상태 그대로 기뻐하라.

부족한 게 없음을 깨달을 때,

온 세상은 그대의 것이다.

_웨인 멀러, 《휴》[3]

⚓ 일기를 쓰십시오

환영의 포옹을 받으며 마음을 스쳐갔던 온갖 감정들을 적어보십시오.

⚓ 묵상하십시오

자녀로 인정하며 반가이 맞아주시는 말씀에 두렵고 떨리는 마음으로 귀를 기울이십시오. 사랑이 넘치는 주님의 손을 잡고 일어나십시오. 자비로운 눈을 바라보며 말씀하십시오. 사랑으로 교제하십시오.

마음에서 마음으로 대화하십시오.

여 덟 번 째

◆◆◆

사랑을 받아들이십시오

비유에 등장하는 두 아들 가운데 어느 쪽도 사랑을 주고 또 받는 방법을 제대로 깨칠 만큼 나이가 들지 않았습니다. 그러나 제각기 독특한 방식으로 분리의 고통을 절감한 뒤에 고립 상태를 정리하고 저마다 다른 경로를 거쳐 식구들이 기다리는 집으로 돌아왔습니다. '집'에서 기다리던 사랑이 넘치는 아버지는 용서와 자비, 조건 없는 환대로 아들들을 축복했습니다.

개인적으로는 강건해져서 상처를 싸안고 괴로워하는 이들을 돕는 걸 좋아합니다. 그런데 너그럽게 베풀면서도 한편으로는 수지타산적인 사고방식을 버리지 못합니다. 친절을 받아들이는 데 익숙하지 않아서 어떻게 해서든 되갚으려 합니다. 귀향을 반기는 환대를 받으면서도 마음이 복잡합니다. 이게 첫 가출이 아니며 앞으로도 집을 나가지 않으리라는 보장이 없기 때문입니다. 그러나 삶의 경험과 고통은 우리의 마음을 열어 보살핌과 친절한 배려와 지원을 감사히 받아들이며 사랑의 가치를 실감하게 이끌어줍니다.

남들이 보여주는 사소한 사랑의 몸짓에 민감해집시다. 우리가 특별히 아름다운 존재임을 일깨워주기 때문입니다. 보일 듯 말 듯한 미소, 따뜻한 말 한마디, 진심이 담긴 포옹, 인간임을 확인해주는 인정과 격려 따위를 고마워하며 받아들이도록 노력합시다. 그 하나하나는 성령님께로 되돌아가 다시 연합하는 순간 베풀어주시는 어마어마한 환영을 상기시켜줍니다. 이런 사랑은 언제든 주고받을 수 있으며 그때마다 스스로 하나님의 사랑스러운 자녀임을 다시 확인할 수 있습니다.

9

조건 없는 사랑

〰 마음의 자유는 … 우리를 열어서 공통적인 인간성을 발견하도록 이끌어
간다. … 외로움에서 출발해서 변화를 일으키며 소속감 안에서, 그리고 소속
감을 통해서 성장하게 만드는 사랑으로 나아가는 여정이다. … 공통적인 인간
성을 찾아내면 자기중심적인 충동들과 내면의 상처에서 벗어나기가 한결 쉬
워진다. 궁극적으로 원수진 이들을 용서하고 사랑하는 데서 만족을 찾게 된
다. 그야말로 참다운 인간이 되어가는 과정인 셈이다. _장 바니에, 《인간되기》[1]

부모를 비롯한 인간의 애정은 더 큰 사랑의 그림자일 뿐입니다. 그럼
에도 그 애정이 살아가는 데 큰 힘이 되는 건 부인할 수 없는 사실입니
다. 가족을 포함해서 여러 주변 인물들과의 관계가 스스로 사랑받을 만하
다거나 사랑스럽지 못하다고 느끼는 데 결정적인 영향을 준다는 점 역시
재론의 여지가 없습니다. 진정한 사랑은 자아정체감을 키워줍니다. 반대
로 가족의 사랑이 불완전하면 자존감이 무너질 수밖에 없습니다. 무한한

집, 사랑을 주고받는 공간

사랑을 받아본 경험이 유한하다는 사실이야말로 누군가 조건 없는 사랑을 베풀어주길 기대하는 내면의 깊은 갈망을 일깨우는 가장 강력한 자극제가 아닐까 싶습니다.

개인적으로는 가족, 특히 아버지와의 관계에 치유가 필요하다는 걸 스스로 잘 알고 있습니다. 언젠가 아버지가 했던 이야기가 지금도 선명하게 떠오릅니다. "네가 날 권위적인 인간으로 보고 있다는 걸 안다. 맞다, 난 권위적이야. 하지만 참 이상하기도 하지? 어째서 그냥 그렇게 살게 내버려두지 않는 거지? 넌 심리학자잖아? 프로이트를 비롯해서 수많은 학자들이 권위적인 성격을 이해할 수 있는 길들을 제시했을 것 같은데 말이야. 그런데 다른 데도 아니고 바로 여기, 집안에 있는 권위적인 인물 하나 이해하고 받아줄 수 없다는 거냐? 네가 어떻게 친구들을 구속하지 않고 우정을 쌓아가는지 모르겠다만, 최소한 이 애비가 내 방식대로 자유롭게 관계를 맺어가도록 해주지는 못하는 것 같구나." 나는 얼른 대답했습니다. "다 맞는 말씀이에요. 그렇고말고요."

하지만 내 맘 깊은 곳에서는 여전히 아버지가 달라져야 한다는 생각을 버리지 않았습니다. 커피 타는 법을 가르치거나, 이발 좀 하라고 다그치거나, 아직 어려서 운전하면 안 된다는 모욕적인 얘길 하거나, 말에 토를 달지 말라고 윽박지르는 등 나를 좌지우지하려는 행동에 의미를 부여했기 때문입니다. 우리 둘 사이에는 기본적인 이해조차 없었습니다. 쉰일곱 살이나 먹었으면서도, 나는 아버지가 관계를 맺는 방식에 상처를 입었습니다. 그날 깨달은 게 있습니다. 더 많이 양보하고, 상대방을 있는 그대로 받아들여야 하며, 사랑을 토대로 관계를 이끌어가기 위해 더 노력해야 한다는 점이었습니다.

집으로 돌아가는 길

그런 씨름 덕분에, 아버지를 바꾸려는 욕심에서 벗어나려면 더 크고 높은 사랑이 필요하다는 걸 알았습니다. 물론 아직까지는 완전하다고 말할 단계는 아니지만, 하나님의 온전하신 사랑을 받았다는 관점에서 바라보면, 나를 속상하게 하는 아버지의 이런저런 면모들에 신경 쓰지 않고 함께 웃으며 그 존재 자체에 더 깊이 감사하는 게 가능하다고 믿게 되었습니다. 아버지가 나를 사랑하기 전에 이쪽에서 먼저 사랑했다는 생각을 하면 그 어른을 있는 그대로(여느 인간들과 마찬가지로 선량하고 사랑스러운 마음을 가졌으며 권위를 내세우지만 실상은 왜소한 노인으로) 받아들일 수 있었습니다. 그렇습니다. 아버지가 시쳇말로 '한 성격'하는 건 사실입니다. 하지만 그게 커피 타는 법을 얘기하시는 아버지에게 미소를 보이지 못할 이유가 될 수 있을까요? 아직도 많이 부족하지만, 아버지에게 그 어떤 조건도 붙이지 않고 가장 자신다운 모습으로 살 수 있게 허락하면서 기분이 참 좋아졌습니다. 무엇보다 나 역시 여러 가지 기괴한 구석들과 내 길을 찾으려는 사랑스러운 마음을 동시에 가진 인간에 지나지 않습니다. 하나님의 원초적인 사랑을 기억하고 주장하면서, 비현실적인 기대를 버리고 내게 아버지를 주셨다는 사실 자체를 감사하게 되었습니다.

    🌿 미래에 관해서 해야 할 일은 예측하는 게 아니라 실현하는 것이다. 인간이 환상을 쫓는 게 아니라 환상이 인간을 따라오는 것이다. _아메리카 원주민의 격언

식구들이나 배우자나 자녀들을 억지로 뜯어고치려는 욕심을 버리고 '더불어 지내며' 용납하는 게 좋습니다. 그럴 때 비로소 남들은 나와 다르

집, 사랑을 주고받는 공간

며, 다들 제 나름대로 생각하고 행동하게 마련이며, 나와 전혀 다른 선택을 할 수 있다는 사실을 받아들일 만큼 자유로운 마음을 갖게 됩니다. 실수를 저지르고 저마다 자신에게 적합한 속도와 방식으로 인생의 교훈을 얻을 수 있도록 허용하는 게 중요합니다. 그렇게만 된다면 가까운 이들이 이편의 기대에 맞춰 살아주길 바라지 않고 도리어 상대방이 우리를 완전하게 사랑하지 않는다 하더라도 감사할 수 있으니 얼마나 행복하겠습니까! 어른들이 평안하게 세상을 떠나도록 배려할 수 있으니 얼마나 좋은 일입니까! 예수님은 권면하십니다. "아버지를 그냥 내버려두어라. 어머니를 그냥 내버려두어라. 형제를 그냥 내버려두어라. 자매를 그냥 내버려두어라." 주님은 부모든 형제지매든 그처럼 자유롭게 내버려두는 게 하나님의 무조건적인 사랑을 반가이 맞아들일 뿐만 아니라 차츰 그림의 주인공처럼 다른 이들을 자애롭게 포용하는 아버지의 모습으로 변해갈 여지를 남기는 일이라는 것을 잘 알고 계셨던 모양입니다.

사랑의 반대말은 미움이 아니라 두려움이라는 걸 점점 더 실감하게 됐습니다. 누군가를 미워하지 않는다 할지라도, 관계 가운데서 자유롭게 행동하면 남들의 사랑을 잃게 되는 게 아닐까 겁이 났습니다. 그리고 그 두려움이 얼마나 매섭게 고립과 폭력으로 몰아가는지 갈수록 또렷하게 깨달았습니다. 구체적으로 설명하자면 이런 얘깁니다.

🔊 공중그네 훈련은 마음속 어두운 구석에 숨어 있는 갖가지 거룩하지 못한 영들을 꿰뚫어보게 해주었다. … 실패할까 두려웠다. 남들이 어떻게 볼지 두려웠다. 당황스러워서 어쩔 줄 모를까 봐 두려웠다. 자제력을 잃을까 두려웠다. 신뢰하지 못할까 봐 두려웠다. 기대를 채우지 못하면 버림받을까 두려

집으로 돌아가는 길

웠다. _샘 킨, 《나는 법 배우기》[2]

자신이 하나님의 사랑스러운 자녀임을 온전히 깨닫지 못한 상태에서는 실제로든 상상으로든 사랑받지 못하고, 구박받고, 거부당하고, 받아들여지지 않는다는 느낌을 둘러싼 온갖 괴로움을 다 짊어지고 다닙니다. 스스로 괜찮은 인간이 못된다고 생각하는 이 잘못된 감각은 외로움, 두려움, 괴로움 따위의 감정을 불러일으킵니다. 그러고는 그런 정서에서 출발해서 정신없이 돌아다니며 누군가로부터 용납을 받으려고 발버둥칩니다. 세상을 내편과 '기타 등등'으로 가릅니다. 보호 본능에 사로잡힌 채, 호의적인 반응을 보이는 이들에게 집착합니다. 친구들과 가까워지려는 이가 보이면 곧바로 도전적인 자세를 취합니다. 애정을 빼앗길까 걱정하는 겁니다. 미워해서가 아니라 두려워서입니다. 상대를 위험한 존재로 인식하고 의혹의 눈길을 보냅니다. 불안하다고 느끼면 살아남아야겠다는 생각의 지배를 받습니다. 실제로든, 상상 속에서든 내 영역을 보호하는 장벽을 쌓습니다. 다음에는 긴급한 상황을 염두에 두고 필요한 물건을 비축합니다. 남들이 나보다 더 강해지고 출세할 때를 대비해서 감정과 돈, 지식, 물질, 사랑을 미리 쟁여놓는 겁니다.

형제자매들이 부르짖는 소리가 귓가에 쟁쟁합니다. "이것 좀 보세요. 댁은 수많은 친구와 엄청난 지식을 가지고 있습니다. 곳간에는 곡식이 그득하죠. 댁은 쓰고 남을 만큼 가졌고 난 형편없이 모자랍니다. 한 쪽 떼어 주시겠어요? 어째서 나눠주지 않는 거죠? 그럼 나도 넉넉해질 수 있잖아요." 하지만 두려움을 주인으로 모시고 사는 나는 대답합니다. "그래요, 지금은 넘치는 게 사실이에요. 하지만 내일 일은 누구도 모르는 거잖아

413

〈목수의 작업장에 있는 거룩한 가족〉, 1640, 소묘

—

"식구들이나 배우자나 자녀들을 억지로 뜯어고치려는 욕심을 버리고 '더불어 지내며' 용납하는 게
좋습니다. 그럴 때 비로소 남들을 받아들일 만큼 자유로운 마음을 갖게 됩니다."

요? 그러니 어떻게 나눠줄 수 있겠어요?"

     ✎ 인간이 가진 모든 건 차용품이다. 가정, 직장, 강물, 가까운 관계, 몸, 경험 따위를 비롯해서 죄다 위탁품이며 사용 기간이 끝나는 순간 돌려주어야 한다. 빌려 쓰는 입장이므로 반드시 지켜야 할 까다롭고 엄격한 관리 규정들이 있다. 말하자면 이런 것들이다. 자신의 유익만을 위해 사용하지 않는다. 조심스럽게 간수한다. 처음 받았을 당시만큼 온전하거나 더 나은 상태로 반납한다. _존 매퀴슨 II, 《항상 다시 시작한다》[3]

극심한 두려움의 먹구름이 지평선 너머에서 피어오르면 당장 최악의 사태를 떠올립니다. 장벽 뒤에 숨어 있지만 누군가가 무너뜨릴까 두렵습니다. 그래서 담장 꼭대기에 깨진 유리 조각들을 박아 넣고 폭발물까지 설치합니다. 그런데 이번에는 폭발이 일어났을 때 벽이 적들을 향해서가 아니라 이편으로 무너지면 어떻게 하나 겁이 납니다. 두려움은 사람을 소진시킵니다. 사랑받고 또 사랑하고 싶은 소망을 좇지 못하게 합니다.

  내면의 여유를 갉아먹고 제 손으로 벽을 둘러쳐서 감옥을 만들게 하는 데는 두려움이 으뜸이고 미움이 그 다음이라는 걸 기억해두길 바랍니다. 그리고 스스로 얼마나 두려워하고 있는지 돌아보았으면 좋겠습니다.

두려움은 불안하고, 사랑받지 못하고 있으며,
혼자라는 감정을 심어줍니다.
자유롭게 행동하면 앞으로도
사랑을 받지 못할 거라고 믿게 만듭니다.

집, 사랑을 주고받는 공간

세상을 친구와 적으로 나누라고 충동질합니다.
뭐든지 쌓아놓아야 할 것 같은 마음이 들게 합니다.
사랑하고 사랑받을 수 있는 능력을 앗아갑니다.
사람과 사물에 집착하게 몰아갑니다.
중심에 계신 사랑의 성령님과 교제하는 능력을 제한합니다.

두려움이 마음껏 지배하고 작용하게 방치한다면, 우리는 조건 없는 사랑이 넘치는 집에서 멀리 떠나 비참한 삶을 살게 될 겁니다.

> 장로들 몇이 압바 푀멘을 찾아와서 말했다.
> "거룩한 의식을 행하고 있는 동안 졸고 있는 형제가 있다면, 야무지게 꼬집어서 깨워야 할까요?"
> 압바가 노인들에게 말했다.
> "실제로 내가 그렇게 조는 형제를 보았다면, 내 무릎을 베고 편히 자게 해주겠습니다."_유시 노무라, 《사막의 지혜》[6]

반면에 우리의 모범이신 예수님은 제자들에게 "두려워하지 말거라. 온전한 사랑은 두려움을 내쫓는다"라고 말씀하셨습니다. 주님은 자유롭게 걸어 다니셨고, 자유롭게 사셨으며, 자신을 세상에 보내신 분과 친밀한 관계를 맺으셨습니다. 온밤을 지새우거나 새벽같이 일어나서 사랑을 베풀어주시는 아버지와 교제하며 시간을 보내셨습니다. 마지막 말씀을 전하시면서 이렇게 가르치셨습니다. "아버지께서 나를 사랑하신 것과 같이, 나도 너희를 사랑하였다. … 누구든지 나를 사랑하는 사람은 내 말을 지킬 것이다. 그러면 내 아버지께서 그 사람을 사랑하실 것이요, 우리는 그 사람에게로 가서 그 사람과 함께 살 것이다. … 보혜사, 곧 아버지께서 내 이름으로 보내실 성령께서, 너희에게 모든 것을 가르쳐주시고, 또 내가 너희에게 말한 모든 것을 생각나게 하실 것이다."

예수님은 다음 몇 가지 사실들을 확실히 믿게 하시려고 세상에 오셨습니다.

창조주 하나님의 사랑은 공로 없이
거저 주시는 순수한 선물입니다.
인간에게는 생명의 근원되신 주님과
관계를 맺거나 그러지 않을 자유가 있습니다.
여러분과 내가 아버지, 어머니, 배우자, 형제, 자매, 자녀,
교사, 친구, 동료, 또는 카운슬러로부터 받은
모든 사랑을 다 끌어안는 더 큰 사랑이 존재합니다.
무조건적인 사랑을 기쁘게 받아들이면
저절로 무조건적인 사랑을 베푸시는 분과 더욱 닮아가게 됩니다.
거룩한 하나님의 사랑은 영원토록 변함이 없습니다.

탕자의 비유는 자녀들과 교제하기 위해 끈질기게 기다리시는 하나님의 모습을 놀랍도록 정확하게 포착한 비유입니다. 자식이 집을 나갈지라도 사랑의 주님은 돌아오기를 기다리십니다. 우리는 스스로 정죄할지 모르지만 하나님은 잘못 내린 결정에 객관적으로 책임을 묻지 않으십니다. "당장 나가라! 이젠 너를 사랑하지 않는다. 못된 녀석 같으니라고. 지옥

417

〈기도하는 다윗〉, 1652, 동판화

—

"두려움이 마음껏 지배하고 작용하게 방치한다면, 우리는 조건 없는 사랑이 넘치는 집에서 멀리 떠나 비참하게 삶을 살게 될 겁니다. 주님은 '온전한 사랑은 두려움을 내쫓는다'라고 말씀하셨습니다."

엘 가든 말든 난 상관하지 않겠다!"라고 말씀하지도 않으십니다. 하늘이 두 쪽 나도 그런 일은 없습니다. 그건 예수님이 소개하는 영원한 사랑의 공급자, 하나님의 성품에 어긋나는 반응입니다. 예수님의 하나님은 토머스 머튼의 말을 빌리자면 "자비이시며 자비 안에, 자비 안에" 계시는 분입니다. 자비로운 사랑을 받으면 자비로워집니다. 아버지와 같은 모습으로 변하는 겁니다.

얼마나 멋진 이야기입니까. 하지만 인간을 창조하신 분이 여러분과 나를 열정적으로 기뻐하며 사랑하신다는 진리를 완벽하게 구현하지는 못합니다. 사실 성경이 말하는 하나님의 이미지 가운데 일부는 우주를 조성하신 분의 마음보다는 인간적인 표현의 한계와 특정한 세계관을 더 선명하게 드러내는 것 같습니다. 그럼에도 불구하고 우주의 광막함과 상호연결에 대한 지식은 이런 글들 덕에 차츰 발전하여왔습니다. 이제는 하나님을 '어리석은 결정을 하는 자녀들에게 두 번째 기회를 주시지 않으시며 더 이상 자식으로 인정하시지 않는 쌀쌀한 분'으로 생각할 이유가 없게 된 겁니다. 예수님이 드러내 보여주신 하나님의 넓고 넓은 마음을 상상해 보려고 안간힘을 쓸 필요가 없습니다. 그분은 "나는 의인을 부르러 온 것이 아니라, 죄인을 부르러 왔다"(마 9:13)라고 말씀하시는 창조주이십니다. 그리고 탕자의 비유를 통하여, 우주의 주인은 한 사람 한 사람에게 말합니다. "긴말 하지 말고 가엾게 여기는 내 마음을 신뢰해라. 어서 좋은 옷을 꺼내서 그에게 입히고, 손에 반지를 끼우고, 발에 신을 신겨라. 그리고 살진 송아지를 끌어내다가 잡아라. 우리가 먹고 즐기자. 나의 이 아들은 죽었다가 살아났고, 내가 잃었다가 되찾았다."

그렇습니다. 나는 먼 지방으로 떠났습니다. 집을 나가서 제힘으로 삶을

집, 사랑을 주고받는 공간

개척해보고 싶었습니다. 그러나 결국 돼지들과 뒹구는 신세가 됐습니다. 큰 어려움을 겪었고 많이 깨달았습니다. 그렇습니다. 나는 분노의 감정을 감춘 채 아버지의 포도원에서 성실하게 일했습니다. 하나님이 그러라고 하셔서가 아니었습니다. 조건 없이 사랑을 베푸시는 분은 말씀하십니다. "너를 너무 사랑해서 세상을 살아가며 선택할 자유를 주었다. 그러나 기억해라. 내가 가진 건 모두 네 것이다. 너는 늘 나와 함께 있을 것이다. 어리석은 선택을 했음에도 불구하고 너를 향한 내 사랑은 늘 진실하고 변함이 없단다. 그러므로 어서 돌이키고 나를 닮은 모습으로 살아가라."

　참다운 생명의 참다운 근원을 더 잘 알아갑시다. 모든 진리의 영을 마음에 모셔서 두려움과 원한과 미움을 떨쳐내고 하나님의 형상을 닮은 삶을 삽시다. '귀향'을 자꾸 되풀이 하더라도 필요 이상으로 괴로워하지 맙시다. 레너드 번스타인Leonard Bernstein은 〈미사The Missa〉라는 극을 썼습니다. 지극히 현대적인 상황을 설정하고 사제가 미사를 올리는 과정을 그린 장엄한 오페라입니다. 사람들은 성직자에게 옷을 입히고 번쩍 들어 올려서 마치 존경받는 왕을 모시는 것처럼 중앙의 가장 중요한 자리로 데리고 나옵니다. 그러다 갑자기 추락해서 바닥을 구릅니다. 성배와 접시가 함께 떨어져 박살이 납니다. 무대가 바뀌면 이번에는 같은 성직자가 청바지로 갈아입고 유리 조각으로 난장판이 된 중앙으로 걸어 나옵니다. 그러곤 놀라운 얘길 합니다. "여기 흩어진 유리 파편을 보기 전까지는 빛이 얼마나 밝은지 몰랐구나"라고 느릿느릿 말하는 겁니다. 떠받들어주는 사람도 없고 쏟아지는 스포트라이트도 없었습니다. 주인공에게 진정 자신이 누구인지 보여준 건 잘게 쪼개진 유리 조각 속의 이미지들이었습니다.

집으로 돌아가는 길

  주님은 내 모든 두려움이 실존하는 데서

내 앞에 상을 차려주십니다.

기름을 부어 축복하시니

내 잔이 넘쳐흐릅니다.

진실로 주님의 선하심과 인자하심이

평생토록

나를 따르리니

사랑이 많으신 주님의 마음에

영원히 머물겠습니다.

_난 C. 메릴, 《기도를 위한 시편》[5]

  그러므로 '귀향'이란, 뼛속 깊이 스며들어 관계에 심각한 타격을 입히고 비참한 세계에 갇혀 살게 하며 자유를 도둑질해가는 두려움에서 돌아서는 겁니다. 저마다 깨어진 삶의 파편에서 진리의 빛을 알아보는 걸 의미합니다. 우리는 그저 두려움에 사로잡힌 아이들일 뿐이어서 신실하게, 친밀하게, 변함없이 관계를 이끌어 갈 능력이 없습니다. 그러나 지속적으로 용서를 받으면서 차츰 다른 이들을 사랑할 힘을 키워가게 됩니다.

  예수님의 사명은 세상에 오셔서 인간들과 온전히 섞여 사시면서 집으로 불러서 삶의 진실과 마주하게 하는 데 있습니다. 주님은 변함없는 사랑의 모태에, 늘 함께하는 임재의 친밀감 속에, 생명과 생기를 주시는 분의 집에, 긍휼히 여기시는 창조주의 이름 가운데 살고 가르치셨습니다. 하나님의 이름은 우리의 집이며 거처입니다. 누가 "어디에요?"라고 물으면 "집이에요. 그분의 이름 안에 있어요. 여기가 내가 사는 곳이고 안전감

집, 사랑을 주고받는 공간

〈깃펜을 다듬는 필경사〉, 1635, 소묘

—

"'귀향'이란 저마다 깨어진 삶의 파편에서 진리의 빛을 알아보는 걸 의미합니다."

을 얻는 자리에요"라고 대답하십시오. 그리고 인도하시는 성령님과 더불어 이 집에서 출발하여 영원히 떠나지 않을 소속감의 근원이 되는 세계로 걸어 들어갑시다. 우리가 뿌리를 내리고 영원히 머물 자리는 하나님의 이름, 집, 가족, 모태, 그리고 교제와 연합입니다. 예수님은 제자들에게 "너희는 세상에 속하지 않았다. 나는 세상에 속하여 있지 않다. 나는 아버지께 속하여 있다"고 말씀하셨습니다. 예수님은 스스로 온전하고 철저하게 거룩하신 하나님과 친밀한 관계를 맺으며 살아가고 있으며 그분 안에 그런 교제를 막을 만한 게 전혀 없다고 말씀하고 계신 겁니다. 주님은 똑같은 선물을 세상에 전하러 파송되었다는 사실을 잘 아셨습니다. 이제 우리 역시 성령 하나님과 깊은 교제를 나누며 삽니다. 예수님이 그러셨던 것처럼, 우리도 세상이 아니라 거룩한 보혜사에게 속해 있습니다. 하나님이 그리스도를 세상에 보내셨던 것처럼, 오늘을 사는 크리스천들도 다른 이들에게 값없이 사랑을 베풀며 무조건적인 사랑이 가능하다는 걸 보여 주는 본보기가 되도록 이 땅에 파견되었습니다.

　　잃어버렸던 형제자매들이 집으로 돌아오는 걸 어떻게 환영해야 할까요? 그들에게 달려가십시오. 껴안으십시오. 입맞춤을 하십시오. 여러분이 가진 것 가운데 최고로 좋은 옷을 골라 입히십시오. 귀빈으로 모시십시오. 산해진미를 대접하십시오. 친구와 가족을 불러서 잔치를 여십시오. 사죄나 해명을 요구하지 말아야 한다는 점을 명심하십시오. 다시 함께할 수 있어서 이루 말할 수 없을 만큼 기쁘다는 뜻을 전달하는 것으로 충분합니다. … 과거는 지나갔고 흔적은 사라졌습니다. 정말 중요한 건 우리 마음이 형제자매가 돌아온 데 대한 감사로 가득 채워진 여기, 그리고 지금입니다. _헨리 나우웬, 《영혼의 양식》⁶

집, 사랑을 주고받는 공간

〈높은 강둑과 개울 근처의 농가〉, 1648, 소묘

예수님은 우리를 이끌고 사랑이 넘치는 하나님의 가슴속으로 들어갑니다. 주님은 "나는 내 아버지께로, 그리고 너희들의 아버지께로 간다"고 말씀하십니다. 거룩하신 분의 마음속에 있다는 건 곧 세상의 중심에 섰다는 뜻입니다. 온 세계가 모두 창조주의 마음속에 있기 때문입니다. 하나님이 하시던 일을 이어받아 계속하며 인간 가족에 속한 다른 식구들을 깊이 사랑하는 따뜻한 심장을 가진 인물이 되려면 사랑 그 자체이신 하나님의 심장에서 출발해야 합니다. 사랑이 많으신 하나님의 가슴속에 있을 때 인간은 자유롭고 너그러워지며 항상 집에서 기다리다 귀향길에 오른 형제자매를 환영할 수 있게 됩니다.

⚓ 귀를 기울이십시오

오랜 세월을 가로질러 여러분에게 말씀하시는 사랑이 많으신 하나님의 음성에 귀를 기울이십시오.

내가 너를 속량하였으니, 두려워하지 말아라. 내가 너를 지명하여 불렀으니, 너는 나의 것이다. … 내가 너를 보배롭고 존귀하게 여겨 너를 사랑하였으므로, … 내가 너와 함께 있으니 두려워하지 말아라(사 43:1, 4-5).

이제부터는 내가 너희를 종이라고 부르지 않겠다. … 내가 아버지에게서 들은 모든 것을 너희에게 알려주었기 때문이다(요 15:15).

누구든지 나를 사랑하는 사람은 내 말을 지킬 것이다. 그러면 내 아버지께서 그 사람을 사랑하실 것이요, 우리는 그 사람에게로 가서 그 사람과 함께 살 것이다(요 14:23).

아버지께서 나를 사랑하신 것과 같이, 나도 너희를 사랑하였다. 너희는 내 사랑 안에 머물러 있어라. 너희가 나의 계명을 지키면, 나의 사랑 안에 머물러 있을 것이다. 그것은 마치 내가 나의 아버지의 계명을 지켜서 그 사랑 안에 머물러 있는 것과 같다(요 15:9-10).

그러나 내 말을 듣고 있는 너희에게 내가 말한다. 너희의 원수를 사랑하여라. 너희를 미워하는 사람들에게 잘 해주고, 너희를 저주하는 사람을 축복하고, 너희를 모욕하는 사람을 위하여 기도하여라(눅 6:27-28).

온 마음을 다하여 그 음성을 들으십시오.

　　성령님, 생명의 주님,
맑고 투명한 하늘 지극히 높은 곳에서
주님의 순수한 환희의 광채가 쏟아집니다.

가난한 자들의 아버지시여, 오시옵소서.
변치 않는 보배들을 가지고 오시옵소서.
살아 있는 모든 존재의 빛이신 주님, 오시옵소서.

가장 위대한 위로자시여,
불안한 이 가슴을 찾아주셔서
원기를 되찾을 선물을 베풀어주십시오.

주님의 역사는 달콤한 위로입니다.
폭염 속에 쏟아지는 상쾌한 냉기입니다.

427

괴로움 가운데 맛보는 위안입니다.

빛, 영원히 사라지지 않는 거룩한 빛이여,
주님의 소유인 이 심령들을 찾아와주시고
존재의 가장 깊은 구석까지 채워주소서.

주님이 은혜를 거둬가시면
우리안에 순수한 게 아무것도 남지 않으며
선한 것들은 모두 병들고 말 것입니다.

상처를 치유하시고 기운을 새롭게 하시며
메마른 광야에 이슬을 내려주소서.
죄의 때를 말끔히 씻어주소서.

완고한 마음을 꺾으시고,
얼어붙은 마음을 녹이시며, 냉랭한 심령을 따듯하게 하시며,
방황하는 발걸음을 인도하소서.

주께 고백하며 찬양하는 이들에게
언제나 함께하시며
아낌없이 선물을 쏟아부으십니다.

세상을 떠날 때 위안을 주시며,

집으로 돌아가는 길

생명을 허락하시어 주님과 함께 하늘나라에 머물게 하시고,

영원히 끝나지 않는 기쁨을 허락하소서. 아멘.

_헨리 나우웬, 라르쉬 데이브레이크 워크숍에서

✦ 일기를 쓰십시오

상처 입은 과거에 매여 사는 삶을 포기하고, 한 사람 한 사람을 깊이 사랑하시는 분의 뒤를 따르기로 작정하는 마음을 글로 옮기십시오. 부드럽게 자신을 열고, 두려워하던 이들을 불쌍히 여기려는 의지와 소망을 기록하십시오. 어떤 이들을 두려워하는지, 그리고 어떻게 하면 그들을 평생 한 길을 가는 형제자매로 끌어안을 수 있는지 적으십시오. 아버지와 어머니로서의 은사를 십분 발휘해서 다른 이들을 섬길 수 있는 방법을 노트에 써보십시오.

✦ 묵상하십시오

이제 여러분의 삶을 향해 말씀하시는 하나님과 대화하십시오. 단단히 잠긴 빗장을 열고 오늘날 생활 중에 마주치는 모든 이들에게 긍휼과 용서와 환영을 베풀 수 있도록 큰 깨달음을 주시길 요청하십시오. 이야기를 마친 뒤에는 잠잠히 다시 확인해주시는 음성을 들으십시오. "두려워하지 마라. 여기 있어라. 집으로 돌아와라. 네 심령 가장 깊숙한 곳에 머물러라."

마음에서 마음으로 대화하십시오.

아 홉 번 째

◆◆◆

도움을 요청하십시오

집을 떠나 외따로 살아가던 작은아들은 음식뿐 아니라 집을 나오면서 잃어버린 것들을 되찾게 도와줄 손길에도 주리고 목말랐습니다. 그러나 다시 진리 안에 서서 자신을 되찾게 도와달라고 요청하면서 죄책감과 수치심의 부담을 이겨내고 집과 가족에게로 돌아갈 수 있었습니다. 큰아들은 약자의 자리에서 도움을 갈망하는 동생을 받아들이는 법을 아직 배우지 못했습니다. 하지만 아버지는 두 형제를 모두 부모의 역할을 하는 단계까지 성장하도록 초청했습니다. 내게는 사랑받고 있다는 확신이 필요했으므로, 강렬하기 이를 데 없는 부정적인 감정들을 대안으로 알고 집착했습니다. 단단히 결심했다가 주저앉고 머뭇거리며 돌아섰다가 집에 들어가기가 무섭게 다시 떠나버리는 게 나의 패턴이었습니다. 좌절을 겪고

난 뒤에 위니펙으로 물러나 지내는 동안, 부끄럽기는 하지만 도움이 필요하다는 걸 깨달았습니다. 두 사람이 몇 달에 걸쳐서 함께 머물면서 내 이야기를 잘 들어주고, 위로하고, 이런저런 질문을 해주었습니다. 그 둘이 없었더라면 어떻게 지냈을지 상상조차 할 수 없습니다. 이제는 내가 건강한지 또는 문제가 있는지 정확하게 아는 친구들이 여럿 있어서 정기적으로 만나 떠남과 귀향, 그리고 집에 있다가 나처럼 떠났다 돌아오는 이들을 환영해주고 싶은 소망을 나눕니다. 영적인 삶은 혼자서 어찌해보기에는 너무도 어려운 과제입니다. 어떤 이들은 영성 훈련을 영적인 지도라고 부릅니다. 훌륭한 멘토들은 떠났다 돌아오기를 수없이 되풀이한다는 얘기를 들어도 그다지 놀라지 않습니다. 그들 스스로 똑같은 길을 가고 있기 때문입니다. 앞서서 지도하는 이들은 귀 기울여 듣고, 동기를 분명하게 확인하고, 파괴적인 패턴을 가려내게 도와줍니다. 정죄하지 않고 무얼 해야 할지 알려주는 멘토를 만나고 싶은 심정은 누구나 마찬가지일 겁니다. 용기를 북돋워서 미래를 향해 나아갈 방향을 결정할 수 있는 자리까지 데려다주고, 도전해서 일으켜 세우며, 소중한 유산인 사랑을 되찾도록 도와줄 누군가가 필요합니다. 훌륭한 멘토들은 진리로 가는 길뿐만 아니라 따뜻한 사랑으로 맞아주길 기다리는 인간 가족의 형제자매들에게 닿는 길을 가리켜 보여줍니다.

에필로그

헨리 나우웬에게 보내는 편지

　　스스로 구세주가 될 필요는 없다. 우리는 그저 약점이 수두룩한, 그러나
소망을 품고 힘을 모아 한 번에 한 심령씩 세상을 변화시키도록 부름을 받은
인간에 불과하다. _장 바니에, 《인간되기》[1]

　고맙습니다. 하나님이 헨리 나우웬, 당신의 삶 깊숙한 곳, 고통스럽고
불가해한 자리에 말씀하신 이야기들을 나누어주어서 참 감사합니다. 크
리스천들에게 가장 친숙한 이야기로 통하는 문을 보여주고 그 비유 속을
자유롭게 활보할 수 있게 해주어서 고맙습니다. 우리와 똑같이 괴로움을
겪고 있는 세상의 뭇 사람들과 연대하여 살아가는 진실한 삶과 우리의
고통을 맞바꾸게 해주어서 고맙습니다. 집으로 가는 도중에 쉬었다 갈,
길 위의 집들로 통하는 샛길을 알려주어서 고맙습니다. 더불어 영적인 삶
을 훈련하고 연습할 수 있는 방법들을 알려주어서 고맙습니다. 덕분에 서
서히 예수님이 자신을 세상에 보내셨던 분과 즐기셨던 바로 그 친밀한

집으로 돌아가는 길

관계를 맛볼 수 있게 되었습니다.

혹시 알고 있습니까? 비유에 등장하는 두 아들과 닮은 부분을 솔직하게 나누노라면 저도 모르는 사이에 이야기 속 아버지, 다시 말해서 우리들이 진리로 돌아오길 간절히 기다리시는 하늘 아버지의 형상을 닮게 됩니다.

어쩌면 누군가는 "오늘 밤에는 집에 있을 건가요?"라는 존의 질문을 흘려들었을지 모릅니다. 그러나 거듭 되풀이되는 그 물음에 힘입어 헨리 나우웬이라는 한 인간은 용감하게 두 번째 외로움 속으로 발을 내딛고 더듬더듬 그 어두움을 통과해서 데이브레이크라는 집으로 돌아올 수 있었습니다. 똑같은 과정을 밟으라고 초청하는 당신의 목소리에서는 피상적인 구석을 찾아볼 수가 없습니다. 고맙습니다.

"오늘 밤에는 집에 있을 건가요?"라는 질문은 PBS 다큐멘터리, 〈마음의 여정, 헨리 나우웬의 삶Journey of the Heart: The Life of Henri Nouwen〉의 한 대목에서 따왔습니다. 이제 우리는 당신이 했던 말을 간단히 정리해서 존의 질문에 답하려고 합니다.

아버지의 품안에 꼭 안겨 있는 탕자를 그린 렘브란트의 그림을 대하는 순간, 완전히 넋을 빼앗긴 채 중얼거렸습니다. "저기가 내가 있고 싶은 곳이야." 그때부터 자신을 집으로 돌아가고 싶어 하는 탕자로 여기기 시작했습니다. 그런데 … 큰아들이 갑자기 말을 걸어왔습니다. 듣고 보니 내가 바로 큰아들이었습니다. 마음에 수많은 원망과 원한을 품고 지냈습니다. 너무도 많아서 삶을 온전히 즐길 수가 없었습니다. 비로소 두 아들이 모두 내 안에 살아 있다는 걸 깨달았습니다.

에필로그

그로부터 일 년 남짓 지났을 무렵, 대단히 중요한 일이 일어났습니다. 우울증이 심해져서 오랜 기간 라르쉬 데이브레이크를 떠나 있던 때였습니다. 공동체 식구가 찾아와서 이런저런 이야기를 나누던 중에 불쑥 말했습니다. "신부님은 늘 스스로 탕자라고 말씀하시는군요. 큰아들이라고 얘기하는 경우도 자주 있고요. 하지만 이제는 아버지가 되실 때입니다. 하나님은 그렇게 되라고 당신을 부르셨어요."

그림에서 아버지의 모습을 보세요. 이 인물은 아버지의 손과 어머니의 손을 다 같이 가지고 있어요. 남성의 손과 여성의 손이 사랑스러운 자식을 어루만지고 있는 거죠. 아버지의 모습이 어린 새끼를 자기 몸에 바싹 끌어당겨 커다란 날개로 포근하게 감싸고 있는 어미 새 같지 않나요? 단 한마디도 묻지 않고 자식을 환영하는 노인을 좀 보세요. 심지어 아버지는 작은아들의 얘기를 들어보려고도 하지 않아요. 그냥 더불어 집에 머무르면서 한 상에 둘러앉을 수 있으면, 그리고 차츰 성장해서 자신과 같은 인물이 되어주면 그걸로 됐다는 투예요.

불현듯 내 마지막 소명은 집으로 돌아가는 데서 그치는 게 아니라 집에 머물면서 돌아오는 이들을 반가이 맞아주는 거구나, 깨달았습니다. "이렇게 와줘서 기쁘구나, 정말 기뻐! 다들 서둘러라. 가장 멋진 옷을 꺼내오너라. 귀중한 반지를 가져오너라. 최고급 신발을 내오너라. 네가 마침내 돌아왔으니 한바탕 잔치를 벌여보자꾸나!"

★ HenriNouwen.org에 접속하거나 Daybreak Publications(pubs@larchedaybreak.com)를 통해서 오디오 테이프나 파일을 구입하시면 헨리 나우웬의 강연을 육성으로 들을 수 있습니다.

렘브란트의 〈탕자의 귀향〉을 보러 상트페테르부르크에
갔을 때만 해도 본대로 살아야 한다는 생각을 거의 하지 않았습니다.
경외감을 품은 채, 거장이 이끄는 자리에 서 있을 따름이었습니다.
렘브란트는 남루한 옷차림으로 무릎을 꿇고 있는
작은아들에게서 구부정하게 서 있는 아버지에게로,
축복을 받는 자리에서 은총을 베푸는 자리로 인도했습니다.
나이 들어 쪼글쪼글해진 내 두 손을 바라봅니다.
이제는 알겠습니다. 이 손은 고통을 당하는 모든 이들에게 내밀라고,
집을 찾아온 모든 이들의 어깨에 내려놓으라고, 하나님의
그 어마어마한 사랑에서 비롯된 축복을 베풀라고 주님이 주신 손입니다.

–
헨리 나우웬
《탕자의 귀향》

† 서문

1 _ Parker J. Palmer, *The Active Life* (San Francisco: Harper and Row, 1990), 98.《예
수가 장자를 만날 때》(다지리)

† 프롤로그

1 _ Macrina Wiederkehr, *A Tree Full of Angels* (San Francisco: Harper and Row,
1991), 53.

2 _ Henri J. M. Nouwen, *Burning Hearts* (Maryknoll, NY: Orbis Books, 1999), 28.
《뜨거운 마음으로》(분도출판사)

3 _ Nan C. Merrill, *Psalms for Praying* (New York: The Continuum International
Publishing Group, 1996), Psalm 69, 134.

4 _ Parker J. Palmer, *The Active Life* (San Francisco: Harper and Row, 1990), 99.

5 _ Etty Hillesum, *An Interrupted Life, and Letters from Westerbork* (New
York: Henry Holt and Company, 1996), 27-28.

1부 가출, 그리고 귀향

† 1. 외로움으로부터 라르쉬로

1 _ Dick Ryan, From *Straight from the Heart: Reflections from Twentieth-
Century Mystics* (New York: Crossroad Publishing Company, 2001, ed., 2001),
158; quoted from *Teresa of Avila* by Tessa Bielecki, 1994, Crossroad

Publishing Company.

2 _ Dick Ryan, Ibid, 85; quoted from *A Mystical Heart* by Edwina Gateley, Crossroad Publishing House.

3 _ Dick Ryan, Ibid, 85; quoted from *Holy Work*, by Marsha Sinetar, 1989, Crossroad Publishing House.

4 _ Dick Ryan, Ibid, 85; quoted from *Prayer and the Quest for Healing: Our Personal Transformation and Cosmic Responsibility* by Barbara Fiand, 1999, Crossroad Publishing Company.

5 _ John McQuiston II, *Always We Begin Again: The Benedictine Way of Living* (Harrisburg, PA: Morehouse Publishing, 1996), 80.

†2. 작은아들

1 _ Julia Cameron, *The Artist's Way: A Spiritual Path to Higher Creativity* (New York: Jeremy P. Tarcher/Putnam, 1992), 129.

2 _ Christine Lore Weber, *From The Finding Stone* (San Diego: Lura Media, 1995).

3 _ Flannery O'Connor, *The Habit of Being* (New York: Vintage Books, 1979), 307.

4 _ Jean Vanier, *Becoming Human* (Toronto: House of Anansi Press, 1998), 18-19.

5 _ Nan C. Merrill, *Psalms for Praying* (New York: The Continuum International Publishing Group, 1996), Psalm 38, 72.

6 _ Wayne Muller, *Sabbath: Restoring the Sacred Rhythm of Rest* (New York: Bantam Books, 1999), 48.

7 _ Nan C. Merrill, *Psalms for Praying* (New York: The Continuum International Publishing Group, 1996), Psalm 52, 102.

8 _ Henri Nouwen, *Making All Things New* (San Francisco: HarperSanFrancisco,

1981), 68.《모든 것을 새롭게》(두란노)

9 _ Julia Cameron, *The Artist's Way: A Spiritual Path to Higher Creativity* (New York, : Jeremy P. Tarcher/Putnam, 1992), xiv-xv.

10 _ John McQuiston II, *Always We Begin Again: The Benedictine Way of Living* (Harrisburg, PA: Morehouse Publishing, 1996), 74.

✝3. 라르쉬로부터 두 번째 외로움으로

1 _ Kahlil Gibran, *The Prophet* (New York: Alfred A. Knopf, 1951), 15-16.

2 _ Etty Hillesum, *An Interrupted Life, and Letters from Westerbork* (New York: Henry Holt and Company, 1996), 93.

3 _ Parker J. Palmer, *To Know as We Are Known: Education as a Spiritual Journey* (New York: HarperCollins, 1983), 11.《가르침과 배움의 영성》(IVP)

4 _ Desmond Tutu, *God Has a Dream: A Vision of Hope for Our Times* (New York: Image Doubleday, 2004), 32.

5 _ Maya Angelou, *Wouldn't Take Nothing for My Journey Now* (New York: Random House, 1993), 80.

6 _ Desmond Tutu, *God Has a Dream: A Vision of Hope for Our Time* (New York: Image Doubleday, 2004), 31-32.

7 _ Trevor Hudson, *Listening to the Ground* (Upper Room Books, 2007).

8 _ Jean Vanier, *Community and Growth* (London: Darton, Longman, and Todd, 1979), 139.《공동체와 성장》(성바오로출판사)

9 _ Annie Dillard, *Teaching a Stone to Talk* (New York: HaperCollins, 1982), 94-95.《돌들에게 말하는 법 가르치기》(민음사)

10 _ Nan C. Merrill, *Psalms for Praying* (New York: The Continuum International Publishing Group, 1996), Psalm 42, 81.

11 _ Oriah Mountain Dreamer, *The Invitation* (San Francisco: HarperSanFrancisco, 1999), 1.

집으로 돌아가는 길

12 _ Wayne Muller, *Sabbath: Restoring the Sacred Rhythm of Rest* (by New York: Bantam Books, 1999), 176.《휴》(도솔)

2부 원한, 눈에 보이지 않는 귀양살이

‡4. 큰아들

1 _ Henri J. M. Nouwen, *Spiritual Direction: Wisdom for the Long Walk of Faith* (San Francisco: HarperSanFrancisco, 2006), xviii.《영성 수업》(두란노)

2 _ Desmond Tutu, *God Has a Dream: A Vision of Hope for Our Time* (New York: Doubleday, 2004), 22.

3 _ Henri J. M. Nouwen, *The Return of the Prodigal Son: A Story of Homecoming* by (New York: Doubleday, 1992), 69.《탕자의 귀향》(포이에마)

4 _ Jean Vanier, *Becoming Human* (Toronto: House of Anansi Press, 1998), 58.《인간되기》(다른우리)

5 _ Yushi Nomura, *Desert Wisdom* (Maryknoll, NY: Orbis Books, ed., 1982), 53.

6 _ Parker J. Palmer, *Let Your Life Speak: Listening for the Voice of Vocation* (San Francisco: Jossey-Bass, 2000), 34.《삶이 내게 말을 걸어올 때》(한문화)

7 _ Wayne Muller, *Sabbath: Restoring the Sacred Rhythm of Rest* (by New York: Bantam Books, 1999), 7.

‡5. 눈에 보이지 않는 귀양살이

1 _ Yushi Nomura, *Desert Wisdom* (Maryknoll, NY: Orbis Books, ed., 1982), 83.

2 _ Sam Keen, *Learning to Fly: Reflections on Fear, Trust, and the Joy of Letting Go* (New York: Broadway Books, 1999).

3 _ Yushi Nomura, *Desert Wisdom* (Maryknoll, NY: Orbis Books, ed., 1982), 11.

4 _ Henri J. M. Nouwen, *Bread for the Journey: A Daybook of Wisdom and*

Faith (San Francisco: HarperSanFrancisco, 1997), entry for April 15. 《영혼의 양식》(두란노)

†6. 귀향, 감사라는 이름의 집으로

1 _ John McQuiston II, *Always We Begin Again: The Benedictine Way of Living* (Harrisburg, PA: Morehouse Publishing, 1996), 17-18.

2 _ Henri J. M. Nouwen, *Adam: God's Beloved* (Maryknoll, NY: Orbis Books, 1997), 15-16. 《아담》(IVP)

3 _ Etty Hillesum, *An Interrupted Life, and Letters from Westerbork* (New York: Henry Holt and Company, 1996), 97.

4 _ Annie Dillard, *Teaching a Stone to Talk* (New York: HaperCollins, 1982), 141.

5 _ Nan C. Merrill, *Psalms for Praying* (New York: The Continuum International Publishing Group, 1996), Psalm 101, 207.

6 _ Jean Vanier, *Becoming Human* (Toronto: House of Anansi Press, 1998), 162.

3부 집, 사랑을 주고받는 공간

†7. 원초적이고도 중요한 관계

1 _ Nan C. Merrill, *Psalms for Praying* (New York: The Continuum International Publishing Group, 1996), Psalm 119, 264.

2 _ Desmond Tutu, *God Has a Dream: A Vision of Hope for Our Time* (New York: Doubleday, 2004), 101.

3 _ Wayne Muller, *Sabbath: Restoring the Sacred Rhythm of Rest* (by New York: Bantam Books, 1999), 178.

‡ 8. 어루만지며 은혜를 베푸시다

1 _ Viktor E. Frankl, *Man's Search for Meaning* (New York: Washington Square Press, 1963), 104.《죽음의 수용소에서》(청아출판사)

2 _ Nan C. Merrill, *Psalms for Praying* (New York: The Continuum International Publishing Group, 1996), Psalm 84, 174.

3 _ Wayne Muller, *Sabbath: Restoring the Sacred Rhythm of Rest* (by New York: Bantam Books, 1999), 82.

‡ 9. 조건 없는 사랑

1 _ Jean Vanier, *Becoming Human* (Toronto: House of Anansi Press, 1998), 5.

2 _ Sam Keen, *Learning to Fly: Reflections on Fear, Trust, and the Joy of Letting Go* (New York: Broadway Books, 1999). 36-37.

3 _ John McQuiston II, *Always We Begin Again: The Benedictine Way of Living* (Harrisburg, PA: Morehouse Publishing, 1996), 52.

4 _ Yushi Nomura, *Desert Wisdom* (Maryknoll, NY: Orbis Books, ed., 1982), 17.

5 _ Nan C. Merrill, *Psalms for Praying* (New York: The Continuum International Publishing Group, 1996), Psalm 23, 40.

6 _ Henri J. M. Nouwen, *Bread for the Journey: A Daybook of Wisdom and Faith* (San Francisco: HarperSanFrancisco, 1997), 7월 3일.

‡ 에필로그

1 _ Jean Vanier, *Becoming Human* (Toronto: House of Anansi Press, 1998), 163.

헨리 나우웬 저서 목록

1. *Intimacy: Pastoral Psychological Essays.* San Francisco: HarperSanFrancisco, 1969.《친밀함》(두란노)

2. *Creative Ministry: Beyond Professionalism in Teaching, Preaching, Counseling, Organizing and Celebrating.* New York: Doubleday Image Books, 1971.《영성의 씨앗》(그루터기하우스)

3. *With Open Hands.* Notre Dame: Ave Maria Press, 1972.《열린 손으로》(성바오로출판사)

4. *The Wounded Healer: Ministry in Comtemporary Society.* New York: Doubleday Image Books, 1972.《상처 입은 치유자》(두란노)

5. *Thomas Merton: Contemplative Critic.* Chicago: Triumph Books, 1972.《기도의 사람, 토머스 머튼》(청림출판)

6. *Out Of Solitude: Three Meditations on the Christian Life.* Notre Dame: Ave Maria Press, 1974.《나홀로 주님과 함께》(아침영성지도연구원)

7. *Aging: The Fulfillment of Life.* New York: Doubleday Image Books, 1974.《나이 든다는 것》(포이에마)

8. *Reaching out: Three Movements of The Spiritual Life.* New York: Doubleday Image Books, 1975.《영적 발돋움》(두란노)

9. *Genesee Diary: Report From a Trappist Monastery.* New York: Doubleday Image Books, 1976.《제네시 일기》(포이에마)

10. *The Living Reminder: Service and Prayer in Memory of Jesus Christ.* San Francisco: HarperSanFrancisco, 1977.《예수님을 생각나게 하는 사람》(두란노)

11. *Clowning In Rome: Reflections on Solitude, Celibacy, Prayer and Contemplation.* Westminster, Md.: Christian Classics, 1979. 《로마의 어릿광대: 고독, 독신, 기도 그리고 관상에 대한 묵상》(가톨릭대학교출판부)

12. *In Memoriam.* Notre Dame: Ave Maria Press, 1980. 《소중한 추억 나의 어머니》(성바오로출판사)

13. *Making All Things New: An Invitation to the Spiritual Life.* San Francisco: HarperSanFrancisco, 1981. 《모든 것을 새롭게》(두란노)

14. *The Way Of The Heart: Desert Spirituality and Contemporary Ministry.* New York: Ballantine Books, 1981. 《마음의 길》(분도출판사)

15. *A Cry For Mercy: Prayers from the Genesee.* Maryknoll, N.Y.: Orbis Books, 1981. 《긍휼을 구하는 기도》(포이에마)

16. *A Letter of Consolation.* San Francisco: HarperSanFrancisco, 1982. 《위로의 편지》(가톨릭출판사)

17. *Compassion: A Reflection on the Christian Life.* New York: Doubleday Image Books, 1982. 《긍휼》(IVP)

18. *Gracias!: A Latin American Journal.* San Francisco: Harper and Row, 1983. 《소명을 찾아서》(성요셉출판사)

19. *Love in a Fearful Land: A Guatemalan Story.* Notre Dame: Ave Maria Press, 1985.

20. *Lifesigns: Intimacy, Fecundity, and Ecstasy in Christian Perspective.* New York: Doubleday Image Books, 1986. 《두려움을 떠나 사랑의 집으로》(포이에마)

21. *Behold the Beauty of the Lord: Praying with Icons.* Notre Dame: Ave Maria Press, 1987. 《주님의 아름다우심을 우러러》(분도출판사)

22. *The Road to Daybreak: A spiritual Journey.* New York: Doubleday Image Books, 1988. 《데이브레이크로 가는 길》(포이에마)

23. *Letters To Marc About Jesus.* San Francisco: HarperSanFrancisco, 1988. 《헨

리 나우웬의 영성편지》(복있는사람)

24. *Seeds of Hope: a Henri Nouwen Reader.* ed. Robert Durback. New York: Bantam Books, 1989.《희망의 씨앗》(두란노)

25. *In the name of Jesus: Reflections on Christian Leadership.* New York: Crossroad Publishing Company, 1989.《예수님의 이름으로》(두란노)

26. *Heart Speaks to Heart: Three Prayers to Jesus.* Notre Dame: Ave Maria Press, 1989.《나의 마음이 님의 마음에다》(성바오로출판사)

27. *Walk With Jesus: Stations of the Cross.* Maryknoll, N.Y.: Orbis Books, 1990. 《예수님과 함께 걷는 삶》(IVP)

28. *Beyond The Mirror: Reflections on Death and Life.* New York: Crossroad Publishing Company, 1990.《거울 너머의 세계》(두란노)

29. *Show Me The Way: Readings For Each Day of Lent.* New York: Crossroad, 1992.

30. *Life of the beloved: Spiritual Living in a Secular World.* New York: Crossroad Publishing Company, 1992.《이는 내 사랑하는 자요》(IVP)

31. *The Return of the Prodigal Son: A Meditation on Fathers, Brothers, and Sons.* New York: Doubleday Image Books, 1992.《탕자의 귀향: 집으로 돌아가는 멀고도 가까운 길》(포이에마)

32. *Jesus & Mary: Finding Our Sacred Center.* Cincinnati: St. Anthony Messenger Press, 1992.

33. *Here and Now: Living in the Spirit.* New York: Crossroad Publishing Company, 1994.《여기 지금 우리와 함께 하시는 하나님》(은성)

34. *Our Greatest Gift: A Mediation on Dying and Caring.* San Francisco: HarperSanFrancisco, 1994.《죽음, 가장 큰 선물》(홍성사)

35. *With Burning Hearts: A Meditation on the Eucharisric Life.* Maryknoll, N.Y.: Orbis Books, 1994.《뜨거운 마음으로》(분도출판사)

36. *Ministry and Spirituality.* New York: Continuum, 1996.

37. *The Inner Voice of Love: A Journey through Anguish to Freedom.* New York: Doubleday, 1996.《마음에서 들려오는 사랑의 소리》(바오로딸)

38. *Can You Drink This Cup?* Notre Dame: Ave Maria Press, 1996.《이 잔을 들겠느냐》(바오로딸)

39. *Sabbatical Journey.* New York: Crossroad Publishing Company, 1997.《안식의 여정》(복있는사람)

40. *Adam, God's beloved.* Maryknoll, N.Y.: Orbis Books, 1997.《아담: 하나님이 사랑하신 자》(IVP)

41. *Bread for the Journey: A Daybook of Wisdom and Faith.* San Francisco: HarperSanFrancisco, 1997.《영혼의 양식: 365일 지혜와 믿음을 향하여》(두란노)

42. *Mornings with Henri J. M. Nouwen: readings and reflections.* ed. Sue Mosteller. Ann Arbor, Mich. : Charis Books, 1997.《나우웬과 함께하는 아침》(IVP)

43. *The Road to Peace.* ed. John Dear, S.J. Maryknoll, N.Y.: Orbis Books, 1998. 《평화에 이르는 길》(성바오로출판사)

44. *Peacework: Prayer, Resistance, Community.* ed. John Dear, S.J. Maryknoll, N.Y.: Orbis Books, 1998.《세상의 평화를 위해 기도하라, 저항하라》(성바오로출판사)

45. *The Only Necessary Thing: Living a Prayerful Life.* ed. Wendy Wilson Greer. New York: Crossroad Publishing Company, 1999.《꼭 필요한 것 한 가지, 기도의 삶》(복있는사람)

46. *Finding My Way Home: Pathways to Life and the Spirit.* ed. Sue Mosteller. New York: Crossroad Publishing Company, 2001.《영성에의 길》(IVP)

47. *Jesus: A Gospel.* ed. Michael O'Lauglin. Maryknoll, N.Y.: Orbis Books, 2001. 《예수, 우리의 복음》(복있는사람)

48. *Turn My Mourning into Dancing: Moving through Hard Times with Hope.* ed. Timothy Jones. Nashville, Tenn.: W Pub. Group, 2001.《춤추시는 하나님》(두란노)

49. *Eternal Seasons: A Liturgical Journey with Henri J.M. Nouwen.* ed. Michael Andrew Ford. Notre Dame: Sorin Books, 2003.《영원한 계절》(그루터기하우스)

50. *Words of Hope and Healing: 99 Sayings by Henri Nouwen.* ed. Jeff Imbach. Hyde Park, N.Y.:New City Press, 2005.

51. *Our Second Birth: Christian Reflections on Death and New Life.* New York: Crossroad Publishing Company, 2006.《헨리 나웬의 마지막 일기》(성바오로딸)

52. *The Dance of Life: Weaving Sorrows and Blessings Into One Joyful Step.* ed. Michael Andrew Ford. Notre Dame: Ave Maria Press, 2006.《살며 춤추며》(바오로딸)

53. *Spiritual Direction: Wisdom for the Long Walk of Faith.* ed. Michael J. Christensen and Rebecca J. Laird. San Francisco: HarperSanFrancisco, 2006.《영성 수업》(두란노)

54. *The Selfless Way Of Christ: Downward Mobility and the Spiritual Life.* Maryknoll, N.Y.: Orbis Books, 2007.《세상의 길, 그리스도의 길》(IVP)

55. *Home Tonight: Further Reflections on the Parable of the Prodigal Son.* ed. Sue Mosteller. New York: Doubleday, 2009.《집으로 돌아가는 길》(포이에마)

56. *Spiritual formation: Following the Movements of the Spirit.* ed. Michael J. Christensen and Rebecca J. Laird. New York: HarperOne, 2010.《두려움에서 사랑으로: 헨리 나우웬의 7가지 영성 훈련》(두란노)

57. *A Spirituality of Fundraising.* ed. John S. Mogabgab. Nashville, Tenn.: Upper Room Books, 2011.《모금의 영성》(포이에마)

집으로 돌아가는 길

58. *A Spirituality of Living.* ed. John S. Mogabgab. Nashville, Tenn.: Upper Room Books, 2011.《삶의 영성》(두란노)

59. *A Spitituality of Caregiving.* ed. John S. Mogabgab. Nashville, Tenn.: Upper Room Books, 2011.《돌봄의 영성》(두란노)

60. *Finding Our Sacred Center: A Journey to Inner Peace.* New London: Twenty-Third Publications, 2011.

61. *A Spirituality of Homecoming.* ed. John S. Mogabgab. Nashville, Tenn.: Upper Room Books, 2012.《귀향의 영성》(두란노)

62. *Discernment: Reading the Signs of Daily Life.* ed. Michael J. Christensen and Rebecca J. Laird. New York: HarperOne, 2013.《분별력》(포이에마)

63. *Love, Henri: Letters on the Spiritual Life.* New York: Convergent Books, 2016.

64. *With Burning Hearts: A Meditation on the Eucharistic Life.* N.Y.: Orbis Books, 2016.

헨리 나우웬의 생애 연보

1932	네덜란드 네이께르크에서 출생(1월 24일)
1957	네덜란드 위트레흐트 대교구에서 로마가톨릭 사제로 서품을 받음
1957-1964	네덜란드 네이메헨 가톨릭대학교 심리학과 학생
1964-1966	미국 캔자스 토피카의 메닝거 재단에서 종교와 정신의학 분야의 연구원
1966-1968	미국 인디애나의 노트르담 대학교 심리학과 객원 교수
1968-1970	네덜란드 암스테르담의 목회연구소 위원, 네덜란드 위트레흐트의 가톨릭 신학 연구소 교수
1970-1971	네덜란드 네이메헨 대학교에서 신학 공부
1971-1977	미국 코네티컷 뉴헤이븐에 있는 예일 신학교 목회신학 조교수
1974	종신 재임 자격을 얻음
1974	뉴욕 주 북부 피포드에 있는 제네시 수도원에서 6개월간 거주
1976	미네소타 컬리지빌에 있는 에큐메니컬 연구소 연구원
1977-1981	미국 코네티컷 뉴헤이븐에 있는 예일 신학교 목회신학 교수
1978	로마의 북아메리카 대학의 연구원
1979	제네시 수도원에서 6개월간 거주
1981-1982	제네시 수도원의 수사
	볼리비아와 페루에서 6개월간 거주

1983-1985	미국 매사추세츠 케임브리지에 있는 하버드 신학교 교수이자 강사
1985-1986	프랑스의 트롤리 브뢰이유에서 9개월간 거주
1986-1996	캐나다 온타리오 리치몬드 힐의 라르쉬 데이브레이크의 사제
1996	64세의 나이로 네덜란드 힐베르쉼에서 잠듦(9월 21일)

헨리 나우웬 생애 연보

자식과 자신의 행간에서 서성이다

난 자식이 없다. 뜻한 바 있어서 주체적으로 내린 결정이었지만, 그 따위 '변명'은 누구한테도 씨알이 먹히지 않았다. 한동안은 '주사 한 방에 세 쌍둥이까지 가능하다는 용한 의사'나 '환갑 넘어서도 늦둥이를 보게 만든다는 명약' 소개에 시달려야 했다. 또래들끼리 장난치듯 서열다툼을 벌일 때에도 '애도 낳아보지 않은 철부지'라는 이유로 언제나 막내취급을 당하기 일쑤였다.

그래서일까? 탕자의 비유를 읽을 때면 언제나 작은아들의 입장에 서서 줄거리를 따라가곤 했다. 은혜를 모르고 속물적인 만족을 추구하며 거룩한 삶과 담을 쌓고 지내면서 염치가 없어서 돌아갈 엄두조차 못 내는 행태까지 아귀가 딱 맞았다. 진즉에 이 책의 존재를 알았으면서도 들춰보지 않았던 건 순전히 그 때문이었다. 탕자의 심정이라면 평생 선하게 살았을 게 분명한 헨리 나우웬보다 내가 훨씬 윗길인데 새삼 뭘 읽고 말고 하겠는가.

집으로 돌아가는 길

어찌어찌하여 막상 뚜껑을 열었을 때, 난생처음 보는 희한한 해석과 맞닥뜨렸다. 지은이는 거울을 찬찬히 들여다보고 혹시 큰아들의 모습이 더 짙게 배어 있지 않은지 살펴보라고 제안한다. 그동안 도덕적으로나 신앙적으로 제법 잘 살았노라고 자부하지는 않았는지, 은혜를 선한 행실에 대한 보상으로 오해하는 건 아닌지 짚어보라고 요구한다. 그쯤이면 말도 안 한다. 채 정신을 차리기도 전에 이번에는 궁극적으로 아버지의 모습을 갖추어야 한다고 선언한다. 작은아들과 큰아들 사이를 오가기를 되풀이하다 눈을 감을 작정이냐고 다그친다. 정상적인 크리스천이라면 아버지의 사랑으로 자신을, 이웃을, 세상을 끌어안는 자리까지 성장하는 게 당연하지 않겠냐는 것이다.

그림 한 장을 도구로 논리의 칼날을 이리저리 휘두르는 것도 모자라서, 지은이는 독자들을 데리고 긴 세월을 오가는 시간여행을 거듭한다. 2백여 년 전으로 거슬러 올라가서 렘브란트의 화실에 앉았다가 금방 일어서서 2천 년 전을 되짚어 예수님을 만나러 떠나는가 하면, 곧바로 지극히 개인적인 고민에 시달리는 허약한 20세기 인간으로 되돌아온다.

이렇게 연신 뒤통수를 때리고 눈을 호리는데도 정신 사납지 않은 건 상당 부분 나우웬 신부의 뛰어난 필력 덕분이다. 차분하고 치밀한 언어로 마음을 파고드는 행간을 좇노라면 헷갈릴 틈도 없이 메시지에 빠져들게 된다. 웬만하면 덮어두고 싶을 만한 부분까지 드러내는 솔직함과 성경과 역사와 미술을 아우르는 지적인 능력도 몰입을 유도하는 데 단단히 한몫한다. 글을 쓰는 자신조차도 여전히 미완성임을 고백하는 까닭에 쓸데없이 기죽지 않는 것 역시 미덕으로 꼽을 만하다.

옮기는 처지로는 한편으론 감격스러우면서도 다른 한편으론 조심스럽기 짝이 없다. 과연 지은이가 이룬 성과를 한 꺼풀 뒤의 느낌까지 정확히 우리 글로 베껴낼 수 있을까?

난 자신이 없다.

집으로 돌아가는 길